《桂学研究》编委会

本辑刊为广西高校高水平科研团队及卓越学者计划第一批项目“桂学与文化软实力研究”（桂教人〔2014〕7号）及国家社科基金重大招标课题“桂学研究”（12&ZD164）阶段性成果。

本辑刊获广西优势特色重点学科—广西师范大学中国语言文学学科和广西2011协同创新中心—广西师范大学桂学研究协同创新中心联合资助出版。

桂學研究

潘琦 题

第三辑

国家文科（中文）基地·广西师范大学文学院／新闻传播学院
广西2011协同创新中心广西师范大学桂学研究协同创新中心　编

GUANGXI NORMAL UNIVERSITY PRESS
广西师范大学出版社
·桂林·

图书在版编目（CIP）数据

桂学研究．第三辑 / 国家文科（中文）基地·广西师范大学文学院/新闻传播学院，广西 2011 协同创新中心广西师范大学桂学研究协同创新中心编．—桂林：广西师范大学出版社，2017.2
ISBN 978-7-5495-9509-9

Ⅰ．①桂… Ⅱ．①国…②广… Ⅲ．①地方文化—广西—文集 Ⅳ．①G127.67-53

中国版本图书馆 CIP 数据核字（2017）第 021540 号

广西师范大学出版社出版发行
（广西桂林市中华路 22 号　邮政编码：541001
网址：http://www.bbtpress.com）
出版人：张艺兵
全国新华书店经销
广西金考印刷有限公司印刷
（南宁市高新三路 3 号广西印刷工业城 11 号厂房
邮政编码：530007）
开本：787 mm × 1 092 mm　1/16
印张：17.75　　字数：320 千字
2017 年 2 月第 1 版　　2017 年 2 月第 1 次印刷
定价：46.00 元

目　录

本辑特稿

左江岩画研究

地域文化研究

民族民俗研究

古代文人研究

当代作家研究

综述与书评

学术简讯

本辑特稿

《说文解字注》《说文解字义证》与粤西地域文化

毛毓松[①]

［内容提要］ 清代乾嘉学派段玉裁的《说文解字注》与桂馥的《说文解字义证》，是集大成的文字训诂著作，在学术界享有极高声誉。此二书重在以声音训诂注明词义，释字解义，取证群书；精于校治，善为疏通；征引繁富，左右逢源。其中涉及粤西地域文化者，不论名称年代、人事习俗，均予考释与梳理，对今人认识与研究粤西地域文化有所裨益。

［关键词］ 《说文解字注》 《说文解字义证》 粤西地域文化

东汉许慎的《说文解字》（简称《说文》）是我国第一部按部首编排的百科全书式的字典，不计重文，收字共9353个，其内容十分广泛，有郡国州县、山川地理、草木鱼虫等。清代乾嘉学派段玉裁的《说文解字注》（简称《段注》）[②]、桂馥的《说文解字义证》（简称《义证》）[③]，对《说文》的词义及地域文化做了详尽的描述与探究，为我们留下丰富的地域文化遗产。本文即以此二书所涉及的粤西地域文化做一评述。以下分别按地域言之。

桂（桂林郡、桂林、八桂）

《说文》木部："桂，江南木，百药之长。从木、圭声。"段玉裁在"江南木"下注曰："《本草》曰：'桂生桂阳，牡桂生南海山谷，菌桂生交趾、桂林山谷。'"《本草》，指《神农本草经》。交趾，郡名，汉武帝时所置，其地在今广西崇左以南及越南西北部地区。桂林，郡名，秦始皇时所置，在今广西境内和广东西南部。在"百药之长"下段注："《本草经》木部上品首列牡桂、菌桂。菌桂，味辛温、主百病、养精神、和颜色，为诸药先聘通使，故许云'百药之长'。《檀弓》《内则》皆姜、桂并言。刘逵引《本草经》正文曰：'菌桂圆如竹，出交趾。'然则其树正圆如

---

① 毛毓松，男，广西师范大学文学院教授。

② 段玉裁：《说文解字注》，上海：上海古籍出版社，1981。

③ 桂馥：《说文解字义证》，北京：中华书局，1986。

竹，故名菌桂。”此注对菌桂的产地、形状、药性及药用价值都做了描述。

桂馥《义证》在“桂”篆下引用古代文献对桂树的生长地、种类、药性及桂林作为地名的由来，做了多方面的描述。

一是桂树的生长地及种类。桂氏引《本草》云：“桂生桂阳，牡桂生南海山谷，菌桂生交趾、桂林山谷。’”又引《广韵》曰：“桂，木名。丛生合浦巴南山峰间，无杂木，叶长尺余，冬夏常青，其花白。”又引《南方草木状》：“桂生合浦、交趾，生必高山之巅，冬夏常青，其类自为林，更无杂树。有三种皮：赤者为肉桂；叶似柿者为菌桂；叶似枇杷叶者为牡桂。”

二是桂皮之药性及其价值。桂氏引《礼记·檀弓》云：“丧有疾，食肉饮酒，必有草木之滋焉，以为姜桂之谓也。”姜即生姜，桂谓桂皮，此二者为居丧有疾者食肉饮酒所活血利气之物，即所谓“草木之滋”。又引《史记·司马相如列传》“椒桂木兰”及颜注《汉书》“桂即药之所用其皮者也”。“椒桂”指申椒与菌桂，《楚辞·离骚》中就有“杂申椒与菌桂兮”之句，申椒与菌桂都是香木，而菌桂之皮即桂皮，是上等药材。

桂氏称桂为“百药之长”，是就桂皮之药性说的。他说：“百药之长者，《本草》桂列木部上品第一。”并引徐锴《说文解字系传》按语：“《本草》：‘桂主通血脉，利肺肝气，能宣导百药无所畏。菌桂为诸药先聘通使，是为百药之长也。’”然后桂氏又引《急就篇》“芎藭厚朴桂栝楼”，颜师古注：“桂为菌桂，牡桂之属，百药之长也。”

三是桂林作为地名的缘由。桂林作为地名最早出现于两千多年前秦始皇所设置的桂林郡。段氏在“郡”篆下云：“《史记·秦始皇本纪》二十六年，分天下以为三十六郡……略取陆梁地，为桂林、象郡、南海，以谪遣戍。”桂林郡的设置在秦始皇三十三年，即公元前 214 年。桂林作为地名，始见于此，广西简称桂也由此而来。但桂林地名则缘于桂树。桂氏引唐代陈藏器《本草拾遗》：“桂林、桂岭，因桂为名。今之所生，不离此郡。从岭以南际海，尽有桂树。”又引《十道志》云：“临阳县有荔水之源，多生桂，桂生处不生杂树。”又引《寰宇记》：“临桂县有桂江，其江源多桂，不生杂木，故秦时立为桂林郡。”徐锴《系传》在“桂”篆下亦云：“按桂林郡以此为名。”①

四是桂林郡治问题。桂馥《义证》在“郡”篆下引清代学者顾炎武说，在秦置三十六郡中，有四个郡的郡治不可考，桂林郡是其中之一。但一般认为桂林郡治不在今日之桂林，而在当时的布山，即现在的桂平。

桂林乃至广西有八桂之名。“八桂”一词，桂氏《义证》亦有记载，在“桂”篆

① 徐锴：《说文解字系传》，北京：中华书局，1986，第 106 页。

下云:"《临海记》'石山望之,如雪山有湖'。传云:'八桂之所植。'馥按:《天台赋》:'八桂森挺以凌霜。'"桂氏所云《天台赋》,指孙绰《游天台山赋》。《六臣注文选》:"善曰:《山海经》曰:'桂林八树,在贲隅东。'郭璞曰:'八树成林,言其大也。'贲隅音番禺。"①番禺,在今广州市区。"在番禺东"即广州以东地区,不属于现在的广西。而《天台赋》中的"八桂",在其序文中说是"剡县东南有天台山"。剡县,在浙江境内。赋中所言"八桂",是泛言其大,非专属某地。明确写到"八桂"是广西境内,乃是唐代大诗人韩愈《送桂州严大夫》的诗句:"苍苍森八桂,兹地在湘南。江似青罗带,山如碧玉篸。"桂林地处湘水之南,繁茂广阔的桂树林郁郁苍苍。而"青罗带""碧玉篸"句更是对奇特秀美的桂林山水的真实写照。韩愈曾贬官广东潮州,未到过桂林,但桂林在唐代时已名声远播。唐时桂林称作"桂州",而"八桂"为文学用语,是雅称。

漓(漓江、兴安、海阳山、湘漓同源)

漓(旧作灕),《说文》无载。漓(灕)水则见于《说文》"湘"篆段注。为叙述方便,漓(灕)字按《段注》原文录下:

> 水部:"湘,湘水,出零陵县阳海山,北入江。从水,相声。"段注:"县字今补,凡郡、县同名,则言县以该之也。零陵郡、零陵二志同。前志零陵下曰:'阳海山,湘水所出,北至酃,入江。过郡二,行二千五百三十里。过郡二者,零陵、长沙也。又有離水,东南至广信,入鬱,行九百八十里。'《水经》曰:'湘水出零陵始安县阳海山,东北流过下雋县西,又北至巴丘山,入于江。'郦曰:'阳海山即阳朔山。山在始安县北,县故零陵之南部也。湘漓同源,南为漓水,北则湘川。'今广西桂林府兴安县南九十里,俗谓之海阳山,即阳海山也,湘水出焉。北流经全州入湖南界……按離水字本不从水旁,后人益之耳。许书所无。"

《段注》所述包括以下几个方面:一是《说文》所云"零陵",是指零陵郡的零陵县,零陵县故治在今广西全州县北,而湘水所出的阳海山,在桂林兴安县南九十里,俗谓之海阳山。二是湘水与漓水同发源于海阳山,故湘漓同源,湘水行二千五百三十里,漓水行九百八十里,故有"七分湘水,三分漓水"的说法。三是漓水之"漓",原是从湘水分离而出,其字本作"離",后人加上水旁作"灕"。"漓"字见于《广韵》,"漓"与"灕"都有"水渗入地,透明清澈"之义。二字音义相通,故今又以笔画少之"漓"代"灕"。

---

① 《六臣注文选》上册卷11,北京:中华书局,1987,第209页。

桂馥《义证》在“湘”篆下同样记录了湘江与灕水的发源地与分流情况，他引《地理志》云：“零陵郡零陵县阳海山，湘江所出。”引王观国曰：“今全、桂二州之间有阳海山，有水自山出。至山下则分流为二，其一向南流者为離水，其一向北流者为湘水。其地在汉属零陵郡。”又引《寰宇记》云：“桂州兴安县阳海山，在县城北一百七十里。”又引注《水经》云：“阳海山一名阳朔山，其山自永州零陵县西南迤逦冈峦，连亘不绝。此山即湘灕二水之源。”又引注《水经》云：“桂州临桂县湘水，今名小湘江，源出临源县阳海山。湘灕同源，分为二水，水在全义岭上，南流为灕水，北流为湘水。”又引《元和志》云：“桂州全义县本汉始安县之地，属零陵郡。”

桂馥《说文义证》，重在引书为证，他要证实《说文》“湘水出零陵阳海山”，而在引文中不但说明湘水源自零陵海阳山，同时也点出灕水也出自桂林兴安县阳海山，因为兴安在汉代属零陵郡。引文所称临源县即兴安县。所称“全义岭”之“全义”亦指兴安。临源县、全义县，皆唐代所称县名，宋代初才定兴安县名。湘水、漓水即今之湘江、漓江，都发源于阳海山，俗称海阳山，故曰湘漓同源，北流为湘水，南流为漓江。

湘漓二水发源于海阳山，此山即五岭山脉越城岭所在，越城岭南端与全州、兴安二县接壤，即王观国所称“今全、桂二州之间有阳海山，有水自山出”。亦即上文所谓“自永州零陵县西南迤逦冈峦，连亘不绝”的海阳山。这里也就是秦始皇为统一天下，发兵岭南的驻戍地。

段玉裁在“潭”篆注内讲到鬱水、柳江、浔江北至西江入海时，有一按语：“按鬱，今岭外之盘江，由云南、贵州、广西至广东为西江，入海者也。《淮南书》曰：‘始皇使尉屠睢发卒五十万，为五军。一军守镡成之岭，一军守九嶷之塞，一军处番禺之都，一军守南野之界，一军结余干之水。’①皆谓今之岭也。故潭水流岭外，东入鬱也。”

段氏所引《淮南书》，即汉刘安著、高诱注《淮南子》。所引文出自该书《人间训》。其中“一军守镡成之岭”，原文为“一军塞镡城之领”。塞即守之义，谓堵塞不使外人出入。领、岭义同。镡城，高诱注：“镡城，在武陵西南，接鬱林。”汉时广西为鬱林郡。又九嶷即九嶷山，高诱注：“九嶷在零陵。”因此，上述五军中的前两军都在与兴安、全州接壤的岭上。

秦军由此开凿渠道而进入广西，运送军粮，与越军作战。《淮南书》中云：“三年不解甲弛弩，使监禄无以转饷。（高诱注：监禄，秦将，凿通湘水、漓水之渠。）又以卒凿渠而通粮道，以与越人战，杀西呕（即西瓯）君译吁宋（高诱注：西

---

① ［汉］刘安：《淮南子·人间训》，上海：上海书店，1983，第 322 页。

呕，越人；译吁，宋西呕君名也）。而越人皆入丛薄中，与禽兽处，莫肯为秦虏，相置桀骏以为将，而夜攻秦人，大破之，杀尉屠睢，伏尸流血数十万，乃发谪戍以备之。”①

从上述文字可以看出，秦将屠睢率军进攻越城岭受阻，另一秦将监禄凿通湘水、漓水之渠（即今之灵渠），以为粮道，而与越人战。因越人熟悉地形，骁勇善战，大败秦军，秦将屠睢被杀。秦军三年不得进入越地。战争给人民带来了灾难，但同时因为凿通灵渠，开发南越，秦又徙中原之民，与百粤杂处，使百粤经济得到发展，中原文化也由此融入百粤文化。

柳（潭水、溜水、柳江、柳州、浔江、浔州）

柳，《说文》木部："柳，木名。从木，卯声。"此杨柳之柳。柳江、柳州之名，则见于《说文》"潭"篆与"溜"篆下段注。

水部："潭，出武陵镡成王山，东入鬱林。从水、覃声。"段注："林字剩。当删。俗人不知鬱为水名。《汉志》：'洭水入鬱，離水入鬱。'亦皆沾'林'矣。"段氏首先指出"鬱林"之"林"为剩字，即衍文。段氏还举出《汉书·地理志》中"洭水入鬱林""離水入鬱林"也都衍"林"字。"洭水"即桂水，"離水"即漓水，鬱是水名，即鬱水，而非地名。可见段氏精于校治。段氏又注云："潭水即今福禄江，源出苗地……入广西界，至柳城县为柳江。又东南至象州，至浔州府城北曰浔江。此为广西之右江，亦曰北江。合广西左江，亦曰南江，即所谓入鬱也。唐始置浔州，以北浔江为名。浔江即古潭水，古二字同音，因改其字耳。今人上流为柳江，下流为浔江。汉人统曰潭。下流亦曰溜，潭与溜实一水也。"段氏又于"溜，水，出鬱林郡"下注曰："《元和郡县志》曰：'贞观八年，改南昆州为柳州，因柳江为名。'柳州即今柳州府。柳江出苗地，至今贵州古州永从县生苗界中，东南入广西，至柳城县曰柳江，至象州会于盘江。柳江即古溜水，后世讹其字耳。"

从以上"潭"与"溜"二字的注中，可以看出柳江古称潭水，亦曰溜水，柳州是因柳江而得名，浔州因浔江而得名，浔江即古潭水。潭、浔二字古音相近，而改潭为浔。不论浔江还是柳江，汉朝时统称潭水。段氏认为，柳为木名，溜为水名，义不相类，后世因音同而讹溜为柳。

桂氏也有一些补充："'东入鬱林'者，林字衍，谓入鬱水也。应劭曰：'潭水东至阿林入鬱。'《元和志》：'鬱水一名西江水。'《九域志》：'贵州鬱林县有鬱

① ［汉］刘安：《淮南子·人间训》，上海：上海书店，1983，第322页。

江。'《地理志》：'鬱林郡广鬱县鬱水，首受夜郎豚水，东至四会入海。'"又于"溜"篆下云："《地理志》鬱林郡有中留县。颜注：留音力救反，水名。《郡国志》作溜。《水经注·温水》云：'鬱水右则留水。'注：'之水南出布山县下，径中留入鬱。'"引文中的阿林，段玉裁认为是"汉废县"，即汉代已不再是县。布山县即今广西桂平，柳江由桂平而入鬱水。

鬱（鬱水、鬱林、鬱金香）

《说文》鬯部："鬱（旧作鬱），芳艸也。十叶为贯，百卄贯筑以煮之为鬱。从臼、冖、缶、鬯。彡，其饰也。一曰鬱鬯，百艸之华，远方鬱人所贡芳艸，合酿之以降神。鬱，今鬱林郡也。"

段氏从以下四方面加以阐释：

首先，在"从臼、冖、缶、鬯"下注曰："臼，叉手也。缶，瓦器。冖（mi），覆也。鬯之言畅也。叉手筑（舂捣）之令縻（mi，碎烂），乃盛之于缶而覆之，封固以幽之。则其香气畅达。此会意之恉也。"又"彡，其饰也"下注曰："此说从彡之意。其物用于祭祀、丧纪、宾客者也，故必饰其器。"

其次，在"筑以煮之为鬱"下注曰："鬱人注云：'筑（舂捣）鬱金煮之以和鬯酒。'又云：'鬱者，鬱金香艸。宜以和鬯。'"

再次，在"鬱鬯"句下注曰："谓凡言鬱鬯者，用中国百艸之华及远方鬱人所贡芳艸，二者合而酿之，芬芳条畅，可用降神，是曰鬱鬯。"

最后，在"鬱，今鬱林郡也"下注曰："许意古书云鬱人所贡，即今鬱林郡地之人也。《水经》：'温水至鬱林广鬱县为鬱水。'《地理志》：'武帝元鼎六年，更名桂林为鬱林。'"

从以上四方面看，段氏要重点阐明的是《说文》所云"远方鬱人所贡芳艸"中的"鬱人"，就是汉武帝元鼎六年更名桂林郡为鬱林郡的"鬱林郡地之人"，而所贡芳艸，是鬱金香草，这种香草与中国百草之精华合而酿之，成为一种香气馥郁条畅，可用来祭神敬客的特殊香料。《说文》所称"鬱，今鬱林郡也"。今，指汉朝，汉武帝时，改桂林郡为鬱林郡，即段氏"郡"篆下云"鬱林曰故秦桂林郡"，鬱林郡地比桂林郡小，桂林、梧州不在其内。鬱林郡治在汉广鬱县，即今广西贵县。一说郡治在布山（今桂平以西）。历史上的鬱林、郁林，现为广西玉林市。

桂馥《义证》则用了很大篇幅考证鬱金香的花色、产地及其用途，引书十几种，其中，引《水经·温水》注云："鬱金香，鬱人所贡。"在"鬱，今鬱林郡也"下引刘昫曰："贵州鬱平县，汉鬱林广鬱县也。"然后桂馥自下按语："广西贵州（即贵县）、浔、柳、邕、宾诸州，皆汉鬱林郡地。《一统志》：'柳州罗城县出鬱金香。'"

桂馥的按语,说明鬱金香的产地主要在广西的桂平、柳州、南宁、宾阳诸州,而且引《一统志》明确鬱金香的产地是柳州罗城。

邕(邕江、邕州、邕宁)

《说文》川部:“邕,邑四方有水自邕成池者是也。从巛。邑。读若雝。㿿,籀文邕如此。”段注:“自邕当作自擁(拥),转写之误。擁者,抱也。池沼多由人工所为,惟邑之四旁有水来、自擁抱、旋绕成池者,是为邕。以擁释邕,以叠韵为训也。故其字从川、邑。引申之凡四面有水皆曰邕。”段氏在“从巛、邑”下注曰:“川围邑,会意。”

从段注可知,邕是个由川围邑的会意字,四面有水、自相擁抱、旋转环绕而成的护城河,叫做邕,广西首府南宁,古称邕州,简称邕,其得名当来自围绕城邑的河流,即邕江。

邕字从川,而川,《说文》释为“贯穿通流水也”。水流不通而堵则为水灾,故巛篆云:“害也。从一雝川。《春秋传》曰:‘川雝为泽,凶。’”段注:“此称传说会意之恉(旨)也。”“雝”为“壅”字,即壅塞义,故“川雝为泽,凶”。意谓川流壅塞为水泽,必是凶象。人们祈祷川通无灾,永保安宁,故有“邕宁”之县名。邕宁,今南宁市一个行政区。

蛮(南蛮、荆蛮、夷蛮)

《说文》虫部:“蛮(繁体作蠻),南蛮。它(蛇)种。从虫、䜌声。”段注:“《职方氏》:‘八蛮。’《尔雅》:‘九夷、八狄、七戎、六蛮,谓之四海。’《王制》云:‘南方曰蛮。’《诗·角弓》:‘如蛮如髦。’传曰:‘蛮,南蛮也。’《采芑》:‘蠢尔荆蛮。’传曰:‘荆蛮,荆州之蛮也。’”段氏引《周礼》《尔雅》《诗毛传》,都在说明蛮是我国南方的一个民族,故称南蛮,《诗毛传》所说的荆州之蛮,也是指南蛮,因为荆州,古为楚地,而楚地位于我国南方。桂馥《义证》引《广韵》曰,蛮,南夷名。又引《礼记·王制》曰:“南方曰蛮。雕题交趾,有不火食者矣。孔颖达疏曰:雕,谓刻也,题谓额也,谓以丹青雕刻其额。趾,足也,言蛮卧时头向外而相交,故云交趾。非惟雕额,亦文身也。”①《礼记》所记与孔氏之疏把南方蛮族风俗和生活习性都描绘出来了,当然也有夸大之处。

《说文》所云,它(蛇)种,是指与虫蛇习居的种族。远古时期居住条件极差,而南方天气湿热,山林茂密,住地多虫蛇,故言蛇种。在“蛇”种、从“虫”下

① 《十三经注疏·礼记正义》,北京:中华书局,1980,第1338页。

段注："说从虫之所由，以其蛇种也。蛇者，虫也。蛮与闽皆人也，而字从虫，故居部末。"《说文》列字按部首编排，据形系联。蛮、闽二字从虫，故置于虫部。从段氏此注看出，蛮、闽二字虽列入虫部，但作者许慎并非将蛮闽之人与虫蛇归为一类而蔑视之，而是部首编排的需要。

然而，蛮族之蛮究竟缘何而起名，段氏未见注，而桂馥《义证》引用汉人的声训，作出解释。他在"蛮"篆下云："《书·禹贡》：'三百里蛮。'马注：'蛮，慢也。礼简怠慢。来不距（拒），去不禁。'郑注：'蛮者，听从其俗，羁縻其人耳，故云蛮。蛮之言缗也。'"马指马融，郑即郑玄。二人皆东汉著名经学家和语言文字学家。马融以慢释蛮，慢即怠慢礼简义，蛮、慢二字上古皆明纽寒韵，声韵相同，义亦可通。其时，中原地区汉族统治者，对南方边远地区的蛮越实行以文德使其归附的安抚政策。在"三百里蛮"下孔安国注："以文德蛮来（徕）之，不制以法。"①意思是以文德抚慰蛮族之人，而不施以法治。郑玄所云蛮者，听从其俗，羁縻其人，亦即以文德治蛮。羁縻，义为联络、接纳，縻字桂氏引文作靡、非。縻是用缰绳拴住，不使其挣脱，而归顺于己。汉时中原统治者对南蛮就实行羁縻政策，胡大雷先生谈到汉代对南蛮的羁縻政策时，引用尚书令虞诩的话："自古圣王不臣异族，非德不能及，威不能加，知其兽心贪婪，难率以礼。是故羁縻而绥抚之，附则受而不逆，叛则弃而不追。"②这段话与桂氏《义证》中所引马融注"来不距（拒），去不禁"、郑玄注"听从其俗，羁縻其人"都是一个意思。以中原地区华夏民族自居的汉代统治者既无法改变南方蛮族的习俗，又采取不使之反叛的羁縻抚慰政策，这便是对列入虫部的种族名的蛮意义的认识，所以许慎以南蛮也释蛮。而段注中又以蛮之从虫末，如貉之居豸末、狄之居犬末、羌之居羊末这种部首编排上的缺陷，来凸现中原汉民族与周边少数民族之地位差异。

至于郑玄所注"蛮言缗也"，乃是以声训的方式释蛮之命名的缘由。之言是训诂术语，缗从昏声，有昏昧不明义。故郑玄以为蛮族之起名，是于礼义昏昧不明所致。在《说文》中，从昏声字，大都有幽暗、不明之义。如心部："惽，不憭也。从心，昏声。不憭即不明。"门部阍，许慎释"以司昏晨以闭启门者"。女部婚，许慎释"以娶妇以昏时"。故昏声义多与幽暗、不明有关。在古文献中，缗字与昏义相通，亦有其例。如《庄子·在宥》："当我缗乎？远我昏乎？"《集释》引家世父（即郭嵩焘）曰："缗、昏字通，缗亦昏也。"又引司马云："缗、昏并无心之谓也。"③郑玄释蛮为缗，正是因为尚未开化之蛮族于中原统治者的礼仪，昏昧不明，故表现为礼简怠慢、心不在意。由此看来，蛮之取义不是通常意义上的粗野横

① 《尚书正义》，孔氏传、孔颖达疏：《十三经注疏》上册，北京：中华书局，1980，第153页。
② 胡大雷：《粤西士人与文化研究》，桂林：广西师范大学出版社，2014，第18页。
③ 《诸子集成》，郭庆藩：《庄子集释》，上海：上海书店，1986，第174页。

蛮、不通情理，而是尚未开化的夷蛮民族礼俗简单、心不在意的个性的体现。

越（粤、百越、百粤、粤西）

广西古为百越之地，百越亦作“百粤”，唐人柳宗元《登柳州城楼寄漳汀封连四州刺史》诗有“共来百粤文身地”之句。“百粤”包括福建、广东、广西。广西之所以称“百越”或“百粤”，固然与地域因素有关，但也有其语言自身的原因。

从地域看，越，作为种族与地域之名，盖起自浙江越族。《说文解字注》与《说文解字义证》未曾谈及此事，而另一“说文”大家朱骏声的《说文通训定声》则讲到越族的来历及有关情况。他在“越”篆下云：“《书·顾命》：‘越玉五重。’马融注：‘越地所献玉也。’”朱氏于此下一按语：“越，姒姓，夏后少康庶子封于会稽，自号于越。于者，夷言发声也。《春秋》宣八始见于传，定八始见于经。”依朱氏所引，“越”作为种族或国名，分别始见于《春秋经》定公八年和《春秋左氏传》宣公八年。朱氏又云：“《外传》曰：‘芈姓归越。疑越非夏后，是楚之别封。其地本在今浙江绍兴府。’《吴都赋》：‘包括于越。’刘注：‘今之苍梧、鬱林、合浦、交趾、九真、南海、日南，皆越地。’”①刘注所引地名，包括今广西、广东、越南北部等地区。朱氏此说亦在理，桂北、粤北一带，古为楚地而近越，语言风俗相近，被孟子讥为“南蛮鴃舌之人”。桂林叠彩山主峰南有一小山，名于越山；山上有亭，名于越亭。此桂林古为越族之名证。

粤西之称，亦有来历。《四库提要·百越先贤志》：“南方之国，越为大。自勾践六世孙无疆为楚所败，诸子散处海上。其著者东越无诸，都东治；至漳、泉，故闽越也；东海王摇，都永嘉，故瓯越也；自湘漓而南，故西越也；牂牁西下，邕、雍、绥、建，故骆越也。统而言之，谓之百越。”

此段文字告诉我们：自湘漓以南，故西越也。这“西越”指的是五岭山脉以西的百越之地，即现今的广西。广西称“粤西”，广东则称“粤东”，是因为“越”与“粤”音义相通。此二字在上古文献中既可用作语词，也可用作族名或地名，相互为借，故《段注》“越”下云：“假借为粤。”“粤”下云：“假借为越。”朱骏声《说文通训定声》“粤”篆下云：“假借为越。”《考工记》：“粤无镈。”今两广省谓之粤东、粤西。

从语言角度看，不论“越”是国名、族名还是地域名，这些意义的“越”，都是从《说文》走部“越，度也”的本义引申发展来的。段氏“越”篆下注曰：与辵部逃字音义同。按逃，《说文》：“逾也。”逾即越过。因此“越”的本义是走过。度也

① 朱骏声：《说文通训定声》，北京：中华书局，1984，第694页。

是过的意思,引申为从此地到彼地,从此族到彼族,从此国到彼国,这都是度越。度越包含空间与时间两方面,有空间即地域的迁移,也有时间即历史年代的更替与延伸。从春秋时期的浙江绍兴越族,往东南迁移延伸为后来的瓯越、闽越、西越、骆越,形成了与多种民族杂处的百越。

不仅如此,词义的引申往往从具体到抽象,从可视可感到理性思维,训诂学大师段玉裁鉴于词义的此种特性,于是他在《说文》虫部"闽、东南越"下引用东汉语言学家刘熙《释名·释州国》中"越"字的训释:"越,夷蛮之国也,度越礼义无所拘也。"刘熙以度越之"越"释州国种族之"越","度越"一词已经被抽象化了。"度越礼义"是违背道德法度之意,"礼义"是封建时代的道德规范,是高度概括而又抽象的词义,因此,"度越礼义"的"越"已由具体的越过而抽象为违背、违反。

"越,夷蛮之国也,度越礼义无所拘也。蛮虫难化,执心违邪。"(《义证》引《白虎通义》)这种看法明显带有词义诠释者的主观片面性,实际代表了封建制度下中原统治者对夷蛮之国的看法。他们以中原统治者的礼义为中心,把远离中原的周边民族视为"夷蛮之国",要求"夷蛮之国"去遵循服从他们的礼义,而不能无所拘束地度越礼义。所谓"夷蛮之国",实际是处于南方百越的不同种族和族群,这些民族由于地理远隔、语言不通、习俗不同,未能受到正常的礼义教育。其实这些民族都是中华民族大家庭的成员,而不应以"度越礼义""执心违邪"的"夷蛮之国"视之。

汉代北部湾地区的儒、释、道[1]

胡大雷[2]

[内容提要] 汉代时,北部湾地区的儒、释、道都有长足的发展,有的甚至领全国风气之先。儒学方面,苍梧人陈钦、陈元父子,在朝廷以《左氏春秋》力主古文经学;汉末,士燮等在交州推行儒学,至粤西有儒学一派。佛教方面,苍梧人牟子撰《牟子理惑论》,为我国第一部本土的佛教著作。道学方面,汉末北部湾地区聚集不少道学之士、神仙家之流,牟子也是由《老子》《庄子》入佛。儒、释、道三者的发展,与北部湾地区的交通便利、人才聚集的文化生态有关,也对如今广西实施国家“一带一路”战略有所启示。

[关键词] 儒 释 道 北部湾 一带一路

自汉武帝始,“罢黜百家,独尊儒术”,儒学便长期作为居于主流地位的思想体系、意识形态存在,其影响波及朝鲜半岛、日本、中南半岛、中亚、东南亚等地区。佛教传入中国,汉明帝时遣中郎将蔡愔、秦景,博士王遵等 18 人出使西域,永平十年(67 年)于大月氏遇沙门迦叶摩腾、竺法兰二人,得佛像经卷,用白马载抵洛阳,建白马寺,译《四十二章经》,此为中国有佛僧、佛寺、佛教之始。道,指依据《道德经》(即《老子》)、《南华经》(即《庄子》)而长期演变创立的宗教,是中国本土宗教。汉末,地处祖国南疆的北部湾地区,儒、释、道三学发展都有其特点,尤其是佛教,出现了我国第一部本土的佛教著作——《牟子理惑论》。以下简述汉末北部湾的儒、释、道三学的发展状况,以探索汉末时期北部湾的文化生态。

一、儒

据谢启昆《广西通志·选举表》,汉代“制举”者:申朔,苍梧人,建武初举孝廉科;养奋,永元中举方正科;士燮,苍梧广信人,建安中举孝廉科,又举茂才

---

① 本文为国家社科基金重大招标课题“桂学研究”(项目编号:12&ZD164)阶段性成果。

② 胡大雷(1950—),男,浙江宁海人,文学博士,广西师范大学文学院教授,广西壮族自治区政府特聘专家,主要从事桂学研究、中国古代文学研究。

科。① 汉代以儒学选士，北部湾地区距离文化中心遥远，这样的儒学人才还是比较少的；但北部湾地区却出现过几位在朝廷儒学中的中流砥柱人物。

其一，粤西士人二陈在朝廷儒学建设中的贡献。二陈，指粤西苍梧人陈钦、陈元二代，他们在《左氏春秋》的立官学、立博士上有突出的贡献。

陈钦，苍梧广信人，"习《左氏春秋》，事黎阳贾护，与刘歆同时而别自名家。王莽从钦受《左氏》学"②。陈钦曾为厌难将军。《汉书·儒林传》载陈钦传授《春秋左氏传》：

> 汉兴，北平侯张苍及梁太傅贾谊、京兆尹张敞、太中大夫刘公子皆修《春秋左氏传》。谊为《左氏传》训故，授赵人贯公，为河间献王博士，子长卿为荡阴令，授清河张禹长子。禹与萧望之同时为御史，数为望之言《左氏》，望之善之，上书数以称说。后望之为太子太傅，荐禹于宣帝，征禹待诏，未及问，会疾死。授尹更始，更始传子咸及翟方进、胡常。常授黎阳贾护季君，哀帝时待诏为郎，授苍梧陈钦子佚，以《左氏》授王莽，至将军。而刘歆从尹咸及翟方进受。由是言《左氏》者本之贾护、刘歆。③

陈钦，字子佚，有著作《陈氏春秋》，见于《后汉书》李贤等注，已佚；其儒学贡献在传授《左氏春秋》，尤其是"以《左氏》授王莽"。东汉末年兴起经学的古今文之争，今文经学为现实利益有所附会，古文经学注重文字、音韵、训诂。陈钦的"以《左氏》授王莽"，为古文经学建立政治靠山，为汉平帝时《左氏春秋》立博士、列为官学奠定基础。清人屈大均《广东新语·文语》"粤人著述源流"条总括陈钦的贡献云："（陈钦）得黎阳贾护之传，直接虞卿、荀况、张苍、贾谊、贯公、贯长卿、张禹、尹更始、尹咸、翟方进、胡常之一脉，源远流长。尝撰为《陈氏春秋》以自别。"④

陈钦之子陈元，字长孙，东汉光武帝时来到京师，《后汉书·儒林传上》载：

> 及光武中兴，爱好经术，未及下车，而先访儒雅，采求阙文，补缀漏逸。先是，四方学士多怀协图书，遁逃林薮。自是莫不抱负坟策，云会京师，范升、陈元、郑兴、杜林、卫宏、刘昆、桓荣之徒，继踵而集。⑤

后继承其父学术主张，力主古文经学，《后汉书·郑玄传》：

---

① ［清］谢启昆：《广西通志》（第3册），南宁：广西人民出版社，1988，第1774页。

② ［南朝·宋］范晔：《后汉书·陈元传》，北京：中华书局，1965，第1229—1230页。

③ ［汉］班固：《汉书》，北京：中华书局，1962，第3620页。

④ ［清］屈大均：《广东新语》，北京：中华书局，1985，第321页。

⑤ ［南朝·宋］范晔：《后汉书》，北京：中华书局，1965，第2545页。

> 初,中兴之后,范升、陈元、李育、贾逵之徒争论古今学。①

《后汉书·陈元传》载陈元"少传父业,为之训诂,锐精覃思,至不与乡里通。以父任为郎"②。他在学问上不仅继承了父业,也下过深切的工夫。其本传又载其为立《左氏春秋》而做出的努力与贡献:

> 建武初,(陈)元与桓谭、杜林、郑兴俱为学者所宗。时议欲立《左氏传》博士,范升奏以为《左氏》浅末,不宜立。元闻之,乃诣阙上疏曰(文略)。书奏,下其议,范升复与元相辩难,凡十馀上。帝卒立《左氏》学,太常选博士四人,元为第一。③

陈元对《左传》做了广博精深的注释与考证,著有《左传异国》(已佚);东汉初年,当古文经学与今文经学的论争再度掀起,他取得了辩论的胜利。"《左氏》学"终于得立,陈元为《左氏》博士四人中的第一人。汉光武帝年间,陈元与桓谭、杜林、郑兴齐名,在全国的学术界有着相当大的影响。其儒学贡献还有数陈"郊庙之礼",他在任职司徒欧阳歙府时,"数陈当世便事、郊庙之礼,帝不能用"④。他还曾传授《费氏易》:

> 建武中,范升传《孟氏易》,以授杨政,而陈元、郑众皆传《费氏易》,其后马融亦为其传。融授郑玄,玄作《易注》,荀爽又作《易传》,自是《费氏》兴,而《京氏》遂衰。⑤

汉代王充称陈元为"天下极才,讲论是非,有余力矣",但又"言讷"。⑥ 屈大均《广东新语·文语》"粤人著述源流"条称:"汉议郎陈元,以《春秋》《易》名家","《通志》谓陈元有《左氏训诂》及集若干卷";称陈元所撰,"自请立《左氏》学官与请勿督察三公二疏而外,有承诏与范升辩难书十余道"⑦。但其研究《左传》的特色,其稍后时代的经学家李育"以为前世陈元、范升之徒更相非折,而多引图谶,不据理体"⑧,"多引图谶"是东汉学问的特色。

《后汉书·陈元传》称其子陈坚卿,"有文章"⑨,屈大均称:"其子坚卿,亦有

---

① [南朝·宋]范晔:《后汉书》,北京:中华书局,1965,第1208页。
② 同上,第1230页。
③ 同上,第1230、1233页。
④ [南朝·宋]范晔:《后汉书·陈元传》,北京:中华书局,1965,第1234页。
⑤ [南朝·宋]范晔:《后汉书·儒林列传上》,北京:中华书局,1965,第2554页。
⑥ [汉]王充:《论衡·案书》,上海:上海人民出版社,1974,第437—438页。
⑦ [清]屈大均:《广东新语》,北京:中华书局,1985,第320—321页。
⑧ [南朝·宋]范晔:《后汉书·儒林传下》,北京:中华书局,1965,第2582页。
⑨ [南朝·宋]范晔:《后汉书·陈元传》,北京:中华书局,1965,第1234页。

文章名，能传祖父之业。噫嘻，陈氏盖三世为儒林之英也哉。”①

后人说到粤西时多论及陈钦《左氏》，如明人王世贞《为吴侍御赠广西钟提学》诗云：

> 中外台端见表仪，不烦霜面瘴烟披。分来秘阁藜千点，校后书生桂几枝？门下陈钦谈左氏，（苍梧为公属郡）江东匡鼎受葩诗。悬知独秀峰头坐，五岭云霞更属谁！（公读中秘书为御史，提学南畿，故云）②

王世贞又有《送陈佥事视广西学》，诗云：

> 春风万里郁林西，客有乘骢使者衣。桂岭云生天欲尽，藤江霜落瘴全稀。诗题粤馆逢梅发，书就湘帆与雁违。《左氏》诸生今受《易》，看君绛帐已光辉。③

其二，儒学在粤西的传播与教育。

士燮，《三国志・吴书・士燮传》载其家世：

> 士燮字威彦，苍梧广信人也。其先本鲁国汶阳人，至王莽之乱，避地交州。六世至燮父赐，桓帝时为日南太守……父赐丧阕后，举茂才，除巫令，迁交趾太守……（汉）赐燮玺书曰：“交州绝域，南带江海，上恩不宣，下义壅隔，知逆贼刘表又遣赖恭窥看南土，今以燮为绥南中郎将，董督七郡，领交趾太守如故。”后燮遣吏张旻奉贡诣京都，是时天下丧乱，道路断绝，而燮不废贡职，特复下诏拜安远将军，封龙度亭侯。④

其本传又载，士燮“少游学京师，事颍川刘子奇”“察孝廉，补尚书郎”等，他是在京城做过官的人。其本传又载士燮“耽玩《春秋》，为之注解”，“治《左氏春秋》”。⑤ 袁徽《与尚书令荀彧书》对其学问尤为赞赏，其云：

> （士燮）官事小阕，辄玩习书传，《春秋左氏传》尤简练精微，吾数以咨问传中诸疑，皆有师说，意思甚密。又《尚书》兼通古今，大义详备。闻京师古今之学，是非忿争，今欲条《左氏》《尚书》长义上之。⑥

---

① ［清］屈大均：《广东新语》，北京：中华书局，1985，第321页。
② ［清］汪森撰，桂苑书林校注：《粤西诗载校注》，南宁：广西人民出版社，1988，第5册，第279页。
③ 同上，第281页。
④ ［晋］陈寿：《三国志》，北京：中华书局，1982，第1191—1192页。
⑤ 同上，第1191—1192页。
⑥ 同上，第1191页。

《隋书·经籍志》有"《春秋经》十一卷,吴卫将军士燮注"①。后世学者对士燮治《左氏春秋》很是称赏,对其经学造诣评价很高。汉末的北部湾地区,有些言语交流需要翻译,"凡交趾所统,虽置郡县,而言语各异,重译乃通"②。明人严从简《殊域周咨录》称士燮:"取中夏经传,翻译音义,教本国人,始知习学之业。"③越南史学家吴士连对士燮的评价:"我国通诗书,习礼乐,为文献之邦,自士王始,其功德岂特施于当时,而有以远及于后代,岂不盛哉!"④

汉代末年在北部湾地区传授经学的还有几位。如刘熙,曾师从著名经学家郑玄。献帝建安中曾避乱至交州。刘熙有《孟子注》一书,见于唐代《一切经音义》引,今已亡佚无存。著有《释名》27 篇,采用声训的方式;汉代《尔雅》《方言》《说文解字》等著作中,声训用得也很多。但全书的名物语词都用声训来解释,则《释名》为第一书,是刘熙的独创。《三国志·吴书·韦曜传》记载,韦曜(即韦昭,晋人避司马昭讳,改作曜)在狱中上书称:"又见刘熙所作《释名》,信多佳者。"韦昭入狱在孙皓凤凰二年(273 年),据此可知,其书在吴末已广为流传,为学者所重视。

据陈寿《三国志》所说,吴人程秉、薛综都曾从(刘)熙问学。汝南程秉,"后避乱交州,与刘熙考论大义,遂博通五经。士燮命为长史"。孙权"为太子(孙)登娉周瑜女,(程)秉守太常,迎妃于吴,权亲幸秉船,深见优礼。既还,秉从容进说登曰:'婚姻人伦之始,王教之基,是以圣王重之,所以率先众庶,风化天下,故诗美关雎,以为称首。愿太子尊礼教于闺房,存周南之所咏,则道化隆于上,颂声作于下矣。'登笑曰:'将顺其美,匡救其恶,诚所赖于傅君也'"。以儒学教育年轻的太子,多有儒学著作,"著《周易摘》《尚书駮》《论语弼》,凡三万馀言"⑤。

许慈,字仁笃,南阳人也。"师事刘熙,善郑氏学,治《易》《尚书》《三礼》《毛诗》《论语》。建安中,与许靖等俱自交州入蜀。"⑥

薛综,《三国志》本传载,"少依族人避地交州,从刘熙学"⑦。士燮归附孙权,召其为五官中郎将,出任合浦、交趾太守。后从征至九真,还都任谒者仆射。嘉禾元年(232 年)升任尚书仆射。赤乌三年(240 年),徙任选曹尚书。赤乌五年(242 年),为太子少傅。薛综为当时名儒,著有诗赋难论数万言,集为《私

---

① [唐]魏征:《隋书》,北京:中华书局,1973,第 928 页。
② [南朝·宋]范晔:《后汉书·南蛮西南夷列传》,北京:中华书局,1965,第 2836 页。
③ 严从简撰,余思黎点校:《殊域周咨录》卷六,北京:中华书局,1993,第 236 页。
④ [越]吴士连:《大越史记全书》外纪卷三《士王纪》,越南内阁官版正和十八年(1697 年),重印本。
⑤ [晋]陈寿:《三国志·吴书·程秉传》,北京:中华书局,1982,第 1248 页。
⑥ [晋]陈寿:《三国志·蜀书·许慈传》,北京:中华书局,1982,第 1022—1023 页。
⑦ [晋]陈寿:《三国志》,北京:中华书局,1982,第 1250 页。

载》,并著有《五宗图述》《二京解》。

汉代以来,北部湾地区也有了儒学教育。《后汉书·循吏传》载:

平帝时,汉中锡光为交趾太守,教导民夷,渐以礼义,化声侔于(任)延。①

《后汉书·南蛮传》载粤西建立学校之初:

光武中兴,锡光为交趾,任延守九真,于是教其耕稼,制为冠履,初设媒娉,始知姻娶,建立学校,导之礼义。②

《安南志略》卷十四亦如此记载:

西汉末,锡光治交趾,任延治九真,建立学校,遵仁以义。汉唐时尝贡进士明经者,李琴、张重、姜公辅是也。③

儒学教育自东汉末年兴盛起来。汪森《粤西丛载序》云:"在汉则刘熙、程秉、薛综、虞翻,讲学交州,著述不倦,此文教之始也。"④其中著名的如虞翻:

徙(虞)翻交州。虽处罪放,而讲学不倦,门徒常数百人。又为《老子》《论语》《国语》训注,皆传于世⑤。

虞翻的学问得到孔融的认可,《虞翻传》又载:

(虞)翻与少府孔融书,并示以所著《易注》。融答书曰:"闻延陵之理乐,睹吾子之治易,乃知东南之美者,非徒会稽之竹箭也。又观象云物,察应寒温,原其祸福,与神合契,可谓探赜穷通者也。"⑥

其三,以儒学为教化。喻猛,字骄孙,江西豫章(今南昌市)人。后汉和帝时为苍梧太守,以清白为治,郡人有颂称之,即《喻猛颂》,辞曰:

於惟苍梧,交趾之域。《禹贡》厥人,岛夷卉服。大汉惟宗,迪以仁德。出自中台,镇于外国。鸠集以礼,南人入服。简于帝廷,功化毕植。⑦

---

① [南朝·宋]范晔:《后汉书》,北京:中华书局,1965,第2462页。
② 同上,第2836页。
③ [元]黎崱撰:《安南志略》,清文渊阁四库全书本。
④ [清]汪森撰,黄振中等校注:《粤西丛载校注》,南宁:广西民族出版社,2007,第2页。
⑤ [晋]陈寿:《三国志·吴书·虞翻传》,北京:中华书局,1959,第1321—1322页。
⑥ [晋]陈寿《三国志》,北京:中华书局,1959,第1320页。
⑦ [清]汪森:《粤西诗载》首录此诗,作《喻猛歌》,但遗后八句;今依梁章钜《三管诗话》所录,见[清]梁章钜撰、蒋凡校注:《三管诗话校注》,南宁:广西人民出版社,1996,第7页。

喻猛事迹,除府志外,《尚友录》卷十八亦有所载。

陈临,字子然,南海人。后汉永建中苍梧太守,导人以孝悌,郡人歌之,此即《陈临歌》,辞曰:

苍梧府君恩广大,令死罪囚有后代。

又云:

苍梧陈君恵及死,能令死者不绝嗣,德参古贤天施报。①

陈临事迹,除府志外,《尚友录》卷四亦有所载。

林富、黄佐《广西通志》之"人物传一"《名臣》载:

养奋,字叔高,郁林州人。博通坟籍,郡人重之。以布衣举方正。和帝时,策问"阴阳不和,或水或旱"。奋对曰:"天有阴阳,阴阳有四时,四时有正令。春夏则予惠布施宽仁,秋冬则刚猛盛威行刑。赏罚杀生各应其时,则阴阳和,四时调,风雨时,五谷升。今则不然,长吏多不奉行时令,为政举事干逆天气,上不恤下,下不忠上,百姓困乏而不恤哀,众怨郁积。故阴阳不和,风雨不时,灾害缘类。水者阴虚,小人居位,依公营私,谗言诵上。雨漫溢者,五谷有不升而赋税不为减,百姓虚竭,家有愁心也。"奋盖一时名儒,惜莫能究其所终。②

养奋是以抨击当前政治来回答汉和帝"阴阳不和,或水或旱"的策问,体现了对国家大事与民生疾苦的关心。《三管诗话》卷下"商盘"条载后人对他的记忆:

《广西旧志》有《养奋汉和帝时举方正碑》,以献帝初平四年立……商宝意为郁林刺史时,有《访养奋古碑歌》,特录之以存其概云:"汉代多鸿生,通经饰吏治。江都阐天人,长沙愤时事。厥后养叔高,布衣前谒帝。上书论五行,为国葆元气。《洪范》休咎徵,历历如奋议。维天儆荐瘥,垂象通玄秘。倘非纳谏君,安敢陈灾异?故里有贞珉,特为先贤置。我来访遗踪,蒿藜半蒙翳。碑碣已虚文,况乃虚文弃。再阅百千年,雪泥谁复记?方当燮理朝,阴阳消亢沴。序无旸雨愆,道在猛宽济。还闻求直言,触讳毋须避。

---

① 此《陈临歌》,[清]汪森《粤西诗载》不及录,《平乐府志》所录《陈临歌》又遗此后三句。[清]梁章钜《三管诗话》据《梧州府志》补。见[清]梁章钜撰、蒋凡校注:《三管诗话校注》,南宁:广西人民出版社,1996,第7页。

② [明]林富、黄佐:(嘉靖)《广西通志》,济南:齐鲁书社,1997,第541页。

吾徒享太平,与民同乐利。怀古迥苍苍,典型今未坠。”①

商盘,清会稽人,这位任职郁林的地方官吟诵郁林的地方先贤,此中亦有与养奋相同的为政理想,诸如“道在宽猛济”“与民同乐利”,云云。

二、释

佛教史上我国现存最早的佛教撰述,为牟子所作《牟子理惑论》,即汉末苍梧太守牟子博所撰写。此书既称《理惑论》《牟子》,又称《牟子理惑论》。汤用彤称赏此书云:“而牟子作《理惑论》,公然黜百家经传,斥神仙方术。佛教自立,而不庇托他人,其精神始见于《理惑论》。不仅因其为现存支那撰述之最早者,而可重视也。”“牟子援引《老》《庄》以申佛旨,已足征时代精神之转换。”②

《牟子理惑论》全书共39章,首章一般称为序传,最后一章称为跋。一般称正文共37章。序传部分介绍牟子的经历和著书的缘由,所述史事多可与史实相印证,其中一些记述可以补史料之不足,其所言当时社会动乱状况、交州地区思想学术界之动态,以及作者为什么作此书,经学者考察,都与实际情况是相符合的。《牟子理惑序》载牟子自述生平:

> 先是时,牟子将母避世交趾,年二十六,归苍梧娶妻。太守闻其守学,谒请署吏。时年方盛,志精于学,又见世乱,无仕宦意,竟遂不就。是时,诸州郡相疑,隔塞不通。太守以其博学多识,使致敬荆州。牟子以为荣爵易让,使命难辞,遂严当行。会被州牧优文,处士辟之,复称疾不起。牧弟为豫章太守,为中郎将笮融所杀。时牧遣骑都尉刘彦将兵赴之,恐外界相疑,兵不得进。牧乃请牟子曰:“弟为逆贼所害,骨肉之痛,愤发肝心。当遣刘都尉行,恐外界相疑难,行人不通。君文武兼备,有专对才,今欲相屈,之零陵、桂阳,假途于通路,何如?”牟子曰:“被秣服枥,见遇日久,列士忘身,期必骋效。”遂严当发,会其母卒亡,遂不果行。久之退念,以辩达之故,辄见使命。方世扰攘,非显己之秋也。乃叹曰:“老子绝圣弃智,修身保真,万物不干其志,天下不易其乐,天子不得臣,诸侯不得友,故可贵也。”于是锐志于佛道,兼研《老子》五千文,含玄妙为酒浆,玩五经为琴簧。世俗之徒多非之者,以为背五经而向异道。欲争则非道,欲默则不能,遂以笔墨之间,略

① [清]梁章钜撰、蒋凡校注:《三管诗话校注》,南宁:广西人民出版社,1996,第266—267页。其中又称:“按:《粤西丛载》亦引《金石录》载此碑,以初平四年八月立。而今无可考。曹昭《格古要论》载蔡中郎《九疑山碑》在广西,盖同此望古遥集也。”

② 汤用彤:《汉魏两晋南北朝佛教史》,北京:中华书局,1983,第55页。

引圣贤之言证解之，名曰《牟子理惑》云。[①]

从中可知，牟子与母亲一起避世来到交趾，年二十六归苍梧，娶妻。牟子是个很有学问的人，他有多次任官的机会，但他坚持研究学问，值得注意的是这几句："锐志于佛道，兼研《老子》五千文，含玄妙为酒浆，玩五经为琴簧"，"略引圣贤之言证解之"，他是以老庄甚或孔子来阐述佛教的。

全书均采用自设客主进行问答的形式展开，所假设的问者是个来自北方的儒者，自称"吾昔在京师，入东观，游太学，视俊士之所规，听儒林之所论，未闻修佛道以为贵，自损容以为上也"，但这位北方的儒者也称"仆尝游于阗之国。数与沙门道人相见"[②]，于是对佛教提出种种疑问；而设置的答者是牟子，根据对方提的不同问题大量引用儒、道和诸子百家之书给予解释，对佛教教义学说加以发挥阐述，以图论证佛、道、儒观点一致。比如：

回答了佛从何出生、先祖、国邑及"终日竟夜，讲道诵经，不预世事"的日常佛教行为的问题，以《老子》"孔德之容，唯道是从"概括之。[③] 回答了"何以正言佛，佛为何谓乎""何谓之为道，道何类也"的问题。[④] 以《老子》"有物混成，先天地生，可以为天下母，吾不知其名，强字之曰道"回答了佛教的作用。[⑤] 回答了"圣人制七经之本，不过三万言"而"今佛经卷以万计，言以亿数"的问题。回答了"佛道至尊至大，尧舜周孔曷不修之乎"的问题。[⑥] 回答了"佛有三十二相八十种好"的问题。[⑦] 回答了是否合乎"孝子之道"及"不孝莫过于无后"的问题。[⑧] 回答了佛教与世俗礼仪是否相违的问题。[⑨] 回答了佛教"人死当复更生"及"佛家辄说生死之事鬼神之务"的问题。[⑩] 回答了佛教为外来之物而孔子曰"未闻用夷变夏者也"的问题。[⑪] 回答了佛教与孔子的"惠""仁"的异同。[⑫] 回答了"汉地始闻佛道，其所从出耶"的问题。[⑬] 又回答了神仙之道与佛教的区别

---

① [南朝·梁]释僧祐撰，李小荣校笺：《弘明集校笺》，上海：上海古籍出版社，2013，第8—10页。
② 同上，第49、58页。
③ 同上，第11、13页。
④ 同上，第11—13页。
⑤ 同上，第16页。
⑥ 同上，第16—17、19页。
⑦ 同上，第20页。
⑧ 同上，第21、23页。
⑨ 同上，第24—25页。
⑩ 同上，第27—28页。
⑪ 同上，第29—30页。
⑫ 同上，第31—32页。
⑬ 同上，第40—41页。

的问题。①

其中还涉及佛讲道的方法问题，如人问："佛经说不指其事，徒广取譬喻。譬喻，非道之要，合异为同，非事之妙"。牟子答曰："事尝共见者，可说以实；一人见，一人不见者，难与诚言也。"并以"昔人未见麟，问尝见者：'麟何类乎？'"为譬喻来说明，并得出结论："自诸子谶纬、圣人秘要，莫不引譬取喻。"②又如人问："见博，其有术乎？"答曰："由佛经也。"并称："吾既睹佛经之说，览《老子》之要，守恬惔之性，观无为之行，还视世事，犹临天井而窥溪谷，登嵩岱而见丘垤矣。"③这表明牟子的信佛教，则是有会于《老子》。问者或以《老子》之语问之，而牟子也以《老子》之语答之，如：

> 问曰：老子云："知者不言。言者不知。"又曰："大辩若讷，大巧若拙。"君子耻言过行。设沙门有至道，奚不坐而行之，何复谈是非论曲直乎？仆以为此行德之贼也。
>
> 牟子曰：……老子所云，谓得道者耳。未得道者，何知之有乎？大道一言而天下悦，岂非大辩乎？老子不云乎"功遂身退，天之道也"，身既退矣，又何言哉！今之沙门，未及得道，何得不言？④

汤用彤说："汉代佛教，附庸方术。魏晋释子，雅尚《老》《庄》。牟子适为过渡时代之人物。则牟子《理惑论》者，为中国佛教史上重要之一页也。"⑤这就是《牟子理惑论》在中国文化史上的地位。

三、道

从《牟子理惑论序》的牟子所称，可见北部湾的道家思想、道教思想的流传。一是其称"北方异人，咸来在焉，多为神仙辟谷长生之术。时人多有学者，牟子常以五经难之，道家术士莫敢对焉"⑥，二是牟子自称"读神仙不死之书"，其"锐志于佛道"是与"兼研《老子》五千文"联系在一起的⑦，以道家研佛家；而且仿《老子》作《牟子理惑论》，其文末的跋有所谓"吾览佛经之要有三十七品，老氏

① ［南朝·梁］释僧祐撰，李小荣校笺：《弘明集校笺》，上海：上海古籍出版社，2013，第 50—51 页。
② 同上，第 36—37 页。
③ 同上，第 47 页。
④ 同上，第 42 页。
⑤ 汤用彤：《汉魏两晋南北朝佛教史》，北京：中华书局，1983，第 57 页。
⑥ ［南朝·梁］释僧祐撰，李小荣校笺：《弘明集校笺》，上海：上海古籍出版社，2013，第 6—7 页。
⑦ 同上，第 6、10 页。

《道经》亦三十七篇,故法之焉"①。

汉末北部湾地区又有道教人士张津,《江表传》载孙策曰:"昔南阳张津为交州刺史,舍前圣典训,废汉家法律,尝著绛帕头,鼓琴烧香,读邪俗道书,云以助化,卒为南夷所杀。此甚无益,诸君但未悟耳。"②他要以道教布道教化交州,付诸行动,但没有成功。虽然孙策称之无益,但张津之所以没有成功,是因为没有得到地方上的认同。张津事迹又见《三国志·士燮传》:"朱符死后,汉遣张津为交州刺史,津后又为其将区景所杀。"③

汉末戴良则把道学思想运用于寻访人才。《后汉书·逸民列传·戴良》载:

> 戴良字叔鸾,汝南慎阳人也……举孝廉,不就。再辟司空府,弥年不到,州郡迫之,乃遁辞诣府,悉将妻子,既行在道,因逃入江夏山中。优游不仕,以寿终。④

戴良避乱江东后又有事迹,孙权任他为交州刺史。戴良,又字文让⑤,《三国志·吴书·士燮传》载戴良任交州刺史之事:

> (孙)权以交趾县远,乃分合浦以北为广州,吕岱为刺史;交趾以南为交州,戴良为刺史。又遣陈时代燮为交趾太守。岱留南海,良与时俱前行到合浦,而燮子徽自署交趾太守,发宗兵拒良。良留合浦。交趾桓邻,燮举吏也,叩头谏徽使迎良,徽怒,笞杀邻。邻兄治子发又合宗兵击徽,徽闭门城守,治等攻之数月不能下,乃约和亲,各罢兵还。而吕岱被诏诛徽,自广州将兵昼夜驰入,过合浦,与良俱前。⑥

《三国志·吴书·吕岱传》亦载:

> 交趾太守士燮卒,权以燮子徽为安远将军,领九真太守,以校尉陈时代

---

① [南朝·梁]释僧祐撰,李小荣校笺:《弘明集校笺》,上海:上海古籍出版社,2013,第63页。《老子》八十一篇,上部《道经》三十七篇,人们以其称《老子》。

② [晋]陈寿:《三国志》注引,北京:中华书局,1982,第1110页。

③ [晋]陈寿:《三国志》,北京:中华书局,1982,第1192页。

④ [南朝·宋]范晔:《后汉书》,北京:中华书局,1965,第2772—2773页。

⑤ 李昉等:《太平御览》,"戴良字文让",北京:中华书局,1960,第2695页下。一般认为字叔鸾的戴良与字文让的戴良即同一人,如严可均曰:"良,字叔鸾。一云字文让,汝南慎阳人。举孝廉,再辟司空府,俱不就。案:《吴志·士燮传》'黄武五年,孙权分交趾已南为交州,戴良为刺史',盖即此。"(严可均:《全上古三代秦汉三国六朝文》,北京:中华书局,1958,第894页)徐公持云:"戴良(生卒年不详),字叔鸾。一云字文让,汝南慎阳(今河南)人。汉末举孝廉,再辟司空府,皆不就。后避乱江东,孙权署为交州刺史。"(徐公持:《魏晋文学史》,北京:人民文学出版社,1999,第226页)

⑥ [晋]陈寿:《三国志》,北京:中华书局,1982,第1193页。

燮。岱表分海南三郡为交州，以将军戴良为刺史。①

交州，东汉时治番禺，即今广州，辖今两广及越南北部。吴分交州为交州和广州，广州治番禺，交州治龙编（在今越南河内东），交州辖今越南北部和今雷州半岛和北部湾地区。

中国古代文学史上有一篇奇文，此即汉末戴良《失父零丁》：

> 敬白诸君行路者，敢告重罪自为积，恶致灾交天困我，今月七日失阿爹。念此酷毒可痛伤，当以重币缯用相赏，请为诸君说事状：我父躯体与众异，脊背伛偻卷如戟，唇吻参差不相值。此其庶形何能备？请复重陈其面目：鸱头鹄颈獦狗啄，眼泪鼻涕相追逐，吻中含纳无牙齿，食不能嚼左右蹉，□似西域□骆驼。请复重陈其形骸：为人虽长甚细材，面目芒苍如死灰，眼眶臼陷如米羹杯。②

所谓“零丁”，即今之寻人告示，“失父”是什么人？“失父”又应该是怎么样的人？文中所叙述“失父”形状太不雅了，既有先天生理上的缺陷，也有后天修养的落魄，诸如“眼泪鼻涕相追逐”之类；且文中所用语句，诸如鸱、鹄、獦、狗、骆驼、死灰等，用以指父亲那可太不恭敬了。其实，如此形状者正是《庄子》所推崇的，《大宗师》载：子贡曰：“敢问畸人。”孔子曰：“畸人者，畸于人而侔于天。”③《人间世》又有进一步的说明：

> 支离疏者，颐隐于脐，肩高于顶，会撮指天，五管在上，两髀为胁。挫针治繲，足以糊口；鼓筴播精，足以食十人。上征武士，则支离攘臂而游于其间；上有大役，则支离以有常疾不受功；上与病者粟，则受三钟与十束薪。夫支离其形者，犹足以养其身，终其天年，又况支离其德者乎！④

《德充符》载：

> 闉跂支离无脤说卫灵公，灵公说之；而视全人，其脰肩肩。瓮盎大瘿说齐桓公，桓公说之；而视全人，其脰肩肩。故德有所长而形有所忘，人不忘其所忘而忘其所不忘，此谓诚忘。⑤

“畸人”正所谓“德有所长而形有所忘”。庄子认为，身体有缺陷，如《大宗

---

① ［晋］陈寿：《三国志》，北京：中华书局，1982，第 1384 页。
② ［宋］李昉等：《太平御览》，北京：中华书局，1960，卷五百九十八，第 2695 页下。
③ ［清］郭庆藩：《庄子集释》，北京：中华书局，1961，第 273 页。
④ 同上，第 180 页。
⑤ 同上，第 216 页。

师》所谓“堕肢体，黜聪明，离形去知”者①，如此才会真正获得精神自由。《德充符》载，卫国有丑人曰哀骀它，“丈夫与之处者，思而不能去也。妇人见之，请于父母曰‘与为人妻宁为夫子妾’者”，国君爱他，委之以国政；鲁哀公问这是什么人，孔子说：“形全犹足以为尔，而况全德之人乎！今哀骀它未言而信，无功而亲，使人授己国，唯恐其不受也，是必才全而德不形者也。”②称哀骀它为“德不形者”的“全德”之人，即“德”并不表现在形体上的“全德”。《知北游》载被衣歌曰：“形若槁骸，心若死灰，真其实知，不以故自持。媒媒晦晦，无心而不可与谋。彼何人哉！”③就是对这些“德不形者”的歌颂。那么，这样的人，难道戴良不爱吗？《庄子》所载形体有缺陷而是得道之人者不少，如：许由之师齧缺（《齐物论》，齧缺，少齿牙）、兀者王骀（《德充符》，刖一足曰兀）、支离叔与滑介叔（《至乐》，成玄英疏：“支离，谓支体离析，以明忘形也。滑介，犹骨稽也，谓骨稽挺特，以遗忘智也。”）④、承蜩者痀偻丈人（《达生》）、卷娄者舜（《徐无鬼》，成玄英疏：“卷娄者，谓背项俛曲，向前挛卷而伛偻也……（舜）既登九五，威跨万乘，愍念苍生，忧怜凡庶，于是年齿长老，耳目衰竭，无由休息，岂得归宁！伛偻挛卷，形劳神倦，所谓卷娄者也。”⑤）等。⑥

因此，所谓“失父”的“父”，即是对有才德的男子的美称。《诗·大雅·大明》：“维师尚父，时维鹰扬。”马瑞辰通释：“父与甫同，甫为男子美称。”⑦《春秋谷梁传·隐公元年》：“三月，公及邾仪父盟于昧……仪，字也。父，犹傅也，男子之美称也。”⑧历来称孔子为“孔父”亦是惯例。以道家的思想看起来，戴良《失父零丁》正是一份寻找“全德”者的告示，其叙写“失父”的这种形象是一种赞美，是为了表达自己对“全德”之人的企羡与仰慕；戴良受到道家思想的影响，才写出这样的奇文。

汉代粤西地区又多有道学的著作，如前述虞翻有《老子》训注、《易注》；又如郁林太守陆绩，“虽有军事，著述不废，作《浑天图》，注《易》释《玄》，皆传于世”，但其自称亦“幼敦《诗》《书》，长玩《礼》《易》”⑨，可谓儒道兼通。

---

① [清]郭庆藩：《庄子集释》，北京：中华书局，1961，第 284 页。
② 同上，第 206 页。
③ 同上，第 738 页。
④ 同上，第 616 页。
⑤ 同上，第 864—865 页。
⑥ 此处所论“德有所长而形有所忘”，参见拙文《寻找失去的世界》，《学术研究》2010 年第 12 期，第 134—139 页。
⑦ [清]马瑞辰撰，陈金生点校：《毛诗传笺通释》，北京：中华书局，1989，第 810 页。
⑧ 《春秋谷梁传注疏》，《十三经注疏》，上海：上海古籍出版社，1997，第 2365 页中。
⑨ [晋]陈寿：《三国志·吴书·陆绩传》，北京：中华书局，1982，第 1328—1329 页。

四、儒释道在北部湾兴起的原因

那么，为什么汉代的北部湾儒、释、道如此兴盛呢？

其一，这是交趾独特的地理条件所致。自汉代起，北海湾就成为中华民族通向南洋的出海通道之一，《汉书·地理志》记载汉时与南洋的交通时说，"自日南障塞、徐闻、合浦船行"，可至都元国、邑卢没国等。其又载："有译长，属黄门，与应募者俱入海，市明珠、璧流离、奇石异物，赍黄金杂缯而往。所至国皆禀食为耦，蛮夷贾船，转送致之。"①交趾为东西海路中心，《后汉书·南蛮传》："交趾之南有越裳国。周公居摄六年，制礼作乐，天下和平，越裳以三象重译而献白雉，曰：'道路悠远，山川岨深，音使不通，故重译而朝。'成王以归周公。"②"逮王莽辅政，元始二年，日南之南黄支国来献犀牛。凡交趾所统，虽置郡县，而言语各异，重译乃通。"③"建武十二年，九真徼外蛮里张游，率种人慕化内属，封为归汉里君。明年，南越徼外蛮夷献白雉、白菟。"④"肃宗元和元年，日南徼外蛮夷究不事人邑豪献生犀、白雉。"⑤"延光元年，九真徼外蛮贡献内属。三年，日南徼外蛮复来内属。顺帝永建六年，日南徼外叶调王便遣使贡献，帝赐便金印紫绶。"⑥"熹平二年冬十二月，日南徼外国重译贡献""六年，日南徼外国复来贡献。"⑦这些重译贡献都是经交趾而行。本来经西域陆路交通，有时也改经海路，经交趾而通中原朝廷，如《后汉书·西域传》："至桓帝延熹九年，大秦王安敦遣使自日南徼外献象牙、犀角、玳瑁，始乃一通焉。"⑧"和帝时，（天竺国）数遣使贡献，后西域反叛，乃绝。至桓帝延熹二年、四年，频从日南徼外来献。"⑨交趾通中原也常常由海路，如前述桓晔"遂浮海客交趾"，又许靖自称自会稽"浮涉沧海，南至交州。经历东瓯、闽、越之国，行经万里，不见汉地"⑩。汤用彤先生称："则是时交州为东西海程之中心，因能吸收异教殊俗，思想较中州能自由开发。"⑪

地理之便利，使北部湾在汉代时成为丝绸之路的出口与入口，带来了与海

---

① ［汉］班固：《汉书》，北京：中华书局，1962，第1671页。
② ［南朝·宋］范晔：《后汉书》，北京：中华书局，1965，第2835页。
③ 同上，第2836页。
④ 同上，第2836页。
⑤ 同上，第2837页。
⑥ 同上，第2837页。
⑦ 同上，第2839页。
⑧ 同上，第2920页。
⑨ 同上，第2922页。
⑩ ［晋］陈寿：《三国志·蜀书·许靖传》，北京：中华书局，1982，第964页。
⑪ 汤用彤：《汉魏两晋南北朝佛教史》，北京：中华书局，1983，第57页。

外的交流。北部湾与海外交流还有一个特别有意思的例子：经北部湾这条通道，还有海外的民间故事传入我国。19世纪初，德国格林兄弟共同搜集整理了德国乃至欧洲流传一两千年的民间故事、传说与童话。如今人们最为熟悉的，莫过于其中那一篇题为《灰姑娘》的故事了。唐人段成式作《酉阳杂俎》，其续集卷一《支诺皋上》①，也记载有同样的故事，那位姑娘叫叶限。段成式称此故事为“南人相传”“南中怪事”，这里的“南”即指今广西南边一带，并说就是“邕州洞中人”李士元所述。邕州，秦桂林郡地，即今广西南宁；“洞”，即少数民族部落。②

其二，汉末战乱，各方人物来到交州，带来各种思想、各种学术，各种思想、各种学术在此交流、交锋。汉武帝诛吕嘉，开九郡，设交趾刺史，但其地人民虽粗习汉语，然罕观礼化。到了汉末，中原大乱，中原士人多有避乱至此，多得到交州刺史士燮的接纳，史称其“体器宽厚，谦虚下士，中国士人往依避难者以百数”。士氏家族至士燮在交州已有七世的努力。士燮任交趾太守，其弟或领合浦太守，次弟领九真太守，另一弟领南海太守。其家族在粤西可谓根深蒂固，有着赫赫声势，士燮兄弟“并为列郡，雄长一州，偏在万里，威尊无上。出入鸣钟磬，备具威仪，笳箫鼓吹，车骑满道，胡人夹毂焚烧香者常有数十。妻妾乘辎軿，子弟从兵骑，当时贵重，震服百蛮，尉他不足逾也”③。正因为有这样的权威，在乱世中保全一方安土，这方安土也成为中原人士的避难所，为当时人们所盛赞。他们把中原各种思想、各种学术也带到了此地。《牟子理惑论序》所谓“交州差安，北方异人咸来在焉”；其中“多为神仙辟谷长生之术，时人多有学者”，而“牟子常以五经难之，道家术士莫敢对焉”，等等。④ 这是说交趾之地被中华教化未久，思想比较自由，故有“北方异人”的各种思想、各种学术在此的交流、交锋。如：沛国桓晔，“初平中，天下乱，避地会稽，遂浮海客交趾，越人化其节，至闾里不争讼。为凶人所诬，遂死于合浦狱”⑤。汝南许靖，“孙策东渡江，皆走交州以避其难”，“既至交趾，交趾太守士燮厚加敬待”；此时陈国袁徽亦“寄寓交州”⑥。汝南程秉，“后避乱交州，与刘熙考论大义，遂博通五经。士燮命为长史”⑦。沛郡薛综，“少依族人避地交州，从刘熙学。士燮既附孙权，召综为五官中郎将，除

---

① ［唐］段成式：《酉阳杂俎》，北京：中华书局，1981，第200—201页。

② 北部湾“灰姑娘”的故事，详见拙文《广西“灰姑娘”的故事与北部湾出海通道》，载胡大雷、何林夏主编：《粤西文化与中华文化研究》，桂林：广西师范大学出版社，1993，第208—211页。

③ 以上均见［晋］陈寿：《三国志·士燮传》，北京：中华书局，1982，第1191—1193页。

④ ［南朝·梁］释僧祐撰，李小荣校笺：《弘明集校笺》，上海：上海古籍出版社，2013，第6—7页。

⑤ ［南朝·宋］范晔：《后汉书·桓荣丁鸿列传》，北京：中华书局，1965，第1260页。

⑥ ［晋］陈寿：《三国志·蜀书·许靖传》，北京：中华书局，1982，第964页。

⑦ ［晋］陈寿：《三国志·吴书·程秉传》，北京：中华书局，1982，第1248页。

合浦、交趾太守。时交土始开,刺史吕岱率师讨伐,综与俱行,越海南征,及到九真"①。刘熙,建安年间避地交州,收徒讲学,著书立说。这些士人都得到了士燮的礼聘与激赏,汤用彤先生称:"士燮于当世奇材异能之士,均所招礼,固步独儒林也";"观士燮之招纳人士,而且与牟子同为苍梧人,则牟子或亦士燮所激赏(时牟子年方盛)"②。汤用彤先生又称:"牟子生平学问信仰,兼收并蓄,常有转变,实充分表现五方杂处、交通频仍地方之精神。"③

北部湾这极偏远的地方,因其偏远许多人躲避战乱来此而得到各种各样的学术人才,又因其与海外交通方便,得到与海外交流之机会,于是在汉魏之际有机会领全国的风气之先。而今天,国家"一带一路"战略方案的实施,已经为我们广西的发展提供了客观条件,可谓"地利";而全国的各路人才尤其是广西的人才,应该利用"一带一路"战略的"地利"优势,以"人和"为国家"一带一路"战略方案的实现作出贡献!期望汉代北部湾地区的文化生态以及儒、释、道在北部湾地区的发展,能给我们有益的启示。

---

① [晋]陈寿:《三国志·吴书·薛综传》,北京:中华书局,1982,第1250页。

② 汤用彤:《汉魏两晋南北朝佛教史》,北京:中华书局,1983,第56页。

③ 同上,第57页。

如何保护利用历史遗产与文化资源①

——“桂学应用”研究系列论文之一

黄伟林②

[**内容提要**] 应用研究首先面临的问题是现状调查,没有调查就没有发言权。应用研究的重要目的之一是献策资政,通过对历史与现实的认知和分析,提出发展的思路和对策。专家学者从事应用研究,扮演的角色是专业支撑。学术为社会服务,不要跟着社会亦步亦趋,而应该在文化建设、文化发展的某些方面能够引领社会,示范社会。知识生产、知识传承、知识创新是大学的职责,应用研究必须以学为本,知行合一是应用研究努力的目标。

[**关键词**] **桂学 以学为本 应用研究**

桂学以广西文化研究为己任。这里提到的文化研究,既包括对历史文化的研究,也涵盖当代文化的建设。换言之,桂学研究是要在广西文化的过去、现在和未来之间架设一座桥梁,通过研究文化发展的历史、规律和现状,探究文化建设的方向和路径。

正是基于对桂学研究的这一理解,胡大雷教授主持的国家重大招标课题“桂学研究”专门设置了子课题“桂学应用”,由我带领一个团队进行研究。

长期以来,高校人文学科教师擅长理论研究和文献整理,应用研究是高校人文学科教师的弱项。负责“桂学应用”这个子课题,对于我既是一个艰巨的任务,也是一个全新的挑战。

一、调查研究

应用研究首先面临的问题仍然是现状调查,没有调查就没有发言权。我们

① 本文为广西2015年度文化精品项目,广西第三批特聘专家,广西师范大学“广西抗战文化暨桂林文化城研究”岗(编号:2014B014)、国家社科基金重大招标项目“桂学研究”(项目编号:12&ZD164)、广西人文社会科学发展研究中心哲学社会科学服务地方经济社会发展特色基地桂林抗战文化研究与教育实践基地等项目的阶段性成果。

② 黄伟林(1963—),广西师范大学文学院教授、博士生导师,广西桂学研究会副会长,广西文艺理论家协会副主席。

主要从两个层面进行既全面又有深度的调查研究。

（一）桂林文化资源调查

2010年，受桂林市政府委托，我们承担了《桂林“十二五”文化发展规划》的编制工作。为了编制这一规划，我们对桂林的文化资源进行全面调查。

当年调查的结果是：桂林有国家考古遗址公园2个（广西共2个）、国家级文物保护单位11个（广西共42个）、自治区级文物保护单位72个（广西共355处）和市县级文物保护单位291处；一级文物40件（广西共301件）、二级文物768件（广西共4467件），三级文物2879件；国家级非物质文化遗产1项（广西共28项）、自治区级非物质文化遗产41项（含3项列入扩展名单）、市级非物质文化遗产112项和县级非物质文化遗产365项；国家级非物质文化遗产项目代表性传承人1人、自治区级非物质文化遗产项目代表性传承人29人、市级非物质文化遗产项目代表性传承人75人；自治区级非物质文化遗产传习基地5个（广西共10个）；国家级文化产业示范基地3个（广西共5个）和自治区级文化产业示范基地8个（广西共28个）。

我们对桂林文化资源进行总体分析，最后确定桂林最具特色的文化资源分三种类型：山水文化资源、历史文化资源和国际文化资源。

全球最具代表性的山水文化资源。桂林有地球上最具审美价值的喀斯特地貌，漓江环境中的岩溶峰林，是桂林山水文化的物质基础。桂林形成极为典型的山水文化格局、山水审美体系与天人合一的山水生活方式。桂林山水文化以中原文化为主体，兼容了岭南文化、湖湘文化和壮侗苗瑶少数民族文化，呈现出开放性、多样化的文化特征。桂北民居、桂林园林、摩崖石刻、桂剧、彩调、文场、渔鼓、零零落、傩舞、山歌、龙舟赛、龙船歌、苗族舞蹈、侗族大歌、山水画、山水诗、山水散文、桂林米粉、恭城油茶、桂林三花酒等都是独一无二或品质卓越的山水文化硕果。

丰富多彩、积淀深厚的历史文化资源。由文化遗址、文化遗物、文化名人、文化典籍构成的历史文化，为桂林灵动的自然形胜增添了博雅深邃的人文内蕴。以宝积山、甑皮岩为代表的史前洞穴考古文化，以灵渠为代表的秦代军事文化，以古南门为代表的唐代桂州城文化，以“静江府城图”为代表的宋代西南会府文化，以靖江王城·王陵为代表的明代藩王文化，以广西贡院为代表的清代科举文化，以李宗仁故居为代表的民国桂系文化，以红军过桂北、桂林八路军办事处为代表的红色文化，以省立艺术馆为代表的抗战爱国文化，以湘山寺为代表的宗教文化，形成源远流长的历史文脉，构成博大精深的文化宝库。桂林涌现了许多历史名人，群星璀璨，光耀千秋。以颜延之、李靖、李渤为代表的政绩卓越的地方官员，以赵观文、陈继昌、龙启瑞为代表的科举扬名的状元，以蒋冕、陈宏谋为代表的国家重臣，以石涛、周位庚为代表的山水画家，以临桂词派、岭西五大家、杉湖十子为代表的文学家，还有20世纪以来影响巨大的桂系首脑李宗仁、白崇禧，全国知名的教育家马君武、哲学家梁漱溟、文学家白先勇，等等，他们是桂林历史文化资源的重要组成部分。

知名度很高的国际文化资源。自然山水使桂林早在古代就扬名海内外。公元7世纪，南传佛教进入桂林，形成了桂林西山佛教造像艺术。公元817年，印度高僧觉救游览桂林。抗日战争时期，越南胡志明在桂林八路军办事处工作，美国陈纳德将军的"美国自愿航空队"驻扎桂林援助中国抗战。20世纪50至70年代，越南在桂林先后成立育才学校和"九二"学校，许多学生后来成为越南党政官员、知名学者和企业家，其中，越南国家部级以上的官员有20余名之多。20世纪60年代末，我国政府在桂林组建中国桂林南溪山医院作为越南战地后方医院。改革开放以来，桂林吸引了全球旅游者的眼光。尼克松、卡特、布什、克林顿等100多位外国元首和数以万计的外国名人游览桂林。2010年，桂林入境游客已经达到148万人次。每年有数以千计的外国学生留学桂林。桂林与日本熊本市、新西兰黑斯廷斯市和波兰托伦市等一批外国城市缔结为友好城市。许多外资企业落户桂林。愚自乐园承载的国际雕塑文化，阳朔西街、阳朔的英语教育、涉外婚姻以及中西方文化交流成为国内外传媒长期关注的国际文化现象。

通过桂林文化资源调查，我们对桂林文化资源有了总体认识，也对桂林文化发展有了基础性的思考。

(二)广西文化符号调查

2011年，在广西人文社会科学发展研究中心的支持下，我们组建了桂学研究团队。桂学研究团队的一个重要工作就是进行广西文化符号调查。

文化符号是代表特定文化形态及其鲜明特征的凝练、独特的象征形式系统，在文化形象的构建中有特殊的意义。鲜明、独特的文化符号是特定文化形象的象征与标识。文化形象不是对特定文化精神的完整性、全面性的系统认知，而是对一系列典型文化符号及其精神意蕴的综合感知。一种文化主体的文化形象，并不具有明晰的逻辑性、系统性，而通常是符号化，由一系列典型的文化符号来凝练、形象地标示。

我们征集了220个广西文化符号，涉及九个领域的广西文化资源，是一次对广西文化家底的盘点。征集文化符号的调查过程也是一次全面认知广西文化的过程。通过调查可以获得客观、量化的数据结果，了解广西文化的大众认知状况和心理定式，形成对广西文化的总体认知。

本次调查获得了大量的一手数据，将各测量项目和各测量指标的数据比对分析,可以发现一些耐人寻味的现象,有的完全可以和广西文化存在与发展态势形成相互印证,有的显示出不为我们所留意的态势。经过对调查数据的初步梳理和分析,大致可以归纳出以下几个整体特点:

第一,最具代表性的广西文化符号认同高度一致。“桂林山水”和“刘三姐”两个文化符号在三个项目的测量中,均以绝对优势领先,成为毫无争议的最具魅力和影响力的广西文化符号。

第二,桂林板块文化符号整体上具有领先优势。在所有文化符号中,同时入选三个测量项目总成绩排名前十名的文化符号有六个,即桂林山水、刘三姐、山歌、桂林米粉、漓江和广西大学,其中桂林板块文化符号有桂林山水、桂林米粉和漓江三个,刘三姐、山歌和广西大学在某种程度上与桂林都有关联。

第三,海洋板块广西文化符号的认同度不高。在现有的广西文化传播中,以北部湾为代表的海洋文化板块的符号的重要意义还没有得到充分显现,但是在影响力和推广价值方面,已经获得大众的高度认可,具有广阔的发展空间。

第四,南宁板块文化符号更能代表当代广西文化开拓进取的姿态和日益增强的影响力。南宁板块广西大学、中国—东盟博览会和南宁国际民歌艺术节三个文化符号,在代表性、影响力和推广价值三个测量项目总成绩排名中,均名列前二十名。除了文化实力较为雄厚的桂林之外,作为广西首府的南宁较之广西其他城市,整体文化实力较强。南宁拥有的这三个文化名片都属于现代和当代,并且都属于文化类别,显示出当代南宁的文化开放胸襟和文化创造力。

通过广西文化符号调查,我们对广西文化资源有了一个融主观与客观于一体的认识,尤其是对广西文化的品牌认知获得客观依据。

二、献策资政

应用研究的重要目的就是献策资政,通过对历史与现实的认知和分析,提出发展的思路和对策。

无论是在《桂林“十二五”文化发展规划》还是在《广西文化符号调查报告》中,我们都提出许多建立在调查研究基础上的建议和对策,其中一些建议和对策得到政府相关部门的采纳,达到了应用研究的初级目标。

比如,在《桂林“十二五”文化发展规划》中,我们提出“设置文化地标”,分期分批对已有标识和尚未标识的历史文化遗址遗迹(包括已经消亡的历史遗址)设置说明标志(说明标志应该图文并茂,如果没有老照片则可用美术作品代替),可以按当代文化遗址、抗战文化遗址、民国文化遗址、清代文化遗址、明代文化遗址、宋代文化遗址、唐代文化遗址等系列分期分批进行。据《桂林晚报》

2014年11月28日消息，桂林文化标识建设工作进入落实阶段，首批22个抗战文化标识已完成定点、设计，即将在桂林街头亮相的这些标识既是一个个精致的城市小景，也是宣传介绍桂林抗战文化的文化地标。

又如，在《桂林“十二五”文化发展规划》中，我们提出“做好灵渠申报世界文化遗产工作”。据《广西日报》2014年3月27日报道，广西壮族自治区文化厅副厅长、文物局局长覃溥明确指出：“对照申遗工作流程，目前灵渠、花山岩画文化景观两个项目已基本完成相关基础工作，申遗文本也已完成初审，在认真梳理、核对、完善、齐备附件材料后，将于今年3月底报送国家文物局，标志着这两项申遗工作取得决定性进展。”

再如，2012年，我们到云南考察云南抗战文化的保护、利用和开发工作，撰写了考察文章《远足彩云之南　游心粤广之西》在《广西日报》2012年9月12日发表。文章指出：“近年来，云南的抗战文化引起越来越多人的关注。这种关注的主要体现就是大量相关图书的出版和多部电视连续剧的热播。其中，邓贤的《大国之魂》，余戈的《1944：松山战役笔记》，章东磐的《父亲的战场》《国家记忆》，都是受读者追捧的畅销书。还有方国瑜先生《抗日战争滇西战事篇》这种含金量很高的学术著作。与此同时，《滇西1944》《滇西往事》等电视剧，也对云南抗战文化进行了广泛的传播。”对比广西，文章分析：“广西的抗战文化之所以没有像云南那样产生较大的影响力，主要有以下原因：一是载体建设乏力。虽然抗战之火几乎燃遍广西，但是，广西在抗战纪念馆、抗战博物馆、抗战遗址的建设和保护方面严重乏力。这方面的建设和保护既需要政府的大力支持，也需要动员各种社会力量的参与。二是传播乏力。广西一些学者也形成一些抗战文化研究成果，也获得公开出版，但通常是各自为政，没有形成合力，也没有充分调动多元的媒介力量进行传播，影响多局限在各自学科领域。三是有关管理部门重视乏力。”最后，文章指出：“抗日战争是中华民族一笔重要的文化遗产，广西是抗日战争中最有作为的中国省份之一。因此，深入研究和大力传播广西抗战文化，应该是广西文化发展的重要组成部分。管理部门的高度重视和切实投入，将会从根本上改变广西抗战文化研究的面貌。”

当天，时任广西壮族自治区人民政府主席马飚即对该文进行批示，要求研究广西抗战文化遗存，提出广西抗战文化保护利用思路。

2014年，广西桂学研究会设置专项课题“抗战桂林文化城文献汇编”。广西抗战文化研究出现一个新的高潮。

三、专业支撑

作为专家学者,我们在应用研究中扮演的角色是专业支撑。

比如,在灵渠申报世界文化遗产的工作中,我们撰写了一批有关灵渠的论文,重点梳理了从古代到当代与灵渠有关的文学作品,丰富了灵渠的文化内涵,为相关部门的灵渠申遗工作提供了一些重要的思想和材料。

又如,在花山岩画申报世界文化遗产的工作中,我们也撰写了论文,探讨花山岩画与广西壮族文学的关系,探讨花山岩画与广西多民族文学的关系。

为进一步深化广西壮族自治区左江花山岩画研究,为左江花山岩画文化景观申遗文本的修改完善提供科学支撑,2014 年 11 月 20 日,来自中国社会科学院、中国文化遗产研究院、中央民族大学、兄弟省区高校及科研院所,以及广西高校和科研院所的 36 位相关领域资深专家齐聚南宁,共同就"花山岩画与壮族文化"这一主题展开讨论。

"桂学研究"课题组多位成员如覃德清、杨树喆、黄伟林参加了会议。他们的观点和材料为花山申遗提供了重要的专业支撑。

作为一个以文学为基本专业构成的学术团队,推动广西当代文学的发展与繁荣,是我们义不容辞的责任。2012 年,我们出版了《广西现当代散文史》,对广西的现当代散文发展历程进行了梳理和探析。2011—2013 年,我们推出了"独秀作家群书系",为广西文坛打造了一个文化积淀深厚的文学品牌。2014 年,我们参与广西文史馆文学刊物的《广西作家群》的编辑工作,承担了其中几个重要栏目的主持工作;我们参与了广西文史馆《广西现代文化通览》的编写,承担了文学部分全部十多万字的撰写工作。我们以自身良好的专业素养支持和参与了广西的当代文化建设。如果往前追溯,可以发现,文坛桂军的边缘崛起,广西三剑客的异军突起,北部湾文学的风生水起,都有我们参与其中的文字踪影。

四、示范引导

大学是人才集聚、学科集聚、智力集聚和文化高雅的地方。

学术为社会服务。这个服务不要跟着社会亦步亦趋,而应该在文化建设、文化发展的某些方面能够引领社会,示范社会。比如,抗战时期的桂林文化空前繁荣,享有抗战文化城的盛誉。利用和开发这一历史文化资源,始终是桂林以及广西文化人的梦想。然而,囿于各种原因,这一文化资源长期未能得到很好的利用。在人们眼里,桂林依然是山水之都,而非文化名城。

那么,在这个可以称之为老大难的问题上,"桂学应用"能够有什么作为呢?

我们选择了举办“新西南剧展”。

什么叫西南剧展？

西南剧展全称为西南第一届戏剧展览会，是1944年2月15日至5月19日在桂林文化城举办的震惊世界的西南第一届戏剧展览会。来自桂、粤、湘、赣、滇五省的33个单位、1000多名戏剧工作者参加这次盛会。西南剧展包括三大内容：戏剧演出展览、戏剧资料展览和戏剧工作者大会。戏剧演出展览演出100多个剧目，观众达到十几万人次，被认为是五千年古国旷古未有的戏剧盛会，中国戏剧史上的空前盛举，实现了中国文化人战争年代的文化担当。

当年美国戏剧评论家爱金生在《纽约时报》称：“如此宏大规模之戏剧盛会，有史以来，自古罗马时代曾经举行外，尚属仅见。中国处于极度艰困条件下，而戏剧工作者以百折不挠之努力，为保卫文化、拥护民主而战，迭予法西斯侵略者以打击，厥功至伟。此次聚中国西南五省戏剧工作者于一堂，检讨既往，共策将来，对当前国际反法西斯战争，实具有重大贡献。”

西南剧展，是中国现代文化史辉煌的一页，也是中华民族文化自觉的一次集中展示。然而，时间过去70年，知道西南剧展的人已经不多。西南剧展被写在专著中，写在教材上，但人们接受它，往往只是一个概念，一个名词解释。长期以来，我们进行桂林文化城研究，进行西南剧展研究，发表了一些论文，出版了一些专著，但是，这些大多是教师自身的科研成果，是学术界的一种内循环，在社会上影响不大。

什么叫“新西南剧展”？

“新西南剧展”是我们打造的一个大学戏剧文化品牌。它以广西师范大学文学院中国现当代文学学科为基础，整合广西师范大学音乐舞蹈、美术设计等多学科力量，以重排、重演抗战时期桂林文化城优秀剧目为主要内容，旨在以青春激活历史，用学术引领时尚，既重现桂林文化城的辉煌壮烈，又体现今日大学生的文化担当。“新西南剧展”立足桂林，放眼世界，是一个学术引领，集学科教学与社会服务于一体的教育创新、文化创新项目。

新西南剧展，试图重新复活抗战桂林文化的这段文化历史、文学历史和艺术历史，试图复活那些远离我们今天社会现实的文学大师、戏剧大师，复活那些曾经震撼人心、激励士气、塑造人格的文艺经典，给纸上的历史赋予鲜活的生命，使纸上的经典走入人们的内心，让逝去的大师重新回到人们的生活。因为只有活着的东西，才能打动人、才能感染人。

新西南剧展，使社会公众了解了抗战桂林文化城这段历史，身临其境地接受抗战桂林文化城这段历史。学术，从教师自说自话的行为，越出了大学的象牙之塔，成为大学与社会共享的文化成果。

这其实就是学术普及。学术这种本来很小众的行为，进入公众的视野，并为公众所接受。

大学是文化传承、文化创造和文化提升的地方。当今时代，大学与社会有逐渐趋同的趋势。但我们认为，大学应该有自身独立的精神追求和价值认同，大学应该是高雅文化、高端思想、高尚品质的集散地。文化传承，首先要传承精英文化。新西南剧展重排、重演当年的精英话剧，不仅是缅怀那段壮怀激烈的岁月，更是要传承国难当头中国文人的风骨，为山水甲天下的桂林增添一道独具品格的人文风景，为今日中国大学增添一道韵味独特的人文风尚。

基于以上思考，2013 年，我们在长期的桂林文化城文献史料研究的基础上，创意策划了新西南剧展，既为了纪念西南剧展 70 周年，也为 2015 年的纪念抗战胜利 70 周年预热。

2014 年寒假刚过，我们就进入新西南剧展的排练工作。

2014 年 5 月 16 日，新西南剧展在广西师范大学隆重开幕，广西师范大学党委书记王枬，桂林市委常委、副市长陈丽华，广西戏剧家协会主席常剑钧等领导专家参加了开幕式。当晚，广西师范大学望道剧社成功地演出了田汉话剧《秋声赋》。

2014 年 6 月中旬，新西南剧展走出校园，在西南剧展的举办地桂林广西省立艺术馆演出，得到桂林市民的高度赞誉，真正实现了“在历史落幕的地方，我们重新出发”。

2014 年 6 月底，新西南剧展走出桂林，接受新影响文化投资集团的邀请，参加新青年话剧季暨广西大学生话剧节，在南宁锦宴剧场演出。2014 年 6 月公布的第五届广西校园戏剧节上，《秋声赋》获优秀演出剧目奖、《旧家》获演出剧目奖，广西师范大学获优秀组织奖。

2014 年 11 月，新西南剧展走出桂林，代表剧作《秋声赋》在第四届中国校园戏剧节上获得优秀剧目奖、优秀导演奖和优秀组织奖。

著名演员、电影《刘三姐》中刘三姐的扮演者黄婉秋，著名导演、广西戏剧家协会主席常剑钧，著名作家、《桂系演义》作者黄继树等广西文化名人观看了《秋声赋》的演出并给予了高度评价。

国务院参事、中国话剧艺术研究会会长、国家文化部艺术司原司长蔺永钧教授观看了《秋声赋》赴南宁演出之前的排练，即兴发表了感言，称广西师范大学新西南剧展是“小舞台，大作品；小舞台，大成果；小舞台，大意义”，“将会载入中国话剧史”。

我们是幸运的。我们的努力没有白费。

新西南剧展还在创意和策划阶段，就得到广西文化界的高度认同。新西南剧展进入排练阶段，就得到桂林文化部门的高度重视。

2014年4月，桂林市文化局得知我们新西南剧展的创意后，立刻决定在桂林市的层面举办新西南剧展活动，并邀请我们参与策划。我们又推荐了著名戏剧家张仁胜参与新西南剧展的策划工作。

2014年12月18日，桂林市戏剧创作研究院和广西师范大学、广西桂学研究会桂林联络处联合举办西南剧展70周年文艺纪念会。

桂林市文化局也在紧锣密鼓地策划2015年的新西南剧展。

至此，由于广西师范大学新西南剧展的创意、策划和举办，西南剧展这个历史事件终于以新西南剧展的形式复活。桂林数千市民观看了广西师范大学的新西南剧展，多家媒体刊登了新西南剧展的报道，其篇幅之大、频率之高出乎我们意料。无论是政府，还是市民，无论是普通观众，还是文化界精英，几乎所有人都高度认同新西南剧展这个文化创意，对我们团队的工作表示了真诚的期待。可以说，正是因为“桂学应用”研究团队新西南剧展的创意、策划和举办，启发和推动了桂林新西南剧展的策划。从大学里走出来的新西南剧展，体现了“桂学应用”研究在文化建设和文化发展中的引领示范作用。

就“桂学应用”而言，我们在相当程度上完成了“桂学应用”所预设的目标。知行合一，学以致用。我们以专家之“学”推动乃至示范社会之“用”。我们以我们的知识、思想和才能，盘活了沉睡多年的文化遗产，激活了封存已久的文化资源，复活了被人遗忘的文化经典。

大学是知识生产、知识传承、知识创新的地方，大学要服务于社会，但大学并不等同于社会。在新西南剧展排演的过程中，有桂林文化界人士对我说：“你们做了一件功德无量的事情！”我们对桂林文化界的认同感到欣慰，但我们也清楚地知道，我们不过是做了一件大学应该做的事情。今日大学的形象似乎不如过去。我们希望通过自己的行为证明大学还是有理想主义的存在，还是可能营造“高大上、低奢内”的人文内涵的。大学可以引领潮流于时代，如“五四”时期的北京大学；大学也可以从容淡定于社会，如抗战时期的西南联合大学。然而，万变不离其宗，求知、思想和创新是大学不变的主旋律。“学而不思则罔，思而不学则殆”，这是我们需要铭记的。知行合一，这是我们需要努力的。回到桂学研究协同创新项目，最后我想说的是，我们努力以学为本，兼及应用。

田汉的抗战情怀

——从田汉在桂林抗战文化城说起

邓祝仁①

［内容提要］ 田汉一生，兴于戏曲，结于戏曲；田汉情怀，融于戏曲，显于戏曲；田汉心灵，寓于戏曲，绽于戏曲。抗战爆发，武汉、广州沦陷以后直到湘桂大撤退，即1938年10月至1944年9月这六年时间里，田汉主要在桂林开展抗敌戏剧活动，其抗战情怀挥洒、浸透、熔铸在桂林美丽的山水之间，铭刻在众多文化人、戏剧人和热心观众心田。值此抗战胜利70周年之际，谨以本文表示缅怀和敬意。

［关键词］ 田汉　杜宣　新中国剧社　《秋声赋》　桂林抗战文化城

一、田汉的戏剧人生

> 田汉的一生和戏剧、电影、音乐紧密联系在一起，是中国杰出的戏剧艺术家、文艺活动家，中国现代戏剧的奠基人和中国新文化运动的先驱。他一生创作话剧、歌剧、戏曲剧本、电影剧本100多部，歌词和新旧体诗歌1300多首，是新中国国歌《义勇军进行曲》的词作者，话剧《关汉卿》是田汉的代表作，影响深远。

1898年3月12日，田汉出生于湖南长沙县一个贫苦的农民家庭，家乡是戏剧之乡，随时可以看到湘剧和皮影戏，他少年时代即浸淫在戏剧的熏陶之中。田汉1920年开始创作话剧，他的第一个电影剧本《翠艳亲王》写于1925年，是我国最早的电影剧本之一。1927年创作了话剧《名优之死》，是他早期的代表作。1928年和欧阳予倩、徐悲鸿成立“南国剧社”，主编《南国月刊》。1930年参与发起组建左翼联盟，是核心人物之一。1932年加入中国共产党，领导党的文艺工作。1934年写出电影故事《风云儿女》。1935年2月19日被捕入狱，在狱中作词《义勇军进行曲》，后来成为中华人民共和国国歌。同年7月被徐悲鸿、宗白华保释出狱。抗战前，田汉已经创作话剧、戏曲、电影剧本50余部了。

---

① 邓祝仁（1947—　），男，广西桂林人，文学学士。现任桂林电子科技大学外聘教授，《社会科学家》杂志社原编审、主编、社长。近期研究方向：广西地方文史。

抗日战争爆发后，田汉的戏剧活动和抗战融为一体。他组织发起成立“中华全国戏剧界抗敌协会”。上海、南京沦陷之后，1938 年应周恩来、郭沫若邀请参加国民政府军事委员会政治部第三厅，任第六处少将处长，负责文艺宣传工作，同剧作家洪深等组建了 10 个抗敌演剧队、4 个抗敌宣传队和 1 个孩子剧团。1938 年至 1944 年往来于湖南、桂林和重庆之间，主要在桂林领导开展抗敌戏剧活动。颠沛流离中，桂林时期的田汉创作了《秋声赋》（五幕话剧）、《黄金时代》（四幕话剧）、《怒吼吧，漓江》（活报京剧）、《再会吧，香港！》（四幕话剧，与夏衍、洪深合作）、《新儿女英雄传》（京剧）、《江汉渔歌》（京剧）、《金钵记》（京剧）、《岳飞》（新平剧）、《新会缘桥》（湘剧），改编《阿 Q 正传》等话剧 6 部，戏曲剧本 13 部，帮助杜宣支撑起新中国剧社，和欧阳予倩一道策划、组织完成了中国具有深远意义的一次剧展——西南剧展。田汉在桂林的戏剧创作和文艺活动鲜明地反映了他关心时局、抗击日寇的政治担当，也反映了他追求艺术、追求爱情和关心青年艺人的浪漫情怀。

新中国成立后，田汉以中国戏剧改革最高领导者和创作者双重身份活跃于人生舞台，政绩显著，成果丰硕，影响深远。他出任文化部戏曲改进局局长、艺术局局长。身处国家戏剧领导岗位的田汉，领导全国戏剧改革，积极坚持剧本创作，深入调研，关心艺人，也不忘记那些在抗战期间牺牲的战友。作为中国最杰出的戏剧创作者，田汉 1958 年创作了他的代表作——12 幕话剧《关汉卿》（发表于《戏剧》1958 年第五期），1961 年创作京剧《谢瑶环》。田汉把他一生的所见、所闻、所思以及他浑身所散发出的浪漫情怀和浓郁诗情都放进他的戏剧创作之中。周扬说田汉“不仅把深切的生活感受，运用话剧形式表现出来，而且把他丰富的历史知识，充满诗情的才华与奔放的想象，都一起熔铸在创作之中”。在田汉的示范效应下，中国剧坛百花盛开，诞生了一批脍炙人口的历史剧，如郭沫若的《蔡文姬》和《武则天》，曹禺的《胆剑篇》，丁西林的《孟丽君》，刘川的《窦娥冤》，老舍的《义和拳》，吴晗的《海瑞罢官》，朱祖诒的《甲午海战》等。夏衍说，田汉是现代的关汉卿，中国的“戏剧魂”，“离开了田汉，中国现代话剧史没法写，现代文学史也很难写”。曹禺说：“田汉的一生就是一部中国话剧发展史……他是中国话剧运动的卓越的组织者和领导者……在中国话剧史上，他是一位具有开拓性的剧作家和中国话剧诗化现实主义艺术传统的缔造者。”

然而，这一切都被随之而来的“文化大革命”斥责为“封建帝王、才子佳人”，在中国戏剧界田汉最先招致厄运，他被江青及其爪牙和一批为他们所利用的红卫兵秘密关押、批斗、折磨、迫害，从此与世隔绝。恶劣的环境下田汉身心疲惫，抵抗力、免疫力急剧下降，最终糖尿病、尿毒症和冠心病并发，他的夫人、孩子及亲戚等均不得与之相见，他们连田汉关押在哪里都不清楚。关押中的田汉饿得难受,也没有东西吃,甚至被逼得趴地上喝掉自己的小便。1968 年 12 月 10 日,田汉被迫害致死于非法关押之牢笼中。虽然死讯告知了他的儿子田大畏,但他却难以取回骨灰,以至于留下终身遗憾,最后连父亲的遗体流失何方也不得而知。1979 年 4 月,田汉终于获得平反昭雪,好人永远活在人民心中,可惜的是,这时和他陪伴了 20 多年的妻子已经去世多年,没能看到这舒心的一刻。①

二、田汉的抗战情怀

田汉的抗战情怀体现在他的抗战戏曲创作与救亡活动中。1938 年 10 月到 1944 年 9 月这 6 年时间里,田汉的活动主要在桂林。

1937 年 7 月 7 日抗战在中国全面爆发,中国的文化中心北平、上海相继沦陷,接着首都南京沦陷。1938 年 10 月,华中、华南两大重镇武汉、广州相继失陷。于是,中国文化包括教育、文艺、出版等事业开始了又一轮大规模西迁,桂林成了一个比较理想的落脚地和集散地。战争玉成了桂林无可替代的战略地位,桂林成了广州、长沙、南宁、贵阳、重庆、昆明诸城市的交通枢纽,成了联结华南前线与西南大后方的纽带,辐射到香港乃至东南亚广大地区。相对宽松的政治气氛使人口急剧膨胀,著名文化人物众多,大出版单位林立,抗战戏剧和各种文艺活动丰富多彩成了这个时期桂林的鲜明特征,这一情形一直延续到 1944 年 9 月湘桂大撤退。田汉是这个时期活动在桂林的核心人物之一。

请允许我从他 1941 年到桂林的往事讲起。1941 年初夏,一个黑麻麻的夜晚,电闪雷鸣,风雨大作。田汉已经入睡。

"砰砰砰",急速的敲门声惊醒了田汉。

"哪一个呀——"

"田老大,是我,杜宣呀,从桂林赶来哟。"

田汉给杜宣倒了杯热茶,坐下来。杜宣对他说,皖南事变以后,桂林乃至整个广西的气氛变得越来越紧张。党把他从新四军调来桂林,指示他积极开展抗敌文化救亡运动,唤醒民众斗争,具体任务是接手改革、改造面临倒闭的新中国剧社。该剧社由桂林文化人李文钊创建,目前的情况是新中国剧社刚刚接过来,百废待兴,立足未稳,千头万绪,不知从何处入手。这不,就专程来衡山,拜

① 本文第一部分"田汉的戏剧人生"主要参阅资料为人民文学出版社出版的《田汉戏曲选》、《田汉电影剧本选》、《田汉诗选》、《田汉文集》(16 卷),张向华的《田汉年谱》(中国戏剧出版社,1992 年版),董健《田汉传》(北京十月文艺出版社,1996 年版),刘平《戏剧魂——田汉评传》(中央文献出版社,1998 年版),李建平《田汉在桂林的戏剧活动及其贡献》(《学术论坛》,1987 年第一期)。

请老大出山，加盟相助喽。

杜宣为什么不辞辛苦，千里迢迢，非要请田汉帮他呢？杜宣，一个二十多岁的年轻人，原在新四军做秘书工作，1940 年到桂林，对于戏剧还是门外汉。他到桂林之初，就认识了田汉，知道田汉是戏剧权威，自小生活在湘剧、皮影戏等地方戏曲的氛围之中，13 岁的时候就改编戏曲发表作品，如今已经写了数十个剧本了，还知道他对桂林情有独钟，情意深厚。

杜宣没错，很有眼光。田汉此前的确已经三到桂林。第一次是 1939 年 4 月 20 日到 9 月 20 日。那时，广州、武汉相继沦陷不久，田汉随郭沫若带着第三厅 100 号人的平剧（京剧）宣传队来到广西，在桂林待了 5 个月。短短的时间里他就写作并新排了京剧《江汉渔歌》《新儿女英雄传》，还协助夏衍为《救亡日报》创刊筹集资金。田汉在桂林引起了轰动，说他走到哪，那里就有戏剧，那里就有票房。

第二次是 1940 年昆仑关大捷之后，田汉带着四个演剧队前来访问，感慨良多，留下诗句"一树桃花惨淡红，雄关阻塞驿楼空。倭师几处留残垒，汉帜依然卷大风"，感动后人。他在回湖南途中，在桂林作短暂停留，住了 3 个月。离开桂林，回湖南不久，当年秋天，因去重庆，又一次借道、停留桂林，这是第三次到桂林。短短两年间三次往返，他不顾舟车劳顿，其间创刊了发行量最大的全国性的戏剧期刊《戏剧春秋》，担任主编和发行人，编辑队伍里就有杜宣。杜宣就是这时候认识田汉的。

杜宣记得，1940 年这一次在桂林，田汉和欧阳予倩这对多年不见的老朋友重逢了。欧阳予倩当时担子沉重，主持着广西全省的戏剧改革，担任广西戏剧改进会会长、广西省立艺术馆馆长兼桂剧实验艺术剧团团长等职务。田汉来了，欧阳予倩为田汉接风，邀请观看他新改编的《桃花扇》，请田汉批评指导。田汉看完戏的当晚，激动非常，睡不着，就一口气写了 8 首诗，赠予倩，其中两首曰："无限缠绵断客肠，桂林春雨似潇湘。善歌常羡刘三妹，端合新声唱李香。""小时爱听哀江南，白发歌里泪未干。试展桃花旧时扇，艺人心似美人丹。"田汉在诗前面的小序里写了心里的大实话，他说：欧阳予倩兄是前辈，在广西指导戏剧改革，好多年没见了，此次相逢神清气爽。谢谢他的盛情相邀，谢谢他和我畅谈戏剧，何等意气风发，相同观点很多，是近年来难得的快事。

杜宣想到这里心中甜甜的，他很有把握，相信田汉一定会帮助自己。于是，他怀着崇敬的眼光，深情地对坐在眼前的田汉再次恳求道："田老大，去桂林吧，桂林需要你，新中国剧社需要你。现在广西的条件比湖南好，或许能干出更大的事业来。"

最后一句话触动了田汉，这位中国的关汉卿和戏剧魂（夏衍语）。田汉动心了，于是对杜宣说："新中国剧社一定要搞成、搞好。"允诺处理完一些杂事后即赴广西，帮助办好新中国剧社。不久，田汉便有了抗战期间的第四次广西桂林之行，直到1944年9月湘桂战争爆发前大撤退时才离开。

1941年8月23日，田汉带着老母亲、妻子和孩子，风尘仆仆，直奔桂林而来。最终将家安顿在月牙山南麓的施家园。这次，他铆足了劲，要在桂林大干一番了。田汉是一个既有国难当头、责任担当，又有儿女情怀，还有追求艺术、追求爱情的有血有肉的大写之人。

果不其然。田汉一到桂林，就深入新中国剧社，班子很快搭好，投入排练工作。面对剧社初创的不景气局面，田汉心急如焚，他决定创作新剧本，扭转颓势。他打更熬夜，艰苦构思，以自己的生活经历为素材，结合抗战新形势，提炼新主题，创作了话剧《秋声赋》。他边写作，边排练，为了满足观众需求，保证按时演出，甚至不惜在蜡纸上直接写剧本。当稿子完成的那一刻，他非常高兴，马上即兴作打油诗一首："银牙咬碎血犹鲜，错节盘根见杜宣；待得风雨鸡鸣日，唱出秋声赋一篇。"

《秋声赋》是怎样一部戏呢？它是田汉1941年秋天在桂林创作的话剧力作，也是田汉桂林时期话剧的代表作之一，字里行间无不饱含着田汉的抗战情怀。剧名借用唐宋八大家欧阳修名作《秋声赋》的篇名和意蕴，既有时令感，也有时代背景。剧本大约9万字，1942年4月至9月连载于《文艺生活》第二卷第2期至第6期，1944年1月由桂林文人出版社出单行本。该剧五幕，除第四幕背景在长沙外，其余四幕背景均在桂林。1941年底作为迎接新年的"贺岁"剧目，又作为新中国剧社第二次公演的主打剧目首次公演，赢得很好的票房。田汉的加盟和指导，使新中国剧社很快走出票房惨淡、难以为继的阴霾，扭转了濒临倒闭的颓势，新中国剧社从此站稳脚跟，直至抗战结束解散，在中国话剧史上留下了精彩的一章。

田汉闲不住，接下来，他和欧阳予倩在酝酿、策划更大的项目了，这便是1944年2月15日开幕到5月19日闭幕，历时三个月的西南第一届戏剧展览会，简称"西南剧展"。1943年11月17日在桂林召开第一次筹备会，决定：第一，开始筹备"西南剧展"；第二，通过办事细则和筹委会名单，主任：欧阳予倩，常委另有张家瑶、田汉、熊佛西、李文钊、瞿白音（兼主任秘书）等，聘黄旭初为会长，李济深、李宗仁为名誉会长，指导长19人。即日起向西南38个戏剧团正式发出邀请。剧展1944年2月15日在新落成的广西省立艺术馆开幕，欧阳予倩、田汉、熊佛西、瞿白音等和西南33个戏剧团1000余人出席。5月19日闭幕，演出100余种类型剧目170场，观众10余万人次。在闭幕式上，田汉最后做总结发言，只见他从口袋中掏出一张纸，上面满是抗战以来牺牲的文化界、戏剧界人

员名单,他建议所有与会人员为死难者默哀……①

三、从话剧《秋声赋》创作看田汉抗战时期的爱情与婚姻

《秋声赋》是田汉1941年秋天在桂林创作的话剧力作,也是田汉桂林时期话剧的代表作,这部戏倾注了田汉的全部心力,融进了他对爱情婚姻的感受、理解、理想和追求,是抗战时期田汉情感婚姻的真实写照。

1941年抗战进入相持阶段,国民党加紧了对共产党和进步文化活动的控制,一些文化人陷入迷茫,对所面临现实的暂时困难预料不足,一些人陷在情感中难以自拔,失去了前进的方向。田汉本人当时也处于爱情与婚姻的漩涡之中。如何振作起来,走向抗日,成了一个很迫切的问题。话剧《秋声赋》就是在这种情势下创作的,它写的是一位文化人在妻子和红颜知己之间纠缠难受的情感矛盾,最后大家都克服了消极倾向,走出阴霾,走向抗战。戏剧以田汉的生活与情感经历为素材,反映了当时许多文化人和青年知识分子的经历、心声与生活,有很强的现实感和艺术感染力。这部戏倾注了田汉的全部心力,融进了他对爱情婚姻的感受、理解、理想和追求,是抗战时期田汉情感婚姻的真实写照。

在此,有必要回溯田汉的爱情与婚姻历程。田汉一生有四位爱人,四段婚姻。一位是原配易漱渝,舅舅的女儿,自己的表妹,两小无猜,知根知底,情投意合,一起留学日本,在日本结婚,又一同回国从事戏剧事业。可惜1925年便过早去世。妻子突然去世,田汉悲痛欲绝,连续写了很多悼亡妻子的诗文发表在杂志上。即便如此,也不能让田汉振作起来。

还是妻子了解丈夫。去世前夕,易漱渝把丈夫田汉托付给她的同学黄大琳。黄大琳虽然眉清目秀,但田汉怎么也爱不起来,毕竟爱妻刚刚离去,他岂能移情别恋?而黄大琳对田汉更多的是尊重,是兑现好友承诺,爱的情分不多。尽管田汉1927年在妻子去世两年以后还是和黄大琳结了婚,可怎么也找不到和表妹在一起的那种恋爱滋味和婚姻感觉。田汉在给日本友人村松梢风的信中直言不讳地说过:"妻子去世后又有了恋人,可是无论如何没有以前的滋味。我深切地感到人生的春天只有一次。"(田汉,《上海通信》)田汉和黄大琳的婚姻是一段没有爱情的婚姻,很短暂。

就在爱妻亡故这个时候,田汉的一个热心读者,名叫林维中的苏州姑娘开

---

① 本文第二部分"田汉的桂林情怀"主要参阅资料为苏关鑫等编《旅桂作家》(上)(广西人民出版社,1989年版,第48—86页),魏华龄《田汉在桂林文化城的戏剧活动》(原载《桂林文艺》1982年6月,收入《桂林文化城人物选辑》,第333—343页,《桂林文史资料》第56辑,2014年,内部准印证号:2004575)。

始疯狂地追求田汉。她在新加坡从友人所寄来的《南国特刊》上读了田汉写给妻子的悼亡诗，被感动得一塌糊涂，认为田汉是一个有才、有情、有志向、有担当的男人。她同情他的悲惨遭遇。她提起笔来勇敢地给田汉写信，大胆地表露爱慕之情，承诺愿意为他照顾孩子、孝敬母亲。

林维中是个大胆、热情、有主见、敢作敢当的姑娘。1900 年出生在苏州，后移居上海，在上海犹太人富翁哈同创办的仓圣明智大学附属女校读书。由于白净匀称，娴熟端庄，知书达礼，林维中被哈同的中国太太看中，选定做自己的儿媳，打算不日让其和儿子订婚，并派出三十多人的礼队上门提亲。谁知林维中不愿意。为了躲避这个婚姻，她只身一人出走，逃到新加坡，在那里做了一名教师，维持生计。

田汉被如此大胆追求爱情的青年女子所感动，控制不住情感给她回信，互相赠送了照片。如此你来我往，两人鸿雁传情了三年。终于，林维中离开新加坡回到上海。田汉很快坠入爱情漩涡。在林维中和黄大琳之间，田汉选择了林维中。于是和黄大琳友好分手，办了离婚手续。1929 年的 11 月《良友》画报上登出了离婚合影，合影下写着田汉的一段文字："为着我们精神的自由，为着我们不渝的友谊，我绝然与你小别了，亲爱的大琳！"

田汉和黄大琳离婚后，并没有立即和林维中结婚。他们相约，等林维中 1930 年在南洋的课程结束后，再回上海举行婚礼……可谁曾想到，就在这个节骨眼上，又有一个奇女子出现在田汉的生活中。

原来，中共为了争取田汉这位名声鼎沸的大戏剧家为党工作，在他身边安排了一个女秘书，这个女秘书刚从苏联受训回来，名叫安娥，有思想，有文采，爱好音乐，会写歌词，颇为流行的《渔光曲》《卖报歌》就是她的手笔。安秘书来到田汉身边，负责照顾田汉的生活，也分担他繁忙的工作。从此，她白天和田汉在一起，夜晚也常常和田汉在一起，耳濡目染，目光交流，她慢慢地熟悉了、习惯了田汉的生活与思想，走进了田汉的内心，田汉也视安娥为精神支柱和知己，两人的感情急剧升温。1930 年秋，田汉与安娥同居了。

这消息很快被和田汉热恋多年的林维中得知，她赶忙回到上海，见了田汉号啕大哭，痛不欲生。林维中要求田汉履行婚约。善良柔情的田汉置身此情此景，乱了方寸，只有答应按约与林维中完婚，并将已与安娥同居的实情告诉了她。

林维中知道此事后，立马主动约安娥谈判。她对安娥说了她和田汉的故事，她爱田汉，奋不顾身，要建立家庭，做正式夫妻。安娥毕竟是安娥，态度非常鲜明。她对林维中说："我是干革命的，我没有家，四海为家。我爱田汉，但我不要家，不要丈夫，你和他结婚吧！"

1931 年初,田汉在上海南京路福禄寿酒家与订下婚约的林维中举行婚礼,新房还是安娥为他们准备好的。尽管成婚,可婚后生活并不融洽、幸福,因为田汉已经把他的心毫无保留地交给了志同道合的安娥,再也回不去了。何况,安娥已经怀有身孕(田汉并不知情)。同年 8 月,安娥为田汉生下一子,取名田大畏。3 个月后,林维中生下了女儿田玛莉,后改名为田野。此后,家庭矛盾逐渐升级。田汉在他爱的两个女人和两个爱他的女人——林维中和安娥之间挣扎,他们共同为各自的感情悲痛所羁绊……

话剧《秋声赋》就反映了田汉这个时期的情感经历。抗战胜利后,田汉跟林维中离婚,和安娥结婚。此后,田汉和安娥一直在一起生活了二十多年。林维中没有再嫁。1968 年,田汉在"文化大革命"中受迫害致死,终年 70 岁。1979 年,田汉平反后在八宝山革命公墓举行追悼会,此时,安娥已经逝世。林维中在参加追悼会时,看到田汉的骨灰盒里仅仅存放着田汉生前所用的一枚图章、一支钢笔、一副眼镜、一张《义勇军进行曲》的歌词和一本剧本《关汉卿》时,放声大哭,泪水不止。1985 年 9 月 15 日,林维中逝世,终年 85 岁。

有人说《秋声赋》是田汉的自传体戏剧,我以为不妥。文学作品不宜对号入座,虽然可以从生活中找到影子,但未必就是作者本人。事实上,剧本的故事情节和结局与生活不完全一样。但可以肯定,这部戏倾尽了田汉的感情,也体现了他对桂林的钟爱情怀。五幕剧中有四幕,即第一、二、三、五幕的背景安排在桂林,安排在田汉桂林的家,只有第四幕的背景设置在湖南,田汉还巧妙地借剧中人物之口说出他对桂林好喜欢的印象:"好得很。不要说桂林的山水了,我一到市区就看见许多新的戏剧上演的美丽的广告。一到书店,新出版的书报也是美不胜收。桂林文化界的活动真是蓬蓬勃勃的,不愧是西南文化的中心。""这一带竹子长得不坏吧。你看那边,那是象鼻山,底下就是漓江,到了夏天我们常常到江里去游泳的。""人家说桂林山水甲天下,你们这儿又是桂林山水最好的地方,这已经算是你们桂林山水最好的地方。"田汉一家,抗战时住在施家园,周围是菜园,北面是月牙山,南面是穿山,东面是望城冈,西面是小东江、漓江、象鼻山和訾洲。①

① 本文第三部分"从话剧《秋声赋》创作看田汉抗战时期的爱情与婚姻"主要参阅资料为《田汉与最后一任爱人的艰难爱情》(《环球人物》杂志)、《老名媛安娥:改变田汉一生的烽火红颜》(《老名媛》,广西师范大学出版社,2010 年版)。

四、田汉抗战情怀的延伸

> 新中国成立以后，田汉位高权重，公务繁忙，但他的戏曲追求和抗战情怀不仅没有泯灭反而得以延伸，他重访桂林，关怀艺人，为艺人请命，他以极大的热情观看桂林地方戏曲，搜寻、踏勘、落实抗战时在桂林牺牲的文化人的遗址、墓葬。

抗战时期，田汉就以仗义疏财，为了朋友宁可自己饿肚子闻名。那时，桂林文化人的生活都十分清苦。田汉一家数口住在桂林，生活拮据，时常揭不开锅。1943年9月25—26日《大公报》连载过寒流（曾敏之）的一篇通讯，说“田汉的笔尖挑不起一家八口的生活重担”，生活十分清苦。但是只要稍微好一点，他就一定帮助在桂林的艺人，他家成了艺人们的俱乐部、避难所。那时新中国剧社经营惨淡，演员吃饭都不容易，田汉宁可自己不吃也要帮助他们。1944年6月至9月湘桂大撤退的时候，桂林到贵阳的火车票贵得出奇，一张票值一根金条。国民党高层给了田汉两张，可是这两张票他却送给了新中国剧社两个青年演员，其中一个叫朱琳，几十年过去，朱琳接受采访依然提到此事，说一辈子不会忘记，田汉把票给了她，第二天还到车站相送。

新中国成立以后，在文化部工作的田汉时常惦记桂林，惦记当年和他一起战斗过的文化人，不管健在还是牺牲，只要有可能就去探视他们，为他们奔走呼号。

1956年，田汉以中国文化部戏剧改进局和艺术局局长、中国戏曲家协会主席、全国人大代表身份到长沙、桂林等抗战时他战斗过的地方考察，走访了许多老艺人和中青年演员。5月31日至6月3日，田汉访问桂林。这是他第五次到桂林，虽然只有短短四天三晚，却做了三件让人难以忘怀的事情。

一件事是寻找、踏勘张曙墓，决定迁址地点。张曙是田汉的学生和战友，感情深厚。那天，田汉和市委书记黄云、文化局长郭其中三人到南溪山附近的冷水井一带寻找张曙墓。在山脚发现一块断碑，上面有郭沫若题字。在半山腰发现了墓冢，立着另外半块墓碑。田汉说，张曙和他的女儿是在桂林被日本飞机炸死的，不必迁回安徽老家，就埋在桂林好了。这事在他心中曾经是过不去的坎，得找一块好一点的地方。考察月牙山时，他指着山下的小东江深情地说，当年安娥就住在这里，常常看见她在河边洗衣服。说着说着，泪水就夺眶而出。考察七星岩时，田汉回忆当年在洞内排戏的繁忙情形，又激动异常。最后走出七星岩，过葛老桥，转六合路，到了灵剑溪旁，弹子岩西侧，灵剑溪桥西头的一棵大樟树下，即现在张曙墓这个地方。时值初夏，山水顺着岩罅缝隙下流，一滴一滴地滴在水面上和石钟乳上，发出咚咚的声响。黄云说，张曙是搞音乐的，这里有青山，有绿树，有流水，山泉咚咚作响，石钟乳悬着十分好看，像在演奏音乐，适合音乐家安身，就这里了。不久，张曙墓就迁葬过来了。如今，张曙父女长眠此地已经整整一个甲子了。

另一件事是观摩桂剧、文场等地方戏曲。田汉在桂林的三个晚上，用两晚看戏、谈戏，他观看了《秋胡归家》《金精戏仪》《斩三妖》三出桂剧和广西文场戏《双下山》，对改编后的《金精戏仪》和《双下山》大加赞赏，肯定了桂林戏曲老艺人和青年文艺工作者相结合的改革路子。他说："我们的许多传统剧目是要改革的。在改革中，一定要取其精华，去其糟粕，就像给婴儿洗澡倒脏水一样，千万不要把婴儿同脏水一起泼掉。"他强调："传统戏曲是中国几千年历史的文化瑰宝，要努力抢救这笔遗产，让它发扬光大，为人民提供丰富的精神食粮。"他敦促地方分管戏剧的干部多关心老艺人，抢救这些"活的遗产"。"不要让他们把一身技艺带到'土里'去。这对人民是损失啊！"田汉慧眼识珠，指出文场向文场戏发展是一条可行的路子，他十分欣赏《双下山》的主角扮演者石紫娟、卢必明，专门和他俩合影留念，赞扬青年演员石紫娟扮相得体，唱腔甜润，表演细腻，颇具表演天分，很有发展前途，表示将拿出经费，推荐石紫娟到北京相关戏曲学校深造，鼓励石紫娟多向老艺人学习，唱好、演好文场戏，一边表演一边研究文场艺术，并建议桂林成立文场剧团，允诺回京后拨款予以支持。

第三件事是走访桂林地方戏曲表演艺人。他看到，桂剧名演员李芳玉的家在一个小铺面过道上，只有一张床，没有房门。他看到，著名演员玉芙蓉夫妇、三个女儿和保姆 6 口人住在一间房里；玉芙蓉正在吃午饭，只有辣椒炒苦麻菜一个菜。田汉说要少吃辣椒，会坏嗓子的。玉芙蓉无奈地说：不吃辣椒又吃什么呢？田汉听后不禁鼻子一酸，动情地说："玉芙蓉是一位值得人民珍视的女艺术家，她主演的神话剧《金精戏仪》是一出多么好的戏啊！她给了我们最好的艺术享受，而她的生活却如此之清苦，我们真的有愧啊！"

他还看到，一些来自农村的民间演出团，来桂林演出暂住桂林的情形。在一间低矮潮湿的大通间里，住着 9 对夫妻，床与床紧紧相连，9 家 9 个灶，把整个房间熏得黑黑的。眼前的一切令田汉心绪难平，他激动地说："艺人也是人，应该过人的生活。桂林市的艺人生活却如此困苦，这在新中国建立多年后的今天，是不应该有的。"

他要求陪同人员将他的意见反映给中共桂林市委，请桂林市有关部门重视起来解决这些问题。他还说，周总理是非常关心艺人的，这些情况我回到北京后一定要向周总理汇报，并指示桂林市文化局长郭其中以市文化局的名义写个书面汇报给他。后来，田汉写了《切实关心老艺人的生活》一文和改编了传统戏《谢瑶环》，极力"为民请命"。不久，"反右"斗争袭来，田汉受到冲击，在周恩来总理的保护之下才未被打成“右派”。

文化部党组将报告讨论呈给了周恩来总理，国务院给全国戏曲艺人批了500万元，用于改善住房和生活。广西分得30万，桂林2万。一万给了田汉先生所见到的平乐县演剧团。一万留市区桂剧团，花9000元买了一栋木楼，解决了一些名演员的住房问题。

田汉就是这样一个为现实斗争创作，在观摩戏曲演出时发现人才，培养人才，“为演员的青春请命”，重情重义，充满浪漫情怀和浓郁诗情的戏剧大师。①

后记

本文是一篇探讨人物心灵的文章，重点叙述中国戏剧大师田汉的宽广胸襟与抗战情怀，主要在大量阅读和深入研究的基础上撮要写出。文意从内心流出，与桂林关系密切的地方，重点写；体会深的地方，深入写；感兴趣的地方，特别写；手头资料充裕的地方，多面写。为了流畅和连贯，尽量减少对参考原作的直接引用，在此谨向所参考文献的原作者致谢并请求谅解。

（2014年11月10日初稿，11月18—21日在桂林电视台社会生活频道《板路》栏播出了部分内容；2015年3月6日，田汉诞辰117周年前夕修改，9月校订。2015年10月31日下午在桂林百姓大讲坛以“田汉的桂林情怀”为题对桂林市听众作了演讲。）

① 本文第四部分“田汉抗战情怀的延伸”主要根据桂林市文化界老领导和资深艺人郭其中先生、何红玉女士对笔者的口述记录撰写，1956年田汉访问桂林时，郭老是最主要的接待者与陪同者。还参阅了沙伟《田汉1956年的长沙、桂林之行》（《档案时空》，2012年第5期），何红玉、苏兆斌《戏韵》（桂林：漓江出版社，1999年版，第110、7、9页）。

左江岩画研究

花山岩画人像造型的骆越根祖原型分析①

张利群②

［内容提要］ 花山岩画是壮族先民的百越文明及骆越文化创造的产物，具有民族文化遗产与世界文化遗产的价值和意义。“骆越根祖，岩画花山”提供花山岩画研究的重要视角，立足于人物画像造型特征进行原型分析，从其蛙状人形的人物画像“蹲踞式”特征揭示骆越蛙图腾崇拜信仰观念、粗线条轮廓的人物画像造型“影像式”特征揭示祖先灵魂崇拜意识、大小之别的人物画像特征所表现的社会内容等方面探讨骆越根祖文化渊源及其骆越文化传承意义。

［关键词］ 花山岩画 骆越根祖 “蹲踞式” 蛙状人形 影像造型

花山岩画是距今2000—2500年壮族先民所绘制在广西宁明驮龙镇耀达村明江西岸的花山悬崖峭壁上的岩画，是左江流域岩画群的代表作。新中国成立后，花山岩画研究受到国内外学界关注，黄增庆《谈桂西壮族自治州古代崖壁画及其年代问题》（《广西日报》，1957年3月9日）、《广西明江、左江两岸的古代壁画》（《文物参考资料》，1957年第4期）率先开展花山岩画研究。1963年出版了广西少数民族社会历史调查组编的《花山崖壁画资料集》。改革开放三十多年来，广西学界多次组织跨学科专家学者考察调研花山岩画及其左江流域岩画群，相继出版《广西左江岩画》《广西左江崖画》《广西左江流域岩画考察与研究》《花山文化研究》《左江崖壁画艺术寻踪》《花山申遗论谭》等20多部著作与图册，发表几百篇论文，主要对花山岩画的作画年代、内容形式、性质内涵、族属身份、功能作用、工具材料、艺术特征、审美风格以及保护开发、申遗战略等问题进行了大量的科学考察和学科研究，取得令人瞩目的成绩，形成花山岩画研究热潮。

---

① 本文为2013年广西“自治区‘特聘专家’专项经费资助”项目“广西文化产业发展与文化软实力研究”，项目批准号：2013B022；2015年广西文科中心重大课题培育项目“花山岩画与骆越文化研究”，批准号：ZD201503；2015年广西社科重点项目“左江花山岩画研究”，批准号：15AMZ001；2014年度广西高校科学技术研究项目“广西生态艺术产业化生产模式研究”，批准号：YB2014040。

② 张利群（1952— ），男，湖北罗田人，广西师范大学文学院教授，博士生导师，主要研究方向为文艺理论与批评、古代文论、文化研究。

花山岩画所在崇左及宁明的壮族人口在85%以上。从2012年开始，每逢三月三歌节，宁明举办崇左（宁明）国际花山文化节，隆重举行骆越始祖公祭大典。祭祖大典仪式分为同根共土、骆越圣火、净手上香、颂祖昭恩、行祭拜礼、乐舞告祭、源远流长等七部分，旨在通过祭祖大典表达传承弘扬骆越精神及骆越文化传统。“骆越根祖，岩画花山”成为花山文化节的主题，也为花山岩画研究提供了一个重要视角与思路。本文着重从骆越根祖文化研究视角探讨花山岩画人像造型的内涵与功能，阐发壮族先民的百越文明及骆越文化创造对中华文明和中华文化贡献的意义。

“根祖”指中国人落叶归根和认祖归宗观念意识所形成的宗族文化传统。一个家族有家族根祖，一个族群有族群根祖，一个民族有民族根祖。中华民族有中华民族根祖，在共同拥有的中华民族根祖基础上，各少数民族也有自身起源发展的根祖渊源，形成各少数民族的根祖文化。中华文明诞生后，各部落、氏族、族群逐渐融合统一，形成血脉相连、生生不息、殊途同归的多民族组成的中华民族大家庭，构建一脉相承、薪火相传的根祖文化传统。中华民族既表现为各民族形态的多样性，又体现出中华民族的统一性；既从史前文化的自然崇拜、图腾崇拜、神灵崇拜、祖宗崇拜、英雄崇拜中建构族群缘起、发生的民族渊源之血脉传统，又从历史文化传统的宗法文化、宗族文化、宗嗣文化、宗祠文化、家族文化中不断建构与强化民族渊源及其血脉纽带关系，形成传承至今的寻根问祖之根祖文化传统。

壮族之骆越根祖文化源远流长，一脉相承。据文献记载，先秦时期长江以南地区为古越人活动区域，泛指分布于苏、浙、皖、鄂、湘、赣、闽、粤、港、澳、桂、琼等地的古老族群，因族群众多，故通称“百越”。其后逐渐向南发展，所称百越地区主要包括今浙江、福建、江西、湖南、广东、广西、海南、云南等地区。《汉书·地理志》注引臣瓒曰：“自交趾至会稽七八千里，百越杂处，各有种姓。”百越之所属骆越一支主要分布在广西西南部左右江流域以及越南北部地区，“骆越分布在南越之西，西瓯之南，即今南宁的邕江及其上游，相当于秦时的象郡，汉代交趾、九真、珠崖等郡，其活动中心在左江流域至越南的红河三角洲”①。《交州外域记》：“交趾昔未有郡县之时，土地有雒田，其田从潮水上下，民垦食其田，因名为雒民。设雒王、雒侯，主诸郡县，县多为雒将，雒将铜印青绶。”由此可见，“骆”是因垦食“雒田”（骆田）以及岭南地区多“雒田”而得名，是当地人利用潮汐的涨落以灌溉水田而称“骆”，将这种潮田称为骆田，耕种骆田的人称为骆民，

① 蒋炳钊：《百年回眸——20世纪百越民族史研究概述》，蒋炳钊主编：《百越文化研究》，厦门：厦门大学出版社，2005，第19页。

治理这些骆田、骆民的人则称为骆王、骆侯、骆将。花山岩画所在的崇左宁明及左江流域正是当时骆越地区,所绘制的时间考证为战国至东汉时期,也正是骆越活动时期。因此,无论从空间还是时间推定,花山岩画为骆越人所为毫无疑义。当然,更为重要的是从花山岩画所表现内容与形式分析中确定其族属定位及其性质特征,从而阐发其作为骆越根祖渊源及骆越文化遗产传承的功能作用与价值意义。

花山岩画作为百越文明及骆越文化创造产物,从中能够获得哪些更为详尽的远古信息,体现出百越文明及骆越少数民族文化创造的哪些特征,作为骆越根祖的标志性文化符号有何根据,这首先需要对花山岩画内容所表现的人物画像特征进行分析。花山临江的整个悬崖峭壁裸石上画满了大大小小上千个人物画像,人像正是花山岩画所表现的主要对象。这些人物画像大体呈现三个显著特征,标示出画像的骆越身份及其文化内涵。本文试图从原型分析角度进行形象辨析及其骆越根祖文化探讨。

一、蛙状人形的人物画像造型之"蹲踞式"特征

花山岩画早在南宋时期已引起人们重视,历代文献中对此有所记载。宋代李石《续博物志》:"而广深谿石壁上有鬼影,如淡墨画。船人行,以为其祖考,祭之不敢慢。舟人戒无指,有言之者,皆患病。"明代张穆《异闻录》:"广西太平府有高崖数里,现兵马执刀杖,或有无首者。"清代光绪年间《宁明州志》:"花山距城五十里,峭壁中有生成赤色人形,皆裸体,或大或小,或执干戈,或骑马。"历代歌咏花山岩画的古诗"是谁挥得笔如椽,乾坤写此大诗篇""鬼斧神工输技巧,风吹雨打犹鲜妍"等,表达对花山岩画的赞美与惊叹。历代文献记载所凸显花山岩画"鬼影""如淡墨画""祖考""赤色人形""裸体"等画像特征早就引起人们的敬畏与关注,花山岩画遂成千古之谜。

远观花山岩画感受如此,近观更是如此。花山岩画中的人物画像造型有正身与侧身两种姿势,以正身人物画像为主。正身人物画像一律呈两手分开弯曲高举、两腿叉开弯曲下蹲的蛙状造型,构成立马式造型姿势,岩画研究界一般称为"蹲踞式"画像造型。侧身人物画像一律呈两手平伸、两腿叉开弯曲下蹲,构成立定跳跃式,与正身人物画像姿势基本一致,均为"蹲踞式"画像造型,只不过分为正面与侧面而已。"一些学者认为,左江流域崖壁画所绘的是剪影式模仿立蛙动作的群体舞蹈场面,是壮族先民蛙图腾崇拜的再现,其源于稻作农业,是

‘那’(稻作)文化的一种表现形式。”①花山岩画几乎一律化“蹲踞式”画像造型究竟传递出什么信息呢?

其一,“蹲踞式”人物画像造型与青蛙姿势非常相似,人与蛙结合的蛙状人形的人物画像造型,与原始部落的图腾崇拜密切相关。弗洛伊德《图腾与禁忌》指出:“在对图腾观的本质做进一步探讨时,要是我们暂时把某些后来附加上或消失的因素抛开不予考虑,那么,我们将发现它的原来的特性是如此:本质上,所有的图腾都是动物,它们被视为许多不同种族的祖先,图腾的传递仅经由母系。禁止杀害图腾(或者,在原始的社会里,禁止食用它)和属于同一图腾的族民之间严厉禁止发生性关系。”②原始图腾崇拜往往基于人与自然的亲和关系,选取和自身环境与利益密切相关的某个自然物作为自己的祖先加以信奉崇拜,由此构成部落图腾。原始图腾及其图腾崇拜中包含“泛神论”“万物有灵论”等观念以及自然崇拜、神灵崇拜、祖先崇拜、生殖崇拜等意识,既是原始巫术、原始宗教及其原始信仰系统缘起、发生的表达方式,也是对血亲、血缘关系及其认祖归宗的族群意识建构方式。壮族先民与其存在、生存、生产、生活的自然环境及其自然现象、自然物紧密相关,以之作为图腾崇拜对象,如蛙图腾、雷图腾、花图腾、蛇图腾、鸟图腾等,其中蛙图腾崇拜尤盛。蛙(当地称为蚂拐,至今还有蚂拐节、蛙婆节等民间节庆风俗)具有生命力强、跳跃力大、运动力足、繁殖旺盛、鼓鸣震响、捕食害虫等特征,以及预兆风调雨顺、丰衣足食等含义,寄托和蕴含骆越族群对祖先的尊崇敬仰心理与对美好愿望的精神追求。花山岩画蛙状人形画像正是骆越蛙图腾崇拜的表征,可以从骆越青铜器上的蛙形铜饰、铜鼓上的蛙纹饰、壮锦上的蛙纹饰、壮族服饰上的蛙纹饰、干栏建筑上的蛙形木雕木刻、铜鼓擂响如雷声蛙声共鸣,以及壮族舞蹈的蛙状造型、手舞足蹈的蛙形动作及蛙跳式节奏中窥见一脉相承的历史文化遗迹之一斑。

其二,“蹲踞式”蛙状人形的人物画像造型带有类型化、模式化与重复性特点。花山岩画中的人物画像几乎千篇一律,这一方面表现出原始岩画简单、朴素、粗拙的特点;另一方面透露出这有可能表现的是一个原始巫术、原始宗教的仪式化祭祀场景,通过蛙状人形的图腾崇拜表达人与自然、人与神灵、人与祖先沟通的意愿、期盼与祈祷。因此,仪式化的祭祀场面需要简单、朴素、粗拙的表达方式,需要千篇一律而又不断重复反复的姿势与动作,“蹲踞式”人物画像造型由此才能达到原始巫术、原始宗教祭祀的仪式化、神圣化、神秘化效果。更为重要的是,千篇一律的类型化、模式化与重复性是为了表达原始祭祀仪式场面,

---

① 覃乃昌等:《左江流域文化考察和研究》,唐华主编:《花山文化研究》,南宁:广西人民出版社,2006,第7页。

② 弗洛伊德:《图腾与禁忌》,北京:中国民间文艺出版社,1986,第137页。

从而更好表达族群万众一心的共同心愿与祈祷，因此，千篇一律与其说是重复反复，不如说是整齐一律，使族群在图腾崇拜仪式中展示凝聚力、向心力与认同性。弗洛伊德认为："在某些重要的场合里，原始民族们常会特别强调他们与图腾间的相似性。例如，在外形上装扮得类似于它，或者在自己的身体上刻画上图腾的形态等。这种与图腾之仿同作用可以在出生、成人礼和丧礼中明显地看出来。在具有传奇和宗教目的场合里，所有的族民都必须装扮成图腾的模样，同时，模仿着它的行为。最后，当图腾动物经由庆祝仪式加以杀害时，整个仪式也达到了最高潮。"①因此，无论重复还是反复，其实也意味着人与自然、人与神灵、人与祖宗的灵魂沟通与交融，意味着生死轮回、灵魂永恒，意味着生生不息、绵延不已。

其三，"蹲踞式"蛙状人形的人物画像造型分为正身与侧身两种姿势。正身画像造型面对花山脚下的明江，如果认定这是祭祀场景描绘的话，那么极有可能主要是祭祀水神，具有祈祷保佑风调雨顺、稻作丰年之义，蛙图腾正是沟通人与自然、人与神灵的中介；侧身画像造型面对青山绿野，那么极有可能主要是祭祀山神与土神，具有祈祷保佑居所安定、五谷丰登之义，作为两栖动物的蛙图腾也正是沟通人与自然、人与神的中介。因此，"蹲踞式"蛙状人形的人物画像造型作为图腾崇拜对象被对象化到人物画像身上，既赋予了两栖于水陆的蛙图腾具有人格化、人性化及人的本质力量对象化特征，又赋予人具有蛙神灵性、祖先神灵、超自然力的神圣力量，从而在敬畏自然、敬畏神灵、敬畏祖先的同时产生对人对自我的肯定及自身力量的确认。

二、粗线条轮廓的人物画像造型之影像化特征

花山岩画及左江流域岩画群的绘制手法是粗线条涂抹而成一定的人体、物体的轮廓和形状，均无具体描绘与细部刻画，近看可辨人形物态，远看则如"鬼影"一般星星点点的影子。有专家指出："远远望去，那崖壁上一个个人物形象，宛如一个又一个人的影子！其含义就在这'影子'里。原来，对于人的影子，原始人并不认识到那是对光的物理否定，而是把它跟神秘的灵魂联系起来了。"②这种粗犷、朴实、模糊的绘图手法，除因环境条件以及工具材料限制等客观因素外，应该还有骆越先民心理寄托与精神追求的主观因素所致。

其一，粗线条轮廓式的人影绘图构成影像造型特征。如果认定上文所论蛙

---

① 弗洛伊德：《图腾与禁忌》，北京：中国民间文艺出版社，1986，第135页。

② 覃圣敏，覃彩銮，卢敏飞等：《广西左江流域崖壁画考察与研究》，南宁：广西民族出版社，1987，第173页。

状人形的人物画像造型是基于骆越先民图腾崇拜及祭祀仪式所呈现的行为状态的话，那么以粗线条轮廓的绘图方式就极有可能表达的是人影而非人形。因此，这些人物图像是影像而非形象。笔者曾撰文指出："从造型角度而言，不仅着眼于对对象整体的把握而非局部和细部的把握，而且着眼于对对象的灵魂界的把握而非对对象现实的把握，更着眼于对对象影子形象而非实体形象的把握。从造型者角度而言，似乎对影像的造型才是对人和现实及其两者关系的最根本的把握，才是对人的精神、灵魂、心灵的真正把握，或者说才能真正体现他们所生存、存在和生活的真实世界。从影像造型的动作姿势及其形成的形式而言，两手向上微曲和两腿下蹲微曲的蛙式造型，似乎是人与蛙的叠影的形状，从而构成稳定的形式和构图，也进一步说明影像造型的模糊性、神秘性特征，似乎预兆影像后面的巨大深厚的文化背景和意蕴及其幽灵般的影响和氛围。"①那么，骆越先民何以描绘影像而非形象呢？人影对于骆越人究竟意味着什么呢？将影子视为灵魂也许是最好的解释。

其二，影像造型的骆越先民与祖先灵魂的浑然一体性特征。从骆越人的图腾崇拜、祖先崇拜、生殖崇拜以及原始巫术、原始宗教的祭祀仪式所建构的心理结构及其信仰系统来看，在万物有灵、灵魂不死、生死轮回的原始观念意识主导下，祖宗虽死犹荣，神灵在天，灵魂永恒，成为保佑子孙后代的神灵，也成为凝聚族群、驱除恐惧的精神支柱及其超人与超自然力量。因此，骆越人绘制蛙状人形的影像其实是绘出祖先的灵魂，希望得到祖先神灵保佑，希望传承传播祖先灵魂。从当时先民对自然、自我的现实认知来看，一方面从自然界春夏秋冬轮回、日出日落轮回、白昼黑夜轮回、生命生死轮回中感悟到万物有灵而又灵魂不死之现象；另一方面，倘若在白昼日光照耀下万物皆有影子，水面倒影皆能呈现万物影子，倘若在无月光的黑夜中，万物皆为黑影，由此，对于神秘莫测的影子所产生敬畏与神圣之心不言而喻。对于人的影子而言，如影随形、伴人而行、影随人动的现象，不免让人想象为祖先灵魂如影随形、形影不离地保佑族群。从这一角度而论，影像造型其实所描绘的就是骆越先民在原始巫术宗教祭祀仪式中的神灵附体、灵魂附体、祖先附体的混沌状态。因此，基于图腾崇拜、祖先崇拜、神灵崇拜、生殖崇拜所产生影子（灵魂）崇拜观念，导致骆越人绘制出花山岩画的影像，表达他们对其祖先灵魂的敬畏之心及其希望得到祖先保佑之意。

其三，影像造型的骆越文化内涵阐释及现实意义。壮族是一个非常重视宗族文化传统的民族，寻根问祖与敬祖祭祖的文化传统历代传承，延续至今。刘

---

① 张利群：《论花山崖壁画影像造型的生命意识及其人类学意蕴》，载《贵州民族研究》，2003年第2期。

建平指出："左江地区乃至广西其他地区的壮族中，至今仍然盛行祖先崇拜，几乎家家户户的厅堂内都设立有祖先神位，逢年过节都要供祭。由此看来，左江一带的瓯骆人在崖壁画上绘制自己的祖先形象和祭祀祖先的活动场面，是毫不奇怪的，其目的在于祈求祖先之神的保佑和恩赐，祈求消除灾害，五谷丰登，人丁兴旺，功利意义是显而易见的。在他们看来，越是艰险的地方，就越神圣，将神圣的形象绘制在神圣之处，越能感动神灵，以得到更多的恩赐。了解这一点，对于左江崖壁画均处于高峻的悬崖峭壁上就不难理解了。他们将祖先的形象绘成红色，绘成影子，旨在赋予祖先之神血液、生命、灵魂、力量，以增加其神秘的威力。"①由此可见，壮族一直保护与传承至今的祭祖习俗及其祖先崇拜文化传统渊源，与花山岩画所描绘的蛙状人形的原始巫术、原始宗教祭祀仪式所表达的蛙图腾崇拜密切相关。作为人与自然、人与神灵、人与祖先灵魂沟通交流方式与中介的蛙图腾崇拜影像形态，其文化内涵与意义就大大超越岩画及其绘画艺术本身，而具有更为深远和深刻的骆越根祖文化意义。基于图腾崇拜与祖先崇拜所描绘的影像，其原型是祖先的影子，因此，岩画影像具有模糊性、朦胧性、混沌性特征，由此带来神秘性、神圣性、敬畏性及其原始巫术宗教祭祀仪式所产生的痴迷性、沉醉性、执着性效果。如果将花山岩画所描绘的画面场景认定为蛙图腾崇拜的原始巫术宗教祭祀仪式活动场景的话，那么可以推测这不仅是对社会现实的反映，而且是对现实的理想化的美好憧憬；不仅是对现实语境中的原始巫术宗教祭祀仪式活动的描绘，而且其绘制行为与过程也许就是祭祀仪式必要构成部分，绘制者其实就是主持祭祀的巫师或酋长、头领。此外，花山岩画所在地点的明江对岸是一片偌大的开阔地，可以想象当初这里就是原始巫术宗教祭祀仪式场地，成千上万的骆越先民面对花山岩画的蛙图腾及其祖先神灵顶礼膜拜，祭祖祭神，由此将花山视为骆越根祖，将花山骆越根祖文化传承至今，形成今天仍然保留的敬祖、拜祖、祭祖的祖先崇拜及其宗族文化传统，形成薪火相传、一脉相承的骆越根祖崇拜的祭祖文化传统。

三、大小之别的人物画像造型所表现之社会性特征

花山岩画绘制大大小小人物形象上千个，大者最高达 2.4 米，一般大者为 1.5 米左右；围绕大者的众多小者最小 0.1 米，一般为 0.4 米左右。形体大小之别是否意味着年龄大小差异以区分大人与小孩之别，或试图在人物形象类型化基础上塑造出一定的个性、特殊性与差异性？如果局限于原始岩画的创作动机

---

① 刘建平：《广西左江流域崖壁画述论》，唐华主编：《花山文化研究》，南宁：广西人民出版社，2006，第 39 页。

探讨或许无从得知,或许更能够引发阐释者的各种猜测与想象;但将花山岩画作为整体系统来看的话,那么其中必有缘故,必然包含一定的内容与意义。因此,无论将其视为骆越先民的主观愿望表达也好,还是当时骆越族群的历史记忆与社会风貌的客观反映也好,都毫无疑问证明这种人物画像造型方式体现一定的骆越族群社会性内容。

其一,从部落族群的原始祭祀角度看,画像大小之别主要是为了凸显原始巫术宗教祭祀仪式活动中的巫师或酋长、头领的地位与功能,因此,带有一定的原始巫术宗教信仰系统的人与神、人与巫、族人与族长关系构成的原始社会等级化特征。尽管由于绘图环境条件与工具材料限制等因素,画像呈现大小之别可以理解,但从其绘制时间所定格的战国至东汉时期来看,骆越族群当时出现既聚合又分化、既均衡又现差别的现象,那么就有可能通过大小之分以表明一定的身份地位。即便骆越族群尚处于原始部落阶段,也并不排斥部落首领、族长、长老、巫觋、祭师等特殊身份的存在及其所处地位与享有的权利,由此人物画像就有大小之别。如果将其场面视为祭祀场景,那么大者画像有可能表示祭师、巫觋身份,也有可能表示部落首领、长老身份,那么在祭祀仪式活动中凸显祭师、巫觋或首领、长老的地位与功能就不难理解了。由此能够证明骆越部落及族群所构成社会及其内部管理系统的原始形态,也能够证明骆越族群社会形态之上的精神信仰系统的形成与建构。

其二,从骆越古地角度看,画像大小之别主要是为了凸显一方诸侯的“骆国”所形成的一定的等级化制度形态,标示文化身份识别之途。骆越在当时百越族群中应该形成了较大的族群部落,在先秦、秦汉文献典籍中不断出现“骆”“骆越”“瓯骆”等概念。当时较大族群以及较大活动范围的百越族群主要有“东瓯”(东海)、“闽越”(福建)、“南越”(广东)、“西瓯”(广东西部、广西东北部)、“骆越”(广西西南部以及越南北部)。如果从文献典籍所载“骆王”“骆侯”“骆将”“骆民”等不同身份称谓来看,也不排斥当时骆越已经形成一定的方国或诸侯国,以及形成相对独立与自立的王国及其一定的社会形态。花山岩画所表现的内容与文献记载相互印证,有可能表明当时确实存在骆越古国,那么可将花山岩画所表现的画面视为聚集民众队伍或出征前的祭祀仪式场面,画像大者有可能就是“骆王”“骆侯”“骆将”,小者则为“骆民”。尤其是那些在腰间佩有刀剑者,不仅更能够说明当时族群所面临的战争与祭祀两大主题,而且也能够说明“骆王”“骆侯”“骆将”与“骆民”的地位差别。一大群小者围绕在一个大者周围,无论正身画像还是侧身画像,似乎都是围绕中心,无论祭师、巫觋还是长老、族长,也无论是“骆王”还是“骆将”,其民众的向心力、凝聚力与首领的神圣性、权威性由此可见一斑。因此,人物画像大小之别,在一定程度上揭示出人物画像所揭示的社会等级化特征，也意味着花山岩画具有更为丰富、更为深厚的历史内容与文化内涵。

其三，从祖先崇拜与生殖崇拜角度看，画像大小之别意味着长幼有序、男女有别，其中蕴含祖先崇拜与生殖崇拜内涵。高大雄壮、孔武有力的大者形象，无论从长者身份还是巫觋或族长身份而言，都具备祖先、英雄、首领身份特征，成为被族人紧紧围绕并顶礼膜拜的对象，具有祖先崇拜、英雄崇拜以及生殖崇拜意义。此外，一些画像甚至还画出男性生殖器、孕妇以及男女交媾的情形，明显表达生殖崇拜、根祖崇拜及祖先崇拜的观念意识。从文字学的词源角度分析，“祖”由“示”与“且”构词，意味着祭祀与男性生殖器合成，“且”作为象形文字标示男根。如果从字画同源、字画一体角度而论，花山岩画的影像造型姿态亦可作为男根象形文字形态看，与象形文字“且”十分相似。因此，将花山岩画影像造型作为骆越根祖崇拜产物及其表征方式，再结合画像所表现男根生殖器、两性交媾、孕妇等生殖崇拜、生命崇拜、祖先崇拜现象综合分析，认为花山岩画源于骆越根祖渊源及其建构族群祭祖文化传统并非毫无道理可言。

其四，从人物画像与各种物体画像所构成画面场景角度看，花山岩画表现出骆越族群极为丰富的社会内容。花山岩画所表现对象除人物外，还有环首刀、青铜剑、铜鼓、铜纽、舟筏、羊角、狗、鸟、兽等各种器物与动物，显然与其当时主要生产方式狩猎、采集、捕鱼等生产、生活、社会密切相关，更与战争、祭祀以及族群生存、繁衍、发展密切相关。因此，对于花山岩画的社会历史文化阐释尤为必要，不仅将其作为画像分析，而且必须作为画面分析，不仅作为事象分析，而且作为活动分析，不仅作静态分析，而且作动态分析，不仅作独立个体分析，而且作结构关系与系统整体分析，这样才能还原骆越社会风貌，把握花山岩画的社会性特征。

此外，花山岩画的骆越根祖渊源探讨应该具备更为广阔深远的研究视野，应该进行多角度、多层次与综合、系统、整体的深入研究。花山岩画及其左江流域岩画群地区是壮族的世居地，骆越为壮族先民应该毫无疑问。壮族是世居岭南地区及其广西的原住民，也是先秦典籍以及历代文献中所记载的百越分支的骆越族群。壮族从哪里来？壮族先民是何族群？壮族渊源及其血脉传承如何？这些问题既是对其文化身份辨析及其族属性质定位的驱动机制，也是追根溯源、认祖归宗的文化传统传承的动力源泉。壮族远古先民往往通过神话传说、说唱史诗、山歌民谣以保存记忆、传承历史、保护传统，因此就有了壮族《布洛陀经诗》中的创世始祖“布洛陀”“姆洛甲”、民间传说中访天边的“妈勒”、具有反抗精神的“布伯”、壮族英雄“莫一大王”以及花山岩画传说中的画神“勐卡”等，传递出壮族人民所崇敬爱戴的民族始祖与族群英雄的远古信息。随着现代科学技术发展，还可以通过史前人类考古、文物考古、人类学、人种学、生物学、生命科学以及民族学、民俗学、语言学等学科研究与跨学科研究科学探索人类、民族、族群渊源与发展的源流问题。骆越及其壮族先民的史前人类学研究，其人类学渊源可以追溯到旧石器与新石器时代。王文广指出："岭南两广地区已发现的新石器文化遗址可分洞穴、岗丘、贝丘、沙丘、台地等类型。两广的新石器文化，呈现出较大的个性特征和浓厚的地方色彩，都属于农业种植民族，都存在着通体磨光的有锻石锛、有肩石斧和印纹陶，属于古越族文化，为后来的骆越、南越所继承，是百越民族群体分布的中部地区。"①广西史前考古发掘，有柳江地区的"柳江人""白莲洞人""都乐人"、桂林地区的"宝积岩人""甑皮岩人"、来宾地区的"麒麟山人"、荔浦"荔浦人"、都安"干淹人""九楞山人"、田东"定模洞人"、灵山"灵山人"等。这些古人类所在区域，正是骆越、西瓯及其壮族先民的活动地域，也是今天壮族的聚居区，据此推测壮族及其世居广西的其他少数民族应该为这些古人类的后代。就花山所在左江流域的史前考古发现而言，"从崇左市江州区濑湍绿轻山矮洞、那隆独山等旧石器时代遗址看，左江流域早在旧石器时代就有人类居住。从扶绥县江西岸贝丘遗址、敢造贝丘遗址、同正大石铲遗址，江州区冲塘贝丘遗址、丘何村贝丘遗址、金柜山贝丘遗址、更别吞场大石铲遗存，大新县歌寿岩遗址和遍及左江流域的大石铲出土分布点看，新石器时代人类活动已遍布整个左江流域"②。更为重要的是，先秦典籍以及历代文献所记载的、文物考古所证实的、传承至今仍然留有遗迹的百越及其骆越、西瓯族群正是壮族及其他本土少数民族渊源。这些史前人类遗存、考古文物、文献典籍、神话传说、民俗风尚构成与花山岩画相互印证的更为广阔的视野语境与更为丰富的材料。

当然，对于花山岩画阐释并非只有一个答案，应该是多维立体、系统整体的开放性、互补性、建构性阐释。如同"诗无达诂"一样，花山岩画阐释也无达诂，基于此，本文从骆越文化渊源及其根祖文化角度阐释其人物画像内涵特征不失为一个值得学界关注的研究视角。尽管如此，这也并非意味着对花山岩画阐释所做的最终解释。关键在于作为阐释对象的花山岩画具有神秘性、神圣性、神灵性，使之成为千古之谜。正如张声震指出："最令人惊奇神往的是，在连亘左江数百公里的悬崖峭壁上，有一幅幅用赭红颜料平涂的人物、动物、器物画像，斑驳影绰，若隐若现。古来骚人墨客观后曾留下不少题咏，但究竟'是谁挥得笔

① 王文光：《百越民族史整体研究述论》，蒋炳钊主编：《百越文化研究》，厦门：厦门大学出版社，2005，第35页。

② 覃乃昌等：《左江流域文化考察和研究》，唐华主编：《花山文化研究》，南宁：广西人民出版社，2006，第2页。

如椽,乾坤写此大诗篇'?何因'江作砚池山作卷'?何时'鬼斧神工输技巧'?何由'风吹雨打犹鲜妍'?岁月流逝,世道桑沧,多少个世纪过去了,但崖壁画之谜尚未解开。"①提供后人无限遐想、猜测与推论的空间。更为重要的是,花山岩画的大大小小的蛙状人形的影像造型至今仍然还是那样鲜活生动,仍然能够发出来自远古原始的历史回响,仍然能够在赭红色绚丽夺目的色彩中透出连接古今的跃动血脉。面对花山岩画,不仅能够使人精神振奋、意气风发,而且更能够增强文化自觉与文化自信,能够为壮族先民的百越文明及其骆越文化创造与根祖文化传统而感到无比骄傲和自豪。

① 覃圣敏,覃彩銮,卢敏飞等:《广西左江流域崖壁画考察与研究》,南宁:广西民族出版社,1987,第1页。

左江花山岩画与上古壮族先民信仰①

杨树喆②　党延伟③

［内容提要］　本文拟就左江花山岩画与壮族上古先民信仰习俗之间的关系问题浅谈陋见。首先，壮族上古先民对岩画点的选择与他们的宇宙三分模式观念有直接关联，在他们看来，载有岩画的左江两岸的山体是宇宙的中心（即"世界中心"），是三界交合之处，也是三界最易沟通的地方，因而被视为死者、生者以及诸神世界联系的地方。其次，左江花山岩画点既然是壮族上古先民的世界中心，自然这个地点也就成了类似于云南佤族的"灵屋"，是祖先灵魂回归安息的地方（即"祖灵归宿"），祖先灵魂可以在这个地方获得永生的力量。第三，基于上述两点，左江花山岩画点与承载它的山川、相伴的河流以及周围的自然景观一起形成了一个个神圣的空间，它们一起又形成了有着岩画群的左江流域这个大的神圣空间，就像中国古代的"社"一样，是一祭祀神鬼的社群之所在，凡天神、地祇及人鬼无所不祭，因而也就成了壮族远古先民的"祭祀圣地"。

［关键词］　左江花山岩画　壮族上古先民　世界中心　祖灵归宿　祭祀圣地

从20世纪50年代中期以来，在广西宁明县明江和龙州、崇左、扶绥等县的左江流域200多公里长的沿岸峭壁上，先后发现了一幅幅用赭红颜料平涂的人物、动物、器械画像。这些画址分布在河流转弯的山崖上或深潭岸旁的峭壁上。画幅距离河面一般有一二十米，最高的达四五十米。这种被学术界称为"花山崖壁画""左江岩画"或"花山岩画"的规模巨大的画群，是世界上罕见的岩画群之一，因此为众多的研究者所瞩目。四十多年来，国内专家学者围绕岩画的年代、族属、主题等问题进行研究，发表了大量论著，取得了丰硕的成果。本文拟就左江花山岩画与壮族上古先民信仰习俗之间的关系问题浅谈陋见。

---

① 本文为广西高校高水平科研团队及卓越学者计划第一批项目"桂学与文化软实力研究"（桂教人〔2014〕7号）阶段性成果。

② 杨树喆（1963—　），男，广西扶绥县人，民俗学（含中国民间文学）博士，广西师范大学漓江学院院长、文学院教授、博士生导师，广西民间文艺家协会副主席。

③ 党延伟（1987—　），男，甘肃武威人，民俗学（含中国民间文学）硕士，广西师范大学漓江学院政治辅导员，研究方向为南方族群文化，高等教育。

一

左江花山岩画之所以带给人很特别的视觉震撼,并不仅仅是因为它独具特色的图像,事实上,承载岩画的山峦、与山峦相依的河流以及岩画所在区域的景色等,都与岩画一起构成了一种共同秩序中的神圣力量。因而,古人绝不是仅对岩画本身的崇拜,而是对整个神圣空间存在本身的崇拜,这个空间不但包括岩画,同时还包括空间中的其他要素如山峦、河流等,岩画与和它密切相关的山峦、河流一起组成的这个神圣场景显得那么突出,以至于使它看起来最能够也最生动地体现了整体的神圣力量,在这个空间中山峦与河流用另外一种方式与观者交流,并传达一定的意义。

左江流域80%以上的岩画临江分布,其他的岩画虽然离江较远,但地貌及沉淀物特征表明,历史上曾与河湖有关①,而临江的岩画点中80%岩画点处于江河的拐弯处②。显然,壮族上古先民对岩画点的选择应与他们的世界宇宙观念有直接关联。

宇宙在人类祖先的认识中,开始是一个混沌的整体,后来分离成为阴阳、天地两部分,天地相合化生万物,于是天、地、人三分世界的宇宙观形成。在我国,宇宙三分的观念起源于史前时代,在西汉仍然相当清晰地保留在人们的集体意识中,从湖南长沙马王堆一号墓出土的西汉帛画,我们可以清楚地看到经过装饰性夸张的神话宇宙观三分世界模式。天神世界处在画面的上方,有位于中央的最高天神和两旁的日月以及龙凤神兽;人间世界处在画面中央,有人、动物及人类生活的场面;地下世界出现一些海生动物;大地则被阴间神兼海神的巨人双臂托起。这种宇宙创造的神话在世界各地分布甚广,一般称为"世界父母型"神话。

广西左江流域的天空、山峦、河流三者组成的空间是一个复制的小宇宙,它是壮族上古先民朴素的世界三分模式宇宙观的展现。这种观念清楚地反映在壮族的神话中。壮族有很多关于世界三分的神话,有代表性四则神话如下:其一,古时候天地没有分家,空中旋转着一团大气,越转越急,后来就转成一个蛋的样子。这个蛋有三个黄,后来这个蛋爆开来,分为三片,一片飞到上边成为天,一片飞到下边成为水,留在中间的一片就成为大地③。其二,远古时候,天和

① 徐海鹏:《广西左江流域崖壁画地区地貌条件初步分析》,载《广西民族研究》,1987年第1期,第30—38页。

② 覃圣敏等:《广西左江流域崖壁画考察与研究》,南宁:广西民族出版社,1987,第21页。

③ 农冠品:《壮族神话集成》,南宁:广西民族出版社,2007,第21页。

地紧紧叠在一起，结成一块，后来，突然一声霹雳，裂成了两大片。上面部分一片往上升，成了雷公住的地方；下面一片往下落成了人住的地方。从此天上有风云，地上有万物。可是天太低，于是布洛陀就和大家一起找了棵老铁木把天给顶了起来，柱顶把雷公弹到了高高的天上，柱脚把龙王压得钻到了海底，而人在中间快乐的生活①。其三，古代，天地间分上中下三界，天上叫上界由雷公管理，地面叫中界由布洛陀管理，地下叫下界由龙王管理。上界中界隔着云，中界下界隔着壳。三界各自封闭得严严实实，没有道路相通，没有门户进出，只有雷公、布洛陀和龙王可以超越三界，通行无阻。那时三界之间距离很近，中界需要水，只要叫一声，上界就把雨水洒下来；中界没有火，只要叫一声，下界就把火生起来。三界和睦相处。后来，因为三界距离太近互相影响，于是布洛陀就让天升得很高很高，把地加得很厚很厚，但是三界人讲话都听不到，中界人需要水和火时，叫上界和下界都不灵了。布洛陀就烧通天香，点红蜡烛，敲锣打鼓，上界听到就把雨降下来，下界听到就把火生起来②。其四，宇宙是一个圆柱体结构，分三层，上层称为上界，由雷王主管，中界是人类生活的大地，由布洛陀主管，下层由蛟龙管理。三层原来离得很近，舂米时杵端可撞破天，打桩时木桩可穿到下界。后来布洛陀才把地面加厚，用几十根楠竹把天顶高，但山峦之巅依然与天相接。青蛙是雷公与蛟龙交媾所生之子，原与父王住在天上，后来作为天使派到人间，因此，它既可以与下界的母亲联系，也可以和上界的父亲保持联系。

壮族上古先民的三分世界的宇宙观念还反映在铜鼓的造型与纹饰上。梁庭望先生认为，壮族铜鼓独特的束腰圆柱体造型结构是壮族祖先宇宙结构观的缩影，即表现出壮族先人的“三界说”——立体宇宙结构观。宇宙共分为三层——上界、中界和下界。鼓面代表在上界，其最明显饰物是属于鼓心的太阳纹向四周辐射出光芒，是天空的主要标志。它永远是那样光芒万丈，给人类以光和热。在它的周围是风伯、雨师，他们都是雷公的兄弟，受雷公的管辖。太阳纹、云雷纹、鸟纹在代表上界的鼓面被简洁地表现出来。鼓身反弧形的束腰，不但暗示了三界的浑然一体，还表示出地小于天，苍天覆地的深意。北流型和灵山型铜鼓其鼓面都大于鼓身，同时鼓身胸大于腰，胸腰的分界线为凹槽或平缓凸线。这样铜鼓的造型与壮族神话中宇宙三界结构正好吻合，是壮族神话意识深刻影响的结果。同时，壮族古代艺术家使用了象征性手法表现船纹、鹿纹、羽人纹、鹭鹭纹、鱼纹、水波纹等，简明地概括了壮族神话《保洛陀》所描绘的繁荣

---

① 农冠品：《壮族神话集成》，南宁：广西民族出版社，2007，第35页。

② 同上，第36页。

的中界景象，保持了与鼓面相一致的艺术风格和神秘气氛①。关于下界，按《保洛陀》的说法，那是一个神秘莫测的世界，蛟龙是他们的总管。不过中界无法与之接触，只有当他们的炊烟偶尔从溶洞中喷出时，才知道他们的存在。因为不知道其中情形，所以鼓身的第三节即鼓足部分，一般多是素面，仅在突棱处加一两道水波纹，以示下界在水面之下。在壮族三型铜鼓中，最特别的是鼓面上都有四到六只青蛙的造型被认为代表的是原来住在天上雷公的儿子。所以古歌唱道："青蛙在哪里？青蛙在天上。使者亚良伟，送它到人间。"作为雷公的天使到人间来的青蛙，在中界要水时，它便咯咯鸣叫，通知父王雷公打开天池，人间便大雨淋淋。把它的形象铸在鼓面边缘即天地交界处，表明了它是上界与中界联络者的身份。另外还有神话说，青蛙是雷神与蛟龙的儿子，则证明了它同时与下界也有密切关系。

从壮族神话和铜鼓艺术中我们看到，世界三分模式的宇宙观很早就存在于壮族先民思想观念中，并且壮族上古先民和神灵之间试图通过各种办法保持一定的联系。左江两岸承载岩画的山峦恰好以一种通道的形式使人间世界从一个宇宙层面到另一个宇宙层面过渡成为可能，使圣地在空间的均质上形成一个突破，成为各区域壮族上古先民的宇宙轴心。这个宇宙的轴心周围环绕着世界（壮族上古先民的世界），因此，宇宙的轴心是在壮族上古先民世界的"中心"，它是一条既能上达至神圣世界，也能下达至地下世界的通道。这三个不同的宇宙层次——尘世、天国和地下被置于密切的联系之中。"世界中心"在壮族上古先民心中是神圣的，它是天堂、人间和地狱连接的地方，是三界交汇之处，也是连接天堂和地狱的通道，被视为死者、生者以及诸神世界联系的地方。这个有神显灵的地方，因此也是真实的地方，特别具有"创造力"的地方，因为那里可以找到一切现实的能量和生命的源泉。

壮族上古先民之所以选择左江两岸尤其是拐弯处的山体作为宇宙的中心，这是因为：第一，山的形象经常出现在那种表述天国和尘世联系的图式中，因此，它被认为是处在世界的中心。如印度的须弥山，美索不达米亚的"土地之山"。因为这些神秘的山峰把尘世与天国联系在一起。《山海经》的地理观念也是四海之外有山。古巴比伦尼亚人以为宇宙是一个密封的箱子或是小室，大地是他的底板。大地四周有水环绕，水之外有天山以支撑天穹②。处于左江及其拐弯处的山体最容易与地下和天界诸神沟通，它们被称为不同宇宙层面的连接

---

① 梁庭望：《铜鼓的纹饰、造型和壮族祖先的宇宙观》，载《中央民族大学学报》，1985年第2期，第62页。

② ［英］W. C.丹皮尔：《科学史及其与哲学和宗教的关系》，李晰译，北京：商务印书馆，1997，第32—33页。

点,而这样的连接点只能处在一个“中心”。第二,属于丘陵山区的左江流域,丛山延绵,丘陵起伏,大小江河贯穿其间。这里雨量充沛,植物生长繁茂,为远古人类生活提供了良好条件。从旧石器时代开始,这里就一直有人类居住。对于先民而言,临江而居无论是寻找食物还是交通都很方便。他们常将聚落选择在河流转弯或是大河小河的交汇处,背山面水,前面都有比较开阔的平地,如江西岸遗址位于扶绥县城西南,处在左江转变的北岸,形成一舌形台地①。据调查,河旁台地遗址附近的土地要比洞穴附近的土地肥沃得多,遗址所处河流,都是大拐弯的河面,比较宽阔,缓流的河湾,是鱼虾群聚的地方,也是其他水生物繁殖旺盛之处②。另外,左江流域处于亚热带季风气候区,雨季洪水暴涨,旱季缺水。它的东部有十万大山,南有公母山,西南横斜大青山,西北为西大明山,形如布袋。从北部湾冲来的强台风,越过十万大山之巅,在“布袋”中来回舒卷,使全年雨量的三分之二在六至八月泼向三万三千九百多平方公里地面,加上岩溶地区特殊的水文动态变化,夏季暴雨常可使河床水位比平日水位上涨十余米,使沿江洪泛,百姓深受水灾之患。有些原已干枯的河谷、低地,也会受到突然来自地下暗河涨水的袭击,全村淹没,家破人亡。原来青山绿水、五谷丰登的地区,由于河流改道或流入地下洞穴、暗河,也可能在短期内变成一片荒滩。洪涝或是干旱常威胁着人们的生命。同时,左江地区地壳构造十分复杂。南部受南岭纬向构造带控制,东北部受新华夏系第二沉降带影响,西北受北西向构造影响,西部有康滇歹字型构造的干扰。区内断层节理裂隙十分发育,左江便深切于断层谷地之中,成为深切曲流。断层多以北西向与北东向交会,因而河流呈X型弯曲前进。河曲凹岸处,河床急拐,上游水流直冲凹岸岸壁而来。在河流弯曲段,河道具有一种特殊的弯道环流(又称螺旋流)。即在弯道里,自上游凸岸水面流至凹岸的汇聚水流,和从凹岸的河底向凸岸分散的水流,形成一个连续的螺旋状的向下游移动的水流。因此,上游水流集中强烈地冲刷凹岸岸壁,使岸边砂石不断被带走,进入凹岸底部。巨大的石块停积在河床底部,部分中小砂石随横向环流堆积在凸岸。于是凹岸呈陡壁,凸岸不断形成漫滩阶地,曲流也进一步发育③。这样长期发展后,拐弯的河道逐渐成为行船危险地区。

总之,绘有岩画的左江流域是壮族远古先民心目中浓缩的小宇宙,载有岩画的左江两岸的山体是宇宙的中心,这是一个三界交合之处,也是三界最易沟通的地方。这一地区既可以给人们带来“生”的希望,也可以轻易把人们带向

---

① 郑超雄:《壮族历史文化的考古学研究》,北京:民族出版社,2006,第71页。

② 同上,第72页。

③ 徐海鹏:《广西左江流域崖壁画地区地貌条件初步分析》,载《广西民族研究》,1987年第1期,第30—38页。

“地狱之门”。这种能够给人们带来生死的强大能量来自于另一个世界——神界，描绘在山体上的岩画则是先民期望在圣地与神灵沟通获得神力的表现方式。壮族上古先民渴望与神界保持联系，并由此而获得生命永生、生产繁衍的力量。

二

左江花山岩画点既然是壮族上古先民世界的中心，自然这个地点就成为先民灵魂回归的圣地，他们可以在这个地方获得生命永生的力量。壮族上古先民这种观念的形成与当地独特的地理环境形成的信仰有关。

左江花山岩画的早期画点多分布在左江中下游的扶绥县和江州区，而且附近有裂缝或山洞的岩画点在分布区所占比例很大，如扶绥县 23 个岩画点中有 16 个、江州区的 25 个岩画点有 16 个分布在特殊崖壁上，分别占当地岩画点数的 70%和 64%。而且早期同类组合岩画符号中的人形造型较小、简单，个体之间没有太大差别，加上崖壁凹凸不平，即使离近看都很费劲，更不用说是从远距离观看了，所以它更具有隐秘性，不像是有组织的公共活动，所表现的应该是小群体的聚集，以及共同神祖的信仰。

研究表明，灵魂观念是伴随着物我同一思维的成熟，以及对死亡的认识而产生的。在壮族人的观念中，直到现在还认为人死了灵魂却不灭，其灵魂只是离开人体、离开人间到另一个世界继续活着①。武鸣县壮族民众认为，人有三魂，人死后三魂各走一方，一个魂上天寻仙，一个魂到外做野鬼，一个魂进入祖宗行列，在香火堂新增一个灵位。柳城县壮族民众则认为，人活着的时候，只有一个魂。人死后，一魂变三魂，一个魂到坟墓，附在尸骨上，保护家人兴旺发达，但不能回家危害亲人；一个魂变成祖先，留在家中，保佑家人平安；一个魂转到花婆的花园里，听候花婆的差遣，转世为人或牲畜，并认为由家祖灵魂变成的逝者只有到达祖先灵地，与祖先团聚后，此时才能转化为能够护佑子孙的祖先之灵②。因此，为了让逝者顺利通过各种关卡阻途，最终到达祖先灵地，从而获得赐福子嗣的神力，壮族人不惜任何代价为逝者举行各种祭祀与超度仪式，还要请摩公主持法事，念诵经文，以指点逝者如何到达祖灵之地。壮族地区从史前到现在一直使用的二次葬也是为了使逝者的亡灵尽快加入祖先的行列，因为在壮族人的观念里，死者的筋肉未化，是不洁的，鬼魂不洁就不具备加入祖先之灵的资格。因此等到一次葬若干年后，尸体完全腐化，就必须挖开墓收拾死者的

---

① 覃彩銮，喻如玉，覃圣敏：《左江崖画艺术寻踪》，南宁：广西人民出版社，1992，第 151 页。

② 覃圣敏：《壮泰民族传统文化比较研究（第四卷）》，南宁：广西人民出版社，2003，第 1979 页。

骨骸,重新举行二次葬。

我国南方的其他民族也存在这种灵魂观念。台湾高山族人把人的"灵魂"分为生灵和死灵两种。人活着时灵魂存在于身体的各部分,灵魂暂时脱离肉体,人便得病;灵魂完全脱离肉体时,人便死亡。特别是台湾阿美人认为"生人体内有魂和魄,人死后魂升入天空变为祖灵,魄则化为泥土而消失"①。在彝族人看来,人活时,灵魂附于身体之内;人死后则独立存在,或栖附于他物,或往来于阴阳世界,或游离于死者的存在或住所附近。他们称这种游离存在的灵魂为"鬼"。这些都说明人的肉体"魄"是可以消失的,但是人的"魂"却是不灭的。人在死后,其灵魂的最佳归宿是回归祖宗行列或逝去的祖先们共同居住的地方。

林河、杨进飞先生在比较分析长沙马王堆汉墓《帛画》、侗族故事《雁鹅村》和《楚辞·招魂》之后,指出楚辞"魂兮归来,反故居些"中的"故居"指的是楚人老祖宗住的地方,人死后便是回到老祖宗住的地方去了,而老祖宗住的地方是在天上②。云南壮族地区的摩教经典《摩荷泰·故勋》中,描绘了祖先灵地的情景:"这个村子很平坦/这个地方不上租税/每天闲着绣花/每天摆竹桌喝酒/那是吃好粮食的地方/那是拿碎银喂鸡的地方/那是鸡啄米会飞的地方/三节芦苇响了就去/三节榨木树响了就去/去和你的祖宗一起吃/去和神仙一起住。"③

我国南方民族中还有将祖先灵魂回归安息的地方称为"灵屋"的,并在灵屋的墙壁上绘有祖先像,有些是简陋的绘画雕刻或是用一些"代用品"来标示死者,目的是让灵魂有所识别、有所凭借、有所归依。如西盟佤族马散窝努寨氏族大房子是祭祀祖先的圣地,大房子的壁画与沧源岩画非常近似。因此,这个时期承载岩画的左江两岸山体就相当于祖先灵魂回归安息的"灵屋"。圣地就是祖先聚集之地。作为一个群落集体先民与神祖之间构成理想化的神人沟通境界,他们多是身处一种集体表象和生命同一的混沌状态。因此,观者和被观者没有严格意义上的区分,是互为同一的。

壮族上古先民之所以选择左江两岸那些充满岩洞缝隙的空间作为祖灵聚会的圣地,首先与广西独特的岩溶地质有关。广西的石灰岩分布尤其广泛,是世界上最重要的岩溶地区之一,岩溶分布占广西总面积的41.75%。众多的岩溶洞穴成为广西自然地理的一大特色。宋人赵夔曾作《桂林二十四岩洞歌》刻于桂林南溪山穿云岩壁上。古人类学家裴文中先生曾指出:"从地质地理条件

---

① 陈国强:《台湾高山族的原始宗教》,宋恩常编:《中国少数民族宗教初编》,昆明:云南人民出版社,1985,第48页。

② 林河,杨进飞:《马王堆汉墓飞衣帛画与楚辞神话南方神话比较研究》,载《民间文学论坛》,1985年第3期,第22页。

③ 何正廷:《壮族经诗译注》,昆明:云南人民出版社,2004,第447页。

一方面看,广西更有发展古人类学的独特条件……在人类还没有能力修建房屋的原始时期,山洞就是人类居住的唯一住所……广西山洞特别多。"①到目前为止,广西已发现旧石器时代晚期到新石器时代末期的洞穴遗址近百处,较著名的有柳江县通天岩、柳州白莲洞、桂林甑皮岩、那坡感驮岩等;发现的古人类化石遗址有10多处,全部位于石灰岩洞穴中②。岩洞在远古时期就成为人类的最佳居住场所,也为广西古人类的生存和遗体的保存提供了十分有利的条件。洞穴一方面冬暖夏凉,既可以遮风挡雨又可以抵御猛兽的袭击;另一方面,洞穴又成为人类死后很好的灵魂安息之处。因此,左江独特的岩壁(附有洞穴)就成为先民选择祖先灵魂回归之地的首选。

壮族上古先民选择左江两岸带有洞穴的岩壁作为祖先灵魂之归宿还与他们的"生从岩洞来,死回岩洞去"的观念有关。在很多典籍中都有对壮族先民穴居岩洞的记载。《后汉书·南蛮传》:"交趾西有敢人国……今乌浒人也。"敢,为"岩洞";乌浒人是壮族的先民异称之一③。《隋书·南蛮》:"南蛮杂类,与华人错居……俱无君民长,随山洞而居,古先所谓百越是也。"宋代《太平寰宇记》:"(宜州)山川险峻,人民犷戾……礼异俗殊,以岩穴居址。"据1989年编撰出版的《大新县志》载本县人民有穴居的历史:五山乡山水村内腊屯有11户壮族农民,原住在岩洞内,搭起木架,上面住人,下面放养猪牛。至1950年10月,才搬下山到村子居住。文念村念笃、陇更两个屯的农民,穴居在念笃屯后而同一个岩洞内,念笃的4户人住在岩洞的一头洞口;陇更的2户人住在岩洞的另一头洞口,岩洞有100多米,黑咕隆咚,过洞要明火走15分钟,除念笃有2户已搬下山外,其余4户至今还在洞中穴居。下雷乡智兴村陇斗钦屯1农户2口人,经政府多次动员,不愿下山,今仍住在山腰一个岩洞内。1949年,前福隆乡平良村板仲屯东南面的"岩怀"和欧阳村偶屯旁的一处山岩内,曾分别住着3户人家,今已搬下山④。

壮族民间还有很多关于"人从洞出"的神话故事。如传说壮族创世女神姆洛甲的女阴是一大岩洞,壮族先民就是从岩洞里出来的。在另外一个神话中,姆洛甲从石洞里飞出后创造了人类⑤。这些创造人类的女性一定产生于母系社

---

① 裴文中:《广西是古人类学研究的重点地区》,转引自黄体荣:《广西西历史地理》,南宁:广西民族出版社,1985,第12页。

② 蒋廷瑜:《广西原始社会考古综述》,《广西民族研究参考资料》,广西壮族自治区民族研究所编,1984年第四辑。

③ 陈漠:《试论壮族"不落夫家"婚俗的歌谣》,《广西民间文学丛刊》,广西民间文学研究会,1982年第七期。

④ 刘映华:《壮族古俗初探》,南宁:广西人民出版社,1994,第84—85页。

⑤ 农冠品:《壮族神话集成》,南宁:广西民族出版社,2007,第21页。

会,到了父系社会这类“人从洞出”神话同样被保存下来,只是女神姆洛甲换成了男始祖布洛陀。桂西凌云县流传的一则《布洛陀》神话讲到:壮族男性创世神布洛陀开天辟地,其男根化作一根赶山鞭,把地上的一切赶得四处乱跑。正好女性创世神姆洛甲蹲在前头,其女阴变成一座大山的岩洞,把飞来的万物皆装了进去,随后又一一生出;另一则神话则说……当姆洛甲创造了山川大地,河水冲击岩石出现一个洞,布洛陀就从洞里走出来,和他一同出现在世界上的几个兄弟老大是雷王,老二是蛟龙,老三是老虎……①由此可见,壮族上古先民此时已有了男女、阴阳以及由阴阳结合化生万物的思想观念。

歌圩是壮族民众对“人从洞生”的另一种记忆。“上岩洞对歌”或“岩洞歌圩”是壮族民间对歌圩的一种较奇特的称呼,据说这是壮族为了纪念姆洛甲的创世生育之恩,把岩洞当作姆洛甲的生殖器来膜拜,逢年过节就聚集到岩洞里对歌娱乐。东兰县大同乡、四合乡一带的壮族民众十分崇拜姆洛甲的生殖能力,说壮山岩洞是她的生殖器,壮人就是从岩洞里生出来,源源不断。每年农历七月十四中元节,这一带的壮家男女老少带着酒肉、鸡腿和粽粑去祭岩,过“岩育节”。这天,男女对歌,老少欢腾。祭岩洞前,众人先在岩洞口每人烧一炷香,然后由村老高呼“喔、喔、喔”三声,待岩洞内传来“喔、喔、喔”三声回音,人们便认为是姆洛甲答话了,于是蜂拥入岩。按传统惯例,众人将带来的粽粑、鸡腿和酒肉放在一个地方,香火也插在一起,大家坐听村老讲姆洛甲的故事,或听老歌师唱姆洛甲的山歌:“姆的怀抱最宽广,姆的乳汁最甘甜,千万人从你岩口(阴道)生出来,千万人出你岩口都安全,后人岂忘始母恩,今时特来寻祖源。”待祭岩洞十多分钟后,各人吃各人带来的东西,男结双,女结对,唱起山歌,赞美岩洞,追溯祖源,谈情说爱。小孩则打竹枪,吹竹号,岩洞内一片欢腾。这天,人们以能回到始祖母的怀抱为乐,直到夕阳落山,还是依依不舍。离洞岩后,众人一路向岩洞“喔、喔”呼喊,招呼始祖,直到远离岩洞,回音消失,人们才四散回家。有些地方,男女青年还在当天晚上汇集岩洞下,对唱情歌,少则三五百人,多达上千人,形成岩洞歌圩②。伴随着歌圩,还经常会有各种宗教活动,大多与祈求生育或是农业丰产有关。

“死回岩洞去”的观念则从岩洞葬得到体现。广西是我国岩洞葬分布比较密集的地区之一,《炎檄纪闻》记载:“(僚人)殓死有棺而不葬,置之崖穴间,高者绝地千尺,或临大河,不施蔽盖。”刘锡藩《岭表纪蛮》亦载:东兰县苏仙村岩洞“有两棺平置洞口”。至今,在广西壮族地区还有把棺材暂放在岩洞里择日再葬

---

① 《中国各民族宗教与神话大词典》,北京:学苑出版社,1993,第783页。

② 《中国各民族原始宗教资料集成》(壮族卷),北京:中国社会科学出版社,1998,第528页。

的做法，有的就以岩洞作墓地。另外，还有人把装骨骸的陶罐放在岩洞里，即以岩洞作二次葬的墓地，这当是壮族古代崖洞葬的遗风①。百色有首民歌唱道："年轻人死了藏进岩洞，小孩子死了填进深渊。"龙州壮族的传说：我们的祖先原是住在山洞的，后来人口多了山洞不够住了，才分居到地上和树上；人们生时既然住在岩洞里，死后当葬回原处。据不完全统计，到目前为止，广西已发现的岩洞葬有 138 处②。

广西岩洞葬有屈肢葬和二次葬。屈肢葬是迄今为止考古材料所能证实的最古老的丧葬形式，在古代欧洲、非洲、亚洲、北美洲都盛行过。在我国的四川、云南、广东以及台湾的一些民族也都实行或是残留有这种葬俗。关于屈肢葬的意义，多数学者认为这种姿势像胎儿在胎包内的样子，象征着人死后又回到他们所出生的胎里边去③。二次葬，又称"洗骨葬"或"捡骨葬"，也是史前古人类埋葬死者的一种习俗，这种文化不仅分布于东南亚，而且遍及太平洋两岸，尤其是大洋洲和南美洲至今仍是洗骨葬分布的主要地区。近代学术界多数人认为二次葬（"洗骨葬"）体现了原始人的一种信仰：当时的人们认为血肉属于人世间的，必须等到血肉腐朽之后才能作正式的最后埋葬，这时死者才能进入鬼魂世界④。凌纯声先生在分析了世界范围的洗骨葬后认定，这是一种出于祖先崇拜而实行的葬俗⑤。因此，无论是"人从洞出"还是"死葬岩洞"的神话与习俗都表现了壮族上古先民对祖先的崇拜，让祖先的灵魂栖息于"世界的中心"以更快地得到再生抑或能够永生，是后代对祖先尊崇、爱戴的一种表现。

三

壮族上古先民把左江岩画点奉为生命与生殖的圣地，一方面圣地是其祖先灵魂的聚集之地，另一方面则是对丰产女神与丰产赐予者太阳以及危及生命的各种神灵崇拜的圣地。因为人类先民一向认为自然界与人类社会关系密切，自然界的各个物种都因其独特性而被赋予特殊的意义和效力。冬眠动物的出窝进洞，蛙类与农业的独特联系，都是田野耕作的象征，整个宇宙是阴阳对立组合

① 周继勇，田丰：《广西左右江地区崖洞葬初步调查》，载《江汉考古》，1991 年第 3 期，第 28—36 页。

② 广西壮族自治区文物工作队：《广西先秦崖洞葬综述》，《广西考古文集》，北京：文物出版社，2004，第 192—212 页。

③ 高去寻：《黄河下游的屈肢葬问题——第二次探掘安阳大司空村南地简报附论之一》，载《考古学报》，1947 年第 2 期。

④ 夏鼐：《临洮寺窪山发掘记》，载《考古学报》，1949 年第 4 期。

⑤ 凌纯声：《中国边疆民族与环太平洋文化》，台北：联经出版事业公司，1979，第 775 页。

以及它们之间的变通协调。为了使大地多产，阴和阳有了性的结合。人们把有关人类和大自然繁衍力的观念紧密联系起来。大地母神被看成原始农耕先民中的丰产女神，太阳充当丰产的赐予者，这些观念都是农耕社会人们的信仰元素。通常人们认为这些神灵就住在这些大山、大石之中。古代印度人相信土地神 Jotiba 和它的配偶 Yamamai 是住在巨石中的。把巨石大山当作神在大地上的宫殿的观念意识相当古老，至今还能在不少民族的文化遗俗中找到痕迹。左江花山岩画点就是壮族上古先民祭祀并与神灵交流的圣地。

张光直先生在对商周神话的研究中曾对人和神交往方式进行讨论，认为早期人们对神仙世界的访问或人神之间的交往，是一个轻而易举的举动，人可以和神直接交往，人神杂糅；时代越往后，神仙世界越不易前往，甚至成为完全不可能的事，只能通过巫觋这个媒介与神交流。壮族神话也清楚地昭示，从世界混沌到始分天地，人神是可以直接交往的，到后来三界分隔，只有通过始祖布洛陀或是上界的使者青蛙才能和神界来往。左江花山岩画所体现的正是壮族上古先民与神灵这种交流方式的变化。

考察左江花山岩画可以发现，早期多出现在岩洞岩石缝隙附近的简单无序的蹲踞式人形岩画组合，是家庭的祖先和土地神崇拜。当先民面对自然界的威力与压迫，感到无能为力时，就幻想在自然界的物体后面藏着某些超自然的神鬼，有意与他们为难。相对早期岩画的作画空间，晚期岩画对作画空间选择的标准更加明确，如作画点多在江边的拐角处等危险地区。因为这些地区的神灵更有威力，人们更敬畏他们，也更需要做些互惠的行动。壮族上古先民相信在他们自己中间有一种特别的“技术人才”，有特别的能力，用一种特别的方式命令藏在物体后面的小鬼小神，照着他们的意志去做，这些“技术人才”就叫做巫或觋。史前先民对圆梦师、先知者、预言家怀着尊敬和虔诚，因为这些像巫觋一样的人要和决定他们命运的不可见的有着神秘力量的神灵、灵魂交往。据学者推测，在原始宗教发展的初期，各地普遍存在着一个个体巫术十分盛行的阶段。在那个阶段，许多人都能掌握巫的手段来与所信仰的神沟通并施以影响。巫觋和巫术不仅适应当时人们的思想认识状况，在人们生产生活中起到重要作用，而且成为人们争取生存、求得发展的重要精神支柱①。这个时期的花山蹲踞式人形岩画表现的不仅仅是祖先神，还出现了通过巫术仪式与神灵沟通的中介巫觋，他们相信只要采用一些合适的仪式就可以操纵某些超自然的力量，从而实现自己的目的。

以上壮族上古先民所处的是一个神权的时代，在这个时代先民通过神人结

① 傅亚庶：《中国上古祭祀文化》，北京：高等教育出版社，2005，第 256 页。

合的方式寻求神的保护以及得到神赐予的力量，面对不可抗拒的自然力，原始先民只有选择群落的集体力量来生存和生活。他们敬畏神灵，希望灾难不要降临在自己身上，并希望神在危急的情况下能够保护自己和族人，抑或赐予神圣的力量。花山蹲踞式人形岩画是先民意志力和存活力两种力量的结合体，是神力的物化形式，先民希望借此在自然界中具有更强大的生存和生产力量，从而在艰难的自然环境里更具适应性地生存繁衍。

当巫师逐渐获得氏族首领的身份和地位，并在更大的社会组织中形成占统治地位的巫觋阶层、成为新兴的权利阶层时，神权与王权共存的时期到来了。大巫虽然还是作为神祖及先民之间的中介，但此时权力阶层已开始具备独立的力量，渐渐地不为神祖意志所左右，而具备了人王的意志。巫觋阶层逐步专业化，以"通天地"的本领获得更大的社会权力。她(他)们掌握着一个部落联盟或酋邦的政治、经济、族群、军事及事神等五权于一身，是大巫或神巫。她(他)们是壮族历史上最早的智者群体和统治首领。这时花山蹲踞式人形岩画出现了明显的大小对比，阶层区别。大的蹲踞式人形，有的还佩带着宝剑，可能是开始拥有萌芽状态的王权、军政以及知识权力的巫觋。被夸大的蹲踞式人形，表达出人们对它的强调，突出了这个象征符号的重要意义。左江花山岩画蹲踞式人形表现的是新兴的权利阶层领导集团成员共同举行娱神仪式的场面。

王权逐渐形成并与神权分离，先民就更加强调祖先神的身份与地位，祖宗形象开始居首，祖先世界里的英雄人物，超自然世界中的神祇"人化"为传说历史上的英雄人物，成为祭祀的主要对象。通过祭祀，后世之人可以回顾历史上曾经作出贡献的伟人与先人的英雄事迹。此时宗教祭典活动不仅仅是一种反映人们畏惧或迷信鬼神心态的现象，更多的是人们追思前辈英烈征服自然、为人类创造幸福的历程。花山蹲踞式人形岩画符号和多个不同符号组合形成的一定叙事场景有可能是先民对历史事件的情境描述，而这个事件又是巫术或宗教仪式反复演绎的主题。创作这样的岩画是一种高强度的、有规划的、有组织的公众性工作，需要较多的人协作共同完成。他们完成这样大的工程不是为了个人或是几个人的某种目的，而是更加虔诚的为了氏族集团生存而举行的一种活动。

综上所述，不同时期的蹲踞式人形岩画与大背景下人们思想观念的变化是相符合的，正身大的人形不是只代表巫师、祖先或是蛙神①，它的身份在不同时期是不一样的。左江花山岩画并不是一个年代所完成的，而是经历了长时间的发展，创作者的思想观念也随着时间变化有从"万物有灵"经以生殖神、祖神为

① 学者们针对正身大人像身份问题主要三种意见：巫师、祖先、蛙神，见岭雒：《左江流域崖壁画考察及学术讨论会纪要》，载《广西民族研究》，1986年第1期。

核心的多神信仰，再逐步变化成“天人合一”的世界观和强调人身依附关系的社会道德观变化，这也是考古资料中反映出的自旧石器时代晚期至东汉末年的世界观的变化轨道①。左江流域不同岩画点的蹲踞式人形岩画是不同时期先民为了娱神祭神而作，它与承载它的山川、相伴的河流以及周围的自然景观一起形成一个个神圣的空间，它们一起形成了有着岩画群的左江流域这个大的神圣空间。它就像中国古代的“社”，是一祭祀神鬼的社群之所在，是一神圣之地，凡上帝、天神、地祇及人鬼无所不祭。这种社的源流，在时间上，起自新石器时代初期，一直延续到现代；在空间上，源于两河流域，南下到东南亚。在台湾和广西多保存有社的雏形，在太平洋的波利尼西亚和美拉尼西亚也有属于社的文化②。梁庭望先生指出：“左江流域是壮族地区的腹地……最安全的地方。浔江、郁江容易受到楚的威胁，红水河乃滇桂交通水道。右江之西有古句町国，也是滇桂通道。相比之下，左江是比较安全的。所以唐代黄乾耀以这里为据点。侬智高也是先在这一带建立大历国地方政权，以后才拔邕州，乘船沿郁江东下。从历史上看，这一带除偶尔受交趾之扰，是很少受中原及后来中央封建王朝势力干预的，可谓壮族祖先的大后方。以这一带为祭神圣地，颇有战略眼光。难怪明代以前，汉文史籍无一字提及花山崖壁画。”③把这个地方作为壮族先民的社群无疑是最好的选择。覃圣敏等对左江崖壁画分布特点做总结时说：“在方向上，画面大部分朝南或基本朝南，一部分基本朝向东、西，基本朝北的很少，朝向正北的目前还没有发现。这是什么原因？”④现在就比较容易回答这个问题。南、北是一对相反相成的方位词，南向阳，北背阴。万物生长靠太阳，由于人们对太阳的崇拜，因而有南尊北卑的习惯，中国古代帝王之位南向，南面为称王称帝的代称。帝王祭天也在南郊（今北京天坛在南城即为证明）。相对南面称帝北面为“臣”，并且北在军事上还常与“败北”相连。左江花山岩画点既然为壮族上古先民的“社”，当然不能再让岩画面北了。

总之，作为壮族上古先民宇宙观中“世界中心”的左江花山岩画点，是壮族上古先民心中的圣地——“社群”，这里既是他们祖先回归的圣地，又是他们祭祀鬼神的圣地。

---

① 俞伟超：《先秦两汉美术考古材料中所见世界观的变化》，王仁湘编：《中国考古人类学百年文选》，北京：知识产权出版社，第314页。

② 凌纯声：《中国边疆民族与环太平洋文化》，台北：联经出版事业公司，1979，第1447页。

③ 梁庭望：《花山崖壁画——祭祀蛙神的圣地》，载《中南民族学院学报》，1986年第4期，第20—21页。

④ 覃圣敏等：《广西左江流域崖壁画考察与研究》，南宁：广西民族出版社，1987，第21页。

试论左江沿岸及宁明花山岩画的记誌功能①

廖国伟②

[内容提要] 在对岩画以及上古时代遗留下来的符号研究中，历来有一种将这些图案和符号神圣化的倾向，广西左江沿岸以及宁明花山的岩画以其所谓“蛙形人体”的造型，也被作为广西壮族先民骆越人青蛙崇拜和图腾祭祀的象征，本文认为，这些岩画图案并不能与远古时代遗留下来的原始符号相提并论。本文从广西左江沿岸以及宁明花山的岩画绘制的年代和战国到汉代时期的中原文化的发展状况，以及这些岩画的造型上，推论出这些岩画作为某种壮族先民的记誌符号，极有可能是壮族先民对于战争场面的记录，“蛙形人体”以及各种动物等图案是壮族先民记录战争胜利之后俘获对方俘虏举手投降的姿势，并对于左江沿岸及花山岩画研究中的一些推论和看法提出自己的质疑。

[关键词] 花山岩画 “蛙形人体” 记誌功能

广西左江沿岸的龙州、崇左等地的岩画及其宁明的花山岩画，作为壮族先民遗留下来的文化符号，以其诡异而神秘的性质，引起后代的壮族人民和各个学科的研究者们的浓厚兴趣，研究者们对这些文化符号和图案的性质、功能和意义做了各种猜测和阐释。1980 年经专家对钟乳石标本的碳十四测定和相关的考察研究，认定这些岩画产生的年代大约在战国至东汉，但对这些岩画的内涵、主题和意义，人们众说纷纭，难以达成共识。就目前的占多数意见的看法来说，大致上有“祭祀水神”说、“壮族先民蛙图腾崇拜”说、“花山岩画记录了骆越先民的祭祀、战争、舞蹈等场面”说以及“象征符号”说等观点，这些观点虽然有其历史、文化、人类学以及民族学等方面的依据和一定的合理之处，但也仍有许多值得质疑的地方。

---

① 本文为 2013 年广西“自治区特聘专家专项经费资助”项目：“广西文化产业发展及其文化软实力研究”成果，批准号：2013B022；2015 年广西文科中心重大课题项目“花山岩画与骆越文化研究”成果，批准号：ZD201503；2015 广西哲学社会科学规划研究课题“左江花山岩画研究”，批准号：15AMZ001。

② 廖国伟（1958— ），男，广西师范大学文学院教授。

一、对左江沿岸及花山岩画的主题、功能和文化内涵的诸种阐释的质疑

（一）“祭祀水神”说

持此说的学者为谢寿球先生。他认为：“花山岩画是古骆越人采用从山顶往下搭竹架的办法作画；作画的目的是为了祭祀水神，以保佑船只平安渡过急流险滩；岩画图像的寓意是描绘祭祀仪式、为沉船落水死难者招魂的场景。”①从目前岩画存在的地点都是在沿江的山岩上和河流的转弯处来看，这种看法似乎很有道理，但是，值得思考的是：古骆越人作为农耕民族，天神、雷神、雨神、土地神、蛙神、祖先神等都是他们需要祭祀的对象，水神无疑不是他们生活和生产中最重要的神灵，为什么他们花费如此大的精力描绘祭祀水神及为沉船落水死难者招魂的场景？按照正常的逻辑和以往的经验来看，水神或妈祖是生活于海边的民族最重要的祭祀对象，而在广西骆越人的生活中，死于各种灾难及各种原因的先民很多，为何单单祭祀沉船落水死难者？没有资料表明、我们也难以考证在岩画产生的年代，落水死难者是骆越人当时死难人数最多的。为什么骆越人不描绘祭祀山神、祖先神、雨神等神灵的场景？这些疑问都需要研究者去证伪。有的学者虽然对谢寿球先生的“祭祀水神”说的合理之处做了相应的肯定，但也有存疑，比如杨炳忠先生认为，谢寿球的“祭祀水神”说“是迄今为止对花山岩画三个关键性问题最新的解释，如果不谬，当是研究花山岩画的重大突破。但是否完全可靠，还需要专家进一步考证研究”②。笔者认为，除了上述骆越人为什么单单祭祀落水遇难者的疑问之外，单从左江沿岸的岩画的图像本身来看，那种混乱无序的场面也不像祭祀仪式的场面，这点在后面将详述。

（二）“壮族先民蛙图腾崇拜”说

由于骆越人和壮族先民有青蛙图腾崇拜的习俗，加之花山岩画的图形大多皆为“曲蹲双肢，两手张掌曲折向上举”的造型，与青蛙游泳时的姿势很像，故而很多人即认为这是青蛙图腾的象征，是壮族先民蛙图腾崇拜的再现等。如何颖先生在文章中说：“花山岩画共有111组约1900多个图像，人像群体活动是中心内容，人像分为正身与侧身两种，均为‘蛙形’，曲蹲双肢，两手张掌曲折向上举……画面人物的‘蛙状式’是青蛙崇拜的表征。”③何颖先生认为，“花山岩画的‘蛙人’造型，表现了远古骆越人崇拜青蛙、祈福求雨的文化心理，也普遍反映了以稻作为主的东南亚原始居民的共有观念”。并且举出师公舞为例：“在左江

---

① 转引自杨炳忠：《花山申遗与广西文化发展》，杨炳忠等主编：《花山申遗论谭》，南宁：广西人民出版社，2010，第4页。

② 同上。

③ 何颖著：《从国际性区域文化视野中推进花山岩画申遗》，杨炳忠等主编：《花山申遗论谭》，南宁：广西人民出版社，2010，第24页。

流域现存的师公舞中，‘蛙形’舞是最典型的民间祭祀舞蹈，属于原始巫舞，在祭祀神灵、祈福消灾的原始宗教仪式上，师公双臂屈而上举、五指叉开、双腿曲蹲，击鼓跳舞，俨然花山岩画人像的化身。”①

这种看法因为壮族先民有青蛙图腾的习俗而从花山岩画图像的外形上将这些岩画图像与壮族先民的蛙图腾崇拜联系起来，似乎很有根据也很自然。但是我的疑问是：如果这些图形是对青蛙形状的模拟，而青蛙有很多种造型，作为图腾崇拜的图形，为什么单单选取了“曲蹲双肢，两手张掌曲折向上举”的造型？这种姿势无论是人还是青蛙，都是出于散漫而无力时的姿态，而青蛙蹲伏着的姿势不是更为生动更有张力的造型么？从一般的逻辑来看，先民们塑造图腾崇拜的造型应该会选取对象更为生动更有张力的造型才是合理的。如果单从外形的相似性这点来看，这种“曲蹲双肢，两手张掌曲折向上举”的造型，与人被俘时举手投降时的姿势不是也很相似么？为什么不能将其作为胜利时俘获对方俘虏时的场景的记录呢？（本文下面将论述这个问题）

对于左江沿岸及宁明花山岩画的解释还有很多种，如“壮族先民骆越人庆祝征战的胜利”“骆越人庆祝丰收”等说法，本文在此只对上述两种影响较大的说法提出本人的质疑和本人一点不成熟的看法。

二、左江沿岸及宁明花山岩画的图识与记誌功能

我们知道，在远古时代，很多看起来很神秘的图案和符号常常具有某种图识与记誌的功能，尤其在那种文字和图画还没有明确分离的时代以及人类学家称之为蒙昧的民族当中，比如中国的文字诞生之初的象形文字，就是亦图亦文（字）、图识与记誌一体的符号。

汉人颜延之云：“图载之意有三：一曰图理，卦象是也；二曰图识，字学是也；三曰图形，绘画是也。”②在笔者看来，左江沿岸及其宁明花山岩画在“图形”的外表下表达的是某种“图识”与“记誌”的功能。所谓“图识”就是指先民用某种图画式的符号替代文字的功能，在那种文字和图画还没有明确分离的时代，图画即是文字，即利用形象化的方式来记事和表达人们对事物的认识。在这种情形中，识与形、字与画一体，那些看起来如同绘画的符号，实际上也起着文字的作用，或者比文字的意义更丰富，我们知道，用文字或某种图形来定义或描绘事物的时候，就是对该事物的一种记录以及表达对该事物的一种认识，从这种意

① 何颖著：《从国际性区域文化视野中推进花山岩画申遗》，杨炳忠等主编：《花山申遗论谭》，南宁：广西人民出版社，2010，第30页。

② ［唐］张彦远：《历代名画记》，沈子丞：《历代论画名著汇编》，北京：文物出版社，1982，第34页。

义上来，看左江沿岸及其宁明花山的岩画就是这样一种"图识"与"图形"、绘画与文字一体的符号，即以形象化的方式起着某种记誌的作用。那么，这些看起来很神秘的符号和图案记录和表达什么呢？

在对岩画和远古符号或图案的研究领域，历来有一种把远古和上古的图形与符号神圣化的倾向，研究者把大多数的远古和上古的图形与符号当作图腾崇拜、祭祀符号等具有神圣意义的东西来看待，他们宁愿相信，古人遗留下来的种种符号一定具有某种神圣或伟大的含义，否则，古人不会花费如此大的精力冒着生命危险在坚硬的崖壁上绘制种种图案，这种看法对于一些原始时代或远古时代遗留下来的图案和符号来说，是有一定的道理的，比如贺兰山岩画等，但是这并不适用于解释所有的远古的符号尤其是产生于战国到汉代的左江沿岸的岩画，因为左江沿岸的岩画距离今天不过两千多年，虽然有着一种古朴的原始意味，但也不能因此就将其与原始时代的岩画和那些远古的符号相提并论。左江沿岸的岩画产生于战国到汉代，是中华文明已经非常发达繁荣的时代，不能因为这些图案与某些原始时代的岩画或图案相似就将其作为原始时代的符号来看待，因为这样，不仅不能提升骆越人和壮族先民的智慧以及这些岩画的文化内涵，以认清这些符号的真实意义，相反，有可能把战国到汉代时期壮族先民等同于原始蒙昧的民族来看待，把生活与文明发达年代的骆越人及其壮族先民拉回原始时代，这是一种对左江沿岸岩画的过度诠释。

笔者认同的是，有的学者注意到左江沿岸的岩画具有某种记誌功能的看法，如黄德隆先生认为："花山岩画记录了骆越先民的祭祀、战争、舞蹈等场面，反映了古代岭南民族的生产、生活。"①黄德隆先生的这种观点虽然注意到左江沿岸的岩画的记誌功能，但是仍然有把这些岩画图案神圣化的倾向。从图腾崇拜和祭祀的方面来看，对于很多的原始时代和远古时代的图案和符号来说，这种看法是有道理和依据的，但是也要看具体情况，并且我们不能把这些远古的符号的意义无限放大并加以神圣化。就左江沿岸的岩画来说，笔者认为，把这些符号作为图腾崇拜、祭祀仪式场面或舞蹈场面都有这种将这些符号神圣化的倾向和嫌疑。理由如下：

第一，左江沿岸的岩画的图案几乎皆一致呈现出所谓"蛙形人体"的造型，如果将这些符号作为骆越人和壮族先民青蛙图腾崇拜来理解的话，并不见得符合实际。我们只要认真观察这些符号和图案，就会发现，这些图案从形似的方面来看，似乎既像蛙也像人，学术界一般都称之为"蛙形人体"。先看所谓"蛙

---

① 黄德隆：《加强花山申遗工作，提速宁明经济社会发展》，杨炳忠等主编：《花山申遗论谭》，南宁：广西人民出版社，2010，第69页。

形”,如果单从青蛙本身的形状来看,只要将这些图案与青蛙的形状比较一下,你会发现,图案的体形上,头部基本不像青蛙头,从身体体形上来看,青蛙的腹部较大,而图案中的图形的腹部是上大下小,哪里像青蛙的腹部和体形?而且如果是作为图腾崇拜的对象,作画者至少应该把对象的形状描画得基本相似,而不是如此粗率地只画一个青蛙游泳时的一个大略的姿势,而且这种四肢张开且无力的姿势是青蛙死了之后的姿势。

再看所谓“蛙形人体”,这些图案作为对人体的描绘来说,十分粗率简单,按照一般的逻辑和经验来看,崇拜者对于崇拜对象的描绘应该是精心、精细地描画和美化对象,而左江沿岸的岩画的图案皆是非常粗率和简单的形状,以至于后来有些看到这些岩画的人将此当作“鬼影”,这一点,很多研究者都不约而同引用了宋代李石《续博物志》卷八的记载:“二广深谿石壁上有鬼影,如澹墨画。船人行,以为其祖考,祭之不敢慢。”以及明代张穆的《异闻录》中的记载:“广西太平府有高崖数里,现兵马执刀杖,或有无首者。舟人戒无指,有言之者,则患病。”①如果这些岩画图案是作为骆越人或壮族先民的图腾崇拜的符号,他们怎么会将这些令人敬畏的对象绘制成犹如“鬼影”并且“或有无首者”,这不是亵渎神灵么?因此,把这些图案作为图腾的符号,既不符合崇拜者的心理也不符合图腾崇拜的一般逻辑。还有一点是最重要的,假如这些图案和符号产生的年代是原始时代或更久远一些的话,将其作为远古先民的图腾崇拜的符号可能会合理一些,而把这些产生于战国或汉代的粗率而古拙的符号作为图腾崇拜的图案,是不是贬低了这个时代的骆越人和壮族先民的绘画技艺?如果我们了解中国美术史的话,我们可以看看战国、秦、汉时期乃至夏、商、周时代中原的绘画和美术所达到的高度以及他们对于他们认为重要的描绘对象所描绘的精细和精美程度,也许在战国和汉代,生活在广西的骆越人和壮族先民的文化和艺术水平达不到中原汉人的程度,但是,也不至于落后到处于原始时代的绘画和造型水准。须知,秦代秦始皇已经把灵渠修到兴安,秦、汉时代,统治者的权力已经达到了包括广西在内的岭南地区,难道中原的汉文化对于骆越人和壮族先民的影响可以忽略不计么?难道那时的壮族先民与中原文化处于绝对的隔离状态么?难道战国到汉代广西的骆越人和壮族先民仍处于原始时代的文化和智力水平么?从上述这些理由来看,把左江沿岸的岩画图案作为骆越人和壮族先民图腾崇拜的看法是值得质疑的。

第二,左江沿岸岩画图案的造型单一雷同。已有不少研究者也注意到这个

---

① 转引自何颖:《从国际性区域文化视野中推进花山岩画申遗》,杨炳忠等主编:《花山申遗论谭》,南宁:广西人民出版社,2010,第24页。

问题,如陈学璞认为:“花山岩画体现了壮族先民的磅礴……雄壮与狂热……但也存在原始艺术线条单一性、形象程式化、构图平面感的问题,规模宏大却雷同颇多,由于缺乏生动的情节细节,影响了对它进行具体可感的审美认知。”①由此可见,如果将这些造型单一雷同的“蛙形人体”符号和图案作为祭祀仪式和舞蹈的场面记录的话,同样也值得质疑。左江沿岸的数以千计的岩画图案,绘制的时间前后延续近千年,其造型和姿势雷同而单一,人物、动物的排列混乱而无序,毫无规则可言,不像是严肃而庄重的祭祀仪式场景。我们知道,祭祀仪式在上古时代的各个民族当中,都是非常重要而且庄重和严肃的活动,作为祭祀的形象怎么可能如此粗率简单,场面如此混乱无序,排列没有规则?如果说是那个时代的舞蹈场面的记录也不符合舞蹈的规则和逻辑,须知在上古乃至原始时代的各个民族之中,舞蹈都有团结、媾和的功能,这一点在人类学家的著述中已论述甚多、甚详。比如人类学家林惠祥说:“跳舞的重要——它在原始社会中地位的重要远非文明社会可比,原始的舞蹈实在是原始民族审美的感情的最完美最有效的表现……最大的会是媾和时所开的,此外凡重大的事件如果实成熟时,捞获牡蛎时,少年成丁时,邻部修好时,战士出发时,狩猎大获时,都有跳舞会以庆祝它。”“跳舞的又一种或者更重大的作用便是社会团结。”②原始时代的舞蹈尚且如此,更何况是战国和汉代骆越人的舞蹈,如果是舞蹈的场面,怎么从战国到汉代,骆越人和壮族先民的舞蹈姿势和动作都一直保持这么单一和雷同的造型,并且也没有舞蹈的队列和结构,只是将图案无序地排列上去,众多的人物之间也没有呼应和联系,只是各自独立的自成一体的姿态,怎么体现出团结的和舞蹈的意味?

本文无意贬低这些符号的文化意义和功能,但还是认为这些符号并不具有那种神圣的图腾崇拜的意义,而是具有某种世俗的记誌功能和意义。

在笔者看来,左江沿岸及宁明花山岩画的图案更多的是一种壮族先民骆越人对某种战争场景的记誌,岩画图像的姿势和动作,更像是人在战败被俘之后举手投降的姿势,这种“曲蹲双肢,两手张掌曲折向上举”的造型,不会是祭祀舞蹈的场景的记录,因为从人物排列和图像排列的结构来看,毫无舞蹈的意味,在山岩石壁的空间允许的情况下,为什么这些人物图案排列无序而没有规则?而如果是记录俘获对方的战俘及其动物和战车等战利品的情况,就不需要讲究排列的规则和队列结构了。为什么分布于左江沿岸的111组约1900多个图像的

① 陈学璞:《花山文化与世界遗产和人类非物质文化遗产》,杨炳忠等主编:《花山申遗论谭》,南宁:广西人民出版社,2010,第17页。

② 林惠祥著:《文化人类学》,北京:商务印书馆,1991,第324—325、333页。

姿势和动作如此相似和雷同？因为我们迄今为止看到的几乎各个时代各个民族的举手投降的姿势都是相近的，壮族先民和上古的骆越人当然也不会例外。另外，从岩画图案中，我们还可以看到有狗、铜鼓以及研究者视之为“环首刀”的物品和动物图案，这些图案从另一个方面也能给我们将这些图案作为战胜对方之后俘获的战利品的佐证，在那个年代的部族战争中，骆越人或壮族先民打仗时带着铜鼓和狗，是很有可能的，铜鼓作为军队的鼓乐或出击和退兵的信号，这在古代战争中是极为普遍的现象；而在广西亚热带的丛林山地作战，发挥狗的识路或发现敌方的作用也是有可能的。前面我们引用的明代张穆的《异闻录》中说的“现兵马执刀杖，或有无首者”也符合这些图案作为战争场面的解释。

另外，中国古人有记录战争胜利果实的历史习惯，由此可以作为将左江沿岸及其花山岩画的图案作为战俘投降和俘获战利品的图案的一个理由。我们知道，古代有以图画或文字记录战争胜利和以图画表彰功烈的习俗，比如，汉代有凌烟阁，招名画家绘制功臣、烈女画像以表彰功烈，郑舞昌所著《中国画学全史》云：“自是以后，凡有纪功颂德以及其他关于纪念之事，往往借画以达其用。始于王家，次及大夫，乃至庶民，亦多效法之。”①还有，三国时曹操打败鲜卑人之后在渤海边勒石铭刻战事和功绩，都是这种历史习惯的例证，这些习惯也可能影响到那个时代的骆越人。左江沿岸的岩画之所以绘制在沿江的陡峭山崖上，也可以从这里找到一个解释，因为绘制在山崖石壁上，不容易被毁掉，而且山崖石壁的永久性可以具有纪念碑的性质，这些岩画图案很可能是壮族先民骆越人用这种方式记录和纪念他们的战争胜利。另外，骆越人将这些战俘投降的图案绘制在他们生活区域中的高高的山崖上，能在远方看见，或许也能起到一种对敌方部落的威吓的作用。这些图案和符号延续了近千年都保持一种相近或相同的姿势，可以解释为骆越人和壮族先民在每一次重要的战争胜利并俘获敌方的战俘之后，都会要绘制这些图案，以纪念和记录他们的战争胜利的成果，并且庆祝他们的战争胜利，故而，这些图案是在近千年中不同的时期绘制而成的，因为只有战败投降的姿势是千年不变的，而无论是祭祀仪式或舞蹈的姿势和动作，都不太可能千年不变。而从人物排列的结构来看，舞蹈是需要讲究形式和结构的，只有战俘的排列，不需要什么讲究，只需要大致的数量和姿势就可以了。

---

① 郑舞昌著：《中国画学全史》，上海：上海古籍出版社，2001，第26页。

三、研究左江沿岸的花山岩画的困难以及我们对此的认识

(一)直接史料的缺乏以及岩画图案符号的多种解释

与几乎所有对岩画遗址以及对远古遗留下来的符号和图案的研究一样,对于左江沿岸及宁明花山岩画的研究也面临同样的困难,就是古代以及在这些岩画产生的年代对这些符号和图案的直接记载和相关的资料非常缺乏,甚至没有直接的记载,我们只能根据其他方面的一鳞半爪的资料或对于那个时代的文化逻辑的理解来推测和阐释这些符号和图像的意义。如同笔者将这些符号和图案作为骆越人和壮族先民描绘战争胜利之后战俘举手投降和俘获战利品的场景的解释一样,其他对于这些符号和图案的解释也同样是一种推测,以至于造成目前这种对岩画的主题和意义的众说纷纭的局面。研究者依据个人的理解从不同的角度做出各种猜测,但无论是哪一种猜测,都需要我们进一步研究并找出可以令人信服的材料加以论证,而就目前的情况来看,困难很大,今后是否能够实现这一目标也是一个不确定的问题。笔者希望有学者能找到确确实实的材料和做出令人信服的论证,以纠正种种臆测和胡说。

(二)不能将左江沿岸的岩画与原始遗迹等同看待

我们不能因为左江沿岸的岩画图案与许多原始时代的岩画和图案相似而具有古朴、粗率的原始意味就将其作为原始形象来看待。如果我们认同碳十四测定的科学手段所确定的年代的话,那么将这些岩画图案看作是骆越人和壮族先民图腾崇拜的原始符号是难有说服力的,即便骆越人具有原始经验的遗存,即便战国和汉代时代的骆越人和壮族先民的文化艺术比中原的汉民族落后很多,但因此将左江沿岸的具有原始意味的岩画符号成看作是原始图腾崇拜的符号,这就等于说,战国和汉代的骆越人和壮族先民比中原汉民族文化落后上万年,这是没有道理的。尽管如此,左江沿岸的岩画图案具有的那种古朴、粗率原始意味又使得我们不能把骆越人具有的原始时代的经验遗存完全抛开,我们既要考虑到左江沿岸岩画产生于战国和汉代,也要考虑到这些岩画与壮族先民的原始经验的联系,而直接材料的缺乏无疑使我们的研究困难重重。如同荣格所说:“阐释利用的是某些原始意象的语言源头。无论我们从什么面向接近这个问题,我们都会发现自己处处面对语言的历史、面对直接追溯到原始神奇世界的种种意象与主题。”①而对于这些岩画的原始意象的语言学的源头,我们不甚了了,对于壮族先民语言的历史我们一知半解,以至于一筹莫展。这就是我们的困难所在,所以,我们需要对这些原始意象的语言源头以及种种原始意象和

---

① [瑞士]卡尔·古斯塔夫·荣格著:《集体无意识的原型》,北京:国际文化出版公司,2011,《荣格文集》(第五卷),第28页。

主题做深入的研究,这是一项艰苦而长期的工作。

(三)不能将这些岩画符号过于神圣化和进行过度诠释

为什么左江沿岸以及宁明花山的岩画发现较早,但一直没有受到重视?原因很多,但是左江沿岸的岩画的文化内涵以及民族、历史、文化等方面的价值是有待人们进一步认识并做出中肯评价的。

历来很多的研究者都把花山岩画作为图腾崇拜或壮族祖先所崇拜用于祭祀的原型的蛙,虽然壮族先民具有青蛙崇拜的习俗是事实,但是,不能因为这个以及岩画的图像有些类似"蛙形人体"就据此将其作为青蛙图腾祭祀的图案和符号。笔者认为,将这些符号过于神圣化不利于我们真正认清这些岩画图案的性质和主题。另外,对这些岩画图案作过度诠释,比如认为这些岩画图案具有很高的艺术水准和体现壮族先民高度的审美水平和艺术成就等,这种把这些符号神圣化的倾向会起到盲目拔高这些符号的意义的效果,不利于我们真正认清这些岩画的性质、主题和意义。目前,花山岩画申报世界文化遗产已经提上议事日程,这就更需要我们对左江沿岸以及宁明花山的岩画的性质、主题、价值、意义等方面做出更为合理和更有说服力的阐释。

花山岩画的骆越根祖文化渊源探溯①

张　逸②

［内容提要］　花山岩画作为骆越根祖文化的重要源头，是壮族先民的百越文明及骆越文化创造的产物，成为中华文明及中华文化的宝贵文化遗产，乃至世界文化遗产。花山岩画的骆越根祖文化探寻，与历代文献考证、文物考古、民族民间信仰活动与民俗事象相互印证、相互支撑，形成骆越根祖文化系统构成与内在逻辑，也形成一脉相承、薪火相传的民族文化传统。

［关键词］　花山岩画　骆越根祖　文化渊源　蛙状人影画像　壮族先民

花山岩画狭义上是指广西宁明县驮龙镇耀达村的明江西岸的花山悬崖峭壁上的岩画；广义上是指凭祥、龙州、宁明、崇左、扶绥、大新、天等等壮族聚居区各县同类型左江流域岩画群。因宁明花山岩画的画幅最大、人物画像最多、画面最集中、内容最丰富、绘画难度最大、保存最完好等特点，使之成为左江流域岩画群的典型及代表，因此也将左江流域岩画群统称为花山岩画群。花山岩画单体画宽 221.05 米，高 45 米，距离水面 15—18 米，共画有人物图像 1819 个，绘画年代考证在战国至东汉时期，距今已有 2000—2500 年历史。岩画构图包括人、马、狗、兽、刀、剑、羊角（牛角）、铜鼓、钮钟、舟楫等形象造型。花山矗立于明江边，在临江悬崖峭壁的山体裸石上绘制的岩画均为涂抹式的赭红色，色彩斑斓，耀眼夺目，成为名副其实的“花山”。花山岩画 1988 年由国务院公布为全国重点文物保护单位，1998 年以花山岩画为中心的花山风景区被定为国家级风景名胜区，2006 年列入“中国世界文化遗产预备名单”，“左江花山岩画文化景观”被确定为 2016 年中国申报世界物质文化遗产唯一候选项目。

近年来，花山岩画研究与广西考古发掘、文物史料、铜鼓、“布洛陀”经诗、神

---

①　本文为 2014 年广西“自治区‘特聘专家’专项经费资助”项目“广西文化产业发展及其文化软实力研究”，批准号：2013B022；2015 年广西文科中心重大课题培育项目“花山岩画与骆越文化研究”，批准号：ZD201503；2015 年广西社科重点项目“左江花山岩画研究”，批准号：15AMZ001；2014 年度广西高校科学技术研究项目“广西生态艺术产业化生产模式研究”，批准号：YB2014040。

②　张逸（1983—　），男，湖北黄冈人，广西师范大学设计学院讲师，东北师范大学美术学在读博士；研究方向为美术史、影视与摄影、动漫艺术。

话传说、歌圩、“三月三”歌节、南方稻作文化、那文化以及壮学研究结合，拓展了花山岩画研究视野与空间，进入广西地域文化及民族文化的系统整体研究阶段。基于学界文化自觉与文化自信的逐步提高，从百越文明及骆越文化研究视角拓展深化花山岩画研究空间成为必然。2012 年“三月三”歌节期间，花山岩画所在地宁明举办崇左（宁明）国际花山文化节，同时隆重举行骆越始祖公祭大典，此后形成每年一度的花山骆越祭祖大典仪式，区内外壮族地区派出代表团参加祭祖仪式活动，吸引国内外学者及其游客蜂拥而至，引发学界以及社会各界的极大关注。广西壮族自治区党委书记彭清华为花山岩画题词“骆越根祖，岩画花山”，极大地拓展与深化了花山岩画研究空间。本文立足花山岩画与骆越文化关系辨析，着重从花山岩画中的人物、器物画像造型与文物考古、文献考证及其传承至今的文化传统关系进行梳理与分析，力图理清花山岩画的骆越根祖渊源及骆越文化传统脉络与根据，旨在传承弘扬百越文明及骆越文化传统与民族精神。

一、花山岩画的蛙状人影造型的骆越根祖原型意义

花山岩画的人像造型有上千个之多，无论正面图像还是侧面图像，都具有六个明显特征：一是人像形态一律为两臂分开弯曲向上、两腿分开弯曲下蹲，呈蛙状人形的造型姿势；二是一律为粗线条涂抹式的人形轮廓造型，如同人的影子模糊而又神秘，可谓人影画像造型；三是一律使用绘制在岩石上的赭红色，所采用矿物质与动物血混合而成的颜料，历经数千年风吹雨打而不脱落和变色，鲜红夺目，蔚为奇观；四是岩画大都绘制在沿江的高山峻岭悬崖峭壁的裸露石壁上，过去常称为崖壁画，现在统称为岩画，当然崖壁画称谓更为贴近花山岩画的环境条件及其性质特征，极显当时绘制难度之大；五是这一类型的岩画在左江流域及其云南、贵州、四川等西南地区以及境外越南、缅甸均有发现，由此形成基于流域和区域的一种岩画类型，并形成左江流域岩画群；六是花山岩画是单体画幅最大、画像最多、画面最集中、内容最丰富、绘画难度最大、保存最完好的典型代表，同时从其绘制年代考证为战国至东汉时期的产物，距今时间跨度相对较长。因此，从这一角度而言，花山岩画在一定程度上说应该是左江流域岩画群的源头。

根据花山岩画以上所呈现的六个特征进行综合分析，不难确认其文化身份及族属性质，即学界普遍认定为壮族先民，亦即骆越族群创造的原始岩画艺术文化遗产。有鉴于此，进而探讨花山岩画的骆越根祖文化渊源，可从以下四方面进行辨析。

首先,从人物图像的蛙状人影的造型姿势来看,与壮族先民远古时期的图腾崇拜、自然崇拜、祖先崇拜密切相关。蛙图腾崇拜基于壮族先民在人与自然、人与神灵、人与祖先的现实性与象征性联系中所建立的利害关系及其精神信仰系统。蛙在岭南自然生态环境及南方稻作文化背景下与人发生紧密关系,集合生命力、跳跃力、鼓噪力、繁殖力强大特点,寄寓它预兆风调雨顺、五谷丰登、多子多福的美好期望,因此成为壮族先民图腾崇拜对象。骆越蛙图腾崇拜文化传承至今,仍然还在壮族地区广泛流行,并作为文化基因与文化符号元素融入壮族生产、生活以及文化习俗中。如铜鼓装饰与纹饰的蛙造型、壮锦的蛙造型纹饰、壮族服饰的蛙造型纹饰、壮族干栏建筑上的蛙木雕木刻等,还有壮族舞蹈动作的蛙状姿势造型,巫术及其祭祀仪式中的蛙状动作等,以及壮族地区流传至今的民间节庆及其民俗活动的“蚂拐节”“蛙婆节”等,印证了花山岩画蛙状人影画像造型是骆越蛙图腾崇拜产物,建构起壮民族精神信仰系统及骆越文化传统。

其次,从粗线条的轮廓式人物画像来看,撇开原始绘画工具材料与环境条件限制等客观原因不论,那么就极有可能是骆越先民基于主观意图及图腾崇拜与原始精神信仰作用而着眼于人的影子绘成影像的结果,造成如影随形、形影不离、依影赋形的画像效果。原始先民对于影子的认知及神秘特点的感悟,往往认定为神灵、魂灵、鬼魂,由此赋予影子以灵魂的含义。骆越先民基于图腾崇拜、自然崇拜、神灵崇拜、祖先崇拜意识及其“万物有灵论”“泛神论”观念,认定灵魂在天人合一、人神一体的亲和关系中产生纽带作用;同时,灵魂也在生死轮回、神灵永恒、鬼魂附体的神秘现象中成为唯一解释的答案。因此,祖先虽死犹荣、灵魂不死,不仅活在子孙万代心中,而且活在子孙万代身上。花山岩画影像正是这种祖先神灵附体观念的符号化表征方式,不仅基于图腾崇拜、自然崇拜、神灵崇拜、祖先崇拜、生殖崇拜意识建构族群精神信仰系统,表达出敬畏祖先及祈祷祖先灵魂保佑心理,而且希望从祖先灵魂附体的人神一体、灵肉一体、身心一体中获得生命源泉及其超自我、超自然力量。由此呈现的蛙形人影的影子画像也可谓标示出骆越祭祀及其祭祖场面,以之形成骆越祭祖文化传统,这正是花山岩画的骆越根祖文化渊源的意义所在。至今在壮族地区仍然普遍保留祭祖习俗,也正是一脉相承地传承弘扬骆越根祖文化传统的现实意义所在。

再次,从岩画所着赭红色绘画颜色效果来看,红色不仅具有表现力与渲染力,而且具有表征与象征意义。红色在原始初民的现实感知与情感体验中无疑具有与人类功利及其价值选择更为紧密的关系。族群及其个体存在、生存、繁衍、发展、兴旺的需要及其价值利益驱动,不仅将红色作为鲜艳夺目、色彩亮丽的感官刺激与愉悦享受的感知选择结果,而且以红色作为信息符号更便于保存、传递、传播及交流沟通的媒介材料。更为重要的是,基于表象认知及功利关系,原始初民与红色所表征的太阳、火、雷电、鲜花、鲜血等具有十分紧密的关联,从而赋予红色具有超越色彩的更为丰富和深广的寓意与意义。因此,不难推测出花山岩画所涂抹赭红色的表征与象征含义及其功能作用。从花山岩画基于图腾崇拜、自然崇拜、神灵崇拜、祖先崇拜的敬畏意识观念而选择采用赭红色色彩表达方式看,赭红色意味着对于鲜血敬畏的生命崇拜与生殖崇拜意识。如果红色意味着鲜血、鲜血意味着生命的话,那么花山岩画的赭红色画像意味着一个个鲜活的生命,意味着骆越先民顽强坚韧的生命意志、勃勃生机、盎然生气,从而也象征族群存在、生存、繁衍、发展的一脉相承的血缘纽带关系。此外,人物画像所呈现的孔武雄壮、腰配刀剑的高大形象,一群小者围绕一个大者的聚集场面,以及画有男性生殖器的画像、男女交媾画像、凸显孕妇画像,等等,均在赭红色色彩渲染下,更能够凸显生命崇拜、生殖器崇拜与生殖崇拜意识,呈现出花山岩画的骆越根祖渊源及骆越文化功能与意义。

最后,从花山岩画画面综合分析看,毫无疑问其文化身份及族属性质是骆越族群,为壮族先民。壮族发展历史与骆越根祖渊源具有一脉相承的族群血缘、血脉及文化渊源关系,骆越族群作为壮族先民是言之成理的。因此,将花山岩画作为骆越根祖文化符号,作为壮族先民根祖文化代表也是言之成理的。壮族是中华民族中仅次于汉族的第二大民族,也是少数民族中人口最多的民族,主要居住在广西壮族自治区以及云南文山壮族苗族自治州,少数分布在广东、湖南、贵州、四川等省份。壮族世居岭南,属古代百越族群,由岭南古越人的一支发展而来。据文献记载,壮族先民在先秦称为骆越、西瓯,汉唐称为僚、俚、乌浒,宋以后称僮(撞、獞)人、俍(狼)人、土人、蛮人等,无论是何称谓,都与壮族及骆越有着密切的渊源关系。壮族的自称和他称较多,广西最常见的自称和他称主要有“布(僮)壮”“布土”“布僚”“布雅依(瑞)”“布侬”等 20 多种,云南主要有“侬人”“沙人”“土僚”等。1965 年,我国将宋以来文献记载的“僮族”称为壮族。花山岩画所在崇左及宁明的壮族人口达 85% 以上。壮族历史文化渊源从先秦百越及骆越、西瓯族群历史文献记载中可见一斑,也能够从花山岩画等骆越文化遗产中可见一斑。花山岩画是壮族先民所创造的骆越之光,是骆越历史文化遗产的代表,也是最具骆越根祖渊源的代表性文化符号。

二、花山岩画所画器物与文献典籍、考古文物相互印证

除花山岩画蛙状人形的画像造型所提供骆越文化身份及根祖文化渊源证明外，所画刀剑、铜鼓、钮钟、舟楫等器物也能够提供骆越根祖文化的佐证。尤其是将花山岩画所画刀剑、铜鼓、钮钟等与当地考古发掘出土的骆越青铜器相互印证，并不难发现两者的关联性，为考证骆越根祖文化渊源提供更为实证的考古发掘文物材料。加之考证有关骆越的文献记载，对于骆越根祖渊源认识也就更为清晰。

其一，壮族的百越文明及其骆越文化渊源的文献考证。壮族先民所属百越族群是其根祖文化的重要渊源。“百越”是对古越人或长江以南诸民族的通称，所属族群并非是一个整体，泛指分布于今苏、浙、沪、皖、鄂、湘、赣、闽、粤、港、澳、桂、琼等地的所有古老族群，因族群众多，故通称“百越”。熊传善指出：“‘百越’一词最早见于《吕氏春秋·恃君览第八》：‘扬汉之南，百越之际，敝凯诸夫风余靡之地，缚娄阳禺兜之国，多无君。’《汉书·地理志》说：‘粤地，牵牛，婺女之分野也。今苍梧、郁林、合浦、交趾、九真、南海，皆粤分地。’颜师古注：‘臣瓒曰：自交趾至会稽七八千里，百粤杂处，各有种姓，不得尽云少康之后也。’百粤即百越，从地域上说，现在的云南西部及越南北部经广西、广东、湖南、江西、福建、浙江这样一个弧形地带都是百越集团的居住地。”①历代称谓以及南方各地古越人称谓有：夏朝称“于越”，商朝称“蛮越”或“南越”，周朝称“扬越”“荆越”，战国通称为“百越”。早在商周时期，被称为“越”的南方蛮族和被称为“胡”的北方蛮族就开始崛起，与当时中原诸国争锋。在春秋晚期至战国，越族曾在江浙一带建立强大的越国，雄视江淮地区，号称“霸主”；在汉朝初期，百越族已经逐渐形成几个较强盛而明显的分支，即“东瓯”（东海）、“闽越”（福建）、“南越”（广东）、“西瓯”（广东西部、广西东北部）与“骆越”（广西西南部以及越南北部）。这些地区都形成了当时该地的政治中心，如闽越第一代君主无诸、东海第一代君主驺摇、南越王赵佗等，都曾是叱咤风云的方国或一方诸侯。

百越中的“骆越”从文献考证，覃圣敏认为：“真正提到‘骆’而且没有争议的最早古籍，大约是《吕氏春秋·孝行览·本味篇》：‘和之美者，阳朴之姜，招摇之桂，越骆之菌。’高绣注：‘越骆，国名。菌，竹笋。’晋戴凯之《竹谱》引作‘骆越’，不知他是另有别本所据，还是他按自己的意见改。其实，无论‘越骆’还是‘骆越’，意思都一样，只是词序不同而已。这个词序的不同，可能与越语、汉语词序正好相反有关，也就是说，‘越骆’可能是直接记录的越语，而‘骆越’则是

---

① 熊传善：《楚国与百越民族》，蒋炳钊主编：《百越文化研究》，厦门：厦门大学出版社，2005，第122页。

经过翻译的汉语。”所谓“骆”是因垦食“雒田”（骆田）以及岭南地区多“雒田”而得名。《交州外域记》：“交趾昔未有郡县之时，土地有雒田，其田从潮水上下，民垦食其田，因名为雒民。设雒王、雒侯，主诸郡县，县多为雒将，雒将铜印青绶。”《广州记》：“交趾有骆田，仰潮水上下，人食其田，名为骆将……铜印青绶，后蜀王子将兵讨骆侯。”《南越志》：“交趾……人称其地曰雄地（田），其民为雄民，旧有君长曰雄王。其佐曰雄侯，其地分封名雄将（“雄”字疑为“雒”字之误）。”这些文献说明“骆”的由来，认为是当地人利用潮汐的涨落以灌溉水田而得名，将这种潮田称为骆田，耕种骆田的人称为骆民，治理这些骆田、骆民的人则称为骆王、骆侯、骆将。“骆”字从壮语方面来说是地名。此外，“骆”在壮语中是将山麓、岭脚地带统称为六，“六”与“骆”音近，壮人古时无文字，以汉字记音往往不够确切而难免有所走样，故“骆田”就是“六田”，指山麓岭脚间的田。广西左、右江及越南红河三角洲一带，丘陵很多，不少田地是在山岭间辟成，这种田壮语叫“那六”，汉语就是“六田”或“骆田”。因此，岭南地区以“六”或近“六”音的字如骆、洛、雒、罗、乐、龙、隆……用作地名的随处可见。由此可见，骆越为古越人及其百越族群的一支，因其世居广西西南部与越南北部地区所处特定的自然地理环境及其在山麓开垦耕田而得名。骆越在历史上创造了灿烂的文明及文化，包括南方稻作文化、渔猎文化、纺织文化、航运文化、象形方块字文化、冶炼文化、铜鼓文化、岩画文化、龙母文化、玉器文化、陶瓷文化等，对中华文明乃至世界文明产生了重大而深远影响

从历史文献所记载的“瓯骆”“骆”“骆越”材料分析，先秦所言古越人及其“百越”已经通过原始部落角逐与融合为族群整体，其中生活在广西西南部与越南北部地区的各部落已经整合形成相对统一的“骆”“骆越”族群，甚至形成一方诸侯的“方国”或“王国”形态。不少研究者从汉代文献所提“骆民”“骆王”“骆侯”“骆将”等称谓中推测骆越古国“骆国”的存在，继而推测骆国之骆都的存在，甚至推测离花山岩画不远的大明山南麓地区就是骆越的重要发祥地，大明山下的武鸣马头是壮族先民骆越人的祖居地和骆越古国最早的都城所在地。不少学者认为：骆越古国的范围北起广西红水河流域，西起云贵高原东南部，东至广东西南部，南至海南岛和越南的红河流域。骆越文化的源头和中心在中国，主体部分也在中国。这个中心和最早的骆越古国及国都极有可能就在武鸣及环大明山周围地区。因此，花山岩画所描绘的骆越社会场景，无论是从基于图腾崇拜、自然崇拜、神灵崇拜、祖先崇拜、生殖崇拜所举行的原始巫术宗教祭祀仪式角度看，还是从基于族群集结与部落融合所举行的军事操练及出征仪式看，都能够与当地当时文献考证以及考古发掘文物相互印证，证明在骆越地区已经形成部落融合、族群融合的骆越族群，甚至产生过骆越古国及其骆都。

其二，花山岩画所在区域的骆越文物考古发掘相互印证。2006年出版《瓯骆遗粹》一书，是国家博物馆与广西博物馆联合举办《瓯骆遗粹——广西百越文化文物精品展》的出版物。《瓯骆遗粹》是“中国边疆省区古代文明系列丛书”之一。该书“由广西考古与文博单位提供广西古代西瓯与骆越的重要文物120件(套)，包括铜器、玉器、铁器、陶器等，力图从一个省区地域的多个侧面展示广西古代百越因其历史、地理等因素而形成的多元文化和独特的历史风貌，进而揭示中华民族在历史进程中逐步统一和融合的过程”①。这些瓯骆遗粹与花山岩画的骆越文化渊源形成相互印证的关联。花山岩画所处崇左宁明以及广西左江流域在春秋战国时期属骆越地区，是最早孕育壮族先民的温床之一。左江流域考古发掘不断有重大发现，无论是史前人类学考古发掘还是先秦秦汉文物考古发掘都证明，历史从未断裂，各时期各阶段历史链条脉络清晰，而且具备百越文明及骆越文化特征。距离花山岩画不远的大明山一带地区，尤其是武鸣，近年来，陆续发现春秋战国古墓群，出土许多带有骆越特征的珍贵文物，不少学者断定在此有可能曾存在骆越古都。1985年发掘安等秧战国墓，共清理86座古墓，出土文物205件。其中武鸣安等秧矛短身圆銎，銎口凹弧，骹的正面有钮，并铸有“王”字符号；武鸣独山崖洞葬铜矛，宽叶长骹，骹两面都铸双勾“王”字符号；田东锅盖岭铜矛一件骹的正面有钮，钮上方也铸“王”字符号，这是否能够对于“骆王”有所印证，对骆越古国及其古都遗址探寻是否有所启发，还需进一步论证及发掘材料。1986年发掘武鸣马头元龙坡西周至春秋墓群以及安等秧战国墓群，有古墓500多座，清理350座墓葬，出土文物1000多件，主要有青铜器、玉器、陶器、石器等。这些出土文物有别于同时期中原地区以及其他地区出土文物特点，具有明显的骆越特征以及地方性本土文化特征。马头元龙坡古墓群的年代为商代晚期至西周早期，是骆越古地发现的最早和最大的青铜文化墓葬群，也是最早、最大的骆越墓葬群。元龙坡墓葬中最珍贵的是青铜卣，以及双刃钺、单刃钺、圆形器、葵叶镞等青铜器，多具有显著的地方特色及骆越特征。墓葬中还发现了铸造青铜器的石范，这证明出土的青铜器多为当地铸造，代表了骆越青铜工艺的最高水平。

值得重视的是，花山岩画中所画刀剑与元龙坡墓葬出土并带有骆越特征的青铜刀剑极其相似。如花山岩画中所画刀剑出现最多的是佩带在人物画像腰间的环首刀，这种形状的腰刀，在中原地区及其他地区的青铜器出土文物中并未发现，应该是骆越产物，标示出骆越青铜器的显著特点。考古发现的田阳县隆平村青铜剑，剑首有两个如同车轮一样并列的圆环，剑茎扁体实心，与花山岩

---

① 《瓯骆遗粹——广西百越文化文物精品集》，北京：中国社会科学出版社，2006。

画所画环首刀颇为相似。花山岩画中还出现单手高举的刀剑,尽管难以分辨其细部特征,但从外观形状及其高举挥舞状态来看,具备骆越刀剑特征。这种骆越青铜兵器的细部特征可从考古发掘文物中略见一斑。考古材料证明:"曲刃一字格剑,首、茎、身一次铸成,圆首,扁圆茎,一字形格,短扁身,呈梭形。锅盖岭1件,通长29厘米,刃宽6.5厘米,茎中空,两面均饰回形纹;正背两面均饰二道卷云纹。田阳七联村东邦1件,通长28厘米,格宽11厘米,厚2厘米,空首,椭圆茎,茎末端有格盖,盖宽于茎,盖面呈椭圆,饰菱形几何纹;茎中部收束,上下向外扩张;茎上下两端饰云纹;剑格宽于身,两头微翘;格面亦饰云纹;剑身扁,较薄,刃锋利,两面无纹饰。田阳隆平村排楼屯1件,通长26.3厘米,刃宽4.5厘米,茎椭圆空心,无首,茎身束腰,上端近格处的脊部有一'Y'形血槽。田阳百育沙场1件,通长28厘米,刃宽7厘米,茎上饰云纹和斜线纹,盖面饰菱形纹,格面饰云纹,和锅盖岭出土的很相像。田东林逢镇打捞1件,全长27厘米,刃宽4.2厘米,首、茎、格上都有精细的几何花纹,剑首平面呈菱形抹角的椭圆形,正中饰菱形纹,外围以扁长方块,内饰S形云纹;剑茎上自首而下饰六道回纹箍,靠近剑格处有一个对穿小圆孔,圆孔外亦饰S形云纹;剑格面上也有纹饰,以剑首为中心,左右两边纹饰对称,饰S形云纹条带。"这些考古发掘的骆越青铜剑文物可以印证花山岩画所画刀剑的骆越文化渊源及其特征,尤其是所发掘出土的铸造刀剑青铜器的石范,可证明这些青铜器为当地骆越人所制作。由此证明,花山岩画所在骆越古地上,从春秋战国开始,骆越先民进入青铜时代,创造了精美而又实用的骆越青铜器,创造了灿烂的百越文明及骆越文化。

三、花山岩画所画鼓形画像与"骆越铜鼓"相互印证

骆越青铜器文化最重要的成就就是创造了铜鼓。花山岩画中画有不少鼓形,画像为一个圆形,圆形中央画有太阳芒纹,无疑所画为铜鼓。铜鼓是广西以及西南少数民族地区,还有境外越南、缅甸等东南亚地区至今还在广泛使用的青铜器具,是广西壮族及其他少数民族最具代表性的文化符号。考古发掘证明,铜鼓也是春秋战国时期百越文明及其骆越文化产物,是骆越族群创造的物质文明与精神文化精粹。铜鼓铸造、制作、造型、纹饰以及功能作用具有明显的骆越文化特征,鼓身圆腰造型与蛙形颇为相似,与骆越蛙崇拜观念密切相关;鼓面画有太阳芒纹,与太阳崇拜的骆越信仰系统密切相关;铜鼓作为神器、重器、乐器的基本功能作用一直为骆越后代传承至今。因此,铜鼓无疑为骆越铜鼓,在一定意义上反映出春秋战国时期青铜器时代的百越文明及其骆越文化发展水平。

从历史文献记载来看,历代均有骆越铜鼓的记载。《后汉书·马援传》:“援好骑,善别名马,于交趾得骆越铜鼓,乃铸为马式。还上之。”①《广州记》:“俚獠铸铜为鼓,鼓唯高大为贵,面阔丈余。初成,悬于庭,克晨置酒,招致同类,来者盈门。豪富子弟以金银为大钗,执以叩鼓,叩竟,留遗主人也。”②郦道元《水经注》:“《林邑记》:‘浦通铜鼓,外越安定、黄冈、心口。’盖藉度铜鼓,即骆越也。有铜鼓,因得其名。马援取其鼓以铸铜马。”③可见,铜鼓是骆越标志性文化符号,也可谓百越文明之光。花山岩画中所画铜鼓形状,正是骆越铜鼓的形象再现,也是铜鼓作为祭祀神器、权力重器、愉悦乐器以及聚合族群、激发斗志与进军战鼓等社会综合功能作用的展现。花山岩画凸显铜鼓地位及其功能作用,从而凸显骆越及广西少数民族对中华文明、中华文化所作贡献。

铜鼓研究专家蒋廷瑜指出:“中央民族学院闻宥教授在20世纪50年代就说过:‘假如有人问,祖国南方一带兄弟民族古文化的遗留,最重要的是什么呢?我们可以毫不踌躇地回答,是铜鼓。’现在假如有人问,广西古代兄弟民族最有代表性的文化遗物是什么?我们同样可以肯定地回答,是铜鼓!”④广西被称为铜鼓之乡,拥有目前全国第一,乃至世界第一的铜鼓数量。蒋廷瑜认为:“从现在掌握的情况看,广西有72个县市曾经出土、收藏或使用、流传过铜鼓,铜鼓分布地图几乎覆盖广西全境。1980年,广西壮族自治区博物馆曾组织了一次全国性的铜鼓资料普查,当时收藏在全国各级博物馆、文物管理机关和大学、科研机关的铜鼓,总数在1360面以上,其中广西各级文物部门所藏则是500多面,位居全国第一。广西壮族自治区博物馆收藏铜鼓343面,不但是全国收藏铜鼓最多的博物馆,而且是世界上收藏铜鼓最多的博物馆。这些铜鼓在2008年移交给刚成立的广西民族博物馆,广西民族博物馆则成为世界收藏铜鼓最多的博物馆。此外,散藏于民间、还在使用的铜鼓没有全面统计,仅20世纪90年代河池范围内就有1417面,其中东兰县568面、南丹县380面、大化瑶族自治县274面、巴马瑶族自治县141面、天峨县41面,可见广西铜鼓在整个铜鼓文化中占有重要的地位。”⑤由此可见,广西在先秦时期就曾经拥有无比辉煌的青铜器,能够铸造出铜鼓这样的大型青铜器,说明其青铜器制作具有高超的工艺与技术水平,不仅在当时能够广泛使用,而且发展至今仍然还在使用,使铜鼓成为骆越

① [晋]范晔:《后汉书·马援传》卷二四。
② [晋]裴渊:《广州记》,《后汉书》注引。
③ [北魏]郦道元:《水经注》卷三十六,温水。
④ 蒋廷瑜编著:《广西铜鼓文献汇编及铜鼓闻见记》,“前言”,桂林:广西师范大学出版社,2014,第1页。
⑤ 同上,第1—2页。

物质文化与精神文化世代传承的标志性符号。著名学者梁庭望认为："壮族早在商周时代在汉族的影响下，发展了相当高的青铜冶炼铸造技术，其技艺充分体现在铜鼓身上。铸造铜鼓要经过找矿、选矿、炼矿、选黏土、造内外范、刻花纹、固模、配矿（铜、铅、锡为7∶2∶1比例）、溶清铜汁、灌铸、焊接等工序，相当复杂。壮族祖先铸造的晋宁型、北流型、灵山型、冷水冲型铜鼓，是八个铜鼓型号中的最高水平。20世纪越南曾试铸一面铜鼓，结果只达到古代壮族鼓60%的工艺水平。广西民族大学80年代花了10万元请来国内有名的专家试铸一鼓，也仅是半成品。古代的工艺如何把握，至今尚未完全揭开。"①这足以证明，铜鼓代表骆越青铜器文化创造及其物质文化创造的最高水平，花山岩画代表骆越精神文化创造的最高水平，铜鼓与花山岩画合为骆越文化双璧。

百越及其骆越对中华文明及其中华文化贡献巨大，创造了史前文明的南方手斧文化、大石铲文化、贝丘文化、印纹陶文化等，以及稻作文化、纺织文化、干栏文化、舟楫文化、青铜器文化、铜鼓文化、岩画文化等。"百越民族是我国最早培育和种植水稻的民族之一。吴越青铜冶炼的高超技术。印纹陶（原始青瓷）为越人所创造。舟楫文化纺织业、造船业等，留给后世以深远的影响。手工业技术有很大成就。农业耕作也有不少发明创造，如文献记载的'鸟田''象田''雒田'等，这是一种自然生态现象的利用，并由此得到启示，创造了'踏耕技术'，推进农耕技术的改革。"②

综上所述，花山岩画作为骆越根祖文化的重要源头，作为壮族先民的百越文明及骆越文化创造的产物，成为中华文明及其中华文化的宝贵文化遗产，乃至不可多得的世界文化遗产。花山岩画的骆越根祖文化探寻，与历代文献考证、文物考古、民族民间信仰活动与民俗事象相互印证、相互支撑，形成骆越根祖文化系统构成与内在逻辑，也形成一脉相承、薪火相传的广西民族文化传统。

---

① 梁庭望：《壮族文字的艰难历程和历史使命》，2004年在广西壮族自治区语委举办的民语干部培训班上所作的学术报告。

② 蒋炳钊：《百年回眸——20世纪百越民族史研究概述》，蒋炳钊主编：《百越文化研究》，厦门：厦门大学出版社，2005，第21页。

“花山岩画与骆越文化”考察调研报告①

周淑婷②

今年是国家“十三五”规划实施的开局之年，也是推进“一带一路”国家战略步入发展快车道的关键之年，更是实现中华民族伟大复兴的“中国梦”的深化拓展之年。广西具备沿边、沿海、沿江的区位优势，也具有历史悠久、传统深厚、文化丰富多彩的民族地区特色，更具备国际性区域化战略发展以及国家战略发展的天时地利人和的有利条件，推动广西进入跨越式发展与新常态发展的快车道，跟进国家全面实现小康社会及生态和谐社会目标的发展步伐。

基于高校科学研究与服务社会结合的顶层设计与夯实基础的思路，广西师范大学文学院“花山岩画与骆越文化”考察组于2016年1月23日至28日，前往中越边境地区的崇左市及宁明、龙州、凭祥等地进行左江流域花山岩画及其所在地区民族、民俗、民间文化考察调研。考察组由漓江学院院长杨树喆、文学院党委书记刘立浩、文学院副院长陈小燕以及胡大雷、张利群、莫道才、杜海军等博士生导师、教授、博士一行25人组成；构成多学科与跨学科研究团队，包括中国古代文学、文艺学、语言学、民族学、民俗学、艺术学、美学、比较文学等，集中所在文学院的桂学协同创新中心、八桂文化与文学研究中心、审美人类学研究中心等自治区级重点科研基地力量；依托国家重大招标项目“桂学研究”、广西文科中心重大课题培育项目“花山岩画与骆越文化研究”、广西重点项目“左江流域花山岩画研究”、崇左市招标项目“左江花山岩画的文化艺术价值研究”与“扎实推进花山申遗成功的思路与对策研究”，集中优势、聚合力量、整合资源、集体攻关；考察组得到广西民族师范学院大力支持和帮助，双方协商建立花山岩画研究协同创新机制，组成联合考察组，副校长韦永恒、校科研处处长王晓军、学报编辑部主任罗瑞宁、经管系主任韦福安、中文系副主任谭群瑛等一同组

---

① 本文为2015年广西文科中心重大课题培育项目“花山岩画与骆越文化研究”，批准号：ZD201503；2015年广西社科重点项目“左江花山岩画研究”，批准号：15AMZ001。

② 周淑婷（1972—　），广西师范大学文学院博士生，河池学院讲师，研究方向为古代文学、古代文论、地方文化研究。

织研讨会和考察；考察组得到崇左市委、市政府及宣传部、社科联，以及龙州县委宣传部、县文联，宁明县文广局、县文联、申遗办、花山景区管理局，凭祥口岸、边境贸易货物监管中心等领导、专家的大力支持帮助，使考察调研活动圆满成功。

一、花山岩画所在地崇左市环境背景及自然人文状况

花山岩画所在崇左市为广西省辖市，地处中越接壤的南疆边关。花山岩画所在左江流经崇左及所辖县区，是壮族人民的母亲河，孕育、培育了绚丽多彩又独具特色的广西各民族文化、南疆边关文化、跨境文化、红色文化、生态文化、旅游文化。左江位于广西西南部，是郁江（西江上游，西江为珠江上游）的一条重要支流，属珠江水系。左江发源于越南北部，由西南往东北方向流经我国龙州、凭祥、宁明、崇左、扶绥，至邕宁三江口与发源于云贵高原而流向东南的右江汇合。“左江，由源于十万大山流经宁明县的明江、源于越南境内流经龙州县的水口河，源于越南境内流经凭祥市的平而河和源于靖西、德保县流经越南境内又流经大新县的黑水河等支流汇集而成，其在龙州到江州的河段称丽江，其下称左江。左江在南宁市郊的宋村与右江汇合而称邕江。”①崇左是左江流域岩画群最为集中的地区，拥有闻名于世的花山岩画，为今年中国申报世界文化遗产的唯一候选项目。

花山岩画所在崇左市位于广西西南部，西南与越南接壤，东接广西首府南宁市，东南接钦州市，北接百色市；崇左东南面是十万大山，西南面是公母山、大青山，北面是大明山，均为壮族聚集地区，也是先秦百越地区及骆越族群世代聚居地区。崇左市居住有壮、汉、瑶、苗、仫佬、水、侗、京、回、满、土家等各族人民288万，壮族为其主体民族，占人口比例88%。

崇左属于典型的喀斯特地貌与亚热带季风气候区，山水风光迤逦，自然环境适宜，资源丰富，物种多样，生态和谐，环境优美。崇左也是一个拥有丰富多彩的自然人文资源的旅游名市，拥有世界第二、亚洲第一的跨国大瀑布——德天瀑布，被列入世界文化遗产预备名录的宁明花山岩画，世界25种濒危珍稀动物之一的白头叶猴家园——崇左弄官生态公园，世界八大斜塔之一的崇左归龙斜塔，中国九大名关之一的凭祥友谊关，龙州起义红八军军部旧址，还有左江山水风光带、明仕田园风光、石景林、小连城、归龙潭、沙屯叠瀑、恐龙化石群等著名自然人文资源及景区景点。

---

① 覃乃昌等：《左江流域文化考察和研究》，唐华主编：《花山文化研究》，南宁：广西人民出版社，2008，第1页。

崇左历史悠久,文化传统深厚,人文资源丰富。“岭南两广地区已发现的新石器文化遗址可分洞穴、岗丘、贝丘、沙丘、台地等类型。两广的新石器文化,呈现出较大的个性特征和浓厚的地方色彩,都属于农业种植民族,都存在着通体磨光的有锻石锛、有肩石斧和印纹陶,属于古越族文化,为后来的骆越、南越所继承,是百越民族群体分布的中部地区。”①崇左以及左江流域地区考古发掘了多处史前文化遗址、春秋战国遗址、两汉遗址、贝丘遗址、古窑遗址以及出土石器、陶器、玉器、青铜器、铁器、瓷器等。崇左早在6500多年前进入锄耕农业阶段,作为锄耕最重要证据的考古发现贝丘遗址和大石铲遗存各有5处和17处,分布在左江流域的扶绥县、江州区、大新县、凭祥市和龙州县等地。左江流域一带考古还发掘出土大量铜鼓、铜矛、青铜卣、环首刀、双刃钺、单刃钺、圆形器、葵叶镞等青铜器,甚至还发掘出土铸造青铜器的铜范、石范,证明当时已经掌握青铜器铸造技术,也证明这些青铜器所具备的骆越文化特质特征。左江流域考古还发现悬棺、崖葬、洞葬以及史前洞穴文化、贝丘文化遗址遗存,提供史前文明以及百越文明及其骆越文化创造的印证材料,为花山岩画提供更为开阔的研究视域与语境。

先秦岭南属百越地区,壮族先民之骆越、西瓯是百越的重要支系。作为壮族先民的骆越族群在左江流域创造了辉煌灿烂的历史文化,具有代表性与标志性的文化形态主要包括:以大石铲为代表的新石器文化,以那文化为代表的南方稻作农耕文化,以花山岩画为代表的骆越根祖文化及祭祖文化,以铜鼓为代表的骆越青铜文化,以壮锦绣球为代表的壮族刺绣文化、纺织文化及服饰文化,以干栏为代表的壮族建筑文化,以“三月三”歌节为代表的民歌文化及民族歌舞文化,以壮话为代表的壮族语言文化,以“布洛陀”经诗古壮字为代表的民族文字文化,等等,为中华民族及中华文化作出不可磨灭的贡献。更为重要的是,这些文化创造形成一脉相承、薪火相传的文化传统,至今仍然充满生气活力,融入壮族人民现代社会生活及民俗民间文化中。如今崇左地区仍然盛行侬峝节、花炮节、“三月三”歌节、游神节、霜降节、田魂节、蚂拐节、蛙婆节等民族民俗民间节庆文化,仍然盛行高腔山歌、旦歌、打榔舞、舞雀等民族歌舞文化,仍然盛行采茶剧、壮剧、龙州天琴、唢咧等民族器乐、戏曲文化。花山岩画所在地宁明每年“三月三”期间,都要举办花山骆越祭祖大典仪式活动,国内外骆越后人聚集花山,传承骆越传统,弘扬花山精神。广西壮族自治区党委书记、自治区人大常委会主任彭清华题词:“骆越根祖,岩画花山。”

---

① 王文光:《百越民族史整体研究述论》,蒋炳钊主编:《百越文化研究》,厦门:厦门大学出版社,2005,第35页。

综上所述,无论从花山岩画缘起与生成背景看,还是从花山岩画研究的语境背景看,花山岩画所在崇左以及左江流域的自然人文生态环境及历史文化背景无疑提供了本课题考察调研的依据及基础与条件,同时也提供花山岩画研究的系统性与整体性研究方向与基本思路。

二、调研对象与调研方式

花山岩画课题组从去年10月开始策划选题,经过课题申报、论证、开题以及酝酿考察调研事项与联系相关单位人员,为时两个多月。今年初确定考察调研时间后花费十多天进行准备。考察组临行前已经做好大量准备工作,包括工作步骤、制订计划、行程安排、组织分工、设计调研提纲、收集信息、整理材料、了解研究现状等。

本着从问题出发与从实际出发的原则,预先设置调研提纲及调研对象。内容包括:(1)广西民族师范学院花山岩画项目组工作进展情况、研究方向、基础工作、阶段性成果、新发现材料、协作意向等;(2)花山岩画与百越文明及骆越文化关系;(3)如何阐释彭华清题词"骆越根祖,岩画花山";(4)每年一度的宁明骆越祭祖大典情况;(5)中越骆越文化研究及交流情况;(6)花山岩画研究与"一带一路"战略实施关系;(7)花山岩画申遗与国家文化安全问题;(8)左江流域岩画群地区自然人文生态状况;(9)左江流域民族民俗民间文化传统传承状况;(10)花山岩画的民间传说及民间文艺与文艺创作状况;(11)花山岩画与左江地区考古、墓葬、悬棺、文物、遗址关系;(12)如何保护与利用花山岩画文化资源;(13)如何在花山岩画原有研究基础上提升、拓展与创新;(14)关于"骆越方国"及"骆王""骆侯""骆民"的出土文物或其他文献文物印证;(15)如何开拓花山岩画比较研究的新思路与新途径。随着调研过程展开与深入推进,对调研提纲作出具体问题具体处理的调整和补充,以保证调研内容更为丰富充实。

考察对象主要内容包括花山岩画及崇左境内各县左江流域岩画点、花山岩画申遗及其保护工作、政府政策举措、当地文化遗址遗存遗迹、博物馆展示馆村史馆、乡镇村落民俗风尚、边关边贸及跨境交往交流、广西民族师范学院发展现状、花山岩画研究现状等;调研对象包括当地村民、非遗传承人、专家、领导、教授以及机构管理人员等。

调研方式主要通过研讨会、座谈会、专家访谈、村民访谈、观摩、参与、体验、参观以及遗址、遗存、遗迹等实地考察方式进行。

三、调研过程及调研内容

调研过程紧凑有序，调研内容丰富多彩。针对花山岩画的调研，概括而言，主要有四项内容：一是与广西民族师范学院共同举办"花山岩画与骆越文化"研讨会以及各种形式的座谈会；二是花山岩画及左江流域岩画点考察；三是当地乡镇村落民俗风尚考察以及博物馆、展示馆参观；四是综合调研花山岩画所在地经济社会发展及其文化建设状况。

（一）"花山岩画与骆越文化"研讨会

2016年1月24日上午，广西师范大学考察组与广西民族师范学院联合主办的"花山岩画与骆越文化"研讨会在民师院学术报告厅顺利举行，与会领导、专家、教授、教师、记者达50余人。

研讨会由广西师范大学文学院党委书记刘立浩主持。首先由广西民族师范学院副校长韦永恒介绍该校基本情况，凸显该校作为"南疆国门大学"的办学优势与特色，重点介绍该校自治区级重点人文社科基地"广西边疆问题研究基地""广西边疆文化研究中心"以及该校所设崇左市研究基地"广西左江花山岩画研究院"情况，以及近年来该校在花山岩画研究方面的现状，提出建立花山岩画研究的跨地区、跨院校协同创新平台构想。崇左市社科联黄德世副主席介绍了崇左市各级地方党委、政府所做的花山岩画申遗工作，特别是面向全国招标的崇左市花山岩画研究课题申报情况，表达政府、学者、民众对深化花山岩画研究的关注和希望，并提出花山岩画如何在当时艰难条件下绘制、花山岩画神圣性与神秘性原因、公元2世纪以后岩画突然消失缘故等问题探讨。广西师范大学文学院胡大雷教授结合国家重大招标项目"桂学研究"与花山岩画研究关系，提出必须扩大拓展花山岩画研究视野、创新花山岩画研究成果的看法，不仅需要跨学科构成花山岩画研究团队，而且需要构建跨区域、跨境、跨文化比较研究视域；张利群教授结合"花山岩画与骆越文化研究"项目整体设计及其内容板块设置，谈及花山岩画项目研究及其考察调研思路、意图、宗旨、目的、意义，提出优化团队、整合资源、协同创新的建议与措施；杨树喆教授就广西民族师范学院作为"桂学研究协同创新中心"的协同单位之一，重点任务是协同开展花山岩画研究，并从南壮与北壮语言差异辨析角度对骆越文化性质特征提出自己的看法；莫道才教授建议建立一个花山岩画资料中心，一个博物馆作为研究平台，筹备与花山岩画有关的国际研讨会，以建设一个信息集散地为目标；陈小燕教授从传统研究范式转换角度挖掘新的学术增长点，认为必须提升研究高度，站在国家文化安全、世界文化遗产保护传承的高度拓展深化花山岩画与骆越文化研究。广西民族师范学院科研处处长王晓军教授从文物考古、文献考证、当地民俗考察等方面介绍他们在花山岩画研究的成效与认识,提出深化与创新花山岩画研究的几点建议;经管系主任韦福安提出将物典、字典、图典结合起来的研究方法,把地名的古今演变、汉壮名转换作为文化符号来进行考察的设想,等等。与会者纷纷发言,围绕花山岩画与骆越文化研究话题展开热烈的讨论。发言完毕后,韦副校长代表广西民族师范学院向广西师范大学文学院赠送该校相关研究成果,包括花山岩画研究资料集及系列研究丛书。研讨会结束后,考察组参观广西民族师范学院校园及“左江流域民族文化展示厅”,对该校基础建设及教学科研所取得的成绩表示由衷赞赏。

考察组还通过小型座谈会方式与当地领导、专家、群众进行多次研讨,座谈者主要有崇左市政协副主席、市宣传部副部长、市社科联副主席等领导,宁明县文体广新局局长欧文华、宁明县宣传部副部长湛达海,宁明花山管理局局长、申遗办主任陶昌东、宁明县文联主席吴能贞等,以及黄志光、黄汝训、朱秋平、马赤农等专家学者以及广西非物质文化遗产传承人农瑞群。

(二)花山岩画及左江流域岩画点考察

左江流域岩画群在国内外享有盛誉,“学者专家公认,左江流域崖壁画就其分布之广,作画地点之陡峭,画面之雄伟壮观,作画条件之艰险,都是国内外罕见,在国内国际美术史上享有崇高地位”①。考察组选择所在区域较为集中并具有代表性的三个点进行考察:一是明江之宁明花山岩画;二是崇左黑水河之棉江花山岩画;三是龙州上金的明江与丽江汇合处的沿江岩画。

宁明花山岩画是左江流域岩画群最具典型性与代表性岩画,也是目前为止国内外发现的单体最大、内容最丰富、保存最完好的原始岩画。花山岩画位于宁明县城中镇耀达村明江西岸,是战国至西汉时期左江流域百越文明及其骆越文化创造的产物,距今2500年,历经风雨吹打而仍然保持永恒魅力。花山岩画以规模宏大、场面壮观、图像众多、人像硕大、内容丰富等特点闻名于世。1988年由国务院公布为全国重点文物保护单位;1998年以花山岩画为中心的花山风景区被定为国家级风景名胜区;2006年列入“中国世界文化遗产预备名单”;“左江花山岩画文化景观”被确定为2016年中国申报世界文化遗产唯一候选项目。花山,壮语称为“pay laiz”(岜莱),“岜”即山,“莱”即斑点、花斑,“岜莱”指涂画有花斑、花纹的山。花山是一座峰峦起伏的断岩山,高270米,南北长350余米,临江西壁陡峭,向江边倾斜。在花山悬崖峭壁上以赤铁矿和动物胶、血混合调制的赭红色颜料涂抹绘制成岩画图像。花山岩画单幅画面宽170余米,高

---

① 张声震:《广西左江流域崖壁画考察与研究》,覃圣敏、覃彩銮、卢敏飞等:《广西左江流域崖壁画考察与研究》,“序言”,南宁:广西民族出版社,1987,第2页。

40余米,面积约8000平方米,全部图像有1800余个,人物图像1600余个。人像一般作正面、侧身两种姿势,均作双臂微曲、两腿微弯的半蹲举手姿势,犹如蛙状人形造型,学界一般称为“蹲踞式”人物造型。除人物画像外,还画有马、狗、船、鼓、环首刀、剑、纽钟、太阳、羽毛头饰等图像。画面图像群大约可划分为百组,每组居中或上方位者多为众多群像围绕的腰挂刀剑、头上有兽羽形装饰、高达1—2米的硕大威武画像,似为首领或巫者。人、物、器画像所构成的整体画面反映出骆越族群及其部落联盟时期的原始社会风貌,其丰富内容包括祭祀、渔猎、航水、畜牧、战争、集会、舞蹈、交媾、怀孕等再现性场面,也包含图腾崇拜、自然崇拜、神灵崇拜、祖先崇拜、生殖崇拜以及原始巫术、原始宗教等精神信仰系统与心理机制缘起等表现性因素。考察组每个成员在细致观摩、感受、体验花山岩画而感到惊叹和震撼的同时,也在忙着摄影、摄像以收集更多资料,并不断与同行专家交流、讨论,希望能够获得更多收获与启发,希望能够将感性认识提升为理性认识,希望能够更加深化对花山岩画之谜的解读与阐释。同行的当地专家说到自己曾几十次来到花山,每一次都有新感觉新发现;考察组成员也有多次到过花山者,这次仍然能够面对面感受花山骆越精神直抵心灵的震撼,获得灵魂洗礼。

考察组还对黑水河的棉江岩画点、龙州上金的明江与丽江汇合处的沿江岩画点及其沉香角岩画群进行考察,对花山岩画及其左江流域岩画群整体风貌及其特点有更为明晰与深刻的感受与认识。

(三)花山岩画所在乡镇村落民俗考察与调研

花山岩画研究不仅需要对花山岩画进行考察与研究,而且需要对花山岩画所在地的自然与人文生态环境、背景、语境、场域及其历史文化进行考察调研。考察组对花山岩画面对的宁明县城中镇耀达村濑江屯、龙州上金镇船街、三江汇流处古码头遗址以及古窑遗址、紫霞洞遗址、小连城遗址等进行考察调研。

宁明城中镇耀达村濑江屯是一个有600多年历史的古村落,所处在花山岩画隔江西岸。临江码头上岸石阶旁有一棵3—4人才能拥抱的根粗叶茂的古榕树,印证濑江屯经历了古老悠久的岁月。村头龙眼树林环抱一座古庙,名为“南海观音庙”。每年农历二月十九,是濑江屯传统的“观音庙歌坡节”,歌坡节上有唱山歌、对歌、赛歌以及歌舞、戏曲、游乐、竞技、祭祀、商贸、饮食等各种各样的民族民俗民间活动,吸引十里八村群众参与。村上建有“村史馆”,集中陈列该村在农耕文明时代所使用过的石磨、石舂、木榨、木犁、木舂、竹编、草编、藤编、油灯等生产、生活用具以及鼓、锣、镲等文化用具。考察组还参观了油坊、蔗坊以及金茶花园等。村主任热情介绍了村史及当地民俗风情状况,话语中充满了对自身所处花山岩画脚下位置及骆越后人的自豪。

龙州县上金乡原为上金县,上金街原为上金县城,其街形两头尖中间大,犹如橄榄,故称船街或鱼街。街头尽处有一座破旧的古城门,两侧依稀可见城墙遗址淹没在杂草丛中。街边两旁大都为商铺店面,堂屋中央一般供有祖宗牌位,可见祖先崇拜及祭祖文化传统之一斑。街头临江远眺,正是明江与丽江的汇合处,使之成为左江流域中心地带;临江有多处古码头,可以想见曾经码头繁忙及其商贸兴旺发达场面;离上金街不远有一座古窑遗址,也印证当时古城、古街、古码头的繁华。

值得重视的是,这些遗址遗存遗迹并非意味着历史文化湮没,尽管还需要进一步提高保护传承的主动性与自觉性,它所蕴含的文化传统与民族精神仍然还在社会生活中充满生气活力,就是因为一脉相承的血缘纽带。有专家提到:"左江地区乃至广西其他地区的壮族中,至今仍然盛行祖先崇拜,几乎家家户户的厅堂内都设立有祖先神位,逢年过节都要供祭。由此看来,左江一带的瓯越人在崖壁画上绘制自己的祖先形象和祭祀祖先的活动场面,是毫不奇怪的,其目的在于祈求祖先之神的保佑和恩赐,祈求消除灾害,五谷丰登,人丁兴旺,功利意义是显而易见的。在他们看来,越是艰险的地方,就越神圣,将神圣的形象绘制在神圣之处,越能感动神灵,以得到更多的恩赐。了解这一点,对于左江崖壁画均处于高峻的悬崖峭壁上就不难理解了。他们将祖先的形象绘成红色,绘成影子,旨在赋予祖先之神血液、生命、灵魂、力量,以增加其神秘的威力。"①考察组一路所作民俗考察及所见所闻均为佐证。

(四)综合考察调研花山岩画所在地经济社会发展状况

考察组还参观考察了崇左市民族博物馆、广西民族师范学院左江流域民族文化展示馆、崇左石景林、龙州小连城、凭祥友谊关及其零公里处、浦寨贸易区国门大厦及其越卡大门、凭祥边贸货物监管中心等;还与崇左市及宁明、龙州、凭祥等市县领导、单位领导、当地专家学者座谈讨论,了解当地经济社会发展及文化建设情况。

通过参观、座谈、访谈,考察组感受最深的是当地党委、政府高度重视与认真落实花山岩画申遗工作,不仅抓住天时地利人和的最佳机遇,而且将其作为带动其他工作全面推进的抓手,更为积极主动投入"一带一路"国家战略实施进程,建设好中越边境的祖国南大门。如花山岩画所在地宁明,举全县之力推进花山申遗工作,重点做好花山博物馆、花山岩画保护监测站、花山景区二级公路项目建设,实施明江两岸造林绿化工程等重大项目;重点推进城中镇耀达村濑

---

① 刘建平:《广西左江流域崖壁画述论》,唐华主编:《花山文化研究》,南宁:广西人民出版社,2006,第39页。

江屯设立村史展示区,在珠连村岜荷屯开辟野生稻作文化体验区工作;重点抓好木洲农庄、濑江观光农业园、濑江民族民俗村、蝶恋花山文化旅游村、花山景区旅游环道等项目建设;重点打造狮子头山、蝴蝶谷、鸿鹄生态园等3个森林公园。宁明所采取的系列举措也正是崇左及其所属各县区积极为花山岩画申遗所做工作的一个缩影,举全市之力推动花山岩画文化建设走上一个新台阶。

四、收获启发与对策建议

通过考察调研,考察组收获颇丰:一是通过考察收集到花山岩画大量第一手资料,包括宁明、崇左、龙州等地的左江流域岩画群及岩画点资料,为花山岩画研究奠定坚实基础;二是通过对花山岩画所在地的壮族文化与民俗习性的调研,对于花山岩画与骆越文化关系、骆越文化传统与花山精神传承、花山岩画的自然人文生态环境及其历史背景与现代语境,有了较为明晰的认识;三是与当地党委、政府及其行政管理部门、高校院所、文化单位、乡镇村所建立联系,特别是与广西民族师范学院共同建立花山岩画协同创新机制;四是通过研讨、座谈、访谈等对话交流方式,获得许多启发与感悟,进一步打开思路与视域,发现一些有待深化研究的问题与论题,寻找到一些拓展研究的生长点与创新点;五是对于"花山岩画与骆越文化研究"及其他有关花山岩画研究课题的设计与论证,不仅更具有信心与底气,而且也拓展进一步修改、补充、完善、提升的空间。

针对考察调研中所取得的收获启发以及所发现的一些问题,结合当前花山岩画研究现状及存在的一些问题,提出以下对策与建议。

第一,今年是取得花山岩画申遗成功的最后冲刺之年,也是花山岩画申遗工作取得突破性进展的关键之年,不仅需要举全县全市全区之力,而且需要举全国之力。这就迫切需要加大花山申遗工作与进程,而且需要充分考虑"后申遗"时代花山岩画文化建设工作,其中也包括花山岩画研究如何服务于申遗的国家大局,以及"后申遗"时代如何服务于"一带一路"国家战略与世界文化遗产保护大局。

第二,基于花山岩画申遗与"后申遗"时代语境,必须切实将花山岩画提升到中华文化遗产、世界文化遗产保护与传承的高度来认识,花山岩画不仅是宁明的、崇左的、广西的花山岩画,而且也是中国的、世界的、全人类的花山岩画。因此,花山岩画研究亟待构建国家文化战略眼光与国际视野,将花山岩画放置于中国岩画、世界岩画中定位,发掘其作为中华文明、世界文明的文化符号意义,拓展其跨地域、跨民族、跨文化比较研究的空间。

第三,在以往花山岩画研究成果基础上,进一步拓展花山岩画研究空间,形成多维立体的研究视角与系统整体的研究思路。1985年,广西学界曾组织来自北京、内蒙古、湖北、四川、云南、福建、广东、广西等地各学科专家学者,涉及学科包括历史、民族、民俗、考古、美术、舞蹈、宗教、民间文学、水文、地质、地貌、岩溶、化学、碳素年代学等,对花山岩画及左江流域岩画群进行大规模考察与跨学科综合研究。1987年出版覃圣敏、覃彩銮、卢敏飞、喻如玉等人的《广西左江流域崖壁画考察与研究》一书,可谓花山岩画研究集大成之作,也是迄今为止所有花山岩画研究成果都难以逾越的高峰。在此基础上,更需要跨学科、跨院所、跨地区建立协同创新团队,整合资源,优化结构,集中优势,凸显特色,集体攻关,形成花山岩画研究的重大成果与系列成果。

第四,在以往花山岩画研究成果基础上,寻找百越文明及骆越文化新的生长点与创新点。一是"骆越根祖,岩画花山"之说为花山岩画研究提供骆越文化研究新的生长点。中华民族自古以来所形成的寻根问祖、认祖归宗的意识观念与原始图腾崇拜以及宗法制社会结构、祖先崇拜、氏族文化、宗祠文化、祭祖文化传统紧密相关,构成民间信仰系统与民俗文化传统。二是花山岩画与骆越文化研究能够进一步证明传承至今的壮族文化传统与骆越花山精神具有一脉相承、薪火相传的血缘关系,形成壮族先民及其子孙后代赖以生存的精神信仰系统及文化心理机制,在当地社会生活及民族民俗民间文化活动中仍然保留骆越遗风,有必要将花山岩画与骆越文化及稻作文化、那文化、铜鼓文化、壮锦文化、"三月三"歌节文化等作综合系统研究,进一步厘清其民族历史渊源及发展脉络。三是基于花山岩画申遗及骆越根祖文化研究所涉国家文化安全问题,使其研究能够服务于国家文化安全大局,以提高中华民族及中华文化认同和向心力的自觉性与自信心,自觉维护国家文化主权,保障国家文化安全,需要通过研究阐发其国家文化安全保护意义。四是更为主动积极地投入"一带一路"国家战略实施进程,基于广西左右江为壮族先民瓯骆发源地以及汇入西江后进入珠江水系的水域优势与特点,提出打造广西"一水"构想,更好融入"一带一路""珠江—西江经济带"国家战略决策。五是原始岩画作为美术史及艺术起源研究最为重要的实证材料,可以运用当前处于学术前沿的艺术发生学、审美发生学以及审美人类学方法与理论加以深入研究。六是基于花山岩画作为中国岩画代表及世界岩画的意义,将花山岩画与贵州、云南、四川等南方涂抹型岩画,以及与宁夏贺兰山为代表的北方刻画型岩画进行比较研究,同时还要与越南等东南亚国家岩画以及世界岩画进行比较研究,由此在跨地域、跨文化、跨国境的比较研究中寻找到新的生长点。七是基于中华文化"字画同源"之说及字画均为文化符号表征与表意之说,考虑将花山岩画渊源缘起与文字、文身渊源缘起以及它们之间的关系作出梳理与辨析等,由此寻找花山岩画研究新的生长点与创新点。

第五,加强花山岩画项目的申报力度,争取其研究能够获得重大项目的支持。今年花山岩画申遗成功已经不存悬念,意味着花山岩画具有中国文化遗产与世界文化遗产的重要价值与深远意义,也意味着作为研究对象的花山岩画所具有的价值意义应该能够在一定程度上决定花山岩画研究的价值意义。因此,"花山岩画与骆越文化研究"作为重大课题培育项目,应该加大培育与申报力度,争取能够列入国家重大招标课题、教育部重大招标课题、广西重大招标课题的指南,争取能够获得重大项目支撑。

考察调研是花山岩画研究走出的第一步,"路漫漫其修远兮,吾将上下而求索",花山岩画研究永远处于进行时。

地域文化研究

杨恩寿《坦园日记》中的清代广西戏曲演出

阙 真①

［内容提要］ 杨恩寿《坦园日记·北流日记》是广西戏曲研究的一份重要史料。从中反映了清代广西戏曲演出的盛况。主要表现为：第一，演出剧目曲种丰富多彩，既有传统粤剧，也有广西八音；第二，演出时间多在岁时年节，观戏成为人们闲暇相聚叙情的一种方式。第三，庙宇通常是戏曲演出的场所，雅乐土音，娱神娱人。

［关键词］《坦园日记》 清代 广西戏曲

《坦园日记》是我国清代著名的戏曲家杨恩寿所作。其中《北流日记》是他同治四年至五年（1865—1866）随其六兄麓生赴广西北流知县任，办理刑名、钱谷事宜兼管税关时所作。《北流日记》记录了这两年里他在北流观戏听曲的经历，成为广西戏曲研究的一份重要史料。北流原属玉林地区一个县（1997 年 4 月 22 日，撤销玉林地区，设立地级玉林市），位于广西东南部，历史上曾富甲一方，因为水陆交通便利且水运是两广最主要的交通工具。到了明代，海事日兴，广州因其天然良港和地理位置成为我国最重要的进出口商埠之一。除了陆路交通外，丰沛的西江水系将广东与广西水运交通联系起来，并通过梧州、桂林、南宁等地，将两湖、云、贵、川等地的物资运送连接起来。水运使得明清时期粤商在广西发展最为迅猛，西江水系中的一个节点北流市因其境内的绣江注入郁江而与西江汇合，因此，广东商人多溯西江而至北流。正如《北流县志》载："北流五方杂处，风气不齐，城市商贾辏集，多南海人，为其渐染，事尚奢华。官坡多闽人，吉京、冲龙山坡间多惠、潮人。"②商旅往来，必然带来文化上的交流。从杨恩寿《坦园日记·北流日记》中可看到当时的戏曲演出及交流状况。

粤剧上演剧目纷繁 广西八音小唱侑酒

杨恩寿酷爱戏剧，自称十余岁时即有"戏癖"③，在广西两年所记的《坦园日记·北流日记》中有很多观剧的记录。观戏的地点有粤东会馆、将军庙、白马

---

① 阙真（1955— ），女，汉族，广西博白人，广西师范大学文学院教授。以戏曲为主要研究方向。
② 转引顾乐真：《广西戏剧史料散论集》，广西壮族自治区戏剧研究室 1984 年（内部刊物），第 85 页。
③ 杨恩寿：《坦园日记》，上海：上海古籍出版社，1983，第 3 页。

庙、宾兴馆、武圣宫、河岸等处。戏班有从广东请来的，也有本地区的。关于剧种、剧目的记载也颇为详细。

首先，看其对观粤剧的记载：

二十四日（清同治四年十一月。笔者注）晴。批昨日告期呈词十三张。万人福醮事已毕，以其余赀，在廉州募广班来演戏三昼夜，凡三百余金。今夕始开台，演《六国封相》，闻出场者将及百人，其热闹不减梧州。余正拟往观，适办刘子友催米销差禀稿，需之甚急，竟未果往，举动之不自由如此。

二十五日 晴。剧场甚佳，未往寓目，缘署中公事。

二十六日 阴，颇寒。夜将三鼓，公事粗毕，往广东馆看夜戏，乃林英送道袍与湘子故事，增人伉俪之情。

二十七日 阴，微雨。夜随三、六两兄仍往观剧，乃《胡迪骂阎》也。

腊月朔日（十二月初一。笔者注）晴。晚间随三兄赴粤东馆观演《困曹》一出。

初二日 晴。夜往观剧，乃《打辰州擂》也。

初三日 晴。早饭后拨出烦冗，急往观剧。盖粤俗出场必演天姬送子故事，出宫妆天女凡七，各献舞态；其宫妆里外异色，当场翻转，睹之如彩云万道，仿佛天花乱落也。剧场明日将止，余故急欲观之。

初四日 晴。余虽观剧、赴席，亦忙里偷闲，千金一刻也。

（同治五年一月。笔者注）初二日 晴。往粤东馆观剧，乃乐升平部也。戏演《还阳配》，系粤东土戏，吾省所无也。夜演《问卜》《沙陀》《捡柴》三出。四更始回。粤俗：日间演大套。乃土戏，谓之“内江戏”；夜间演常见之戏，凡三出，谓之“外江戏”。

初四日 晴。土人演狮子，入署跳舞，杂以角抵之戏：一大汉执一竿挺立，一小子沿竿而上，以腹受竿作螺旋，逾时不坠，亦一奇也。

初六日 晴。余随三兄观剧于粤东馆，乃《龙棚》《刺梁》各出。

初八日 晴。宾兴馆众绅士张乐置酒，招六兄及吾辈同饮，演《困曹》《庙会》诸戏。有伶人名阿文者，貌颇都雅，无粤东浓痴肥艳习气。

初九日 晴。麓兄赴州拜贺刺史新年，兼祝其太夫人寿也。是日粤东馆演戏，——菊部于明日往州——余兴致阑珊，未往观也①。

北流人讲白话，习俗与广东很接近，粤商将粤剧带到北流，自然受到北流百

① 杨恩寿：《坦园日记》，上海：上海古籍出版社，1983，第146—152页。

姓的欢迎，粤剧在当地很快成为主流剧种之一。就这几则日记来看，涉及的剧目有《六国封相》《胡迪骂阎》《困曹》《庙会》《打辰州擂》《还阳配》《问卜》《沙陀》《捡柴》《龙棚》《刺梁》等十几种。其中无论是日间演出的土戏——"内江戏"，还是夜间上演的"外江戏"，都是广东戏曲剧种。

其次，还有观赏广西八音杂技表演的记载：

十九日(清同治四年十一月。笔者注)雨，颇寒。侵晨批昨日告期呈词十七张。万人福今日散斋，董事冯纹川、张豫斋两广文，招余与六兄及姚肃泉广文、梁擢之守备，晨刻饮福，席设于粤东会馆之东廨，有梧州八音班小唱侑酒。酒半，有伶人献飞钹技。其人短衣红襦，年甫十余，持钹而进。始而掷一钹于空中，以一钹承之；继而两钹齐掷，空中相击，自然应拍；其余或以一钹盘于首而以一钹飞击之；或以竿承钹而钹作螺旋；或以一足踏钹，钹怒起，急以一钹承之，或以海螺承钹，钹自走有声；千奇万怪，视之疑若弹丸，疑若弄珠，殆非复寻常钹也。奇观哉！①

初五日(清同治五年五月。笔者注)晴。午饭后，随三、六兄往关厂看龙船，凡五只。有梧州新来八音班，皆垂髫童子，着绿纱衣、红纱裤，打"细十番"，唱"清音"小曲。夕阳箫鼓，烟波画船，甚足玩也。

从以上两则日记可见，广西八音在当时是常演不衰的，不仅在粤东会馆这一类乡民聚叙的场所演出，而且唱到了五月端午扒龙船的现场。广西八音受百姓喜爱的程度不言而喻。"八音"是壮、汉、瑶、苗、仡佬等民族世代习用的一种音乐形式。广西的"八音"音乐，有些地方又叫"八仙"音乐，是一个以唢呐为主奏乐器的民族民间音乐品种，是广西民族民间音乐的重要组成部分。"广西八音"广泛流行于全区各地的乡镇与农村。杨恩寿《坦园日记·北流日记》中提到的便是梧州八音班。"广西八音"既有民族之分，也有地域之分。梧州八音班说唱应属于汉族桂南八音。从杨恩寿对广西八音表演的细致记载来看，当时演出的正是清代坐唱形式的八音，即将演唱角色的清唱、乐器演奏与杂耍(如耍钹)表演等融为一体，具有曲艺与戏曲音乐综合属性的表演。日记不仅呈现了耍钹时飞如弹丸、旋似弄珠，声光交替、千奇百怪的精彩场面，而且伶人装束打扮、神情状态宛如目睹，真是令人目不暇接。这一记载还原了当时广西八音演出的历史场面，十分珍贵。

---

① 杨恩寿：《坦园日记》，上海：上海古籍出版社，1983，第145页。

会馆演出日夜不休 乡人聚叙岁时年节

上述所摘选的日记中多次明确提到去粤东会馆观戏。会馆几乎日日演戏，热闹非凡。北流这一粤东会馆的演出活动是什么时候开始的呢？碑刻是一种很重要的历史文献，原保存于北流粮食局的一块《重修粤东会馆碑记》，成为广西戏曲的历史面貌的有力见证。

重修粤东会馆碑记①

天下事创之者难矣，继之者尤难。北流建置粤东会馆，肇自乾隆二十年。由无而有创始之难，乡先达何明府梦瑶记之。递乾隆五十年，馆之西厅圮于大水，萃众力廓而新之，率赖以克复。其踵事之难，乡先达柯明府支澍复志之。自是吾东粤之懋迁，有无牵车而志者，列肆而居者日益盛。而因时相地之议，旋起焉。为旧馆门堂位置若有未妥也。洎乎嘉庆丁巳岁佥谋式廓，不辞继起之难，爰新其故址，闬闳益高，墙垣益厚。

神座仍奕然，当中分置厅堂。于余地添建戏台于馆前。堂哉，皇哉，壮厥观矣！而为记斯时继事之难者，又有乡先达区明府大登前碑，具载可考也。迨至嘉庆十七年，仍以门堂位向究未尽善，从形势家言，复为改作，稍易其向之分针，重新而润色之，余仍旧，今昔已竣正殿。

神座金光闪闪，像设俨然，案几斐然，厅堂焕然，廊庑墀亭翼然，挺然。周围四隅黝垩丹漆，画栋雕题，言言乎，殖殖乎。视曩者，尤彬彬矣；顾馆则既美矣，备矣。吾乡人岁时，伏腊相与叙于斯也。讵惟是之为美且备乎？抑将求其所以美，且备者乎？苟进而求之。何、柯、区三先生前志所言，悉规劝之美备者也，吾原与同乡、诸君恪遵守之。则所以敦梓谊而先前业者，其在斯乎。其在斯乎，是举也。经始于嘉庆壬申春季落成，于次年秋季维时，有总会计司出入者，有晨夕督作者，并同人之踊跃捐资者，另伐石分志，兹不具列云。

甲寅恩科举人原任庆远府思恩县儒学训导候铨知县夏之松敬撰。

辛巳恩科举人拣选县知县陈元芳顿首拜书丹。

时

龙飞大清道光二年岁次壬午仲秋谷旦立石。

这块碑刻，是粤商关于重修粤东会馆之记。其中不仅说明了会馆重修后的非常堂皇壮观，而且“于余地添建戏台于馆前”。所谓“添建”，就是说原来是没

---

① 政协北流文史委员会编辑：《北流文史资料》第9辑，1993，第54页。

有的。之所以“添建”,自然是为了满足粤商的精神需求、丰富他们的娱乐生活。戏台的建造当然与演戏观戏有关。这一记载明确告诉我们清道光二年(1822年)北流的粤东会馆应该有了戏曲演出。粤东会馆的演出是频繁的,上录的日记中就有六条明确观戏地点在粤东会馆,仅仅同治五年正月初二那一天,就演出了四出戏。

在杨恩寿《北流日记》中,关于戏曲的记载是多方面的。除剧目与演出形式外,还以日记本身形式,将演剧的时间记录下来。从上述摘录的日记看,记录观戏密集的日子有(清同治四年十一月)二十四日至二十七日;(十二月)初一至初四;(清同治五年一月)初二、初四、初六、初八、初九。除正月、十一月、十二月外,还有五月、九月等。正月、五月是节庆日子。《北流日记》里同治五年正月的日记,杨恩寿隔天就有观戏活动的记录,涉及不同的演出场所,室内户外,遍地开花。这很容易使我们联想到周而复始的节日是我国老百姓生活中的大事,所以重视节日、欢度节日成为代代相传的风俗习惯。在娱乐生活缺乏的过去,演戏是当时烘托节日气氛的主要手段,观戏是大多数百姓节日活动的选择,也是当时普通民众所能拥有的最大的精神享受。九月、十月、十一月、十二月是丰收的季节,或者说是一年农事结束闲暇之时。这些日子演剧较多较集中,一方面是还愿酬神的需求,另一方面,如《重修粤东会馆碑记》所说:“吾乡人岁时,伏腊相与叙于斯也。”观戏是乡人闲暇相聚叙情的一种方式。杨恩寿每日三言两语的记录,在生动呈现清代广西北流戏曲演出场景的同时,一些戏曲演出规律也得到具体勾勒。

“将军”四时歌舞敬神 “白马”乡间集部登场

在我国古代,演戏是人神交流的一个重要方式。因此我国城乡庙宇,多有戏楼。酬神还愿,戏曲随之。也就是说,我国的戏曲活动通常都置于庙宇之中,广西北流也不例外。杨恩寿的《坦园日记·北流日记》中有多处提到。

一是将军庙的戏曲演出盛况。

> 初三日(同治五年五月初三,笔者注)晴。病腿,精神甚颓倦也。闻土人缚彩为龙船,正在河干演习;兼之自前月二十间开始,将军庙无日无戏,余从未一观,虽因公事颇忙,亦缘心绪不佳耳。

这里说将军庙十多天来“无日无戏”,遗憾的是杨恩寿因公事繁忙、身体有恙、心绪不佳,所以“从未一观”。那么,将军庙演的什么戏呢?从所记的时间来看,是在端午期间,应该都是属于节庆演出。当然,节庆演出不过是将军庙戏曲

演出的一个方面。从北流的将军庙《重建戏台收支碑记》①(清同治七年勒刻),还可以看到敬神娱神的另一个方面:

尝考汉新息侯伏波将军。功德巍巍,载在史册者,固足以抗云台而越千古矣。其流风余泽,沦浃人心者,于岭表尤著。故三江五岭间,庙貌俎豆为独盛焉。北邑崇祀祠宇,由来已久。盖创自前人,几经修理,规模颇称雄壮。庙前旧有戏台,以为岁时歌舞之所。体制亦无不备具,但岁久榱题剥落,无以整饬。岁在壬戌善信首事者等谋于众,欲更新之。于是,鸠工庀材,踊跃庀事。经始于甲子年七月,越十二月而工竣。于庙宇则黝垩之、粉饰之,戏台则从新更置之。费金八百有余,遂已无役,前人顿改旧观矣。窃尝谓,吾人生际盛时,得享升平之福何?莫非神明默佑所致。则思所以崇极功德者,其敢不竭力乎?今幸斯役告成,瞻貌之辉煌,睹歌台之巨丽,不特春秋享祀,对几筵而生敬。而四时歌舞,听和平之曲,亦藉以昭格神明而欲扬功德。则所以和神人而襄景福者,不在斯乎?是皆可书记者也。受列叙董事之勤劳,捐金之踊跃,诸绅信芳名,俾勒于石垂不朽焉,是为记。

庚子科副榜李观德薰沐敬撰

玉林榜山杨大典书丹镌字(下略)

从碑文中所说的"瞻貌之辉煌,睹歌台之巨丽,不特春秋享祀,对几筵而生敬。而四时歌舞,听和平之曲,亦藉以昭格神明而欲扬功德。则所以和神人而襄景福者,不在斯乎?"不难发现在将军庙里演戏的一个重要目的是敬神娱神,以达到神人相和。《北流县志》中的记载可与此相互参证:"旧例每遇令节神诞,往往迎神赛会,或建醮诵经,或巡游演戏,声声色色,夸多斗靡。"(《北流县志》,1935年,关锡琨修,李仲郭纂,第二编《社会·风俗》)

二是白马庙上演乡间新集部。

杨恩寿的日记中尚记载有本地班社的演出情况:

初六日(同治四年九月,笔者注)晴。南门外有白马庙,演夜戏,乃乡间新集部也,随三兄往观,乃《汾阳上寿》《黑风帕》也,村笛呕哑,甚不耐听。而游人颇盛,沿街夜市,灯火如云。

初二日(同治四年十月,笔者注)晴。晡后观剧,土音啁杂,戏亦不之识也。

杨恩寿是清晚期著名戏曲家,且在粤东会馆长期观剧,以这两条日记记录

---

① 碑文引自中国戏曲志编辑委员会:《中国戏曲志·广西卷》,中国ISBN中心出版,2000,第484页。

的观戏情况看,“乡间新集部”是指来自当地农村的戏班,当时农村的戏班,演员、乐器和乐师,说的都是广西白话,演奏的都是广西流行的民间乐器、乐曲,因此感觉“不耐听”“土音啁杂”是理所当然的。再从“戏亦不之识也”这句话来看,似乎本地班社演出的不是常见的“袍带戏”,有可能是本地班社自编自演的戏,这究竟是何剧种的演出,杨恩寿没说,从“乡间新集部”的名号上推测,有可能唱的是粤剧;另外,从新中国成立前北流剧种流行的状况看,乡间的本地班社都是唱粤剧的,可大致判断“乡间新集部”唱的应是粤剧。当时乡间班社就能编演出著名戏剧家杨恩寿“戏亦不之识也”的剧目,说明北流乡间班社有着较强的创编能力,至少在清同治年间,北流已有能够自编自演的成熟的本地戏班在活动。

广西地方戏曲具有悠久的历史,流播广泛、精彩纷呈。它是广西人民生活的一个不可或缺的重要组成部分。虽然杨恩寿《坦园日记·北流日记》中反映出来的不过为全豹之一斑,但对我们今天了解与研究清代广西戏曲生态状况,有极其重要的作用。

土司文化遗产与当代日常生活
——以广西忻城为例①

龙晓添②

[内容提要] 文化遗产的整体性保护,既不是简单地将非物质与物质文化的结合,也不是刻意地将历史与当代关联,而应该立足于文化遗产所在地的特殊情况,结合当代的日常生活,有机地进行保护和开发。本文尝试从民众当代的日常生活的视角入手,结合物质文化遗产与非物质文化遗产,以“生活”为最大的“整体性”,探讨广西忻城土司文化遗产的保护问题。

[关键词] 土司文化 日常生活 忻城

一、导言:文化遗产与日常生活

文化遗产“是一种公共财富,是文化传承和文明延续的纽带,是需要人们世代传承共同珍爱的精神财富”③。但其定义至今尚无权威的、统一的界定,不少学者都从自己的研究角度入手对文化遗产进行过阐释。冯骥才认为,“文化遗产是精神的概念,是一种公共的遗产,是一个民族的、一个国家、一个地域共有的精神的财富”④。还有认为文化遗产“指人类社会所承袭下来的前人所创造的一切优秀文化”⑤。文化遗产,包括物质文化遗产和非物质文化遗产,随着研究与保护的推进,人们在关注其物质性的同时,更多地关注其精神性。然而如何保护文化遗产呢?有学者指出,对文化遗产的保护要不能只保护局部和片段。因为文化遗产及其周边环境是一个整体,环境是文化遗产内涵和价值的重要组成部分,如果环境被破坏了,许多历史信息就会丧失,文化遗产就很难准确地反映历史内容,文化遗产的文化内涵和价值就会受到损害。为了对文化遗产的保

---

① 本文为广西人文社会科学发展研究中心“科学研究工程·青年项目培育工程”“中国语言文学—广西优势特色重点学科开放课题基金”阶段性成果。

② 龙晓添(1980—),女,湖南长沙人,民俗学博士,广西师范大学中国语言文学博士后研究流动站在站研究人员,广西师范大学文学院讲师。

③ 刘爱河:《简论文化遗产的物质性和精神性》,载《理论月刊》,2008年第5期,第32页。

④ 冯骥才:《文化遗产思想学术论集》,银川:宁夏人民出版社,2007,第42—43页。

⑤ 顾军,苑利:《文化遗产报告:世界文化遗产保护运动的理论与实践》,北京:社会科学文献出版社,2005,第32页。

护做到真实、完整,必须对其周边环境给予充分的重视,进行妥善的保护①。

然而,文化遗产的"整体性"保护,究竟该如何理解,如何实践呢? 文化遗产的整体性保护,既不是简单地将非物质文化与物质文化结合,也不是刻意地将历史与当代关联,而应该立足于文化遗产所在地的特殊情况,结合当代的日常生活,有机地进行保护和开发。文化遗产的保护应该将"保护"始终置于遗产所在地的历史、文化、地域特征之中,因为"遗产"所呈现的特殊形貌正是由此而生的。文化遗产始终是一种生存于生活中,不脱离生活的"生活文化"。所以,文化遗产整体性的保护,要从现实生活状态出发,在保持现存社会的生活流中得到真正的实现②。

随着人文社会科学研究的推进,日常生活的研究开始备受关注,学者们从不同学科切入对日常生活展开研究。日常生活就是人的日常社会生活,人们的许多社会活动都属于日常生活,但是,也有一些活动并非日常生活③。

在社会学范围内,齐美尔对现代都市的日常生活的观察、米德的符号互动论、舒茨的日常生活世界的现象学社会学研究、戈夫曼的日常生活的"戏剧理论"、加芬克尔的常人方法学,乃至埃利亚斯、布迪厄、布希亚、德赛托、福柯等人笔下的日常生活研究都关涉日常生活。但人们在很长的时间里忽视或无视日常生活对社会现实的建构作用,将日常生活贬低为次要的、从属的、微观的、琐碎的、无足轻重的领域。然而 20 世纪六七十年代开始,一批社会理论家共同将日常生活作为一个重要论题推上了主流社会学的历史舞台,加上"消费社会"、现象学研究的兴起,"日常生活"逐渐成为现当代社会理论关注的一个重要领域④。

按照时间维度进行划分,从日常生活研究全面展开开始至今分为两个时期:前期与后期,前期表现出对自由的"趋骛",后期表现出对依赖的"抗争"。现象学社会学、符号互动论、常人方法论等关于日常生活的理论研究是前期的主要代表,后期以赫勒、列斐伏尔、波德里亚、塞托、法兰克福学派等的批判理论为主要代表⑤。

昂利·列斐伏尔(Henri Lefebvre)认为:"日常生活,在某种意义上是剩余

---

① 刘爱河:《文化遗产保护新理念与和谐社会构建》,载《兰州学刊》,2009 年第 2 期,第 121 页。

② 陈勤建:《民间文化遗产保护和开发的若干问题》,载《江西社会科学》,2005 年第 2 期,第 116 页。

③ 段钢:《日常生活与图像的现代性批判》,载《社会科学研究》,2007 年第 5 期,第 124—129 页。

④ 郑震:《列斐伏尔日常生活批判理论的社会学意义:迈向一种日常生活的社会学》,载《社会学研究》,2011 年第 3 期,第 1—2 页。

⑤ Piotr Sztompka. *The Focus on Everyday Life* a New Turn in Sociology[J]. European Review, 2008, 16(1):1—25.

的,被界定为我们分析勾画出所有独特的、高级的、专业化的、结构的活动之后留下来的剩余物,实际上它必须被界定为一个整体。"①列斐伏尔认为,在前现代社会中,日常生活并未与理性世界相分离,"人与人、人与自然、生产与消费、劳动与闲暇,并未出现明显的分化,这一阶段的日常社会性、民众狂欢节庆以及集体仪式等,代表了共同的文化和生活方式",也就是说,日常生活在前现代社会并不是一个相对于非日常生活的区分性概念,而是一个整合未分化的概念②。而在现代性条件下,日常生活中的社会互动关系趋向于纯粹的实用主义,想象性和创造性的人类活动日益转换为刻板的和商品化的形式。他对现代社会日常生活的救赎之路是把欲望回归到前现代社会的感性特质上来,回到前现代文化中寻找资源,最为典型的例子就是通过节庆活动颠覆日常生活,回归到人、人性和自然快乐交流的状态。阿格妮丝·赫勒(Agnes Heller)把"日常生活"界定为"那些同时使社会再生产成为可能的个体再生产要素的集合"③。认为,日常生活是个体最直接的生存境况,而日常思维的特征就呈现为日常生活的特征。赫勒提出的救赎之路是日常生活审美化,即通过纯粹的科学理性和艺术对日常生活进行改造和提升④。他们从不同角度发现,现代日常生活已经无可挽回地趋向异化、沉沦与单调平庸状态,但并非无可救药,仍然是一个充满巨大创造潜能与希望的世界⑤。

民俗已经成为一种观察社会的工具。"日常生活"研究的深入也给民俗学提出了挑战,促使民俗学承担起更加艰巨的使命:"在中国造就公共知识,说明普通人的日常生活具有自我选择的正当性,从而促使整个社会对他们的生活予以应有的尊重。国家和知识分子不要再以一直以来的方式过分地把符号暴力施加于普通人的日常生活,不要再把他们的日常生活强行模铸在'先进—落后'的框架里,而要让普通中国人的日常生活重新保有生活世界的理所当然。"⑥

因此,本文尝试从民众当代的日常生活的视角入手,结合物质文化遗产与非物质文化遗产,以"生活"为最大的"整体性",探讨广西忻城土司文化遗产的保护问题。

---

① Henri Leefbvre. *Critique of Everyday Life*(volume I)[M]. London: Verso, 1971: 197.

② Henri Lefebvre. *Critique of Everyday Life*[M]. London: Verso, 1991: 149.

③ [匈]阿格妮丝·赫勒著:《日常生活》,衣俊卿译,重庆:重庆出版社,1990,第3页。

④ 黄哲:《日常生活:民族学研究的新领域》,载《内蒙古民族大学学报(社会科学版)》,2012年第1期,第38页。

⑤ 刘怀玉:《列斐伏尔与20世纪西方的几种日常生活批判倾向》,载《求是学刊》,2003年第5期,第44—50页。

⑥ 高丙中:《日常生活的现代与后现代遭遇:中国民俗学发展的机遇与路向》,载《民间文化论坛》,2006年第3期,第12页。

二、忻城土司文化遗产的形态与保护

(一)忻城概况

忻城县位于广西中部,红水河下游。东南临来宾市、合山市,西依都安县,南接上林县,北连宜山县,东北与柳江县交界,西南与马山县接壤。东西横距71公里,南北纵距79公里。全县总面积2541平方公里,平原面积占6.1%,低阶地面积占7.2%,低丘面积占1.8%,中丘面积占1.4%,高丘面积占17.5%,浅切割低山占66%。由于地质构造影响,地势自西向东倾斜,西北部多高山,南部多丘陵,属喀斯特地貌。境内以石山峰林为主,多呈并列倒锥状。西部的弄霞山主峰海拔895米,为全县最高峰。气候温和,年均气温20.7度,年无霜期340天。年均降雨量1333毫米。忻城生物资源丰富,野生动物种类繁多,土质与气候适宜于农作物生长①。

唐贞观初置忻城县,为芝州治。天宝元年(742年)改称忻城郡。乾元元年(758年)复为芝州治,属岭南道。宋庆历三年(1043年)改称忻城县。忻城莫氏土司始于明代。明弘治九年(1496年),降为土县②。

土司制度是自唐宋以来中央王朝对边疆少数民族地区实行羁縻制度的延续和发展。明清两代王朝对土官确立了承袭、等级、考核、贡赋、征调、奖惩等制度,让土官在所辖区域内享有特殊的权力,允许其设立行政机构进行管理。土官除对中央王朝负担规定的贡赋、征调之外,域内事务自行决断。这种“以夷治夷”、“以蛮治蛮”的土司制度到清光绪三十二年(1906年)被废除,历明清两朝411年。从其始祖莫保协理算起,时间跨度500年③。民国十七年(1928年)4月复称忻城县。忻城是改土归流最晚的县份,保存下来的土司衙署及祠堂、官邸等建筑物,被列为国家重点文物保护单位,是研究土司制度典章制度的重要实物佐证④。忻城县境居住的民族有壮、汉、瑶、仫佬、苗、回、侗、满、彝、蒙古、水、毛南、土家、布依、黎等15个民族,其中以壮族为主,占90%以上⑤。

(二)忻城土司文化遗产

1.土司建筑文化遗产

忻城莫氏土司建筑位于忻城县城关镇翠屏山北麓,以土司衙署为建筑中心,还包括祠堂、官邸、大夫第等,都围绕衙署而建,向东西方向延伸,忻城形成规模宏大的土司建筑群,总面积38.9万平方米,其中建筑占地面积4万平方米,

---

① 忻城县志编纂委员会编:《忻城县志》,南宁:广西人民出版社,1997,第4页。

② 同上。

③ 黄维安主编:《忻城土司志》,南宁:广西人民出版社,2005,第1页。

④ 同上,第5页。

⑤ 忻城县志编纂委员会编:《忻城县志》,南宁:广西人民出版社,1997,第124页。

被誉为“壮乡故宫”。衙署坐南朝北，规模宏大，布局合理，造型典雅，占地面积2.1万平方米。衙署于明万历十年(1582年)始建，土司制度废除后，改为弹压公署。莫镇威将土屋茅舍的县署搬迁至翠屏山下，在继承南方传统建筑习惯的基础上，大量吸收中原汉族建筑的形式进行设计和构建土司衙署。而后历任土官也不断吸收儒家思想文化，扩建土司祠堂、官族府第、官塘、陵园、三界庙、关帝庙等，让汉族的思想文化和科学技术在忻城土县山村得到传播①。

“与全国目前存留的土司衙署相比，无论是云南丽江、德夯，重庆酉阳、彭水，或是贵州遵义、毕节，湖北随州、恩施的土司衙署，就其建筑规模、资料保存、文物整理、原貌保护等方面，都与忻城莫土司衙署有着较大的差距。这就从根本上奠定了忻城莫土司眼熟保存得最为完整的龙头地位。”②因此，1963年，广西壮族自治区便将其列为自治区重点文物保护单位。1984年成立文物管理所，1987年改称忻城土司博物馆。1996年被国务院定位为国家重点文物保护单位。

衙门主体建筑纵深110米。由照壁、大门、正堂(俗称头堂)、花廊(亦称长廊)、东花厅、西花厅、二堂、东厢房、西厢房、三堂、后苑等部分组成。建筑面积3073.71平方米。

土司衙门建筑为砖木结构，山墙皆为青砖，木构件均珍材制作，安榫接合。屋架穿斗，朱漆柱梁，为中原建筑艺术与壮族干栏式建筑的有机结合。

明万历三十三年(1605年)莫氏土司官族内讧，“城署灰烬”，内无听政之所，外无防御之资，莫氏土司只好移居县西之山冲村听政。清顺治九年(1652年)，族人莫付祥纠内外族目共攻县治，衙署又遭损坏。光绪二十八年(1902年)宜山县属五龙村会党首领覃火生率部攻县衙，烧毁衙门三堂、东花厅等。民国十年军阀张烈刚部属途径忻城，又将后苑等焚毁。至1949年底，土司衙门仅存照壁、大门、头堂、花廊、二堂、西花厅、牢房、兵舍。“文革”中，土司衙署这座古建筑亦遭厄运，大部分屋脊浮雕被毁。1965年广西区文化局又拨专款按原样对大门、头堂、二堂、西花厅、花廊进行修葺。1981年至1990年广西区文化厅、文物处先后拨款修葺和重建东花厅、厢房、三堂、后苑、兵舍、牢房、路径等，土司衙门逐步恢复原貌③。

莫氏土司建筑装饰揭示了土官显赫的地位。土司衙署布置在土司建筑的中心位置，是最雄伟的建筑，其他建筑围绕而建，突出它是权力的中心。建筑装饰色彩的选择上，不按“品官房舍、门窗、户牖不得用丹漆”的规定着色，而是大

① 余继平：《忻城莫土司建筑艺术及文化内涵》，载《文艺争鸣》，2010年第1期，第123—124页。
② 覃录辉：《广西忻城土司文化对地方发展旅游经济的意义》，载《中央民族大学学报》，2009年第4期，第20页。
③ 忻城县志编纂委员会编：《忻城县志》，南宁：广西人民出版社，1997，第532—535页。

量使用赤色这种达官贵族才能享用的高贵色彩。在衙署屋脊上装饰形象生动的隐喻帝王及其家属享有的龙凤鸱吻,只是采用变通手段,对祥瑞之物进行置换造型。大门、庭院、陵园及柱础大量采用石狮和石鼓作装饰,向人们暗示着他就是这里的头人,就是这里的王。另外,莫氏土司建筑艺术还体现了民族文化的互渗。如遵循中国传统建筑“前门、中堂、后寝”的型制,强化中轴线对称布局规律,形成纵横规整而又明朗清晰的平面格局,在规格上遵守“六品至九品,厅堂三间,七架”之朝廷规定,对传统封建宗法礼制精神和封建统治等级的思想有所继承。莫氏土司建立祠堂,“开世官世守之基祖德宗功棠甸矩矱;衍克缵克绳之泽孙慈子孝芝州百代继簪缨”,说明莫氏以宗族思想观念和儒家忠孝观念来教育人维护莫氏宗族内部团结①。

土司建筑群有较高的历史文化、艺术和科学价值,是研究土司制度不可多得的实物材料。其馆藏文物有石器、金器、骨器、铜器、织锦等近千件,其中石铲、土司金器、瓷器等为稀世珍品。近十年,电影、电视工作者利用这块宝地,拍摄了《流亡大学》《石达开》《刘三姐》等十余部影视作品。1992年,莫土司衙署正式对外开放,游客、学者、外宾纷至沓来,它成了桂中游览胜地。因此,如今土司建筑群是土司文化遗产的重要物质依托,无论是当地人还是外地人,都能通过土司建筑的一砖一瓦感受忻城的历史,更能通过其承载的文化记忆、文化内涵,探寻忻城深厚的文化底蕴。

2.土司统治实物资料

忻城有近500年的土司统治历史,“其统治文化基本上反映了我国封建王朝对边疆地区特别是壮族地区所采取的‘以夷制夷’政策、其对少数民族地区统治制度由羁縻制度向土司制度转化的全过程,也体现了南方少数民族地区封建土官自行制定的统治制度和政策”②。忻城土司衙署同时也是忻城县土司博物馆所在地。1984年,忻城县文物管理所成立。1987年,改文管所为忻城县土司博物馆。目前忻城县土司博物馆共有藏品3000多件,大小展室16个,共展出文物1000多件,其中大部分是土司文物和土司制度下的民族民俗文物,文物中包括金器、银器、玉器、铜器、铁器、兵器、石器、骨器、蚌贝器、竹木器、服饰、织锦、经书、石刻艺术等③。通过对衙署、官邸、宗祠、寺庙、墓碑、匾额、碑刻、墨宝、手稿、文书、诗文、文献等各种形态资料的研究,完全可以了解我国南方民族地区土县沿革、建制、机构设置、袭官制度、等级制度、土司法制、军事制度、土地制

---

① 余继平:《忻城莫土司建筑艺术及文化内涵》,载《文艺争鸣》,2010年第1期,第124—125页。

② 覃录辉:《广西忻城土司文化对地方发展旅游经济的意义》,载《中央民族大学学报》,2009年第4期,第18页。

③ 樊圣林、韦嘉雅:《忻城县土司博物馆》,载《广西地方志》,1996年第6期,第68页。

度、生产经营,以及风俗习惯、文化教育、宗教信仰、商业、交通、财政等情况①。这些宝贵的资料,无论是对外展示土司文化,还是作为重要的土司文化研究资料都有非常重要的价值和意义。

3.文化变迁的重要变量

土司制度在很多方面对今天实行的民族区域自治制度也有着宝贵的参考和借鉴价值。土司制度的实施,标志封建王朝治理南方少数民族地区的思想、方式的重大变化②。但同时,少数民族地区的文化也因为土司制度的实施逐渐开始变化。土司集政治、经济、军事、司法于一身,土官是当地的"土皇帝",以夷的身份治理夷民,以稳定地方;同时土司也是中央王朝的政治、经济、文化制度与地方的重要关联。莫氏土司的统治期间,土司衙署、祠堂、陵园的建筑风格、形制,都充分体现了在莫氏的作用之下,中原文化在忻城得到比较充分的传播。在经济方面,莫氏土司除了加紧对土民的控制、镇压和剥削之外,采取一些较为积极的措施,推行一些比较开明的政策,从而使忻城保持比较稳定和缓慢发展的势头③。再如教育,莫氏土司一至三任,操弓挟矢,绝少文事。第四任土司以鄙塞为愧,延名士教子侄,忻城文化教育亦日渐兴起。第十五任土官莫振国于康熙五十三年"袭职时,见土人习尚,唱歌跳鬼。瑶壮性悍,屡寻仇杀"。他奋然拍案而起曰:"欲洗此陋俗,非读书不可!"于是捐建义学三间,聚官族子弟、选堡目和土民中较聪颖之少年入学,聘名士以教,"读四子书及经史",并亲手著《教士条规》十六则悬于学堂,以示感化。有不敢来学者,亲往劝告激励。从此,文教之风渐起,鄙陋之弊渐除④。因此,土司制度的长期存在,使得忻城文化在保存自身独特性的同时,也逐渐与中原文化有所融合,产生潜移默化的变化。

4.得天独厚的自然、人文景观

桂中风景名胜翠屏山,形如座椅环护着土司眼熟,秀美壮观。山上林木苍翠,如一天然屏障,故而得名。山势陡峻,怪石嶙峋,古木参天,风景秀丽,芝江汩汩潺流,环绕山脚,明清时已列为广西庆远府名山。

翠屏山右山脚下,有三界庙,坐北朝南,由五座珍木构架的建筑物组成。庙门廊檐以两根石柱支撑,高5.6米,柱脚为青石盘,柱上悬对联云:"三界庆云朝朝朝朝朝散朝朝朝散朝朝庆云朝三界;芝江春水长长长长长长流长长长流长长春水长芝江。"进门便是戏台,戏台下为四方院落。院落南面是正堂大殿,分

① 覃录辉:《广西忻城土司文化对地方发展旅游经济的意义》,载《中央民族大学学报》,2009年第4期,第20页。

② 同上,第21页。

③ 蓝承恩:《忻城莫氏土司五百年》,载《中央民族学院学报》,1990年第5期,第24—25页。

④ 黄维安主编:《忻城土司志》,南宁:广西人民出版社,2005,第71、203页。

三个区域分别供奉着三世佛、三清真人、土地、城隍和三界公。神台前是行香祭祀场所，整座三界庙占地 3 亩。翠屏山毗邻的麒麟山上，有寺庙因一洞通天而得名“通天寺”，已经有 1000 多年历史，香火旺盛，香客如云。庙内怪石林立，风景秀丽，树木葱郁，因为依山而建，形制陡立，有“忻城小布达拉宫”之称。

忻城县城北有占地 50 公顷的盘鹤岭森林公园，自然环境优美，公园中有烈士纪念陵园。忻城南，城关镇内城屯，距离县城约 2 公里，有莫曼壮锦源，是壮锦发源地。据说从宋代开始已经有一千多年历史，相传壮族姑娘莫曼是织锦高手，在摘棉花絮时受到彩色露珠及蜘蛛网的启发，织出了彩色壮锦，远近闻名。莫曼壮锦源是壮族文化、土司文化的延伸和传承，极富“壮乡、土司、生态、现代”韵味。

除此之外，忻城县北更乡有壮族干栏式民居，思练镇牌坊村有明万历年间的双拱石桥，古蓬镇旧镇屯西南的滂江河上有建于清光绪十九年的永吉桥，还有山水相连、水波潋滟的乐滩水电站库区。

5.忻城民歌文化

忻城是壮族歌仙刘三姐传说中“莫老爷”的故乡。自唐朝以来，忻城人民就以民歌的形式歌唱劳动和哀情，鞭挞丑恶，崇尚礼仪，追求自由。忻城民歌浸透了全县各民族劳动人民的酸甜苦辣，记载着他们生活、抗争的经历。这些民歌，是忻城珍贵的民间文学，一批宝贵的非物质文化遗产。忻城文化工作者经过几年的收集、整理、编辑，在 2009 年完成了编撰出版《忻城民歌选》，其中除了忻城古代山歌，还收集了大量近代、现代、当代的山歌，是研究忻城山歌传统、反映忻城社会历史变迁的重要资料。2015 年忻城县文学艺术界联合会又编印了《忻城壮族古代山歌》、广西民族出版社又出版了二十卷本的忻城悲歌。

总之，完整的土司衙署建筑群、优美的自然风景、迷人的历史人文积淀、丰富的土司文化实物和史料、珍贵的民间文学传统和文献，使得忻城有极其丰富的土司文化遗产资源可供挖掘和开发。有效的利用不仅能很好地保存这些文化资源，更能为忻城的未来发展提供更适宜的机会。然而，如何才能实现对这些宝贵资源的有效的“整体性”保护呢，怎样的视角才能使文化遗产的开发有节有度、可持续发展呢？土司文化遗产是忻城所有人的遗产，而忻城的民众的日常生活才是这种遗产的真正附着之处。所以，在呈现了这些文化遗产的形态后，还需要在现实生活中去探讨忻城民众的日常生活形态如何，与土司文化遗产的关联又在何处。

三、忻城土司文化传统与当代日常生活

忻城2014年被列为国家贫困县，是新阶段国家铺平开发工作重点县。2014年全县地区生产总值51.55亿元，比上年增长4.3%。虽然交通相对不便，经济相对落后，但忻城的文化传统却保存得很好，民众的幸福指数也较高。忻城民众当代的日常生活中，依然有非常多自发的文化活动，而这种活态的生活传统恰恰是将忻城土司文化遗产在生活的维度的历史性延伸。而开发、保护忻城的土司文化遗产也恰恰应该在当代民众的日常生活中，寻求最具体、最有机、最具整体的方式①。日常生活是与非日常生活领域相对立的一个概念，即不同于科学、艺术和哲学等非日常领域，以及政治管理、经济技术、社会化大生产和公共事务等非日常生活领域，它涉及基本生存的衣食住行、婚丧嫁娶、繁衍、交往、消费等活动②。忻城当代的日常生活展现出显著的传统性和文化性，以下择忻城日常生活的几个方面讨论。

（一）歌墟

“歌墟深深植根于壮族人民生活的土壤之中，历代皇朝时期虽备受歧视、累遭严禁，但总是禁而不绝，显示了歌墟强大的生命力。忻城受到《刘三姐》山歌的影响。其各族人民更喜好山歌，以歌表意，以歌传情，利用自己生产、生活、社交等诸方面的感受，在继承传统民歌传唱的基础上，运用赋、比、兴各种手法，创作了大量富于哲理、形象鲜活、艺术性强的新民歌，反映了忻城人民传承歌墟文化的精神风貌。”③忻城县是全县的经济、文化中心，这里舞台宽阔，人们生活多姿多彩，山歌氛围十分浓厚。白天，在翠绿的盘鹤岭森林公园；夜晚，在清澈的西隆河畔、和平桥头，状元桥头，处处歌手如林，歌声如潮。每逢三月三、春节、三节一会等重大节日，县文化部门还组织山歌比赛，选拔新的歌王。

（二）节日习俗

岁时节日是反映民众对生活追求、祈愿、审美的最具代表性的日子，以八月十五和九月初九为例。

忻城农历八月十五的中秋节非常有特色。根据《忻城县志》记载：“中秋节家家户户买月饼（有的自制米饼），柚子，梨子，还有糯米干粉制成形象逼真的小马、小牛、小鸡等食品作为供品，待到皓月东升时，摆在门外灯桌上，烧香点烛，

---

① 笔者在2015年9月11日—10月29日期间待在忻城，对这里民众的生活有了一段较为直观的观察。虽然这里经济并不发达，交通也不便利，县城也很小，外出打工的人也很多。但对忻城深厚的文化底蕴、淳朴的民风深有感触。笔者亲历了2015年忻城的中秋节、重阳节，参加了八月十五日通天寺的法会，和平日里的一些宗教活动，参与过忻城的丧礼。

② 段钢：《日常生活与图像的现代性批判》，载《社会科学研究》，2007年第5期，第124—129页。

③ 向延斌：《广西忻城土司歌墟文化与旅游开发》，载《怀化学院学报》，2010年第3期，第4页。

全家老小皆出赏月，表示天上月圆，世间人团圆。城镇富裕之家还制作灯笼，悬于门外，供人观赏。如1985年中秋节，城关镇城厢街共有300多家悬挂灯笼，节日气氛异常浓烈。新中国成立前，边远134山村老年妇女喜欢于当晚做'压禁'娱乐。节日前，亲朋好友互赠月饼。此俗今昔相承，从未间断。"①

2015年中秋节，前几天就能在市场上买到各种节日用品，而其中最有特色的就是忻城的"小马仔"。"小马仔"制作的传统在忻城已经延续了800多年，一般为十二生肖，现在也有一些新奇的造型，比如飞机。"小马仔"用米粉捏制并上色，用于中秋节拜月。用于制作"小马仔"的米粉要生熟相混，干湿合适，捏出来才留得久，不会很快裂开。中秋节的晚上，忻城的警察出动维持治安，因为有大量县城和周边的民众出来赏月、过中秋。独门独户的家庭都会在门口摆上供桌，桌上朝着月亮的方向摆放香烛、月饼、水果、柚子灯、"小马仔"、自制的花灯，还有现在的人们发挥自己的想象力，用黄瓜、火龙果制作的各种造型的供品。特别是土司衙署所在的老街一带，热闹非凡、花灯造型各异，自制的柚子灯也妙趣横生、各不相同。还有很多人在西隆河边燃放孔明灯。各中小学也会在节日前夕组织同学制作花灯。

根据《忻城县志》，九月九"重阳节"："旧时，农村在此日举行祭祀，祈求'村主'保佑全村老少安康，万事遂意。并在当日阉牛，捡坟。城镇汉人选在此日登高望远，邀友赏菊。50至70年代，祭'村主'的陋习已革除，但家家户户以新豆腐圆，庆祝大豆丰收。80年代起，农村个别村屯复立'村主'，行香供奉。登高赏菊之俗如故，并定这个节日为'敬老节'。"② 2015年重阳节，忻城下班以后街上人就很少了，各种门面也多关门歇业，大家都回家过重阳了。这一天翠屏山、盘鹤岭、麒麟山上登高者众多，接踵摩肩。家家户户都在大门口点上香烛，祭拜祖先。因此，在当代的忻城，重阳节是一个全家团聚、祭祀先祖的重要节日。

（三）传统生产工艺

忻城有不少特产，遵循传统工艺制造精良，比如壮锦、蚕丝被、土面条、百合粉等，以忻城红糖为例。忻城古方红糖首先源于这里有适合糖蔗生长的土壤，然后采用千年古工艺，生产线采用传统的"连环锅"和"直风枪灶"，完全手工熬制成形，从甘蔗取汁到最后的成品入库，完全采用物理方法。如此制作出来的忻城红糖"凝结如石，破之如沙"。忻城红糖制作仅在糖蔗收获后的两个月，现在为了适用市场的需求不仅生产大块红糖，还有小红糖，并推出真空包装和格子设计，方便保存和食用。

---

① 忻城县志编纂委员会编：《忻城县志》，南宁：广西人民出版社，1997，第133—134页。

② 同上。

(四)民间信仰

"忻城壮族居民信鬼神,崇拜自然和祖先。各家各户都设有香火神龛,立有祖宗神位,逢年过节和喜庆之日皆供奉。以此作为对先祖的纪念,乞求神灵赐福和保佑丁财兴旺。此外,还立'村主'和'社坛'、寺庙,如城关镇城厢街的三界庙、花婆庙,思练的白帝庙、文武庙,古蓬周安的万应寺等。忻城的宗教活动,道教、佛教都有。解放以后取缔了反动会道门,其他所有教徒也回家生产或作他业,各类寺庙被占作他用。各种神像毁坏无存。20 世纪 50 年代至 70 年代末,全县无宗教活动。进入 80 年代以后,民族宗教又有所恢复和发展。"①忻城现在很多人家中依然设有香火神龛,一般的制作匾额的店子就能定制这种神龛。三界庙现在属于土司衙署景区统一管理,但是依然可以援请僧人、道士前来做法。而通天寺则香火很旺,逢初一、十五有很多香客前往烧香,有很多外地的香客都慕名而来。适逢法会则会提前张榜通知。2015 年中秋节晚上 8 点 15 分,通天寺举行为祈求世界和平、国泰民安、风调雨顺、家人吉祥的传灯法会。法会庄严隆重,气氛祥和,点燃了近千盏莲花灯。除了来点灯的信众,也有很多普通民众在法会当晚来寺内烧香祈福。丧葬礼仪则多会援请师公、道公做法。

四、"日常生活"视野下的土司文化遗产的传承与保护

在民众的日常生活中,物质文化遗产和非物质文化遗产本身就是一体的,而在当代对土司文化遗产进行保护的时候,也要始终关注于两者的有机结合。土司建筑遗产、相关文献、自然景观等,要与忻城的民间工艺、传统节日、民间信仰相结合。首先,要将忻城现在还保留的各类文化遗产进行整理,收集历史源流、当代形态等相关信息。然后,根据不同的土司文化遗产的保护状态,有针对性地设计保护、开发的方案。最后,结合各种资源,对各类土司文化遗产进行统筹保护、开发。

(一)持续有效地保护、开发"歌墟"文化

现在忻城的歌墟依然非常活跃,民众依照自己约定俗成的规律、时间、地点对歌。但是忻城外出打工的年轻人比较多,因此目前参与歌墟的多是中老年人。而歌墟文化若是要发展必然需要新生的力量,需要有更大的、更多的平台,更多样的形式,以吸引更多人的参与,丰富歌墟活动。另外,歌墟的发展也离不开民间歌谣文献的搜集、整理。现在忻城有一些辛勤工作在民歌收集、整理第一线的文化工作者,他们熟悉当地的语言,有丰富的调查经验,为搜集、整理民

---

① 忻城县志编纂委员会编:《忻城县志》,南宁:广西人民出版社,1997,第 136—137 页。

歌作出了贡献。然而,由于大量民间歌谣的文本在民间社会中是采用古壮字记录的,整理的工作量是非常大的。大多数的这类型歌本是毛笔手工抄写,如果不加大保护力度和速度,这些宝贵的资料很快就会损坏。

(二)自然景观与文化传统相结合

忻城既有得天独厚的自然景观,又有保存良好的文化传统,应该充分地将两者结合。以莫曼壮锦源为例,其是壮族文化、土司文化的延伸和传承点之一,分为"生态农业观光、农事活动体验、农家休闲娱乐、农家生态饮食、康体健身、梅花鹿观赏园"等六个壮乡农家休闲文化生活体验区。但是既然作为传承、开发土司文化的重点,就应该充分地将其自然景观与文化传统联系起来,除了"生态",也要突出"壮锦",通过民间故事的讲述、歌谣的唱诵、壮锦织锦的表演、壮锦实物的展示等,充分地突出壮锦源的特色和意义。

(三)丰富、宣传传统节日文化

忻城的传统节日文化非常有特色,其节日传统保存得相对于周边地区要更好。这种活态的文化传统是非常珍贵的,因此,要努力丰富、保护其节日内容,并适当地对外宣传,吸引更多人的关注。以忻城中秋节为例,忻城中秋节俗保存完整,从节前的采购、花灯的制作、节日的观灯拜月等,若是将其视为一个完整的节俗文化,甚至可以尝试作为非物质文化遗产进行保护。

(四)因地制宜地保护和开发民间传统生产工艺

忻城有非常多土特产,这些产品按照传统的工艺生产、传承。但是这些产品的销售圈却非常有限。因此,要利用这些民间传统产品获得持续的经济效益,则不能急功近利,需要因地制宜,针对这种产品的特点进行宣传、开发。一方面要保护这些生产工艺,使其不会失传。另一方面,也要想方设法打开市场,以自然健康、原汁原味、文化传统这样的关键词去吸引消费者。忻城的壮锦、红糖、玉米、土面条、乳鸽酒、蚕丝被都是富有文化内涵,且具有开发、推广实力的产品。应该在规范市场的同时,积极利用各种销售渠道,多层次、多渠道地进行宣传,以使忻城的这些产品能获得更大范围的推广。

广西世居民族国家认同的历史文化渊源[①]

吴建冰[②]

[内容提要] 在广西这片土地上，世代居住着汉、壮、苗、瑶、侗、仫佬、毛南、水、京、仡佬、回、彝等十二个民族，这些民族在历史中形成了独立的文化系统，又在族际交往中互相融合，在广西土地上和谐共生，也在历史中形成了国家认同。本文将广西世居民族作为一个整体来考察其国家认同的历史文化渊源。

[关键词] 广西　世居民族　国家认同　历史文化渊源

广西世居民族是包括汉、壮、苗、瑶、侗、仫佬、毛南、水、京、仡佬、回、彝等十二个民族，这些民族在历史上形成了独立的文化系统，又在族际交往中互相融合，在广西土地上和谐共生，也在历史上形成了国家认同。本文将这些民族作为一个整体来考察其国家认同的历史。从历史上看，中国境内的各民族的国家认同，主要是对以汉族为主要凝聚核心的中华民族的政权认同和文化认同。虽然这种国家认同有强有弱，在某些时期某些民族的国家认同和民族认同还出现过冲突，但总的来说，不论是民族关系的融合还是冲突，都离不开汉文化。而现代中国努力构建的各民族平等的多元一体的中华民族文化，也是以汉文化为凝聚核心的。因此，广西各民族国家认同与汉族这一凝聚核心分不开。从历史上看，广西的世居民族在古代对国家认同主要是对汉族建立的政权的认可和对汉文化的认同。下面我们从广西的历史来分析广西世居民族与汉族中央王朝的关系和对汉文化的认同。

一、夏商周时期的广西各民族的国家认同

广西的原住民，在商周时期已经进入中原华夏族的视野，在中原华夏族渐形成的夏、商、周时期，广西的原住民是属于四周蛮、夷、狄、戎中的蛮，称为南

① 本文为以下项目阶段性成果：广西哲学社会科学研究项目“广西世居民族关键符号及其对民族关系和国家认同的影响研究”，项目编号：13BMZ005；桂林航天工业学院科研基金资助“桂林旅游场域中‘小传统’文化的变迁途径研究”，项目编号：YJ1313。

② 吴建冰（1977—　），女，侗族，广西桂林人，广西师范大学文学院博士研究生，桂林航天工业学院航空旅游学院副教授。研究方向：民俗学、古代文学与文化。

蛮。“西周时,华夏族在不断抵抗西戎北狄侵入的同时,不断地攻伐东夷南蛮。可见,我国东西南北中的各古代民族已逐步形成,并通过战争等形式有了初步接触。”当时广西属于百越之地,早在这一时期就与中原的华夏族政权有了交往。范文澜先生认为“甲骨文有戉国,疑即越国……按照这些比较可信的传说,中国东南方广大的越族,远在夏朝与华夏文化就有接触了”。而其实在当时的中国南方越族被称为“百越”或“百粤”,说明越族是一个支系繁多的古代民族,而据一些古籍记载,如今广西的广大地方是当时百越支系西瓯、骆越人主要生息地。古代西瓯、骆越人也在夏商周时期与中原王朝发生了接触,并对中原王朝进贡。商代时,百越族曾向商王朝进献“仓吾翡翠”(“仓吾”即“苍梧”),《逸周书·王会解》中记载:“正南瓯、邓、桂国、损子、产里、百濮、九菌,请以珠玑、毒瑁、象齿、文犀、翠羽、菌鹤、短狗为献。”周代的统治范围已经“至于南海”,岭南的百越已经进入其统治范围。《通志·岭南序略》中记载:“五岭之南,涨海之北,三代以前,是为荒服,当周成王时,周公居摄六年……南荒有越裳国,以三象重译而献白雉,曰:道路悠远,山川阻深,音使不通,故重译而朝。成王以归周公,公曰德不加焉,则君子不飨其质,政不施焉,则君子不臣其人,吾何以获此赐也。其使请曰:吾受命吾国之黄耇,日久矣,天无烈风雷雨,意者中国有圣人乎,有则往朝之……周朝既衰,于是稍绝,及楚子称霸,朝贡百粤……”这段话更具体描绘了百越族和周朝的关系①。后来,春秋战国时期,广西东北部地区纳入当时的楚国,接受了楚国的统治。

二、秦汉至三国时期广西各民族的国家认同

秦始皇统一中国后,修凿灵渠,征服岭南越人,设立了南海、桂林和象郡。广西的梧州、苍梧、贺州、富川等市县属于当时的南海郡;广西北起兴安、南抵扶绥、右江一线,东起郁林、西抵河池一线属于当时的桂林郡;广西的扶绥和右江以南、钦州地区属于当时的象郡②。当时广西大部分地区都臣服于中原王朝,正式归入中国的版图。另外,秦王将中原人迁入岭南,试图缓和征战中越人与汉人的矛盾,“把南征的数十万大军留守岭南各地要塞,还将中原居民迁往岭南‘与越杂处’,这是中原汉族进入广西之始,打破了今广西原住民族长期独自居住与发展的历史格局。这是广西从‘徼外’走向统一的开始。”③在这一时期,广

① 钟文典主编:《广西通史》(第一卷),南宁:广西人民出版社,1999,第24页。
② 同上,第46页。
③ 覃彩銮:《从文化认同走向民族团结的发展历程——广西民族“四个模范”研究之三》,载《广西民族研究》,2011年第3期,第2页。

西的原住民与汉人的矛盾与磨合也被纳入中原汉王朝的政治框架中。在对中原文化认同上,当时还不太明晰,基本沿用了越人旧俗,但从桂林米粉来历的传说中可看出,随着中原汉人的移居和汉越文化交流,中原文化多少会对当时越人有些影响。

秦亡后,广西大部分属于南越国。当时曾为南海郡龙川县县令的赵佗伺机占据岭南,自立南越国。汉高祖对南越国采取绥抚政策,因而南越国得到汉高祖刘邦的封印,虽不受命于西汉朝廷,但南越国十分重视与汉朝的友好关系。南越国存在了九十三年后,于汉武帝时期被征讨。赵佗原为秦始皇所派的县令,也是中原人士,曾是秦朝攻占百越的将领,在割据岭南后,他根据秦汉中央王朝的官僚制度建立南越国的官僚体系,推行郡县制。并且赵氏仿照当时汉朝的方式分封侯王,"对岭南各地自成群落的越人首领,承认其传统权力和领地"①。还根据广西当时民族的特点制定了"和集百越"的民族政策,如让越人参与政权的管理、尊重与顺从越人的风俗、鼓励汉人与越人通婚等,缓和了汉人与越人的矛盾,使他们渐渐融合。广西在南越国的统治之下虽然是汉王朝鞭长莫及的独立政权,但它还是向汉朝称臣的。赵氏统治下的南越国类似汉族的小朝廷,由于是汉人建立的政权,其政治制度,有对秦代的延续,如郡县制度和丞相、大傅、内史等官制,也有对西汉王朝的模仿,如郡国并行制、分封制和太子制等,也有与秦汉政治制度不同的地方,钟文典先生因此总结了南越国政治制度的三个突出特点:一是因循性,二是仿效性,三是特异性②。从这些特点可以看出,南越国是汉人在中原之外建立了一个汉族统治的政权,通过赵氏的苦心经营,实现了民族关系的融合和地方经济文化的发展。因此,这一时期广西各民族对南越国的认同也就是对汉族建立政权的认同,并且在民族关系融合的情况下有了正常的族际交往和族际认同,因而也有了一定对汉文化的认同。

南越国政权传了五代之后被汉武帝出兵平定,广西再次回归中原大朝廷的统治范围。平定南越国后,汉王朝在此地继续推行郡县制,只是在秦和南越国的基础上进行了调整,设了南海、朱崖、儋耳、苍梧、郁林、合浦、交趾、九真、日南九郡,统辖于交趾刺史部,治所在广信,即今天广西的梧州市。九郡中属于今天广西境内的有郁林郡全部、苍梧和合浦郡的各一部分。此外,如今广西西部的部分地区属于当时的牂牁郡,如今广西北部地区属于当时的零陵郡和武陵郡③。西汉延续了南越国时期的民族政策,除了在岭南各郡派遣官吏之外,还对南越

① 覃彩銮:《从文化认同走向民族团结的发展历程——广西民族"四个模范"研究之三》,载《广西民族研究》,2011 年第 3 期,第 4 页。

② 钟文典主编:《广西通史》(第一卷),南宁:广西人民出版社,1999,第 51 页。

③ 同上,第 60—61 页。

旧臣归顺者进行封侯,稳定了当时岭南的局势。另外,根据广西出土的汉代的墓葬出土文物的佐证,汉字在汉初已经在广西的上层社会中流通,并不断地扩大流通的范围。秦以前广西越人是没有姓氏的,汉代汉族的宗族姓氏观念也被广西的越人所接受,开始有了姓氏。中原进入广西的汉族知识分子,在广西形成了汉文化传统;汉代经学盛行,在广西也得到了传播,出现了陈钦、陈元父子和士燮等著名的经学家①。可以想见,当时汉人与越人已经逾越了语言的障碍,文化交流不在话下,广西的越人已开始接受了儒家思想和汉族一些文化。总之,汉朝广西的原住民在传承民族文化的同时有了对汉文化的认同。

三国两晋南北朝时期是我国历史上中央集权的封建国家的分裂时期,政权频繁更替,政治腐败黑暗,给当时广西的人民也带来了深重的灾难。三国时期,广西大部分被孙吴所统治,西北部为蜀国管辖。西晋统一后,在岭南地区设立郡县;南北朝时期属于南朝管辖范围,南朝时在广西设立了桂州,所辖郡县包括今天的桂林、柳州、平乐的大部分地区,之后广西的桂北地区逐渐成为政治中心。这一时期居住在交通便利的地方且与汉人杂处的少数民族多被编入郡县,直接受地方政权的管理,中央朝廷向他们征收赋税,与编户齐民的汉人完全一样。为了加强对住在山区的少数民族的统治,还设置了如“左州”“左郡”“左县”等地方行政机构,由本民族首领担任官吏,对封建王朝进贡和“租赕”②。由于政治腐败,社会动荡,广西各族人民在繁重的剥削中产生了阶级矛盾和民族矛盾,广西的少数民族也奋起反抗,同时中原的汉人也为避祸迁入岭南与当地少数民族一起反抗压迫和剥削。如梁大通年间,衡州一带包今括桂北、桂东北地区的俚僚人民就和汉人联合起来,共推桂阳人严容为领导开展斗争,后来被都督衡、桂二州军事、衡州刺史蓝钦镇压下去。陈朝末年,这一地区的俚汉人民又共推汉人耿询为主,举行反抗,直到隋朝时才被上柱国王世积镇压平息③。这种对中央朝廷的反叛削弱了国家认同,但是汉人与当时广西的俚僚人民并肩战斗、共同生活,中原汉人如陆绩、程秉、颜延之将汉族先进的经学、文学传入广西,此时佛教、道教等影响人精神的宗教文化也传入了广西,使汉族和广西的少数民族的族际关系得到很好的发展,为今后的国家认同的强化打下了基础。

三、隋、唐、宋统治时期广西各民族的国家认同

隋朝时期,随着中国的统一,岭南地区也实现了统一,中央王朝在广西设立

① 钟文典主编:《广西通史》(第一卷),南宁:广西人民出版社,1999,第100页。
② 同上,第123、125页。
③ 同上,第128页。

了始安郡、永平郡、郁林郡、合浦郡、宁越郡，下设各县，实行州、县二级制的管理体制。在民族政策上延续前代，任用少数民族首领，安定了岭南政局。隋亡，唐统一岭南，设立岭南道，后分为岭南东道和岭南西道，岭南东道为广东，岭南西道为广西，还包括海南岛和雷州半岛一部分。当时岭南西道的治所在邕州，即今天的南宁市。唐朝还在广西设置了邕、桂、容三管，直接派官员掌管所辖地区的军政事务。在少数民族地区设立了很多羁縻州，下分若干县，在各羁縻州县授予当地首领以都督、刺史等世袭官衔，管理当地的军政事务①。羁縻制度是当时中央朝廷对少数民族地区的管理方式。"中央政府任用各地方的壮族首领为官，使其听命于中央政府，为王朝中央镇守和管理地方，维护地方安宁，对于地方民族的内部事务，由其首领按照传统法规自治，官府不加干预。对于地方民族首领管理得力者，中央政府给予奖赏。羁縻制的推行，既确保了壮族首领的原有地位、利益和传统权威，也维持了边疆民族地区的稳定。于是，首先是被中央政府委以官职、并听命和服从中央政府的壮族首领阶层，逐渐产生了国家认同意识，进而影响到周围的人。随着时间的推移，国家认同在壮族地区逐步扩大。"②

在文化上，中原的汉文化随着唐代的科举制度的推行和贬官的南谪也得到了一定的传播。唐代在一些重要的州县设立学府，私塾、公馆等也渐增，如柳宗元被贬柳州做刺史时，重视当地的文化教育，兴办了学堂。在唐昭宗二年(895年)广西出现了历史上的第一个状元——临桂人赵观文。在文学上出现了颇负盛名的诗人曹邺和曹唐。唐代广西虽然还是中原人士闻之丧胆的鬼门关，但由于广西秀美的自然风景和丰富的物产获得的名声，这些入桂的学者、诗人留下了不少的赞美广西的诗歌。因此，在这一时期，广西少数民族文化与汉文化进一步交流融合，并通过科举考试和入桂的汉族学者的推广使得广西的少数民族对汉文化的认同更进一步。

宋朝统一岭南后，重新划分了唐朝岭南行政区划，改变了广西自秦汉以来虽归属于中央王朝的统治，但未成为一个独立行政区划的局面。宋朝设广南道后又细分为广南东道和广南西道，简称广东和广西，广西之名从此时开始，从此广西成为中央朝廷独立的行政区划。宋朝在少数民族地区设置羁縻州、县、洞来进行统治。虽然宋朝廷的统治效力并没有遍及广西的每个角落，一些羁縻州、县、洞有很大的独立性，中央朝廷命令的效力难及这些地方，但不可否认，宋朝廷在广西已经有了一套比较完备的行政区划，比以往的朝代对广西的统治更

① 钟文典主编：《广西通史》(第一卷)，南宁：广西人民出版社，1999，第161、163页。

② 覃彩銮：《从文化认同走向民族团结的发展历程——广西民族"四个模范"研究之三》，载《广西民族研究》，2011年第3期，第6页。

加加强了。在派官员管理广西时,考虑中原汉人不习惯广西气候风土,不愿入桂做官,广西的读书人也较少,宋朝推行了特殊的科举制度来缓解广西管理官员缺乏的问题。宋朝一方面培养了为朝廷效忠的官吏,一方面采用羁縻制度对广西少数民族人民进行统治。“到了宋代,从壮族的上层人物到普通民众,人们的国家认同都有了新的发展。这是因为宋王朝不仅继续在壮族地区推行羁縻土官制度,并进一步完善之。”①在这样的制度下,人民对国家认同的模式是“各族民众首先对本族首领效忠,而各族的首领根据自身和本族利害关系的选择来决定是否对帝国皇帝效忠,所以部落首领的‘倒戈’会引起整个部落对皇帝的‘反叛’”②。这一时期,广西少数民族的首领在矛盾激化之时,也会借用人民的力量,与中央朝廷进行激烈的斗争,这一点充分体现在壮族侬智高起义上。侬智高为广源州的首领,当时正受交趾集团的奴役,在双方斗争激烈之时,由于国家认同的作用,侬氏希望宋廷能给予支持,但宋廷不仅没有任何帮助,还对侬智高处处防备,侬智高三次要求内附都遭到拒绝,于是侬智高起兵反宋。“当其民族对国家寄予的期盼和国家认同得到支持和回应,边疆民众的生命财产获得保障时,其民族便会深切感受到国家力量的可依靠性,其内聚力、向心力和国家认同便会陡然上升;反之,如果其希望得不到支持和回应,其生存无法得到国家的保护,就会促进其对国家公信力的怀疑而对之失去信心,会严重挫伤其民族情感,由此可能会产生消极的负面作用,导致离心事件的发生,迫使人们另寻出路以求自保。”可见在广西的边疆安全受到威胁,当时壮族人民的国家认同和归属感原是被激发了的,但没得到宋朝的回应,才有了声势浩大的侬智高起义。

文化上,中原的文化与岭南文化进一步交流,到广西做官的知识分子重视发展广西的教育,出现了不少书院,但发展不平衡。广西的南部地区汉文化的教育较北部和中部落后,桂北、桂中、桂东地区的学校教育较发达,读书人增多,参加科举考试的人也迅速增长,如张仲宇在《桂林盛事记》中说宋代桂林的“应举之士十倍于昔”③。宋代庆远地方“每举应书之士不下五六百人”④。并且宋代广西人在科举考试中取得了较好成绩,中进士的人虽然与中原比起来还较少,但比唐代广西中进士的人数有所增加。可见,通过科举考试这一形式,广西人接受了汉文化教育,自觉学习汉文化,体现了对汉文化的认同。另外中原被

① 覃彩銮:《从文化认同走向民族团结的发展历程——广西民族“四个模范”研究之三》,载《广西民族研究》,2011 年第 3 期,第 6 页。

② 马戎:《中国民族史和中华共同文化》,北京:社会科学文献出版社,2012,第 147 页。

③ [清]谢昆启修,[清]胡虔纂,广西师范大学历史系中国历史文献研究室点校:《广西通志》卷二二二《金石》,南宁:广西人民出版社,1988,第 5744 页。

④ [明]林富,黄佐纂:《广西通志》卷十七《风俗》四,北京图书馆藏明嘉靖刻蓝印本,《四库全书存目丛书·史部》第一八七册,济南:齐鲁书社,1996,第 226 页。

贬的官员途经广西也留下了吟咏广西山水、物产的诗作，为广西留下了丰富的汉族文人的贬官文学，优秀的汉文化渗透入广西文化中。

四、元明时期广西各民族的国家认同

元朝统一中国后，将全国划分为若干个行中书省，下设安抚司或路、州、司，下辖州或县。元统一广西后，广西属于湖广行中书省，在广西各地设置安抚司，后改为总管府①。元统治时期，广西经济文化发展停止，社会矛盾、民族矛盾激化，广西人民的反元斗争此起彼伏。明朝统一中国后，中央政权回归汉人手中。明洪武元年（1368 年），明军分两路攻占广西。明朝廷先是按元制在广西设立广西行省，由行省长官统管军政、民政、财政大权，出于担心行省长官权力过大的考虑，洪武九年（1376 年）改为广西承宣布政使司，建立“三司”机构分管，民政和财政由布政使司掌管，司法、刑狱由提刑按察使司掌管，军政由都指挥使司掌管，设立两广总督，建立布政使司、府、县三级行政建制。朱元璋得天下后，将侄孙朱守谦分封为靖江王做藩王，王府在今桂林独秀峰下，以此进一步加强对广西的统治。在军事上推行卫所制度，大量招募士兵，实行耕战结合，靠卫所官兵维护明王朝对广西的统治。在少数民族地区，明朝继续完善“以夷治夷”的土官制度，为了加强对土官的控制，在土属地区普遍设置流官吏目或典史，以辅佐土官的名义来进行监督，同时对土官的承袭做了详细周密的规定。土官制度在明代研究发展到了成熟阶段②。因此，广西在明代进入更为强化的封建专制中央集权的统治之中。明统治者、土官对广西人民的压迫和剥削激化了阶级矛盾和民族矛盾，最为突出的是广西各民族被武装占田，使得广西苗、瑶、壮、侗各族农民无田可耕，只好跑到深山密林中谋生。所以各地不断爆发农民起义，影响最大的是大藤峡瑶、壮民起义。此时的起义是广西各民族为了生存利益而战的体现，与明代的其他农民起义有着共同的反封建土地所有制的特点，同时也是民族关系恶化的体现。尽管如此，在明代广西人民的国家认同感还是很明显的。就在大藤峡瑶民起义那一年，即正统四年（1439 年），倭寇侵扰我国东南沿海地区，明朝军民为了捍卫家园进行抗倭斗争，此斗争延续上百年，广西虽然并未被倭寇入侵，但广西势力最大的田州土官岑猛的妻子瓦氏夫人怀着报国为民的决心，带领广西勇敢善战的俍兵不远千里、历时半载支援抗倭前线，大胜而归，战功卓著。广西人民在外敌入侵祖国时参与保卫国家的战斗，这不仅体现了广西各族人民的英雄气概，更是充分体现出广西各族人民强烈的爱国热情。

① 钟文典主编：《广西通史》（第一卷），南宁：广西人民出版社，1999，第 290 页。

② 同上，第 307—323 页。

这是明朝广西人民对国家认同的最典型的事件。

文化认同方面,民族文化和汉文化共同发展,对汉文化的认同有所加深,广西改变了原来文化落后的面貌,接受中原汉文化教育更加普遍,广西文化逐渐赶上了中原地区①。明人魏濬在总结广西文化教育成就时曾经指出:广西学臣对教育事业十分重视,各州县都办起了学校,培养了较多的人才,与文化发达的中原地区相比,已经所差无几了。特别是明代政府重视对广西少数民族的教育,少数民族进入了汉文的学习和科举考试的系统中,如明代"立社学以教僮竖""粤西学臣敕内,独有教习僮童一款,令州、县置社立傅,岁以教成者闻,颇谙文理者收之黉序,雍容济楚,不异中华"②。在文化教育发达的情况下,广西人通过科举考试被录取的进士、举人也越来越多。在这种风气之下,广西人民对汉文化的认同也得到进一步的加强。

五、清朝统治时期广西各民族的国家认同

清朝是满族人建立的封建政权,广西曾在抗清斗争中作为重要的阵地,是南明抗清基地,后以失败告终。在广西归入清朝版图之后,清廷在政治、军事和思想上采取了调整行政区域、建立军事体系、强化军事镇压职能等一系列的措施,对广西的专制统治更甚③。为加强对广西的行政控制,清朝不断对广西行政区域进行调整,在广西设苍梧、右江、左江三道,右江道辖柳州、庆远、思恩、泗城四府。左江道辖南宁、浔州、太平、镇安,县府共辖州四府。另有郁林直隶州和上思、百色直隶厅。在官制上,省的最高长官为总督、巡抚,将明朝临时设的总督、巡抚改成固定官制。总督、巡抚职责是综治军民,统辖文武,考核官吏,修饰封疆等。广泛设置绿营兵、土兵和民壮。绿营标兵是统治广西的主要军事武装,要地皆有绿营兵驻防。土兵是征用当地农民,给予田土耕种后政府不再配拨粮饷,平时听从官府差遣,或运粮,或运物,或守望,或服务、杂役等。民壮,是由政府从农民中选拔身体健壮者充任,平日集中练习鸟枪、标枪、挑刀、木棍、虎叉、藤牌种种武艺,其任务是协助官府巡防治安,可见民壮之设在于增补县城守兵不足。绿营兵、土兵和民壮,是清朝统治广西的军事依靠力量④。土司制度在明代发展到了高潮,清代渐渐显示其腐朽和落后性,严重阻碍了社会的发展。清廷也意识到土司骄横不法对清朝造成的威胁,所以对其加强了控制,到雍正

---

① 钟文典主编:《广西通史》(第一卷),南宁:广西人民出版社,1999,第396页。

② [清]汪森编辑,黄盛陆校点:《粤西文载校点》第四册,卷六十一,魏濬:《诸夷幕学》,南宁:广西人民出版社,1990,第337页。

③ 黄成授:《广西民族关系的历史与现状》,北京:民族出版社,2002,第144页。

④ 钟文典主编:《广西通史》(第一卷),南宁:广西人民出版社,1999,第428—432页。

年间,对广西的土司制度进行大刀阔斧的改革即改土归流,以流官取代土官,对少数民族地区进行统治。对改土归流后的土官,清朝政府加大了对他们的管理。经康、雍、乾三朝改土归流后,广西土司势力已经一蹶不振了,渐渐顺服了清朝政府。经过清政府对广西的管理和控制,广西的局势趋于稳定,渐渐被纳入清朝的政治统治的格局中,开始承认清朝的统治。清末鸦片战争爆发,中国受到帝国主义入侵,虽然广西并没有直接受到战火的破坏,但也以人力和物力来支援前线。鸦片战争,广西有二千名官兵奔赴前线,为保卫广州城,浴血奋战,并有多名官兵为国捐躯①。由于帝国主义、封建主义对人民的压迫,矛盾激发,清末中国历史最大的农民起义——太平天国起义在广西爆发了,其领导核心是广西及广东的汉族、壮族、瑶族的人民,太平天国起义不仅反封建主义,也反帝国主义,展示了广西各族民众的英勇气概和爱国主义精神。1883—1885 年爆发了两次中法战争,法国企图以侵略越南逐渐进攻中国边疆广西,进而进入中国,作为中国边疆的广西出现危机。广西各族人民在法国发动侵越战争时,义无反顾投入到援越抗法的斗争中,他们与越南军民以及国内各路友军通力合作,在越南前线,在西南边关,痛歼法国侵略者,取得了我国近代史上的"中西战争第一大捷"②。刘永福率领的以壮、汉、瑶等族人民组成的黑旗军首先加入了抗法战争,黑旗军创造了两败法军的辉煌功绩。后来清廷命老将冯子材迅速招兵赴中越边关抗法,当时钦州、防城一带的汉族、壮族、瑶族、京族的人民,上思、宁明的壮族、汉族、瑶族人民都踊跃报名,积极参加冯子材的萃军,而广西门户的镇南关一带的壮、汉族人民也团结起来,这一支民族团结的英雄队伍在冯子材的指挥下在中越边境的镇南关打败法军,取得了镇南关大捷。中法战争挫败了法国的气势,之后广西军民努力建设祖国边防,为捍卫祖国西南边疆安全作出了贡献。在这一时期,广西各族人民反对封建主义,希望建立更好的国家的愿望,团结起来反抗外国侵略,在这些斗争中体现强烈的国家认同。

在文化认同上,清朝虽为满族人所建立,但满族意识到要统治中国,需要汉文化,因此,此期广西人民国家认同中的文化认同仍然以汉文化为主。首先,广西在清初迎来了大量的来自邻省的汉族移民,汉族移民大多是以广西的政治、军事中心为依托,广泛分布在沿主要河流的河谷平原和低地。所以,广西的北部、中部、东部成了汉人的聚居区。虽然汉族和其他少数民族有比较明显的区隔区,但汉族移民在与广西各族人民在广西的土地上,文化互相吸收、融合,渐渐也成了广西民族的重要组成部分。汉族的移民在带来中原先进的农业生产

---

① 黄成授:《广西民族关系的历史与现状》,北京:民族出版社,2002,第 150 页。

② 钟文典主编:《广西通史》(第二卷),南宁:广西人民出版社,1999,第 284 页。

技术和新的农作物品种的同时,促进了广西原住民对汉文化的认同。在前朝的基础上,广西清代的教育有了更大的发展,在当时广西的省会桂林设有“提督学政”一员;为了在各地培养人才,视各府州县的大小和文化程度设有不同的学额及其贡举年限,文化水平低则学额少,贡举的时间也较长①。学额即是在每次考试录取府县学生的名额。值得注意的是,为了“开化”广西的苗瑶诸族,分别在龙胜厅、罗城县、怀远县和西隆州设厅学和州县学额两名,名为“苗生学额”。对苗生参加考试都有特殊的规定,如苗生应举时要有“汉廪生一名保结”,同时在卷面上“填注苗民字样”②。凡是在应试中获得了府州县廪生资格的人,都享有“廪粮”待遇,还能免除徭役。为了统筹在学中“廪生贫生膏火之用”,政府每年要从各府征收学租米银1150两,由学政安排使用,一般都在每次应举时“随棚散给”,还对前来参加文武考试的员生发给“盘费”。另外,为了表彰科举成名的,凡中式举人都要为他们“建坊”以炫耀乡里③。教育的发展和科举的影响,使广西各民族人民的汉文化素养进一步提高。广西在清朝参加科举考试的成绩颇为突出,到嘉庆二十五年(1820年),广西桂林府陈继昌科考中获得清代屈指可数的三元及第。道光年间又有桂林府龙启瑞高中状元,光绪年间桂林府又出了张建勋、刘福姚两名状元。清朝广西也出了不少文人和名人,主要集中在当时的省会桂林地区,如一代名臣陈宏谋,晚清四大词人的况周颐、王鹏运等。并出现了很多文学家族,文学创作繁荣,特别是在广西壮族聚居区的武鸣、上林、宁明出现了一些文学家族。清朝政府以优厚的待遇鼓励少数民族进入到以汉文化为主的科举考试体系中,少数民族也参加了科举,如“广西少数民族比较集中聚居的庆远、太平、思恩、镇安、泗城等五府,中式举人共计312名,占全省中式举人总数的6.2%”④。清代广西三江县有贡生十人,侗族占两人;廪生四十人,侗族占十三人;庠生三百七十人,侗族占一百八十四人⑤。广西各民族人民愿意加入这种体系,是对科举考试选拔人才制度的认可,更是对中央政权的认同。广西汉族以外的其他民族也可以通过习汉文化而得到一些优待,加上当时科举决定了人的地位和成就,所以对汉文化的认同自然而生,他们乐意接受“四书五经”的教育,因而清代也出现了像韦天宝、郑献甫等在汉文化体系中出名的壮族知识分子。

---

① 钟文典主编:《广西通史》(第一卷),南宁:广西人民出版社,1999,第488页。

② [清]谢启修,[清]胡虔纂,广西师范大学历史系中国历史文献研究室点校:《广西通志》卷一六五《经政略一五·苗学额》,南宁:广西人民出版社,1988,第4593页。

③ 钟文典主编:《广西通史》(第一卷),南宁:广西人民出版社,1999,第488页。

④ 梁精华:《广西科举史话》,南宁:广西人民出版社,1993,第71—72页。

⑤ 郎樱、扎拉嘎主编:《中国各民族文学关系研究》(元明清卷),贵阳:贵州人民出版社,2005,第441页。

六、近代以来广西各民族的国家认同

随着鸦片战争打开了封闭国家的大门，动荡的局势使中国几千年的传统秩序被打破，外敌入侵越来越猖狂，封建的清王朝越来越腐败并逐渐解体。自19世纪70年代洋务运动的兴起，西方科学文化扑面而来，随后来自维新派和革命派阵营中的近代知识分子开始自觉引进西方“民族国家”的理论，使之成为当时中国社会的主体意识。以康有为、梁启超为代表的维新派在政治上掀起了轩然大波，维新运动兴起了。康有为两次来桂讲学传播维新思想，广西的维新活动就此兴起。1894年11月，康有为从广州经梧州到桂林，他在桂林40余天，一面讲学，一面延揽人才，广西的文化界深受其影响。1897年10月，康有为第二次来到桂林，他和广西教育界的师生商议后，组织了“圣学会”，开办了“广仁学堂”，出版了《广仁报》等，对广西的政治思想震动很大①。维新变法失败后，爱国志士们认识到仅仅依靠上层的政治改革是远远不够的，希望建立一个新的“民族国家”。孙中山于1905年成立中国同盟会，提出要建立一个中国人的“民族国家”，即试图通过革命建立一个资产阶级民族国家。在辛亥革命之前，孙中山曾在中国南方发动了九次武装起义，其中钦州、防城之役，镇南关之役，钦州、上思之役是发生在广西边境的武装起义。另外云南河口起义虽然不在广西，但起义主力是由镇南关撤出的革命志士百余人组成，广州起义也有不少广西的革命志士②。辛亥武昌起义后，广西革命党也纷纷举行武装起义。辛亥革命后孙中山在中华民国临时大总统宣言中说：“国家之根本，在于人民。合汉、满、蒙、回、藏诸地为一国，即合汉、满、蒙、回、藏诸族为一人。——是曰民族之统一。”③可见，孙中山是以中华民族作为一个国族来建立民族国家的，广西是孙中山领导中国民主革命的策源地之一，资产阶级民主共和思想在广西影响广泛而深入，少数民族地区如靖西、百色、龙州等地都在宣传和接受这种思想④。1919年“五四运动”，广西桂林、柳州、梧州、南宁的汉、壮、苗、瑶、侗、回等民族的青年进行游行示威声援北京的反帝爱国斗争。在这场运动中各种新思想开始在广西流布，为马克思主义的传播奠定了群众基础，也涌现出了一批先进的革命知识分子。“五四运动”以后，广西各族人民进行了一系列的反帝爱国主义运动。1930年中国共产党领导龙州起义胜利，沉重打击了法帝国主义，红八军和左江革命委员会成立。抗日战争时期，广西各族民众的抗日救国热情高涨，

---

① 黄成授：《广西民族关系的历史与现状》，北京：民族出版社，2002，第151页。

② 钟文典主编：《广西通史》（第二卷），南宁：广西人民出版社，1999，第575页。

③ 《孙中山选集》，北京：人民出版社，1981，第90页。

④ 黄成授：《广西民族关系的历史与现状》，北京：民族出版社，2002，第151页。

新桂系征兵扩编军队,广西的汉、壮、瑶等民族青年纷纷为抗日救国应征,抗击日本帝国主义,在桂南会战、昆仑关战役中共同抗敌。同时广西各地各族民众自发组织开展抗日游击战,保卫家乡。抗日战争时期,桂北、桂南、桂东、桂西的壮、汉、苗、瑶、侗、回、京等各个民族不分彼此、万众一心,取得了抗日战争的最后胜利。“在长期的抗日救亡斗争中,广大壮族人民始终与全国各族人民共命运、同患难,深深感受到唇亡齿寒,国强族兴、国衰族亡的道理。正是在国家危难之际,更增强了壮族的爱国热情,增强了人们的向心力、内聚力和团结凝聚力,更增强了中华民族意识和国家认同感。”①在这一时期,“承继了几千年的以中原皇朝为核心构建的‘天下观’政治实体和以‘华夏文明’对周边‘蛮夷部落’施以‘教化’的‘文化中心主义’族群观的思维传统和政治格局,在‘船坚炮利’的新兴欧洲帝国主义的冲击下已无法延续,中国人从此被迫接受西方‘民族国家’的概念和外交游戏规则,自觉或不自觉地走了一条现代意义的‘民族构建’之路。”②在这样的背景下,广西各族人民也突破了以往对封建王朝政权的认同,以国家利益和人民利益为先,为能创建一个更好的国家而不懈斗争。

在文化上,进入近代以来,广西的教育更为普及。近代中国各种新思想传播,当时主张西学,办学堂、开民智,不仅在汉族地区,而且在广西的壮、瑶、苗、侗等少数民族地区都设立了学堂,使得广西少数民族地区的普通教育也得到了发展。“各类新式学堂的普遍建设,使广西各民族不仅有省内、国内的文化教育交流,而且同世界其他民族也有了交流的良好基础和初步的交流,这有力地促进广西社会的发展进步。”③辛亥革命后,军阀割据,广西处于以陆荣廷为代表的旧桂系和以李宗仁、白崇禧为代表的新桂系的统治之下,新桂系重视广西的教育,促进国民基础教育、中小学教育、职业技术教育、师范教育、高等教育、留学教育的全面发展,同时还有专门针对少数民族的特种教育。桂系认为“广西壮族已经汉化,是汉族的一个‘宗支’,而瑶、苗、侗等少数民族则被列为‘特种民族’”④。特种教育即是针对除了他们认为已经汉化的壮族、回族、仫佬族外的其他少数民族的教育,虽然有强迫广西这些民族汉化的倾向,但客观上提高了广西少数民族人民的文化水平。另外,这一时期,是国人思想大解放时期,各种思潮席卷而来,改变了中国人的面貌,在留学和西学中融汇国学精神,国人在对各种文化的选择中有了更加开阔的国际视野,通过这一时期文化思想上的洗

① 覃彩銮:《壮族的国家认同与边疆稳定——广西民族“四个模范”研究之二》,载《广西民族研究》,2010 年第 4 期,第 10 页。

② 马戎:《中国民族史和中华共同文化》,北京:社会科学文献出版社,2012,第 1 页。

③ 黄成授:《广西民族关系的历史与现状》,北京:民族出版社,2002,第 259 页。

④ 覃乃昌:《广西民族区域自治研究》,南宁:广西民族出版社,2007,第 54 页。

礼,广西的各族人民与整个中华民族保持着最近的文化距离,这些思想和文化都是中华民族精神的一部分,对它们的认可也就是对中华民族文化的认同。

1949 年 12 月 11 日,广西全境解放,投入到中华人民共和国的怀抱,在新中国党和国家的领导下,在中共中央的倡议下,1958 年 3 月广西壮族自治区成立了。“广西壮族自治区的成立,标志着党和国家确认了壮族在祖国多民族大家庭中应有的地位,开创了壮族享受民族平等权利的新纪元;标志着广西各民族平等、团结、互助、合作的社会主义民族关系进入了一个新的发展阶段。”①广西各族人民在党中央的领导下,紧跟时代步伐,响应党中央的号召,各民族平等、团结、协作,在经济文化建设方面取得了很大的进展。作为祖国的南疆,广西各族人民长久以来和谐共处,共荣共生,对维护国家统一安定作出了贡献。2008 年在广西壮族自治区成立五十周年之际,中央对广西的民族团结的评价用“四个模范”进行了概括,称广西是民族团结的模范、维护统一的模范、维护稳定的模范,是我国民族关系“三个离不开”的模范,体现了中华民族强大的凝聚力。这“四个模范”绝非一时炼成,在广西的各个历史阶段,我们都看到了广西各民族人民勤劳、聪明,孜孜不倦地建设自己的家园,也看到了广西各族人民的英勇,为国家、为民族、为人民的利益顽强的斗争和妥协,他们有太多可歌可泣的反压迫、保卫国家的事迹。他们总以开放的心态、包容的气度生生不息地延续着他们对广西这片土地的热爱及对祖国的拥护和忠诚。

国家认同由对国家政治认同和文化认同组成,政治认同包括了对国家的政权认同和政治文化的认同,共同的意识形态和社会价值体系的认同,可见没有纯粹的政权认同,终归是要回到一种共同的意识形态上。这种意识形态实际上就是国家共同的文化,文化中的核心是价值观,它是国家认同的重要支柱和基础,所以对共有文化的认同是国家认同的核心。从广西的历史看,广西各族人民对历代不同政权的认同和共同文化认同都是基于以汉族为凝聚核心的中华民族文化的认同。

---

① 覃乃昌:《广西民族区域自治研究》,南宁:广西民族出版社,2007,第 167—168 页。

近代广西手工业中的高利贷资本活动方式考析

陈 峥①

［内容提要］ 在近代广西手工业中，高利贷资本广泛存在。高利贷者的放贷形式多样，有原材料放贷、现金放贷、产品放贷、向农户预买原料及作坊对工人的放贷等方式。高利贷者通过放贷，控制了手工业者的生产和销售。债户通过高利贷解决了手工业产品的原料来源和必要资金，但对高利贷者的依附进一步加深。

［关键词］ 近代广西 手工业 高利贷资本 方式

按照权威工具书的解释，手工业是指“只靠手工或只用简单工具从事生产的工业”。在小农经济时代，手工业一直是中国社会商品生产的主要形式，同时又构成了传统经济的一个重要组成部分，在中国社会经济结构的历史发展中占有极其显著的地位。农民不仅生产了自己需要的农产品，而且生产了自己所需要的手工产品，他们在满足了自己家庭的生活需要之后，也把一些手工产品拿到市场上去交换，从而成为中国传统手工业生产的主力。

近代以来，中国逐步成为世界资本主义的商品销售市场和廉价原料的供应地，同时国内资本主义机器工业也发展起来，自然经济开始解体。但手工业仍然是社会商品生产的主干，它不仅关系到广大农村的经济命脉，而且是中小城市经济生活的主要组成部分，在大城市以及对外贸易中也占据着极其重要的地位。在外来商品倾销和本国机器工业品销售的双重冲击下，中国传统手工业面临新的危机和挑战，一部分手工业如纺纱、踹布、土针、土烛等被国外的廉价工业品和国内机器制品摧毁，大部分手工业如土布业、土纸业、陶瓷业等却得到了一定程度的发展。与国内经济相对发达地区相比较，广西的手工业不很发达，大多属手工作坊性质，投资较小，向作坊提供原材料的主要是农户。从业人员既有专业的手工业者，也有农户在从事农业生产之余，兼营手工业。近代时期，

① 陈峥(1973—)，男，汉族，湖南邵阳人，历史学博士，广西生态工程职业技术学院副教授，研究方向为中国近现代史与桂学。

广西手工业除受到国内外工业产品的冲击外,还在很大程度上受高利贷资本控制。本文拟对近代广西主要手工业中的高利贷放贷方式作一考察。

一、高利贷者对手工业者放贷原材料

这种放贷,主要发生在商人与手工业者之间,即商人将原料借给手工业者,手工业者对借入的原材料进行加工,以产品偿还给高利贷者。这种高利贷方式在土布业中广泛存在。

土布业不仅在广西手工业生产中占有十分重要的地位,在民众的经济生活中也具有重要影响。近代以前,土布业从原料到布匹都是自给自足,近代以来,随着外国商品不断进入中国,洋纱、洋布逐渐走进广西,对土布业冲击很大。有关资料表明,清同治以前,广西壮族地区"男女所用衣料均取土布,不知舶来品为何物。光绪以后,洋纱入口,每捆卖价毫银二元有奇,群喜其价廉工省,多为购用,习之既久,遂废土纱而用洋纱"①。贵县(今贵港市)直到"清光绪中叶以前,衣料多用土货,县属比户纺织,砧声四彻。一丝一缕多由自给,于时以服自织布为贵。布质密致耐用,平民一袭之衣,可御数载"②。清末龙州、梧州、南宁三关开埠后,洋纱输入日益增多,土纱逐渐为洋纱所替代。如宾阳县,"清光绪以前,冬棉夏麻,原料皆用土货,所织之布坚致耐用。自海禁开后,洋纱洋布源源输入,充斥市面。织布者多用洋纱,家庭纺纱工业逐渐归淘汰"③。

随着家庭纺纱业的逐渐解体,手工业者所用的棉纱由自给自足转为依赖洋纱,家庭经济贫困的妇女因无力购买洋纱,只得向商人借入。如在鬱林县(今玉林市),土布商的货源除收购土布外,还通过供给织户原料的方式进行经营。据千家驹等人的调查,主要有以下三种方式:第一种是织户以现金向商人购买洋纱,占织户的极少数,通常是比较富裕的织户;第二种,织户先向商人领棉纱,按商人要求的规格织成布,然后把布交给商人,按规定领取工资;第三种,织户以布换纱,一般以二斤布换纱二斤二两,如果布的质量低劣,则只能平换,二斤布换二斤纱。"自购洋纱之织户,在鬱林颇居少数,第二与第三则极为普遍,盖以自购洋纱,须经济较为充裕之织户,始能做到。"④第二种情况实际上是土布商将棉纱借给织户,织户将棉纱加工成布后交给土布商,这等于连本带利偿还以

① 广西壮族自治区博物馆历史组编:《广西土司制度资料汇编》(油印本)第4册,1961,第463页。

② 欧卿义修、梁鼎新等纂:《贵县志》卷二,"社会,生活状况",1934年铅印本。

③ 宾阳县文献委员会编:《宾阳县志》(上册),1948,广西壮族自治区档案馆1961年重校,第62页。

④ 千家驹、韩德章、吴半农:《广西省经济概况》,上海:商务印书馆,1936,第115页。

前所借的棉纱，织户所获得的工资等于他的收益。又如在凌乐县（今凌云县），"外地的商人，也放高利贷剥削农民，他们用棉花贷给农村妇女织布，然后再卖给外地农民，卖价往往高于成本的二倍左右"①。在这里，商人扮演了债主的角色，织户则与债户的地位差不多。由于利息较高，织户辛勤所得，除去开支，已所剩无几。据行政院农村复兴委员会的调查，"所有种棉纺纱的手续和利益，已被机器葬送了"②。

这种高利贷导致手工业者在原料供应与产品销售两方面严重依附商人。在双重依附之下，手工业者既被割断了与原料市场的联系，又被剥夺了销售市场上的自主权，变成商人加工产品的工资劳动者，他们生产的目的仅仅是为了获取工资，失去了生产的独立性。

二、高利贷者向作坊和手工业者放贷现金

高利贷者利用作坊主和手工业者资金缺乏的机会，放出现金，作坊主和手工业者利用借入的资本自主生产，以加工后的产品偿还本息，这种高利贷方式在近代广西造纸业和瓷器业中普遍盛行。

近代广西造纸业中，造纸手工业者和作坊向纸商借贷的情况很普遍。清末至民国时期，昭平的竹纸远近闻名，其经营大多采用高利贷方式。高利贷者一般在纸厂附近开店铺，将造纸所需的石灰、资金等借给造纸作坊，作坊出纸后以纸折价偿还。据地方志记载，20世纪"40年代大抵每家这样的店铺都辖有20至100多家纸厂。桂花的地主王振英（县参议长）就是当时经营竹纸最大的高利贷者"③。都安的纱纸业于清末兴办，据20世纪30年代调查，该地纱纸"已有六七十年历史"④。按此推算，该地造纸业兴起于19世纪60至70年代。造纸手工业者因资金缺乏或急需钱粮时，向纸商借贷，以将来出产的纱纸偿还。据千家驹等人的调查，该种借贷方式称为"定槽"，"即预约之意。价值若干，多于此时议定，约较市价廉十分之一，此所低十分之一，即以抵借款之利息。凡欲借款者，必须具备二条件：（一）平日素有信用，（二）出纸优良，纱纸有'定槽'之名，盖为此也。"⑤

在竹篾业中，这种形式的高利贷也常见。近代时期，散居广西各地的回族

---

① 广西壮族自治区编辑组编：《广西壮族社会历史调查》，第4册，南宁：广西民族出版社，1987，第390页。
② 行政院农村复兴委员会编：《广西省农村调查》，上海：商务印书馆，1935，第174页。
③ 昭平县志编纂委员会编：《昭平县志》，南宁：广西人民出版社，1992，第224页。
④ 千家驹、韩德章、吴半农：《广西省经济概况》，上海：商务印书馆，1936，第121页。
⑤ 同上，第131—132页。

人大多从事小商业和手工业，其中桂林城城郊及各县的回族人在从事竹器加工时，因资金和原料不够而需向高利贷者借贷。“从事竹器手工业生产户，一般只有简单工具，无资金。原料——竹子，大部分依靠借高利贷采购。”①“解放前，西外街的手工业就是竹筷业，从事这行业的在100户以上……原料产于山区，到产地去买要批购，没有零卖。家庭手工业资本短少，买不成批，只好向本街的竹老板买，受一层剥削，少的在20%（即商人把青竹价格提高二成），多的达50%，如果是赊，则价钱打得更高。”②因利息高昂，部分手工业者常因借入高利贷无法偿还而破产。如民国时期环江县下塘村谭有敢，原为篾匠，靠编织竹帽为生。“19岁娶妻时欠债30多元，因无力偿还，夫妻二人只得到债主家编了250顶竹帽抵债。3年后妻死另娶，又欠下两头肥猪的钱，仍靠编帽来还清欠债，以后改务农业……因灾受害，难敷温饱。”③

宾阳县是近代广西手工业最发达的地区，“该地因人稠地稀，土地生产力远不足以供养全县之人口，故人民除种田，多从事一种手工艺，以为副业，往往一村之内，全村居民均赖此以为生”，这些手工行业“虽为农家之副业，然在农民之经济收入上，则较农业经营尤为重要”④。瓷器业尤其发达，据民国二十二年（1933年）的调查，该地“各村制瓷业户多半农半工，已有八十余年之历史”⑤。由此推算，该地瓷器业约开始于19世纪50年代。民国时期该县“陶瓷业，在广西，尚算著名。差不多全省所使用的陶瓷器，都是仰给宾阳芦圩的陶瓷市。所以农民对于此项的副业，着实获益甚深，只以制法不加改良，近年以来，出品似有较让外来之势。全年出产，总共价值约有二十余万元。现有窑三十余个。做此业的农民，真是大不乏人呢”⑥。在瓷器业中，同样盛行高利贷形式的生产方式。生产瓷器的窑户在缺少资本时，大多向销售瓷器的碗行借入资金，以瓷器偿还，“平时窑户资本短拙时，往往向行家借款”⑦。据20世纪30年代的调查，宾阳的瓷器“厂因资本短少，多向芦圩各碗行借贷，据在老窑村调查，该村向行家借款者约占全体十分之八。又如在东窑村调查，该村共有厂十六家，借款者

---

① 《桂林市回民竹筷生产合作社调查情况报告》，广西壮族自治区民族事务委员会、广西壮族自治区档案馆编：《广西民族工作档案选编》上册，1998，第273页。

② 广西民族学院人类学研究所、《广西回族历史与文化》课题组编：《广西回族和伊斯兰教史料汇编》，1996，第34页。

③ 广西壮族自治区编辑组、《中国少数民族社会历史调查资料丛刊》修订编辑委员会编：《广西仫佬族毛南族社会历史调查》，北京：民族出版社，2009，第66页。

④ 千家驹、韩德章、吴半农：《广西省经济概况》，上海：商务印书馆，1936，第154页。

⑤ 同上，第146页。

⑥ 向农：《广西宾阳县农村经济之现状》，载《复兴月刊》，1936年第8期，第22页。

⑦ 千家驹、韩德章、吴半农：《广西省经济概况》，上海：商务印书馆，1936，第147页。

计九家，亦占二分之一以上。”[①]这种放贷的利息也很高，据调查：“在窑户中，商人资本狰狞的面目又出现了。因为他们的资本很少，每至春夏之交，往往要向碗行借点钱做资本，讲定将来以烧好的瓷器归还。这种借贷名义上虽不取利息，但当以货归还时，价钱要比市价便宜得多，大约每一筒碗要纳息铜元二至五枚，这种剥削也是比高利贷还要厉害的，因为一筒碗的总价值不过三四十个铜元。这种放债在芦圩极为普遍。据我们的调查，芦圩碗行放债数额，多者达一万余元，少者亦有一二千元。”[②]“各厂家向碗行借款数额不一，利率不等，但名义上并不取息，偿还时即以烧成之瓷器折价归还，价格通常特为低廉，如每筒碗（十口）通常售铜元四十枚者（批发价），抵偿时即作价为三十六枚。”[③]可以看出，碗行向瓷器作坊放贷，不但可以获得较高利息收入，而且能保证稳定的货源。

三、作坊向手工业者放贷产品

贫困手工业者从作坊借入产品，通过销售获得现金，用于解决自己的生产生活，将来以自己加工的手工业品偿还，这种高利贷主要存在于造纸业中。

在龙胜壮族地区，民国初年由瑶族地区传入造草纸技术，当地一些富户大量种植竹麻，用作造纸原料，一些贫困壮族手工业者“出工去为富户造纸，将造好的纸挑去出售，但将售纸价之一半交回纸主，一半困难户借用，经过一年后，借纸青者便须将一担纸还给纸主”[④]。临桂县柳厄乡瑶族地区，该地瑶民大部分都会造纸，借纸的利息极高，造纸手工业者春荒时向纸商借入一担纸的钱，时价约值秋后一担纸价钱的十分之二三，“秋后就交债主一担纸”[⑤]。如此算来，这种借贷期限半年至一年，高利贷者可以获得100%至300%以上的收益。

作坊通过向手工业者贷放产品，不但解决了自己的产品销售问题，而且由于产品销售季节不同，债主在产品价格低时借出产品，价格上涨时收回，可以获得较高利润。

---

① 千家驹、韩德章、吴半农：《广西省经济概况》，上海：商务印书馆，1936，第150页。

② 千家驹：《桂省经济调查印象记》（续），《申报》1934年6月5日，第10版。

③ 千家驹、韩德章、吴半农：《广西省经济概况》，上海：商务印书馆，1936，第150页。

④ 广西壮族自治区编辑组、《中国少数民族社会历史调查资料丛刊》修订编辑委员会编：《广西壮族社会历史调查》，第1册，北京，民族出版社，2009，第79页。

⑤ 广西壮族自治区编辑组编：《广西瑶族社会历史调查》，第4册，北京：民族出版社，2009，第241页。

四、高利贷者对农户的放贷

这种高利贷，债主一般是手工业作坊主和商人，他们向农户放贷，要求农户将来以产品偿还。这种放贷主要存在于高利贷者和种植经济作物的农户之间，在榨油业、糖业中颇为流行。

在榨油业中，高利贷资本十分活跃，油坊和商人一般采取预买的方式向小油贩和种植油桐、油茶林的农民放贷。这种借贷一般春借秋还，利息最低为30%，一般为50%，最高者达到70%。如在三江县（今三江侗族自治县），种植油桐、油茶的农民为度过饥荒，以油桐、油茶做抵押向贷主借钱，到秋后农民以低价卖油还债①。在昭平县，“油茶子未出产时，高利贷者即贷给农民大概每担茶子400元，待茶子出产后即要以1担茶子（约值800元）抵还，不过一个月便获利1倍。”②都安瑶族地区的榨油业于清光绪中叶开始出现，当地瑶族在缺钱少粮时，向油榨作坊借贷，以未出产的桐子、桐油作抵，在当地，就有“放青桐果”“放桐油”等高利贷借贷方式③。平南县桂田乡瑶族农户大多种植桐树，该县张春如（旧桂系的中将师长）派翁志梅于民国初年在此开设榨油厂，为解决榨油的原料，翁将衣服、布匹、农具之类的货物预先赊借给当地瑶民，货款折成桐子，若在限定的时期瑶民不能交清，即将所欠钱以5分利息计算，然后又利上加利；有时赊借以物物交换的形式进行，一匹土布换300斤桐子，一斤盐换30至50斤桐子，一把钩刀换100斤桐子甚至更多④。该油榨厂“每年约产油一万斤，即需要桐子四万斤。他收购油籽，完全采用高利贷方式。而剥削的主要对象，便是附近一带山上的盘瑶”⑤。

早在宋代，壮族就种植甘蔗并掌握了制糖技术。文献有载，藤州“土人沿江种甘蔗，冬初压取汁作糖，以净器贮之，蘸之竹枝，皆结霜”⑥。“土人”即广西壮族的祖先，“结霜”就是早期的冰糖。明清时期，广西各地大面积种植甘蔗，制糖也成为农户的重要副业，如镇安府（今德保县）“居蔗园者皆业糖利甚厚”⑦。中法战争后，广西开始开埠通商，蔗糖是重要的出口物资，导致各地甘蔗种植极

---

① 广西壮族自治区编辑组编：《广西侗族社会历史调查》，南宁：广西民族出版社，1987，第139—140页。

② 昭平县志编纂委员会编：《昭平县志》，南宁：广西民族出版社，1992，第224页。

③ 广西壮族自治区编辑组、《中国少数民族社会历史调查资料丛刊》修订编辑委员会编：《广西瑶族社会历史调查》，第5册，北京：民族出版社，2009，第289页。

④ 广西壮族自治区编辑组编：《广西瑶族社会历史调查》，第1册，南宁：广西民族出版社，1984，第158页。

⑤ 同上，第211页。

⑥ ［宋］祝穆：《方舆胜览》卷十四，滕州，事要，土产，竹枝霜。

⑦ ［清］羊复礼修、梁年等纂：《镇安府志》，卷十二《物产》，光绪十八年（1892年）刊本。

广。民国时期,随着出口量的激增,甘蔗的种植面积大为增加,榨糖成为壮族农户的重要收入来源。据20世纪30年代的调查:"榨糖工业在广西农家经济上亦占最重要之地位。榨糖一业,以该省产蔗甚多,几各县均有栽培……各地均以旧法制成黄糖,运销省内外。"①在制糖业中,也存在高利贷。蔗农在甘蔗的种植及加工过程时,就受到高利贷资本控制。蔗农一般在青黄不接时,将自己将来出产的甘蔗及趸糖、砂糖低价预卖给糖房,糖房将高于市价的白糖作价贷给蔗农,蔗农卖出白糖以获得现金;但糖房在贷给蔗农白糖时,用"九八秤"(100斤仅有98斤),蔗农以低于市场价卖给糖房砂糖时,糖房的秤是"包二秤"(100斤实为102斤),一进一出,糖房除赚取差价外,在秤上还可赚4斤。据千家驹对邕宁等产蔗区的调查:"在榨糖中,高利贷资本之活跃,亦不减于他处,其残酷程度或且倍之……蔗农于今年四五月向糖房借洋一百元,至次年二三月间约需还洋一百八十余元。"②柳州郊区的甘蔗种植户一般是春荒时向糖房借贷,年息约二分,但农户所生产的甘蔗和所榨的糖,不能卖与别人或到市场去卖。"全部要卖给债权人。如债权人不收购,农户债务人始能自便外销。否则以后就不再借给钱了。所借贷款,如果当年还不清,可延期到来年来换。利息则照加算。"③柳城县蔗农在春荒时向糖商或糖房借贷,以未成熟的甘蔗做抵押,称"卖蔗青""卖蔗苗",甘蔗收获后,他们须"砍甘蔗煮成黄糖后就还给借主"④。20世纪40年代后期,桂西农村的高利贷中,最主要之一即"债权人在每年糖蔗时期放款"⑤。

这种高利贷与商业资本相结合的借贷方式,对蔗农来说是极不公平的。从生产角度来说,糖房是白糖加工厂,但从其生产关系上说,糖房又是商业资本和高利贷资本相结合的产物。在交易过程中,糖房既不要花费精力销售产品,因其已将产品(白糖)借给蔗农,也不需收购原料,蔗农在收获甘蔗后,会将甘蔗加工成原料(趸糖和砂糖)以偿还借款的方式送给他们。吴半农认为:"从生产的关系上说,它实是蔗农区域里高利贷资本及商业资本对于中农及贫农横施剥削的大本营。"⑥这种高利贷与商业资本相结合的借贷方式,对蔗农来说是极不公

---

① 千家驹、韩德章、吴半农:《广西省经济概况》,上海:商务印书馆,1936,第7页。

② 同上,第8—9页。

③ 柯定堃、柯顺贵:《解放前柳州土法榨糖及糖业情况》,政协柳州市柳北区委员会文史资料编辑组编:《柳北文史》,第9辑,1992,第78页。

④ 王培禧:《抗日前的大埔商业》,政协柳城县委员会学习文史委编:《柳城文史资料》,第4辑,1989,第41页。

⑤ 韦建明:《桂西农村高利贷问题》,《西江日报》1948年11月2日,第3版。

⑥ 吴半农:《"放糖花"(广西的高利贷)》,千家驹编:《中国农村经济论文集》,上海:中华书局,1936,第639—640页。

平的。对此，吴半农认为："从生产的关系上说，它实是蔗农区域里高利贷资本及商业资本对于中农及贫农横施剥削的大本营。"①

油坊、糖房及商人在生产和销售过程中采用商业高利贷的方式经营，在一定程度上解决了生产的原料问题，可以暂时获得超额利润，但总的来说会阻碍糖业的发展。如在制糖业中，蔗农需付给糖房的太多，自己获利太少，使得他们逐渐放弃种植甘蔗而从事他业，造成了制糖业的衰落。正如民国方志所言："近年因种蔗甚微，该业日渐衰落。"②

五、作坊主与工人之间的债务

这种高利贷即作坊主对工人放贷，在融县（今分属融安县、融水苗族自治县）造纸业中较为盛行。该县楠竹资源十分丰富，为制造楠竹纸提供了原材料。清道光以来，来自广东的客家人开始在该地建立造纸作坊，招收当地民众生产楠竹纸③。为了获得最大利润，作坊主利用当地民众文化知识落后的情况，故意制造账目混乱，克扣工人工资，人为制造作坊和工人之间的债务。当地的造纸作坊给工人所发工资分为钱、米两种，多是不定期发放。"有时三四天发一次，有时十多天发一次，米钱交错着发。这样使得工人眼花缭乱，脑子里记得这次发钱又忘了上次发米……因此工人一年到头在工场里劳动，但年终结账时，十个有九个欠债。"作坊对工人所欠的债款，一般不会立刻催还，而是规定工人下一年必须在作坊继续工作，以抵偿债务。这种债务的利息很高，很多少数民族民众被迫长期在作坊工作而不能还清债务。当地一个苗族工人，"他家祖宗三代在工场主李义和的工场里做工，但是仍然还不了所欠的债"④。造纸作坊主采用这种方式进行生产，可以获得较高收益，这种人为制造的债务使得工人的人身长期受到作坊的控制。

上述各种类型的高利贷，主要呈现如下特点：一是作坊和手工业者在原料和资金缺乏时，不得不寻求高利贷资本的支持，导致他们的生产和销售受高利贷控制；二是部分作坊向贫困手工业者放贷产品，从而控制了手工业者的生产和销售；三是作坊和商人利用预买的方式从农户获得了低廉的原料；四是作坊人为制造了与手工业工人的债务，导致了工人对作坊的依附。因利率高昂，债

---

① 吴半农：《"放糖花"（广西的高利贷）》，千家驹编：《中国农村经济论文集》，上海：中华书局，1936，第639—640页。

② 玉昆山纂：《信都县志》，卷五，第四编，经济，工业，民国二十五年（1936）铅印本。

③ 广西壮族自治区编辑组、《中国少数民族社会历史调查资料丛刊》修订编辑委员会编：《广西苗族社会历史调查》，北京：民族出版社，2009，第182页。

④ 同上，第185页。

主往往可以获得较高利润，债户却因借入高利贷无法偿还而破产，但从另一方面来说，债户借入的高利贷主要用在生产领域，这种资本也是他们手工业或农业生产中不可或缺的，对维持手工业和农业生产的运行起到一定积极作用。

综上所述，在近代广西，无论是资金缺乏的手工业作坊和贫困手工业者，还是与作坊发生联系的农户，大多数对高利贷的依赖程度较高。这种情况的出现，从总体上说是农民、手工业者贫困化和乡村经济衰败的结果。债户借入高利贷从事手工业生产或农业经营，需付出较高利息，使他们受高利贷资本支配，导致他们的收益有相当一部分为高利贷者所得，这就加大了他们的生产和生活成本，造成手工业和农业发展的长期停滞不前，并加剧了手工业者、农户的贫困和乡村经济的进一步衰败，反过来又使得手工业者、农户为维持简单的再生产和日常生活，不得不继续借入高利贷，导致高利贷在近代广西手工业中长期存在。对放贷的商人和作坊主来说，这种情况的存在，短期来说可以使他们获得较高利润，但从长期来说，对手工业的发展是不利的。

民族民俗研究

论壮族民间文学文化场的构成和特点①

杨树喆②

[内容提要] 壮族民间文学的文化场是一个时空交错的动态场,是一个现代空间与传统观念的交汇点。从时间视角看,壮族民间文学经历了远古文学、中古文化、近古文学、近代文学、现代文学五个发展时期;从空间视角看,壮族民间文学文化场是一个由本土的歌咏文化、稻作文化、师麽文化和以中原汉族文化为主的外来文化等不同特质的文化所构成的多层次叠置的空间系统。在壮族民间文化场的一个个"次场"中,汇聚了不同时间及空间的各种观念,融合了本土的与外来的、传统的与现代的各种价值取向。因而,壮族民间文学文化场中各种文化间的关系表现为多元并存、跨界互动、共生共荣。壮族民间文学文化场还是一个由多种要素及多层维度所构成的一个有机系统,这个系统具有整体性、动态性与跨文化性的特点,影响着壮族民间文学发展的内容、方向与路径。

[关键词] 文化场 壮族民间文学 时空交错整体性、动态性与跨文化性

一、文化与文化场

同世界其他文化现象一样,壮族民间文学也存活在一定的环境当中,存活在一定的空间和时间当中。这里的空间包括实在的物质空间以及社会的和概念的抽象空间,这里的时间是一个从过去到现在的一个连续体。特定时空中的文化语境即文化场,是壮族民间文学发生和发展的重要影响因素。

(一)文化场的界说

"场",在《辞海》中的解释有如下六个义项:①平坦的空地;②特指集市;③特指考场;④一件事情的经过;⑤物理场;⑥指分布在空间区域内的物理量或数学函数,有时也指空间区域本身。这些解释,主要倾向于"场"的物质性与实体性。事实上,"场"的概念在许多学科中都有涉及。1844 年,物理学家法拉第提

---

① 本文为广西高校高水平科研团队及卓越学者计划第一批项目"桂学与文化软实力研究"(桂教人〔2014〕7 号)阶段性成果。

② 杨树喆(1963—),男,广西扶绥县人,民俗学(含中国民间文学)博士,广西师范大学文学院教授、博士生导师,漓江学院院长,广西民间文艺家协会副主席。

出了力线和力场的概念,认为电磁场是一种看不见、摸不到的物质实体。后经科学家的不断努力,建立了统一场论(Unified Field Theory),提出:(1)宇宙是同源统一的;(2)自然界万物的构成,都是以四种基本作用场(强作用场、弱作用场、电磁作用场、引力作用场)的相互作用为基础的;(3)人体生物场、社会场都是从自然场的复杂作用的演化中派生出来的,是自然场的产物①。可以看出,"场"的特性还具有社会性与抽象性。心理学家苛勒认为,整体的完形是通过场的作用而发生的。1936年,苛勒的学生勒温运用拓扑学原理及物理学中的场、力、区域、边界、向量等概念提出了心理学的场论。勒温在《社会科学中的场论》中说,心理学场论的基本特质之一是这样一种要求,即影响个体的场不应以"实体物理学"的术语来描述,而应用个体在某时间所处的场这样一种方式来描述。他进而认为,在一个特定时间和环境中,具体人的有效的心理要素的总和就是他的生活空间或心理场。人的行为依赖于人和环境的相互作用,向量在力学中指力、方向及其作用点,在心理学中是一种心理力量,指一种影响心理活动朝向或背离目标的一种力量,被用来描述这一相互作用的动态过程。向量既可以表示推动力,也可以表示约束力,这两种力都可能从被研究者的需要和能力、从其他人的行为或从其他情境里发生②。勒温关于心理场的理论进一步丰富了场的内涵及功能。社会学家布迪厄则提出场域是在各种位置之间存在的客观关系的一个网络,并且研究了各种各样的场域,包括艺术家和知识分子、阶级生活方式、名牌高校、科学、宗教,也论及权力场域、法律场域、居民住宅建设的场域等。他在使用场域概念来理解社会世界时,经常用"游戏"来做类比,认为场域是那些参与场域活动的社会行动者的实践同周围的社会经济条件之间的一个关键性的中介环节。场域有其界限和动力学原则。场域的界限位于场域效果停止的地方。一个场域的动力学原则,在于它的结构形式,同时还特别根源于场域中相互面对的各种特殊力量之间的距离、鸿沟和不对称关系。正是在场域中积极活动的各种力量——分析者之所以将这些力量筛选出来,把它们看作对场域的运作关系重大的因素,正是因为这些力量造成了场域中至关重要的差异——确定特定的资本。只有在与一个场域的关系中,一种资本才得以存在并发挥作用③。

借鉴以上关于场、磁场、力场、心理场及场域的概念,本文在研究中提出文化场的概念。认为文化场是指特定的时空中各文化元素之间相互作用所形成

---

① 张小军:《社会场论》,北京:团结出版社,1991,25—421页。

② [美]库尔特·勒温:《拓扑心理学原理》,竺培梁译,杭州:浙江教育出版社,1997。

③ [法]布迪厄,[美]华康德:《实践与反思:反思社会学导引》,李猛,李康译,北京:中央编译出版社,1998,第135—139页。

的一个综合场。文化场是文化的一种存在形态，它动态地、深刻地揭示了文化要素之间、文化与社会之间、文化与个体之间的相互关联。场，不仅包括了空地、空间等具体空间，也包括了精神、文化等心理空间。因此，场具有物质性与实体性，同时也具有社会性和抽象性。在现实社会中，文化是以一种“场”的形态存在的，从场的视角分析文化现象发生与发展的环境，能够更全面、更清晰、更准确地把握文化的发生、发展与环境中各要素之间的关系。

（二）文化与文化场的关系

早在20世纪50年代初，美国文化学家克罗伯和克拉克洪发表的《文化·概念和定义的批评考察》一文中，就对西方流行的160多种文化的定义做了回顾与评析①。六十多年过去了，西方学者对文化的理解不断推陈出新，世界其他国家的学者也在对文化作出自己的阐释。人们正是在这种对文化的不断阐释中加深着对文化的认识和理解。我们这里无意像文化学著作那样对文化的定义进行学术史的回顾，而只想表明所倾向的对文化的界定。

已故民俗学家钟敬文先生曾就如何科学确定文化的定义和范围提出过中肯的意见：“我认为，在这个问题上，我们与其沿用某些哲学家、思想史家或文化史家等的文化概念，倒不如采用现代一般人类学者（文化人类学或社会人类学者）所使用的概念更为合适些。自然，人类学者的文化定义或范围，彼此也不是完全一样，但是大体上是相同或比较接近的，这种定义的特点就是范围比较广泛。凡人类（具体点说，是各民族、各部落乃至各氏族）在经营社会生活过程中，为了生存或发展的需要，人为地创造、传承和享用的东西，大都属于文化的范围。它既有物质的东西（如衣、食、住、工具及一切器物），也有精神的东西（如语言、文学、艺术、道德、哲学、宗教、风俗等），当然还有那些为取得生活物资的活动（如打猎、农耕、匠作等）和为延续人种而存在的家族结构以及其他各种社会组织。”②我们基本赞成钟先生的看法，即对文化的广义的认识，认为人类的一切创造活动及其成果，都属于文化的范畴。

文化与文化场是对立统一的辩证关系，它们相互统一、相互联系、不可分割。只要在一个社会中形成一种文化，就必然会在文化与产生这种文化的社会环境之间存在一个相互作用的范围——文化场。反之，只要在社会环境中存在一种文化场，也就必然会有一种文化与之相对应，充当该文化场的内核，二者相较而言，文化是主要的，它决定着文化场，文化场则依赖于文化而存在。它们的关系就像恒星于光芒一样。

---

① 刘守华：《文化学通论》，北京：高等教育出版社，1992，第2页。
② 钟敬文：《话说民间文化》，北京：人民日报出版社，1990，第35页。

文化场是一种具有以下特点的类似自然场的特殊物质形态。

首先,作为一种特殊的物质形态,文化场是客观存在的。虽然文化包含了人类认识自然和改造自然的一切劳动成果,但是文化的形成过程并非一种如产品那样被生产者有目的地制造出来的,而是一种人类活动成果的自然“积淀”过程,它随着人类认识自然、征服自然和改造自然的逐步深入,不断地将人类在这一过程中所取得的成果积累、沉淀,逐渐形成一种反映人类社会化活动,服务于人类社会化活动,进而对人类社会化活动起指导作用的特殊历史积淀物——文化。

在任何一个存在人类社会化活动的环境中,文化都是人类发展的必然产物,同时,作为反映文化存在的文化场也是依附于文化,并伴随着人类发展而客观存在的。

其次,与文化相互统一的文化场具有社会性。由于文化和文化场之间特殊的辩证关系,这就决定了任何文化都会存在一定的文化场,同时,任何一种文化场也都会存在一种支撑这个文化场的内容的文化现象。任何离开文化的文化场和离开文化场的文化,都是无法单独存在的。

也正是由于文化和文化场这种特殊的辩证关系,决定了文化和文化场在社会属性上具有高度的一致性。一方面,由于文化形成的基础主要是依赖于从人类社会活动中所抽象出来的“养分”,通过自然“积淀”与社会化进程的不断磨合而形成,因此,文化与社会的一一对应就决定了与文化相互统一的文化场的社会性。

另一方面,文化的形成过程一直伴随着文化和承载着这一文化的社会之间的相互作用,而且,由于文化场是文化存在于社会的存在形式,文化与社会的作用完全是通过文化场这一特殊的作用中介来进行的,因此,文化场的社会属性也就伴随着这种相互作用而依附于文化场之中。

再次,由于文化和文化场相互之间的一一对应关系,使得文化场也具有可重塑性。如前所述,文化具有创新性,即文化在横向融合异种文化和纵向继承同种文化的同时,原文化吸收了外来文化中异于原文化的异质“文化特征”,从而形成一种异于原文化的创新文化。

由于文化之于文化场,不仅是起决定作用,而且还是与之一一对应的,即一定的文化必然对应着一种且只有一种文化场,反之,一定的文化场也单一地描述一种文化。因此,当文化由于融合了异质“文化特征”而得以创新时,文化场也必须发生相应的变化来适应这种创新,否则,旧文化场就不足以完全地反映和体现创新文化的存在以及它与社会的关系。

正因为如此,文化场的可重塑性就保证了文化和文化场之间的一一对应关系,也保证了文化场能够充分地反映其“内核”——文化的存在。

最后,文化场中存在着一种特殊的相互作用力。因为,文化场不仅反映了文化的存在,而且还反映了文化和承载该文化的社会之间的作用关系,所以,在文化场中就会或多或少地体现出一种相互作用力的存在,既然是一种相互作用力,它就不可避免地会存在两个相互作用的力的源泉——文化和社会环境。一方面,文化之于社会环境。文化或推进社会发展,或阻碍社会发展。另一方面,社会环境之于文化。社会环境影响着文化“养分”取舍和文化的形成,如西方崇尚宗教的社会环境对诸如“旧心说”“物种起源”等先进的文化“养分”的拒绝,甚至无情地扼杀,这都体现了社会环境对于文化形成的阻碍作用。以上两种作用力就是存在于文化场中,反映着文化和社会环境之间关联的相互作用力。

正因为文化在社会中特殊的存在形态——文化场,以及这种特殊物质形态的特殊性质,尤其是文化场作为文化和社会相互作用的媒介时所表现出来的特殊性,都促使我们在进行社会活动的同时要更加注重社会中存在的文化,以及不同社会间文化因素的作用,所以源自文化以及异种文化的差异的作用力可以渗透到社会中诸如政治、经济、军事乃至管理等多方面,对它们赋予力的作用,影响着它们的发展、变化以及在这些方面进行的决策。只有当人们能够明确正确对待发生在文化和社会之间互相作用的范围,才能在社会活动中充分利用这种特殊的作用。

二、壮族民间文学文化场的构成

布朗芬·布伦纳认为,有机体与其所处的即时环境的相互适应过程受各种环境之间的相互关系以及这些环境赖以存在的更大环境的影响。这环境比心理的、物理的和社会的环境更为广泛和复杂,它是由各种不同层次、不同性质的环境相互交织在一起而构成的,具有一个中心又向四处扩散的网络①。据此,壮族民间文学的文化场与人类发展生态学中对环境在空间结构的界定上有相通之处,都是由文化各要素所构成的一个意义的网络。这个网络由层层递进的文化圈构成,它以某一种文化为中心,向外扩散,形成整个文化场的不同“次场”。

一个地区、一个民族的文化从发源、发展到兴衰的变迁总是处于不断的运动过程中,因而,壮族民间文学的文化场是一个时空交错的动态场,是一个现代空间与传统观念的交汇点。本文对此动态场的考察主要从时间脉络、空间环境两个方面着手。

---

① [美]Bronfenbrenner, U.(1979).*The ecology of human development*. Cambridge, MA: Harvard University Press.

(一)时间的视角

广义上讲,有了人,就有了历史,也就有了文化。现今的世界文化景观,处处保留着与先前存在的事物的精神联系,是多少年来人类文化的积淀与弘扬的结晶。从历史的、时间的视角来审视壮族民间文学发展的宏观文化场,有助于我们更清晰地把握壮族民间文学文化场的历史进程,了解它的过去和现在,预测它的未来。

壮族社会的发展经历了迄今为止我国社会发展的所有阶段,大体分为氏族部落时代(?—先秦时期)、郡县划一时代(奴隶制形成与发展时期,秦至隋)、羁縻制度时代(奴隶制进一步发展时期,唐至五代)、土司制度时代(封建领主制时期,宋至清初)、半封建半殖民地时代(清中叶至民国)和民族区域自治时代(社会主义时期,中华人民共和国成立至今)①。从“柳江人”到瓯骆人,从瓯骆人到今天的壮族人,壮族人民走过了漫长的、艰辛的、曲折的历程,在历史上留下了自己的脚印,创造了堪称辉煌的文化。特别是壮族民间文学,是壮族辉煌文化的重要组成部分。

壮族的文学艺术经历了若干的发展阶段,一步一步地从远古的神话时代发展到社会主义初级阶段的文学全面繁荣的时代。根据壮族民间文学内容和形式的前后发展脉络,结合文学艺术的一般发展规律,大致可以分为如下几个发展时期:

1.远古文学

这个时代是壮族的原始文学时代。这时期的壮族文学包括原始的歌谣、与歌谣密不可分的音乐及舞蹈“三位一体”,之后才出现了神话传说及原始的绘画艺术。壮族原始歌谣的实际情形究竟如何,今天已经无从查考,但其第一首歌谣当是劳动歌,即《淮南子·道应训》中所说的“举重劝力之歌”之类。流传至今的最早的一首壮族先民的歌谣,是春秋时期的《越人歌》。这是一首创作于公元前528年、用汉字记音的壮族先民的歌谣,原载于西汉刘向所著的《说苑》卷之一《善说》当中。经后人深入研究和鉴别,认为这首《越人歌》就是一首壮族的古老歌谣②。这首歌谣感情真挚,文辞优美,用现代壮语还可以大体读通。可见远在春秋时代,壮族歌谣已经有所发展。《越人歌》作为历史上的名篇,可以与《诗经》中的许多篇章媲美。

稍后于歌谣产生的是神话。流传至今的壮族神话篇章为数不少。这些“通

---

① 张声震:《壮族通史(上)》,北京:民族出版社,1997,第27—28页。

② 韦庆稳:《〈越人歌〉与壮语的关系试探》,《民族语言论集》,北京:中国社会科学出版社,1981。

过人民的幻想用一种不自觉的艺术方式加工过的自然和社会形式本身”①的口头创作，表现了壮族先民企图揭开自然与社会奥秘的强烈愿望和力图征服自然、战胜自然的英雄气概。

此外，诸如出现在出土陶器上的划痕印迹、妇女身上佩戴的以及石块或兽骨制成的饰物，都是壮族原始艺术的萌芽。

2.中古文学

从春秋时代到隋唐，壮族的代表性文化被称为“铜鼓文化”，而文学艺术则是其最重要的内容和表现形式。在奴隶制上升时期，社会生产力有了较大的发展，壮族的文化艺术也得到相应发展，这主要体现在铜鼓身上。秦汉前后到魏晋时代，是壮族先民铜鼓铸造的高峰时期，这个时期的壮族铜鼓，其形制、规模、重量都达到很高的水平，其周身上的雕塑则体现了壮族祖先的艺术风格，整个铜鼓就是一件精心制作的艺术品，代表了奴隶制时期壮族文化艺术的最高成就。从唐代开始，铜鼓文化便逐渐走向衰落。

这个时期的壮族歌谣有了进一步发展，歌圩也从宗教仪式中逐渐分离出来，初具规模，因而在唐代时出现了“歌仙刘三姐”。民间传说故事也有了新的发展。由于这个时期出现了阶级对立，相应产生了一批反映阶级分化时兄弟姐妹之间财产纠纷的故事。在这些民间传说故事里，多是兄弟或姐妹一富一贫，富者欺贫者，故事对富欺贫行为进行了辛辣的批判。但由于壮族的奴隶制与汉族及其他民族的奴隶制不同，属于家族内部的奴隶制，奴隶和奴隶主之间的矛盾一般不会特别尖锐，因而反映这种阶级对抗的民间传说故事数量并不多，相反，由于封建王朝对壮族人民进行残酷的政治和经济压迫，所以反映壮族人民反抗地主压迫的民间传说故事则不少。其中，《岑逊王》②既继承了远古神话的艺术手法，又反映了当时的壮族人民与封建帝王的斗争，是这个时期的代表性作品。此外，还有一批关于花山岩画的故事，同时反映了阶级斗争和民族斗争的内容。

著名的左江花山岩画，是这个时期壮族文学艺术中与同时代的铜鼓文化齐名的艺术杰作，也是壮族祖先留下的宝贵的文化遗产。不过，岩画的画面清楚地表明它产生在铜鼓之后，而铜鼓已经成为权力的象征。

3.近古文学

从唐代到清代中叶，壮族在文学艺术上最明显的标志是歌圩。中古时代基

① [德]马克思：《〈政治经济学批判〉导言》，《马克思恩格斯选集》（第2卷），北京：人民出版社，1995，第113页。

② 农冠品，曹廷伟：《壮族民间故事选》（第1集），南宁：广西人民出版社，1982。

本形成的壮族歌圩,至此发展到高峰,规模宏大,程序定型,歌谣内容和形式丰富多彩,“依歌择配”的风习在这里找到了理想的场所。所以说,歌圩的普遍盛行是壮族近古文学时代最重要的特征。

歌圩的发展,加上这时期产生了“方块壮字”,使得歌谣有了重大突破,出现了很多反映复杂生活内容的长篇作品,《传扬歌》[①]就是民间长歌获得丰收的标志之一。许多以汉族民间传说故事或历史人物为题材的长歌,大体也是在这个时期形成的。

民间传说故事题材广泛,情节曲折,艺术手法日趋成熟,标志着壮族民间传说故事进入了丰收期。这个时期,宋王朝在唐代羁縻制度基础上建立了土司制度,封建制度在壮族地区正式确立,因而农奴与农奴主、农民和地主的尖锐对立,成为民间传说故事的主要题材,其中有三类作品非常突出:一是反映农民起义和民族起义的故事,如侬智高的传说,以及一系列农民起义的故事;二是反映农奴反抗土司的残酷剥削和压迫的作品,农奴用种种巧妙的方法,和土皇帝们作针锋相对的斗争;三是反映农民和地主的矛盾,对地主和财主的贪得无厌进行了深刻的揭露和鞭挞。

这一时期是壮族文人诗词的发展期,并作为壮族文学发展的一个重要里程碑而载入史册。此外,这个时期的发展后期,壮族民间文学园地里出现了新的花朵——民间戏剧,虽初沐春晖,却长在沃土上。

4.近代文学

从1840年到1919年,是壮族民间文学发展的近代时期。期间,中国沦为半殖民地半封建社会,人民大众和封建主义、官僚资本主义及帝国主义的矛盾急剧尖锐化。壮族社会也和全国一样进入半殖民地半封建阶段,因而形成了壮族民间文学在这一时期的重要特征:文学形式上虽大体延续以前的各种体裁和样式,内容上却发生了较大变化,表现出强烈地反对末代封建王朝、反对法国帝国主义的侵略和反对桂系军阀的统治。文学也比以往任何一个时期都更加成为壮族人民手里的斗争武器。

反封建方面,以反映太平天国革命的歌谣、民间传说故事和革命将领的诗作最为强烈。如关于太平天国起义的故事,讲述起义前后的革命活动和战斗事迹,是太平天国初期史实的生动演义;关于冯云山、萧朝贵、洪秀全、杨秀清、石达开等革命将领的传说故事,讲述他们的生平事迹和斗争经历,是流传在壮族民间的生动的人物传记;民间故事《红香粳米》,热情洋溢地歌颂了太平军与穷

---

① 梁庭望、罗宾:《壮族伦理道德长诗传扬歌译注》,南宁:广西民族出版社,2005。

苦农民的血肉关系，具有浪漫神奇色彩①。此外，太平天国革命将领创作的带着硝烟、使人振奋的诗作，为这个时期的书面文学增添了新的光彩。在这一时期，反对帝国主义的作品第一次出现在壮族的口头创作里，壮族人民用歌谣和民间传说故事的形式，表达了自己对法国帝国主义的强烈不满和反抗侵略的决心，并且热情讴歌黑旗军和中法战争中冲锋陷阵的将领②。

辛亥革命时期，壮族人民也有意识地创作了歌谣，歌颂这场最后埋葬封建王朝的革命，如《宣统换皇歌》《辛亥革命歌》③等。辛亥革命后，壮族人民的笔锋立刻转向那些独霸一方、争权夺利的军阀，特别是对袁世凯的复辟和陆荣廷的割据，表示了极大的愤慨，进行了尖锐的揭露，如《唱中国历史》《刽子手陆荣廷》④等。

近代时期也是壮族民间戏剧的形成和发展时期，如果说前一个时期的壮族民间戏剧仅是雏形，那么这个时期的民间戏剧已经是壮族民间文学园地中一丛独立而繁茂的文艺之花了⑤。

5.现代文学

这个时期是壮族文学全面更新和繁荣的时期，分为新民主主义革命阶段、社会主义革命和建设两个阶段。

现代社会的巨大变迁，激发了壮民族的潜能，使其焕发出青春活力，壮族文学的整体风貌也随之发生了深层次的变化。壮族文人文学的文体构成更加丰富多彩，作家开始尝试从事自由体白话诗、报告文学、童话及童话剧、中短篇小说等体裁的创作，改变了从近古时代以来的汉文创作以古体诗为主的局面，形成了韵文体和散文体并重的多元化文体格局，尽管某些文体的某些作品显得有些稚嫩。壮族民间文学的主要文体则在总体构成与语体风格上烙上了现代文化的印记，发生着深刻的变化。由于所依托的社会、文化及思维的基础已经不复存在，有些文体样式的创作逐渐萎缩，不再有新的作品问世，如神话、史诗等文体，但这些文体的作品仍以不可企及的艺术规范，在现代文化氛围中显示出迷人的魅力，为人们所传唱和欣赏。而某些可直接同现实社会发生紧密关系的文体则异军突起，并以其短小精悍、简洁明快的特征，为现实斗争服务。比如歌

---

① 周作秋、黄绍清、欧阳若修、覃德清：《壮族文学发展史》（中册），南宁：广西人民出版社，2007，第781—842页。

② 同上，第843—866页。

③ 广西壮族自治区科学工作委员会、壮族文学史编辑室：《壮族民间歌谣资料》（第2集），内部编印，1959，第8—63页。

④ 同上，第19—21页。

⑤ 周作秋、黄绍清、欧阳若修、覃德清：《壮族文学发展史》（中册），南宁：广西人民出版社，2007，951—975页。

谣、民间传说故事等,同各个时期的革命运动密切配合,宣传革命思想,抨击黑暗现实,歌颂革命领袖,抒发革命豪情,尤为引人注目。

1949年之后,壮族作为一个民族得到中央政府的确认,后来又在广西建立了壮族自治区,行使民族自治权,这激发了壮民族的主体意识,促使壮族当代文学以全新的面貌出现在文坛上。壮族作家从各个层面反映丰富多彩的社会生活,取得了丰硕成果,长篇小说、中篇小说、短篇小说、散文、诗歌、报告文学、传记文学、戏剧文学和电影文学剧本等体裁的汉文和壮文创作,都取得了重大突破,标志着文人文学的兴盛和繁荣,改变了壮族文学创作以民间文学为主体的局面。与此同时,以口耳相传的民间文学不再被当作"下里巴人"而"不登大雅之堂",相反,却因其质朴清新的风格和灵活多样的创作方法,受到政府的高度重视,民间歌谣、神话、史诗、民间传说故事、民间长诗、民间谚语等得到广泛的收集、整理、翻译、出版和保存,民间歌手、民间传说故事讲述者焕发了新的创作热情,民间文学文体获得了新生。

(二)空间的视角

文化的产生与发展总是依赖于一定的地域空间,文化也总是某个地域或地区的文化,空间语境对文化发展的影响是巨大的。从横向的、空间的视角审视壮族民间文学,有助于我们更全面地把握壮族民间文学文化场的多元构成,有助于我们从一个更宽泛的视野理解多元文化背景下各种文化的交流、碰撞给壮族民间文学带来的影响。

从空间的构成看,壮族民间文学文化场是一个由本土的歌咏文化、稻作文化、师麽文化和以中原汉族文化为主的外来文化等不同特质的文化所构成的多层次叠置的空间系统。这个系统中的各个文化子系统相互重叠、相互交织,形成一个动态的向心力,共同作用于壮族民间文学的形成和发展。

1.歌咏文化

壮族民间文学文化场中的歌咏文化子系统,是指壮族以歌咏习俗为基础,以歌圩活动、"歌仙刘三姐"等为关键符号的文化系统。

"歌咏"是从远古诗、乐、舞三位一体的原始文化形态中分化出来的,但仍保留有乐舞特征的一种韵文样式,作为一种综合性的整体艺术,它同时兼有文学(词句)、音乐(曲调)和表演(表情动作)三种形态。它以劳动人民集体创作和口头流传为主。与社会生活结合紧密,反映了各个时代的社会风貌及人民的思想、感情、愿望和审美情趣①。我国早在先秦时期就有关于歌咏的种种论述。《诗经·魏风·园有桃》中说"心之忧矣,我歌且谣",《毛传》注曰:"曲合乐曰

① 吴超:《中国民歌》,杭州:浙江教育出版社,1995。

歌,无章曲曰谣。”民歌属于民族文化的范畴,是民族文化的口头记录和形象载体,也是民族社会历史和时代风貌的一面镜子。它融汇了民族精神、民族性格、民族心理素质和民族审美情趣等丰厚无比的文化内涵。人从生到死,都离不开歌,就像哈萨克族的一句谣谚“你伴随着歌声躺进摇篮,也伴随着歌声离开人间”。在传统封闭的小型社会集团中,人类生命个体从出生到死亡这一过程中最明显的生理变化和社会角色变化的几个阶段,如进入社会——成年——婚姻——离开社会,人类都在一定的仪式中用歌的演唱来对各种新的身份和角色、新的权利和义务进行重新确定和认同,歌咏源于远古社会诗、乐、舞三位一体的宗教中对神的献祭的仪式里,目的在于通过虔诚的演唱从神那里获得现实的利益,在原始先民的心目中,天地鬼神是在冥冥之中主宰万物、干预人类意志的令人敬畏的力量。因此,无论耕作、狩猎、饮食、游乐都必须先敬鬼神,歌咏就是这类虔诚而庄严的仪式进行演唱的内容,体现出原始人对自然的敬畏与崇拜。随着人类社会的发展和进步,最初的歌咏不仅仅是为敬神演唱的内容,歌咏的内容和功能开始发生变化,除了追求与自然界的平衡与和谐外,还开始调整与融合社会人际间的关系,并通过一次次重复的传唱,使一个民族群体在行为模式、惯习、宗教仪式方面形成一套具有普照意义的程式与规范,从而减小由于人的社会地位变化等情况产生发社会干扰,歌咏的功能就在于通过不断的传唱以维持地方性社会人文生态的平衡①。

西方人类学、民俗学将歌咏文化视为一种民间风俗,它是一个既定社会团体行为的文化传统或习惯方式,在一个没有国家的社会中,或国家权力无法渗透的乡村底层社会,它发挥着社会控制的功能,但只存在于人类生命潜意识里并在潜意识中产生作用。西方学者还试图从不同侧面、不同角度揭示民歌的特质。英国吉特生(Kidson)认为民歌是一种歌曲,生于民间,为民所用,以表现情绪,或为抒情的叙述者……就其曲调而论,它又大抵是传说的,而且如一切传说一样,易于传讹或改变。路易思·庞德(Louise Pound)在《诗的起源与叙事歌》里阐明民歌必须具备两个条件:其一,民众必得喜欢这些歌,必得唱这些歌,它们必得在民众口里活着。其二,这些歌必得经过多年的口传而能留存,它们必得不靠印本而存在。近代民俗学家劳依舍尔(Karl Reuschel)则从内容、语言、形式等角度论证了民歌的地域性和集体性特征。

歌咏在古代中国是诗、乐、舞三位一体的混淆物,对所谓民歌的意义向来就不确定,古人对歌谣的解释也多从字义入手。《尚书·舜典》云“歌永言”,《诗·子衿传》“诵之,歌之”,《疏》云“歌之,谓引声长咏之”。《毛诗大序》说:“诗

① 黄淑娉、龚佩华:《文化人类学理论与方法》,广州:广东高等教育出版社,1998。

者，志之所之也，在心为志，发言为诗。情动于中而形于言。言之不足，故嗟叹之；嗟叹不足，故歌咏之；咏歌之不足，不知手之舞之足之蹈之也。”何休注《公羊传》：“男女有所怨恨，相从而歌，饥者歌其食，劳者歌其事。”朱熹《诗集传序》：“风者，多出于里巷歌谣之作，所谓男女相与歌咏，各言其情也。”“五四”前后，在新文化运动的推动下，中国歌谣学的奠基者和先驱们在歌谣学的研究领域中进一步深化了对歌咏的认识，他们对民间歌谣的性质、定义的认识对以后的研究起到积极影响，周作人借用吉特生的定义进行阐释，认为民间歌谣“原是民族文学的初基”，是民众“表达民族心声”的韵文作品，它的特意性质“是原始文学的遗迹，也是现代民众文学的一部分”。“民歌最强烈、最有价值的特色是它的真挚与诚信”。现代民俗学者对民歌的认识愈来愈全面深刻，钟敬文认为民间歌谣是劳动人民集体的口头诗歌创作，属于民间文学、可以歌唱和吟诵的韵文部分，它具有特殊的节奏、音韵、叠句和曲调等形式特征，并以短小或比较短小的的篇幅和抒情性质与史诗、民间叙事诗、民间说唱等其他民间韵文样式相区别①。

在我国国家化的政治运动中，人类学、民俗学由于种种原因没有取得在学科体制中的正统地位，中国学者对歌咏的介入是文学批评式的，对它的研究没有超脱出民间文艺学的考察范畴。一般认为，歌咏构成民间文艺学研究的一大类别，而将歌咏与文化放在一起来考察则是一个具有明显的人类学意味的关系俗语。关于歌咏文化的研究就不可避免地确定为文学批评（歌咏）和人类学民间传承与闲暇生活研究（文化）两者的有机结合②，人类学在文化的定义和研究方面具有科班意义上的言说优势，“文化……是包括全部的知识、信仰、艺术、道德、法律、习俗以及作为社会成员的人掌握和接受的任何其他的能力和习惯的复合体”。这个由英国进化论学派人类学家艾德华·泰勒在1861年提出的命题早已得到公认。将歌咏文化放在人类学研究视域进行考察，就包含民族行为模式、惯习、宗教仪式等多重意义的阐释。

2.稻作文化

关于稻作文化，姜彬在《稻作文化与江南民俗》中认为：“文化上所谓‘稻作文化’，用最简单的话来说，除了从考古学和自然科学研究水稻主体和它生产上有关的一些技术问题，以及它的起源流变等之外，还包括由于水稻生产而影响所及的民间的生活方式和生产中种种习俗，稻区人的性格、爱好以及文化心态等。一句话，包括由于水稻生产发生出来的社会生活的一切方面。”③壮民族是

① 钟敬文：《民间文学概论》，上海：上海文艺出版社，1994。

② ［日］江孝男：《文化人类学辞典》，西安：陕西人民出版社，1995。

③ 姜彬：《稻作文化与江南民俗》，上海：上海文艺出版社，1996，第1页。

我国最早创造稻作文明的民族之一。壮族先民居住的珠江流域,境内河流纵横,有左江、右江、红水河、柳江、南盘江、北盘江、漓江等多条江河,滋润万物的繁衍生息;夏季炎热,春季多雨,雨热同季,属于亚热带季风湿润气候,地理气候环境适宜生物多样性的形成。这一地区野生稻分布广泛,是稻作农业的起源地之一。

壮族先民在长期采集野生稻谷的过程中,逐渐掌握了水稻的生长规律,发明了水稻栽培技术,并围绕着稻作生产,创造了独具特色的干栏居住文化、饮食文化、服饰文化、节日文化,还有杰出的铜鼓文化、师麽文化、歌咏文化等丰富的文化形式,从而形成了以稻作生产文化为核心的民族文化体系。正如覃彩銮所言:"壮族稻作文化是以稻谷的耕种为核心,由此引申而成生产技术、生产工具、组织分工、饮食居住、宗教信仰、民间文学等不同层次的文化事象……"①也就是说,稻作生产文化是壮族文化的基础。我们说,无论是姜彬对稻作文化的定义,还是覃彩銮对壮族稻作文化的解释,都是广义的,指的都是一种以稻作生产为核心的文化体系、文化类型。

我们这里所说的壮族稻作文化,主要指的是稻作农业生产及紧密围绕稻作生产形成的节日、习俗等文化要素。需要指出的是,稻作生产是稻作文化的基础,"生产技术则属于稻作文化中第一层次的文化事象,亦是稻作文化赖以产生和发展的基本条件"②。唯物主义基本原理认为,物质生产决定精神意识,经济基础决定上层建筑,壮族以稻作生产为主要生存依凭,稻作生产特有的耕作方式、生产周期,影响着壮民族的生活方式、思维方式以及民族性格。作为精神生产成果的壮族民间文学,自然也受到壮族稻作文化的广泛而深刻的影响。

3.师麽文化

壮族民间文学文化场中的师麽文化子系统,是指在古代"越巫"基础上,吸收中原古巫傩、道教、汉传佛教以及儒家孝道等观念而形成和发展起来的两种壮族原生性民间宗教——师公教和麽公教,统称之为"师麽信仰传统"或"师麽文化"。一般认为,文学和宗教都是上层建筑中的意识形态部分,同为意识形态,就注定了两者之间有着非常密切的关系,从文学的起源和发展来看,几乎它的每一步都受到宗教的影响。因之,壮族民间师麽传统或师麽文化构成了其民间文学文化场的又一子系统。

这里以师公教为例,以阐发我们对壮族师麽信仰传统的特点及影响的理解。

---

① 覃彩銮:《略论壮族稻作文化》,见覃乃昌:《壮侗语民族论集》,南宁:广西民族出版社,1995,第156页。

② 同上。

首先,作为一种从自发宗教向人为宗教过渡的宗教形态,壮族民间师公教的一个突出特点就是具有浓重的原始色彩。这种原始性源于它的久远历史。上文说过,壮族民间师公教与壮族先民的“越巫”信仰有着一脉相承的渊源关系,这是造成它原始性的主要原因。壮族民间师公教的万物为鬼神所主宰的观念以及所供奉的不少神祇如雷王、龙王、花婆圣母等,都是原始万物有灵论、自然崇拜、动物崇拜、祖先崇拜的遗存和历史积淀;其驱鬼逐疫、祈求人物丰产的法术原则不仅带有原始巫术的色彩,而且蒙着一层神秘的面纱。例如,师公为什么能够带着众人光着脚板“上刀山”——踏上磨得锋利的刀梯和“过火炼”——踩过烧得通红的炭坑?诸如此类的现象,至今仍然很少有人能够做出令人信服的解释。

其次,壮族民间师公教的另一个基本特点是它非常注重实用性和现实的功利性。原始信仰所关心的问题,无不与人类的生存和发展息息相关,也就是恩格斯所说的“生产资料的生产”和人类“种的繁衍”①。壮族民间师公教是在原始越巫的基础上形成和发展起来的,它所有的法事活动,如赎魂保命、驱鬼祛灾、架桥求花(子嗣)、酬神还愿、超度亡灵等,其目的都不外乎祈求人畜兴旺、物产丰收,超出这些范围之外的东西,它一般是不会关心的。壮族民间师公教从道教中吸取和整合了许多东西,但它对道教教义的核心——神仙信仰,特别是以生为乐、重生恶死,甚而追求长生不死的部分,却丝毫不感兴趣。据研究,汉传佛教大约在东晋时也开始传入壮族地区,但由于佛教的宇宙观、伦理道德观等与壮族的宇宙观、伦理道德观相抵牾,致使人们对佛教采取一种淡漠的态度②,所以在壮族民间宗教中所包含佛教的东西是相当有限的。此外,进入19世纪下半叶后,西方的基督教和天主教也先后传入壮族地区,但基本上未能扎下根子,更没有在壮族民间师公教中留下任何的痕迹。这一切,究其原因,恐怕都与壮族民间师公教关注此岸,重在现实功利的特点密切相关。

第三,壮族民间师公教还是一种富有开放性和改革精神的宗教。壮族民间师公教不是神学宗教,排他意识相对来说是比较薄弱的,凡是对自己有用的东西,它都可以吸收和整合过来,纳入自己的体系,为自身的生存和发展服务。在中原古巫傩以及古代巫术和秦汉神仙方术的基础上形成的道教的许多内容,都很符合壮族民间宗教的口味,所以就加以接受。

还需指出的是,源远流长的壮族民间师公教,对于壮族的社会生活、文化心理产生了非常巨大的影响。原始越巫的朴素的鬼神观念虽然是对自然力的歪

---

① [德]恩格斯:《家庭、私有制和国家的起源》,“序言”,北京:人民出版社,1999,第3页。

② 郑超雄:《试论壮族对佛家的淡漠倾向心理》,载《广西民族研究》,1987年第2期。

曲反映,但它对于在强大的自然力面前处于完全被动地位的壮族先民来说,不失为一种与险恶环境做斗争、求得生存和发展的精神武器。随着社会的发展进步,人类的意识也逐渐觉醒,神灵就不仅仅是人们崇拜的对象,同时也是人们通过师公来驱使和利用的手段,师公唱本《唱布伯》唱述了布伯与雷王斗争的神话故事,就是人的觉醒的表现①。壮族民间师公教驱鬼祛灾、祈求人丁与物产两旺的法事活动,虽然是虚幻的东西,但对于贫穷落后的壮族乡村民众来说,却既是一种心理抚慰也是一种鼓舞;民间师公教的歌舞表演,尽管极为简朴,却不仅丰富、活跃了壮族山乡的文化生活,而且具有明显的伦理教化意义。从文化研究的角度看,壮族民间师公教保存了丰富的民族神话、民间传说、民间戏剧、民俗等诸方面的宝贵资料,堪称壮民族文化的宝库,具有不可估量的文化与文献价值。凡此种种,都是壮族民间师公教的积极方面。正因为民间师公教有着多方面的积极功能,所以,20 世纪二三十年代,当权的李、白新桂系当局曾企图用行政手段消灭它,以行政法规的方式规定:"凡游神、醮会、求神、拜佛、送鬼、放花炮、还花愿及清明、中元节焚烧冥钱、纸扎等迷信行为,均应革除。"②但毫无建树。中华人民共和国成立后,特别是"文化大革命"期间,国家对民间师公教也采取了严厉打击的做法,但直至今日在壮族乡村地区,民间师公教的观念依然根深蒂固。

4.外来文化

外来文化是指正在进入一个民族内部,并与其社会发生作用的别族文化。纵观整个人类文明史,文化流动与文化冲撞在人类文明发展过程中是不可避免的。不同民族、国家、地区的文化互相影响,互相渗透,互相借鉴,互相吸收,由此促进了世界文化的繁荣与发展。人类文明的演进与发展过程实质上就是不同民族、不同国家、不同地区的文化相互冲撞与融合的过程。文化发展的一个重大特点,就是既保持自己本土的族群特点,同时又不断地在与外来文化的接触与碰撞中加以吸纳。外部文化的大量输入,必然导致各种文化思想的相互冲撞与融合,从而推动本民族文化的繁荣与发展。

同样,壮族文化的发展过程也是本民族文化与周边壮侗语族各民族(主要是侗族、仫佬族、毛南族等)文化、苗瑶语族各民族(主要是瑶族和苗族)文化和汉族文化,乃至近代传入的西方文化相互交流和整合的过程。但是,正如有的研究者所指出的:"壮汉民族关系的历史特点,主要表现为壮族和汉族在长期而频繁的文化交流中,彼此互学互补,相兼融合,相互促进,民族的差别日益缩小。

---

① 兰鸿恩:《广西民间文学散论》,南宁:广西人民出版社,1981。

② 《广西各县市取缔婚丧生寿及陋俗规则(民国二十年)》,见《广西通志·民俗志》,南宁:广西人民出版社,1992,第 428 页。

壮汉两个民族的长期交往,既丰富、发展了具有自己个性特点的传统文化,又增进了壮汉两个民族的文化认同,使壮汉两个民族形成了十分稳定的共同的文化心理素质,并对民族团结起到巨大的历史作用。"①换言之,由于汉族文化的大量输入,导致壮汉文化的相互冲撞与融合,从而推动壮族文化的繁荣与发展。

三、壮族民间文学文化场中的文化关系及其总体特点

(一)壮族民间文学文化场中的文化关系

翁贝尔托·埃科指出两种不同文化的相遇,有三种不同的可能:一是文化征服:A 文化成员认为 B 文化成员非正常人类,对其文化采取教化(按 A 文化模式改造 B 文化)或毁灭;二是文化掠夺:A 文化可能在政治、军事上征服 B 文化,但赞赏其智慧,对其文化成品加以霸占和掠夺;三是文化交流:这是一种互相影响和尊重的双向流程②。

我国学者认为,不同民族的文化互相接触,可能产生以下的不同结果:第一是替代,原有的文化体系接受了新的文化因素,以之替代了原有的文化因素,并能发挥同样的作用;第二是附加,新的文化因素加入原有的文化体系之中;第三是整合,新旧文化因素通过整合而形成新的文化体系;第四是创新,原有的文化体系产生新的发明,以适应变迁的需要;第五是丧失,原有的文化体系失去自己的文化或其一部分;第六是抗拒,原有的文化体系不能接受而予以抵抗③。

以上各种观点,看到了不同文化间接触、碰撞的最终结果,但忽视了文化间的接触与遭遇是一个十分漫长的过程;突出了强势文化与弱势文化之间的关系,但忽视了每一种文化都有其天生的巨大张力和顽强的生命力。

当我们从"场"的视角来看待各种文化间的关系时就会发现,当今世界文化场中各种文化间的关系已不是一个简简单单的"非此即彼"或者"你死我活"的二元对立,而更多地表现为一种状态、一种过程,表现为多种文化的共同存在,它们彼此相互影响、相互从对方看到自己的不足,吸取别人的长处,形成一种"你中有我""我中有你"的多种文化"共生共荣"的状态。

同样,在壮族民间文化场的一个个"次场"中,汇聚了不同时间及空间的各种观念,融合了本土的与外来的、传统的与现代的各种价值取向。由此,壮族民间文学文化场中各种文化间的关系应该表现为多元并存、跨界互动、共生共荣。

---

① 韦玖灵:《试论壮汉民族融合的文化认同》,载《学术论坛》,1999 年第 4 期。

② 乐黛云:《中西跨文化研究五十年》,载《上海社会科学院学术季刊》,1999 年第 4 期,第 161 页。

③ 黄淑娉:《文化变迁与文化接触——以黔东南苗族与美国西北岸玛卡印第安人为例》,载《民族研究》,1993 年第 6 期,第 33—40 页。

（二）壮族民间文学文化场的总体特点

不仅如此，壮族民间文学文化场还是一个由多种要素及多层维度所构成的一个有机系统，这个系统具有整体性、动态性与跨文化性的特点，影响着壮族民间文学发展的内容、方向与路径。

1.整体性

壮族民间文学文化场的整体性特点指的是它的各构成要素之间的相互关联性及其结构与功能之间的相互关联性。壮族民间文学文化场是一个整体，是一个有其相对独立性及运行内在规律的自组织系统，这个系统整合了空间的、时间的和价值观念的各个要素，跨越民族与地域，借助于现代化手段与途径，辐射到整个壮族聚居区域。

作为一个整体，壮族民间文学文化场的核心是观念体系，围绕这个核心，外层是一系列行为规范和相应的活动方式。这个文化场对壮族民间文学的形成和发展产生影响是通过一定的场力来实现的。这个场力表现为一种精神氛围、一种民族文化心理和民族文化品性，决定着壮族聚居区的舆论，塑造着相应的壮族民间文化，对壮族民间文学的发展起着熏陶、示范、规范、调节的作用，壮族民众则以理解、掌握、内化、外化等形式学习和接受这些文化的期待与规范，并付诸民间文学创作的具体行动当中。

2.动态性

壮族民间文学文化场的动态性特点指的是这个文化场处于不断的运动与变化的发展性与变化性特点。壮族民间文学文化场是一个动态、有机的系统。这个系统自产生之日起，就处于不断的矛盾运动与变化的过程中，这运动与变化的动力，一方面来自其自身各要素之间的相互作用，另一方面来自他文化的接触、交往与沟通。

文化实际上是自然界的“人化”，人的活动的多样性与复杂性决定了文化内在结构的多维性与开放性。变迁是文化永恒的主题。文化是一个没有固定边界的、开放的系统。文化自身具有的张力，使得它在与异文化接触的过程中，必然会有一个相互之间的作用力，该作用力推动着文化处于不断的运动与发展过程中。而文化场中各要素之间的差异性则构成了文化变迁的动力机制。可以说，吸收外来成分以使自身获得新的生机，是整个文化发展史的通则①。文化就是在这样不断地吐故纳新的过程中摒弃糟粕、吸取养分，获得生存与发展。因此，壮族民间文学文化场的动态性推动着壮族民间文学在内在机制的平衡—失衡—再平衡的不断转换中获得发展。

---

① 张岱年、方克立：《中国文化概论》，北京：北京师范大学出版社，1994，第120页。

3.跨文化性

壮族民间文学文化场的跨文化性指的是文化场中各种文化的多元性及其之间相互交往的跨界性与融合性。根据联合国教科文组织第78号建议《教育对文化发展的贡献》,跨文化性指的是关于不同文化的知识和理解,以及在一国内部各种文化成分之间和世界各国不同文化之间建立积极的交流与相互充实的关系。《建议》还指出,鉴于当今世界所独有的大量因素,各个现代国家都必须不同程度地面临多元文化现象①。

历史上,由于天然屏障及人为的文化壁垒,各种文化之间自我封闭,彼此互不往来。而当历史发展到今天,由于现代化的科技发展、经济及文化全球化的发展趋势,过去文化间的封闭不再可能,而共同的利益与共同的难题(全球化的污染、人口问题、恐怖主义和工业、商贸的发展等)也促使各文化产生了相互合作、共同发展的主观需要。因此,打破疆界、联合沟通,共同制定互补双赢的文化政策,构成了各国进一步发展的客观条件及主观需要。

因此,同过去相比,当下壮族民间文学文化场发生了巨大的变化:由过去的单一文化场转变为了多元文化场,由过去的文化的多元并存转变为了各种文化跨界互动,由文化间的彼此封闭、冲突转变为了相互交流、理解、共生共荣,成为一个由多种文化所共同生存、演变、发展的有机系统。多元共荣是人类不同文化的共同需要,彼此间的文化成为激发对方发展的不可或缺的一环。壮族民间文学文化场的跨文化性使得壮族民间文学面临着不同价值观念多元并存的文化局面,一方面为壮族民间文学的丰富与发展带来了契机,另一方面也使壮族民间文学遭遇了前所未有的文化选择的困境。

---

① 赵中建主译:《全球教育发展的历史轨迹———国际教育大会60年建议书》,北京:教育科学出版社,1999,第499页。

歌咏习俗文化场域中的壮族民间长诗叙论[①]

许钢伟[②]

[内容提要] 考察壮族民间长诗繁荣的原因和文化内涵,必须将其置于壮民族整个发展的历史长河当中。先秦时期,壮族社会基本处于自主发展和独立创造的历史阶段,之后,壮族社会进入了民族文化自律与汉族文化他律张力的历史阶段。正是这种民族文化自律与汉族文化他律张力的作用,深刻影响着壮族民间长诗的创作和发展,这种深刻影响首先表现在壮汉文化的交融整合方面,其次表现在壮汉文化的冲突方面。

[关键词] 歌咏习俗 壮族民间长诗 壮汉文化整合 壮汉文化冲突

关于民间长诗的界说,学术界众说纷纭,至今没有形成统一的认识。一般来说,广义的民间长诗包括史诗,而狭义的民间长诗则是指晚于史诗产生、与篇幅短小的民间歌谣相对而言、反映现实生活的民间长篇韵文作品,就目前的发掘和研究状况来说,主要包括民间叙事长诗、民间抒情长诗、民间说理长诗等几种类型[③]。

壮族民间口头韵文创作中能够称得上是史诗的作品为数不多,主要有《乜洛甲》[④]《布洛陀经诗》[⑤]《布伯》[⑥]《莫一大王》[⑦]等。这些作品的文本来源和主要内容如下:

迄今为止,已发掘和搜集到的《乜洛甲》史诗文本有四种。第一、二种是1986年在广西田林县发现的两种古壮字歌本,其中一本有一千多行,另一本有一万多行;第三种是1986年在广西河池市(今河池市金城江区)一处岩洞葬的

---

① 本文为广西高校高水平科研团队及卓越学者计划第一批项目"桂学与文化软实力研究"(桂教人〔2014〕7号)阶段性成果。

② 许钢伟(1978—),男,贵州师范大学副教授。

③ 周作秋:《民族民间文学原理》,桂林:广西师范大学出版社,2001,第178页。

④ 中国民间文学集成全国编辑委员会主编,中国歌谣成广西卷编辑委员会编纂.《中国歌谣集成·广西卷》,北京:中国社会科学出版社,1992。

⑤ 张声震:《布洛陀经诗译注》,南宁:广西人民出版社,1991。

⑥ 梁庭望搜集翻译,见农冠品:《壮族神话集成》,南宁:广西民族出版社,2007,第268—271页。

⑦ 《莫一大王(壮文版)》,黄勇刹等搜集、翻译和整理,南宁:广西民族出版社,1984。

棺木中发现的师公古壮字抄残本,共两千行左右①;第四种是流传于广西东兰县一带的师巫经文《唱杀牛祭祖宗》的古壮字抄本,经整理共有三百行,分为六节:第一节是开场白,点名要开唱《乜洛甲》史诗;第二节主要唱述乜洛甲和创世男神布洛陀共同造天地、造日月、造田种稻等;第三节唱述乜洛甲生儿育女的万般艰难;第四节唱述乜洛甲为农业种植四处奔走;第五节唱述乜洛甲与天灾做斗争;第六节唱述乜洛甲和布洛陀共同造牛、为牛赎魂的情形。

《布洛陀经诗》是广西少数民族古籍整理出版规划领导小组办公室于1988年根据从各地搜集到的古壮字手抄本二十二本,用原文(古壮字)、拼音壮文、国际音标、汉文直译、汉文意译五种文种对照译注和综合整理而成。序言中说:"整理小组通过对二十二个手抄本的八万多行翻译资料反复研究后,确定以版本较古老、内容较完整的本子为基础本,一类内容为创造天地万物,另一类内容为伦理道德、宗教禁忌。对原手抄本选材均是整章整节缀用,不作任何补充。"②整部史诗分为序歌、造天地、造人、造万物、造土官皇帝、造文字历书、伦理道德、祈祷还愿等八篇。其中,《序歌》是巫师做法事时请神所念的开篇经诗,分为两种情况:一是请神(主神是布洛陀)来坐坛,巫师表明自己是布洛陀的传人,是正统的巫师;二是要求传话神去请四面八方各种各样的神祇来神坛就座,特别是请布洛陀和乜洛甲到中央就座。《第一篇:造天地》有三种情况:前两种是说,原来无天无地,是太上老君造出了天地(这是后来受道教影响,巫师为抬高经诗和自身的身价,而引进道教主神太上老君的);第三种情况是说,原来"天与地混合在一起,不分白天黑夜,不分高和低",是布洛陀派来盘古王,由盘古造天地、造石头、造月亮和太阳。过后,又请来天王氏,把天地和日月星辰进一步加以修整,大自然从此变得完善和美好。《第二篇:造人》有两个阶段:一是布洛陀派四脚王到地上来造人;二是人类出现了,没有伦理,不懂规矩,于是布洛陀派四脸王下来整治,又派耕作大王来送谷种给人们耕种。《第三篇:造万物》共有八章:(1)寻水经;(2)造火经;(3)赎谷魂经;(4)赎水牛魂、黄牛魂和马魂经;(5)赎猪魂经;(6)赎鸡鸭魂经;(7)赎鱼魂经;(8)造房子、园子、渔网经。《第四篇:造土官皇帝》,唱述古时候没有土官皇帝来管理,"世间就乱纷纷",自从造出土官皇帝后,天下有人管,"天下才同享太平"。《第五篇:造文字历书》,唱述古时候没有书,人们做什么都是盲目的,后来吃禾苗的蝗虫和螟虫在纸上爬来爬去,爬成了文字,并"成为皇书和官书",从此土官皇帝照书治理。《第六篇:伦理

---

① 《女神·歌仙·英雄——壮族民间传说故事新选》代序。见农冠品、过伟:《女神·歌仙·英雄——壮族民间故事新选》,南宁:广西民族出版社,1992,第5页。

② 张声震:《布洛陀经诗译注》,南宁:广西人民出版社,1991。

道德》,共分有七章:(1)唱童灵;(2)唱罕王;(3)解婆媳冤经;(4)解父子冤经;(5)解母女冤经;(6)祝寿经;(7)献酒经。《第七篇:祈祷还愿》,这是巫师在做祈祷还愿时念诵的经诗。唱述从前人们不会祈祷还愿,布洛陀叫大家"赶紧做还愿"。人们懂得祈祷还愿后,做什么事都能样样做得通、做得好。

根据流传在广西马山县古壮字手抄师公唱本翻译整理的史诗《布伯》,只有短短的三百三十二行,但其内容情节主要分成两部分,整合了英雄斗争与洪水神话的情节。第一部分的主要核心是布伯斗雷王,逼迫雷王下雨。其叙述分为六个母题:(1)雷王因嫌弃祭祀牲品少,不愿降雨给人间;(2)布伯开坛请雷王降雨,被雷王拒绝;(3)布伯奔往天上逼迫雷王降雨,雷王假意同意;(4)雷王带兵三次攻打布伯的屋,没有获得成功,第三次自己反跌落檐下,被布伯用网网住;(5)雷王与布伯斗法,雷王四次变化都被布伯识破并被关进谷仓;(6)雷王问伏羲讨得猪潲水,逃离谷仓返回人间,并放水淹天下。第二部分的主要核心是洪水后,伏羲兄妹婚配繁衍人类。这部分叙事也分为六个母题:(1)伏羲兄妹种下雷王赠给的牙齿,牙秧长成了大葫芦;(2)雷王下了几个月的大雨,把人类都淹死了,只有伏羲兄妹和布伯还活着;(3)雷王伸腿探水深,被布伯砍掉一只脚;(4)洪水退去,只剩下伏羲兄妹二人;(5)经过金龟、乌鸦和竹篁的劝说和验证,伏羲和芝妹结成夫妻;(6)伏羲兄妹生下一个磨刀石一样的孩子,被雷王剁碎撒向四方,繁衍了天下的人类。

此外,英雄史诗《莫一大王》以七言腰脚韵体的手抄本形式广泛流传,遍及桂中、桂南、桂西,尤以红水河流域的壮族聚居区为盛①。史诗歌颂了壮族氏族领袖莫一大王不屈不挠地反抗中原封建王朝的英勇事迹,其叙述包括如下14个母题:(1)莫一大王奇异的出生,或因风水而孕,或非人类所生,或怀孕数年才出生;(2)莫一大王在京城或远离家乡的某地读书或做官;(3)莫一大王每天晚上穿飞靴或骑神马回来与妻子同眠;(4)妻子怀孕,遭母亲(继母)和邻居误解,妻子留下莫一大王一只靴子为证;(5)莫一大王因没了靴子误了上学或上朝,他挥手或射箭使太阳下落;(6)因太阳下落或箭射到皇宫,引起皇帝或其他人的恐慌,莫一大王被害;(7)莫一大王接上头回家,逢人问:人头断了可还能复生?继母或孕妇等回答不能;(8)莫一大王死去,托梦要妻子将自己的尸身放在坛子里,用米粥浇灌四十九日;(9)四十八天时被母亲发现打开,或把滚粥倒入;(10)坛里倒出穿盔甲小人或蜜蜂,因小人骨头软,蜜蜂翅膀不硬,皇帝躲过一难;(11)埋莫一大王尸身处生出竹子,莫一大王再次托梦给妻子,每根非一百块

① 欧阳若修、周作秋、黄绍清、曾庆全:《壮族文学史》(第一册),南宁:广西人民出版社,1986,第198页。

不卖;(12)皇帝路过,轿杆折断要买竹子做轿杆,妻子卖一百元,母亲以九十九元卖掉;(13)竹子断掉,竹子里跳出背枪的小孩,骨头太软倒在地上;(14)莫一大王大业终告失败。

关于史诗的分类,国内外学术界的认识不太一致。国内的学者多从题材和内容出发,将史诗分为创世史诗和英雄史诗两大类。有的学者在此基础上,认为在这两大类中,各自应该有着不同的类别;其中创世史诗可分为原始性创世史诗(或称神话史诗)和发展性创世史诗,前者以创世神话为主要内容,叙述天地的形成、人类的起源和万物的由来等,通篇充满了浓郁的幻想色彩;后者的内容除了创世神话之外,还在作品的后半部以写实的手法,或详或略地记载了一个民族早期的婚丧习俗、宗教祀典或迁徙定居的过程。英雄史诗也可分为三种类型:一是雏形英雄史诗,如赫哲族的"伊玛堪"《安德·莫日根》《满都莫日根》等;二是单一型英雄史诗,如蒙古族的《智勇王子喜热图》、傣族的《厘俸》和纳西族的《黑白之战》;三是组合型英雄史诗,如中国的"三大史诗"①。

国外以美国史诗研究专家约翰·迈尔斯·弗里和芬兰民俗学家劳里·航柯等为代表,则依据创作与传播过程中文本的特质和语境,从创作、表演、接受三个方面重新界定史诗的文本类型。他们认为,从史诗文本来源上考察,一般可以分为三个主要层面:一是口头文本(Oral text),二是来源于口头传统的文本(Oral—derived text),三是以传统为导向的口头文本(Tradition—oriented text)。其中,史诗的"'口头文本'或'口传文本'……主要来源于民间艺人或歌手,他们脑子里有个'模式'可称为'大脑文本'(Mental text)。当他们表演、讲述或演唱时,这些'大脑文本'便成为他们建构故事的基础"。"'源于口头的文本',又称'与口头有关的文本',是指某一社区中那些跟口头传统有密切关联的书面文本,它们通过文字被固定下来,因而成为具备口头诗歌特征的既定文本。"而"'以传统为导向的文本',……是由编辑者根据某一传统的口传文本或与口传有关的文本进行汇集后创编出来的。通常情形是:将若干组成部分或主题内容汇集在一起,经过编辑、加工和修改,以呈现该传统的某些方面。"②

据此,我们有理由认为,《乜洛甲》和《布伯》属于原始性创世史诗,《布洛陀经诗》属于发展型创世史诗,《莫一大王》属于单一型英雄史诗的范畴,而它们则都属于"源于口头的文本"或称为"与口头有关的文本"的史诗文本类型。

一般认为,史诗大多出现在各民族社会发展的转折时期,创世史诗产生在原始社会后期,而英雄史诗则最早产生于原始社会末期到奴隶社会初期。可

① 潜明兹:《史诗探幽》,北京:中国民间文艺出版社,1986。
② 刘守华、陈建宪:《民间文学教程》,武汉:华中师范大学出版社,2009,第91页。

见，上述壮族史诗《乜洛甲》《布伯》《布洛陀经诗》和《莫一大王》等当是秦始皇统一岭南前后的产物。这个时期的前期，尽管汉文化已经开始传入壮族地区①，但壮族社会基本处在自主发展与独立创造的历史阶段，而随着秦始皇统一岭南，壮族社会则进入一个新的历史阶段——民族文化自律与汉文化他律张力作用下的演化发展阶段。

对壮族的这种自在发展与独立创造的漫长历史过程，虽然没有清晰的文字记载，但仍然保存在壮族族群的历史记忆中，并成为民间长诗最先表现的对象。《乜洛甲》《布洛陀经诗》《布伯》等壮族史诗就以文学艺术的表现手法，呈现了壮族远古时期社会生活的概貌。其中在创世史诗《乜洛甲》中，不难看出，虽然作品有布洛陀这一男性形象，但乜洛甲的形象是格外突出和鲜明的。其中的很多事情都是乜洛甲完成的，乜洛甲是被歌颂的主要对象，布洛陀在古歌中明显处于从属地位，是作为配偶神出现的。从这首古歌中，我们可以看出壮族母系氏族社会生活的大致情形。

到了创世史诗《布洛陀经诗》那里，情况发生了变化。史诗热情地讴歌了布洛陀创世的伟大业绩，尽管诗中也有乜洛甲由鲜花变成并与布洛陀一起造人的描述，但布洛陀是被歌颂的主要对象，乜洛甲则是作为配偶神出现的，处于从属地位。这也可以说是对男性在社会中地位上升、逐渐超过女性而居于中心地位的一种反映。

如果说因《布洛陀经诗》中有乜洛甲的出现还不能把它看作对真正的壮族父系氏族社会的反映的话，那么到了长诗《布伯》中，男性在社会生活中已经完全居于中心地位了。族群遭受干旱灾害，布伯为了族群生存，与制造干旱的雷王展开斗争，最终献出了宝贵的生命。长诗塑造的布伯这一英雄形象，彰显着男性在族群中所发挥的重要作用。

可见，壮族远古时期的族群发展状况，依然保存在族群朦胧的记忆中。通过文学艺术手法创作的《乜洛甲》《布洛陀》《布伯》等民间长诗，对壮族远古时期的族群发展给予了相对完整的表现。正如梁庭望所言："按照壮族的神话谱系，米洛甲当是母系氏族时代，布洛陀是过渡时期，布伯时代标志父权制的确定，神谱用象征性艺术手法，描绘了氏族制度的演进。"②

壮族史诗中，英雄史诗《莫一大王》是被学界研究较多的一部作品，这说明它在壮族民间文学中的重要地位和价值。我们这里关注的，是它反映出来的壮族社会在自主发展被打破后，在民族自律与封建王朝他律的张力作用下族群命

---

① 覃彩銮：《汉文化的南传及其对壮族古代文化的影响（一）》，载《广西民族研究》，1988年第4期。

② 梁庭望：《壮族文化概论》，南宁：广西教育出版社，2000，第36页。米洛甲，即乜洛甲。

运的状况,以及它对此作出的艺术审视和本质映照。

不难看出,史诗《莫一大王》中最为明显的矛盾便是以莫一大王为代表的壮族民众与以皇帝为代表的中央王朝之间的矛盾。壮族地区成为皇帝的“王土”,壮族民众成为被中央王朝统治的对象,布洛陀领导族群民众自主发展、自由创造的社会生活一去不复返了;同样具有神力的莫一大王不再像布洛陀那样领导民众改造自然环境,驯化动植物,发展农业生产,而是面对中央封建王朝的统治压迫,为争取民族权利,与中央王朝做斗争。虽然,个别研究者关于《莫一大王》中的莫一大王是以历史上某一真实人物(如侬智高)为原型的推断未必可信,但《莫一大王》毋庸置疑有着这样一个的背景,那就是壮族历史上接连不断的反抗民族压迫和阶级压迫的人民起义斗争。所以蓝鸿恩认为:“英雄史诗是根植于民族历史的土壤中,因此,必然曲折地反映了该民族的社会生活、思想观念、道德标准以及民族性格等特征。从《莫一大王》的艺术形象来分析,这个英雄人物集中地体现了壮族人民的勇敢、力量、智慧,特别是那种败而不馁、锲而不舍、百折不挠的坚韧战斗精神,充分地体现了历代壮族人民在长期反抗民族压迫和阶级压迫的斗争中所形成的民族精神和民族气质。”①他还进一步认为:“英雄史诗虽然把氏族、部落的社会、历史、风习和英雄人物的事迹融成一体,但它却是人民艺术的再现,通过史诗能窥见历史的影子,然而它又不是历史。”②而这正是壮族民间长诗对壮族族群历史命运的审视方式。它不以反映真实的历史为己任,不是囊括所有历史细节的准确定位,而是深入到民族命运的深层,在审美创造中对壮族族群的历史命运进行审视,成为壮民族族群命运本质——不甘臣服的抗争与沉重悲壮的失败——的一种映照。

与史诗作品屈指可数不同,壮族民间长诗不仅数量众多,而且形式多样,是壮族民间文学的一座富矿。早在三十多年前,黄勇刹在《壮族歌谣概论》中就做了这样的表述:“壮族不仅有满天星斗赛闪烁的各种各样的短歌歌式、勒脚歌歌式、排歌歌式,而且有许多经年越代、传唱不绝的民间长诗唱本(全是用古老方块壮文记录,多传为家珍族宝,有百几十代之古本)。就全广西壮族自治区范围来说,我们还没有进行过全面深入的统计,仅前年柳州地区的大致采风汇总,长诗本数已接近二百,把这个二百与我们民间文学研究会所掌握的各个地县的民间长诗加以大致的综合(不包括相重的本子,凡是相重的本子,只统计一本),就大大的突破了五百大关。在这五百本长诗之中,诗行在一百至一千行的约占

① 蓝鸿恩:《壮族英雄性格的颂歌——史诗〈莫一大王〉浅析》,载《民族文学研究》,1987年第1期。

② 同上。

50%,一千以上五千以下约占百分之40%,五千以上至两万行左右的约占10%。"①黄勇刹采风的足迹遍及广西壮乡的村村寨寨,他本人又曾主持过广西民间文学研究会的工作,对壮族民歌可谓了如指掌,他的话是有根据的,也是可信的。梁庭望、农学冠在其合作编著的《壮族文学概要》中也指出:"壮族的长诗……篇章浩繁,内容丰富。民间发掘出来的手抄本,已有一千多部之多,长的数万行,短的也有百多行,数量之多堪称罕有。"②笔者在开展本课题的研究工作中特别是搜寻壮族民间长诗篇目时也为之震惊,深感上述学术前辈们的言论实非耸人听闻。

壮族狭义民间长诗内容广泛,远古生活、历史事件、传说故事、稻作生产、房屋建筑、伦理道德、民间信仰、婚姻丧葬等,无不在长诗中有所表现。其中既有《中法战争史歌》《明朝至民国史歌》《从光绪到民国》《唱中国历史》《长毛破城歌》《东兰革命史歌》《龙胜壮族历史传说歌》《刘二打番鬼歌》《粤军作乱歌》等历史题材的长诗,也有《七姑》《八姑》《幽骚》《唱秀英》《达妍与日架》《逃到远方做夫妻》《歌仙刘三姐》《妲娌》《甫娅》《达伦与达架》《鸳鸯岩》《蛇郎歌》等传说故事长诗和《达稳之歌》《达备之歌》《特华之歌》《婇然之歌》《婇暖之歌》《弃妇吟》《特丈冤魂歌》《盲人怨》《苦相思》《情恨》《十二般郎歌》等几十首抒情长诗,还有《传扬歌》《二十四孝书》等说理长诗,以及从汉族文学改编而成的《梁山伯与祝英台》《蔡伯喈》《唐王歌》《董永和七仙女》《朱买臣》《文龙与肖尼》《马骨胡之歌》等多部民间长诗,而长达两万行的《嘹歌》更是壮族民间长诗的经典之作③。

匈牙利文艺家阿诺德·豪泽尔曾指出:"社会和文化因素不仅作为表达意识和意志的基础,而且本身作为能动的原则,参与历史过程的。"④文学艺术作为历史过程的一部分,文化因素自然也参与其中。换句话说,任何文学艺术的产生,都离不开一定的条件,都会受到各种因素的影响,而文化因素就是其中很重要的部分。"文化是艺术创造和自然人消失的根据,人们是在文化的范围内、根据文化的规范来进行有意识的创作活动的。甚至最原始、最具有自发性的民间艺术也不再是'自然的'了;尽管它受到自然条件的制约,但它仍然是为了适应文化需要而兴起的。"⑤这是在一般意义上说的,具体到一个民族的文学,也

---

① 黄勇刹:《壮族歌谣概论》,南宁:广西民族出版社,1983,第91页。

② 梁庭望、农学冠:《壮族文学概要》,南宁:广西民族出版社,1991,第126页。

③ 文中所涉及的壮族民间长诗作品均不对其内容进行介绍,请参见:周作秋、黄绍清、欧阳若修、覃德清:《壮族文学发展史(上、中、下)》,南宁:广西人民出版社,2007。

④ [匈]阿诺德·豪泽尔:《艺术社会学》,居延安译编,上海:学林出版社,1987,第47—48页。

⑤ 同上,第212页。

是如此。“一个民族的文学，不能不是一个民族文化沃土上的产物。它的产生（构思、创作）与发展（接受、传播），无论如何脱离不开一定民族的文化背景，并最终反转过来，汇入民族文化的巨川，去冲积新的平原，去浇灌新的良田，去孕育新的生命。”①壮族民间长诗自然也有其产生的文化沃土、文化背景。壮族的稻作文化、歌咏文化、师巫文化，以及其他文化因素和周边民族文化（尤其是汉文化）等，一起构成了壮族民间长诗产生的文化沃土。而作为壮族文化的组成部分，壮族民间长诗自然是在壮族文化的历史进程中发展演变的，壮族文化的历史进程就是壮族民间长诗发展演变的文化背景。因此，考察壮族民间长诗走向繁荣的原因及文化内涵，就必须要将其置于壮民族整个发展的历史长河当中。

民族史研究表明，大抵在西周晚期或春秋战国初期，岭南地区壮族先民的原始社会开始解体，并逐步进入阶级社会，而秦始皇派大军征服岭南后，壮族地区便成为中央封建王朝版图的一部分，壮族社会由此开始进入新的发展时期②。从此，壮族文化结束了自主发展、独立创造的历史时期，进入汉文化统摄下发展的历史阶段。在民族文化自律与汉文化他律张力作用下，壮族文化两千余年的发展演变，成为壮族文化历史进程中极为重要的组成部分，深刻影响着壮族民间长诗的创作和发展。这种深刻影响首先表现在壮汉文化的交融方面，其次表现在壮汉文化的冲突方面。

汉族作为我国的主体民族，主要由其创造的汉文化也是我国历史最悠久的先进文化，并对少数民族文化产生了巨大的影响。壮族就是受汉文化影响最大的民族之一，其基础是两者都是农业民族，有着相似的农业耕种生活，这种相似的经济生活必然造成相近的民族心理，因而易于文化间的互动和交流③。需要指出的是，在壮汉文化交流的过程中，二者间的相互吸收和借鉴是不平衡的，主要是壮族文化吸收、学习先进的汉文化。壮族文化吸收、融合汉文化，表现在物质文化、制度文化、精神文化等各个方面。其中与壮族民间长诗关系最为密切的，莫过于二者在精神文化方面的交融。

汉族的思想观念、伦理道德、文学作品等，都不同程度地被壮族吸收、融合在壮民族的文化之内，并渗透于壮族民间长诗的创作之中。壮族民间师公教是壮族先民的“越巫”信仰融汇道教、儒家等思想文化观念而形成，因此，前述创世史诗《布洛陀经诗》，作为壮族的宗教经典，自然也是壮汉文化长期交流的结晶。

---

① 陈继会：《拯救与重建——20世纪中国小说文化精神》，见陈继会：《文化视界中的文学》，郑州：河南人民出版社，1994，第3页。

② 张声震：《壮族通史》（上），北京：民族出版社，1997，第256页。

③ 梁庭望：《壮族文化概论》，南宁：广西教育出版社，2000，第557页。

壮族道德伦理长诗《传扬歌》,则是壮族本土伦理道德观念与汉族儒家思想和封建礼教等意识观念交汇的成果。正如《壮族伦理道德长诗传扬歌译注·前言》所言:"《传扬歌》把读书提到与勤劳同等重要的地位,诗中认为'耕种和读书,两条路最美'。'谁是聪明人,用心读书文。'(《传扬歌》(一))'男儿入学堂,家中出贵才','读书或赶圩,与同伴并排','到二一二二,读书又立家。'(《百岁歌》)"①显然是受到汉文化教育观念影响的结果。而大量取材于汉族文学作品,根据壮民族的文化观念和审美习惯进行再创作而成的民间长诗,像《唱英台》《马骨胡之歌》《孟姜女》《蔡伯喈》《朱买臣》《孔雀东南飞》《梅良玉》《李旦与凤娇》《天仙配》《陈世美》《文龙与肖尼》《毛洪与玉音》等,则是壮汉文化交融在壮族民间长诗中最集中、最出色的表现。

作为壮汉文化交融的重要产物之一——"古壮字"或"方块壮字"的产生和发展,对壮族民间长诗的蓬勃发展所产生的作用更是不容忽视。尽管学术界对古壮字产生的时间和造字方式持有各种各样的看法,但是大家都承认古壮字的产生和发展深受汉字的影响②。可以说,古壮字的产生和发展归根结底是壮汉文化长期交流的结果,而它的广泛使用,又有力地促进了壮汉文化的交流。研究表明,古壮字在唐代开始产生,到了宋代已较为流行,明清时期则进入盛行期,"流行区域遍及壮族的各个聚居地方"③。

古壮字的产生和发展对壮族民间长诗的创作和发展产生了很大的影响。作为民间文学中的长篇韵文作品,民间长诗并非像短篇歌谣那样脱口而出,其创作和流传往往需要借助文字才能实现。唐代以前,壮族民间长诗数量很少。随着唐、宋、元时期壮汉文化交流的深入,古壮字的创制以及使用日益广泛,壮族民间长诗的创作明显增多。而到了明、清时期,古壮字进入盛行期,更是有力地促进了壮族民间长诗的发展。明清时期壮族民间长诗出现繁荣景象,与这一时期古壮字在壮族民间的盛行是分不开的。

古壮字的产生和发展不但促进了壮族民间长诗的创作、发展乃至繁荣,而且在壮族民间长诗的传播和保存方面也起到重要的作用。用古壮字创作民间长诗的同时,也就完成了壮族民间长诗的书面记录。我们现在看到的大部分壮族史诗(如《乜洛甲》《布洛陀》《布伯》《莫一大王》)和民间长诗(如《嘹歌》《欢木岸》《传扬歌》《文龙与肖尼》《梁山伯与祝英台》《董永》《达稳之歌》《达备之歌》《特华之歌》)都是通过古壮字手抄本保存下来的。当然,在壮族民间长诗创作的过程中,也不断使古壮字增殖,在一定程度上促进了古壮字的创制和发

---

① 梁庭望、罗宾:《壮族伦理道德长诗传扬歌译注》,南宁:广西民族出版社,2005,第37页。
② 欧阳秋婕:《古壮字历史沿革及演变趋势初探》,南宁:广西大学硕士研究生学位论文,2006。
③ 同上。

展。二者在发展的过程之中是一种相互促进的关系。

另一方面,壮汉文化互动与交流的过程中,也存在着对立和冲突。这种对立和冲突,既体现在壮族族群命运的生存上(如前述的英雄史诗《莫一大王》),也体现在壮族个体生命的成长上。下面试以壮族婚恋题材的民间长诗为例,探讨壮汉文化的对立冲突对壮族个体命运产生的影响。

我们知道,壮民族本土文化传统中,男女青年到了婚恋年龄,以歌为媒,自由恋爱,属于典型的依歌择配婚恋形式。长诗《串寨调》讲述的就是壮族青年男女"会面""挑兴""试探""赞美""定情""相好""告别""送行"这样的串寨以歌为媒的自由交往和恋爱。《锦衣缘》中王淮尚的母亲让他出去自己寻找对象,后与中意的姑娘方碧荷结为夫妻,充满自由的气息。《甫娅》讲述了一对青年男女一见钟情,两人对歌,相知相爱,有情人终成眷属的美满婚姻故事。诗中虽有娅(老婆婆)牵线搭桥,但与封建婚姻"媒妁之言"有着本质上的不同。这些长诗"在一定程度上体现了当时壮族社会的历史生活和民族性格,也是古代壮族依歌择配、恋爱自由、婚姻自主的真实写照"①。壮族男女自由恋爱以及自主婚姻的婚恋形式并非壮族人民的想象,而是在壮族人民生活中确实存在过的。

然而,随着汉文化中的封建礼教与婚姻制度在壮族地区的蔓延,"昔日的恋爱自由虽然依旧,但婚姻自主则已经成为历史而不负存在。这样,恋爱比较自由与婚姻不能自主两者之间就构成了一对不可调和的社会矛盾,成为一种相当普遍的社会现象"②。汉文化中的封建礼教与婚姻制度与壮民族依歌择配的婚恋传统在本质上是对立的,二者难以相融;而汉文化的封建礼教势力强大,壮民族文化的婚恋传统则根深蒂固,二者一时又难分高下。冲突对峙的结果,就是壮民族普遍存在的婚前恋爱自由、婚姻则是"父母之命,媒妁之言"这种前后断裂的婚恋文化状况。

《七姑》《八姑》《鸳鸯岩》《幽骚》《唱秀英》《达妍与日架》《逃到远方做夫妻》《苦相思》《情恨》等就是自由恋爱与封建婚姻桎梏这两种文化之间对立冲突的表现。《七姑》《八姑》分别讲述了七姑与六丘、八姑与韦特高这两对青年男女勇敢地与封建婚姻制度做斗争并终于获得美满婚姻的故事;《达妍与日架》讲述了财主女儿达妍与长工日架克服种种困难和阻挠,终于赢得美满结合的故事;《逃到远方做夫妻》则是一对已婚但都对自己的婚姻不满的男女相爱并远走他乡的故事;《幽骚》描述了一对自由相爱的男女青年反抗官家抢婚,私奔成婚后遭残酷迫害双双徇情的悲惨故事;《唱秀英》讲述了秀英与黄三从小青梅竹

① 罗汉田:《中国南方民族文学关系史(元明清卷)》,北京:民族出版社,2001,第166页。

② 同上。

马，却遭地主毒手害死父母和情人，被迫嫁给地主刘正才的傻儿子刘茂芳后顽强反抗的故事；《鸳鸯岩》是壮族后生六甲与壮族姑娘韦达春遭受封建婚姻制度迫害的悲苦歌；《苦相思》和《情恨》则是对因“父母之命，媒妁之言”的封建礼教导致与心爱的人“相恋不能相连”的悲苦之情的抒发。无论是叙述悲情故事还是抒发悲苦情怀，均是因为追求自由恋爱遭受封建婚姻制度之桎梏和戕害而产生。封建婚姻制度在壮族地区的蔓延对壮族自由婚恋文化造成了巨大的冲击，但自由婚恋之文化追求并未消失，于是两种婚恋文化的对立冲突便愈演愈烈，上述众多婚恋题材的民间长诗就是这种文化状况的表现。

这种断裂的、非整合的婚恋文化对壮族妇女造成的伤害最大。这在《达稳之歌》《达备之歌》《为欺妻重妾》《媄然之歌》《媄暖之歌》《弃妇恨》等壮族悲歌中表现得最为充分。《达稳之歌》中的韦达稳被父母按照封建婚姻礼俗嫁给呆子舅表兄覃如有，逃婚失败后上吊自杀，以反抗不如意的婚姻。《达备之歌》中的蒙达备、《媄然之歌》中的媄然、《弃妇恨》中的达姣等女主人公，勤俭持家，任劳任怨，却遭婆家诬蔑虐待，像牲畜一样被婆家卖掉。《为欺妻重妾》则是女主人公对丈夫娶小老婆后自己遭受冷落的愤恨和孤苦情怀的抒发。《媄暖之歌》抒写了丧夫失子的寡妇媄暖受婆家族人刁难，既不准她为女儿召婿上门，又不让她召夫进门，致使她生活孤苦无所依靠的悲情。“在每一个人的人生旅途中，婚姻可能是最重要的转折点或分叉点。婚姻的顺利与否决定了它以后所续演的人生戏剧是悲或喜。”①众多壮族妇女的人生悲剧正是封建婚姻制度与壮族自由婚恋传统的矛盾冲突带来的结果。

另外，像《唱英台》《唱文龙》《毛红歌》《蔡伯喈》《朱买臣》《李旦与凤娇》等由汉族戏剧、故事或传说改编而成的长诗，也都是以婚姻爱情为主题的。在这些民间长诗中，梁山伯与祝英台、文龙与肖尼、何文秀与黄兰英、李旦与凤娇等人忠贞于爱情，受到人们的赞扬；玉音的父亲张尚书、朱买臣之妻窦女、蔡伯喈等人嫌贫爱富，遭到人们的鞭挞和批判。壮族人民通过这些民间长诗，表达了他们对幸福、美好婚姻的向往之情。然而，人们极力赞美的，往往是现实生活中缺少的；人们极力鞭挞的，往往是生活中常见的。汉族这类婚恋题材的故事之所以受到壮族人民的喜爱并编成长诗加以广泛传唱，正是因为它们道出了壮族人民的心声，能够满足壮族人民在婚姻悲剧多有发生的文化状况下的心理需求。

有研究者在研究民歌中的婚恋情歌时，结合婚恋习俗对其进行阐释，并将婚恋习俗分为三种类型：开放型婚恋习俗、中间型婚恋习俗和封闭型婚恋习俗。

---

① 杨民康：《中国民歌与乡土社会》，长春：吉林教育出版社，1992，第 165 页。

开放型婚恋习俗主要是在少数民族中曾经存在的对歌寻偶、比较自由的婚恋方式;封闭型婚恋习俗则是汉族传统的强调父母之命、媒妁之言的封建包办买卖婚姻方式;介于二者之间的就是中间型婚恋习俗,主要存在于“一些在靠近我国内地区域聚居或与汉族杂居的少数民族”中,这些民族“由于长期以来一直在有着各种民族和地域特征的不同文化圈层接缘部位生存,在保持本民族一些传统婚恋和歌唱习俗的同时,也受到来自汉族传统文化中婚姻与家庭观念的影响,而使这些民族或地区的婚恋习俗、民歌风格等呈现出多层次的社会文化特征”。“一般而言,这些地区的婚恋与歌唱习俗往往是婚前比较自由开放,甚至不禁择偶和恋爱行为,但婚期和婚后则受到封建包办婚姻和礼教思想的禁锢和规范,婚前婚后恍若两个世界”①。这样就造成了众多有情人难成眷属的婚姻悲剧。本质上,这是一种断裂的婚恋文化类型,即恋爱与婚姻的断裂。壮族此一时期的婚恋形式无疑是属于“中间型婚恋”类型。这种断裂的、非整合的婚恋习俗正是壮族众多婚恋悲剧发生的文化根源。壮族众多婚恋题材的叙事、抒情长诗在审美创造中,深刻地揭示了这一文化根源。

被纳入中央封建王朝的统治版图后,壮族固然与中央封建王朝之间存在着矛盾,为了民族生存,壮族人民多次发起反抗封建统治者的起义和斗争。但是,壮族人民在反抗封建统治者的同时,同样履行着维护国家主权和领土完整的神圣职责。正如韦苏文所言:“随着土司制度的日臻完善,无论是从客籍汉人转化而来的壮人,或是臣服王化的土著壮人,都自然而然地把自己看作是封建统一国家的一个成员,封建皇帝是至高无上的权力象征,分裂割据被视为大逆不道。当国家的统一与领土的完整受到威胁时他们以民族大义为重,团结苗、汉、瑶等民族,抵御外来入侵,为保卫祖国边疆安宁起了重大的作用。”②无疑,当第三种文化势力——外国敌对势力入侵时,壮族和封建王朝之间的矛盾成为次要矛盾,壮汉文化面临共同的生存挑战,壮族人民义无反顾地投入到反抗侵略者的斗争之中,表现出了深切的民族大义与中华认同意识。

壮族人民参与历代中国历史上各种历史事件及其中所蕴含的民族大义精神和中华认同意识,不仅深深地影响着壮族人民,同时也反映在壮族相关题材的民间长诗中。流传在田阳县一带的民间长诗《瓦氏夫人》,记述了田州土官岑猛之妻瓦氏,在丈夫因扩张势力而遭朝廷围剿丧命后,掌管州政,励精图治。当时倭寇侵扰我国东部沿海,朝廷出兵连打败仗,后接受平定过田州土司岑猛的张经的奏请,皇上下令征调善战的壮家兵抗倭。瓦氏夫人深明大义,不计家仇,

---

① 胡晓明:《中国诗学之精神》,南昌:江西人民出版社,2001,第183—184页。

② 韦苏文:《壮族女性与文化》,南宁:广西民族出版社,1993,第28页。

以国难为重,不顾年迈,说服众人,请缨上抗倭前线杀敌。之后协助各路军队,取得抗倭的第一次大捷,为抗击倭寇作出重要贡献。但是因奸臣当道,忠良受诬陷,瓦氏“请书到皇上,班师回故里!”“抗倭过两年,苍苍白发添;活到五十九,病故入黄泉!”但是,瓦氏却永远活在壮族人民的心中:“瓦氏长辞去,功德留人间;英名垂青史,世代永流传!”长诗赞扬“抗倭女英雄”瓦氏夫人的爱国壮举,痛斥“豺狼来挡道,黑白尽颠倒;邪恶得称霸,忠良难伸腰”的黑暗现实,表现出爱憎分明的历史正义感。历史题材的长诗《自明朝至民国史歌》中,就对中法战争的历史事件有所论述。而更集中地记述中法战争的民间长诗,是流传于壮族聚居区的宁明、凭祥和龙津一带的《中法战争史歌》。长诗概述了中法战争的始末,记述了中法战争的有关历史事实。它揭露了法帝国主义对越南和我国进行侵略的野蛮行径,赞颂了刘永福、冯子材等卫国救民、英勇抗敌的爱国主义精神,同时也揭露了清王朝的昏庸腐败,痛斥了李鸿章的卖国罪行。不难看出,在外敌入侵时,壮族人民顾全大局,爱憎分明,御敌卫国,表现出深切的民族大义与中华认同。这种观念不仅表现在具体的历史行动中,也表现在壮族人民对历史的集体表达上,并渗透进民间长诗的创作中。

神人同构：壮族创世神姆六甲与布洛陀的夫妻关系解读①

金乾伟②

［内容提要］ 壮族创世神话包含了姆六甲与布洛陀的性爱夫妻关系，就先民自造的创世神话来说，其实完全可以省去这一关系，因为泥土造人母题也存在于壮族创世神话中，但壮族先民仍然要在神话文本中存有姆六甲与布洛陀婚配生子的生人情节，其目的是以创世大神的名义生儿育女，隐喻了世俗世界成年男女两性恋爱、婚配、性爱、生育的神圣性与合法性，神话深层意义在于神性消退，人性增加，凸显了先民创造神话基于这样的逻辑考量。繁衍生命是创世大神用男女两性结合的方式引领世人，解决了人所面临的死亡难题，婚恋生育属于成年男女角色的使命担当，可谓神人同构，先民创造神话完全体现了世人生存的人性需要，姆六甲与布洛陀婚恋生育是为世俗之人张目，神话深层用意在于彰显人的生命繁衍的独特价值。

［关键词］ 姆六甲　布洛陀　夫妻　解读

壮族神话中的姆六甲是第一代创世女神，布洛陀为第二代创世男神，创世神话主要回答尘世万物与神圣世界的创造关系，世上万物包括人类都由神祇再造，故此东方以汉族为代表有女娲抟土造人、西方有上帝先造亚当再取其肋骨造夏娃的动人故事，先民赋予了神祇无所不能的神力，一句话，按需创造——要什么就可以造什么，按照这个逻辑推理，壮族创世神话既然有用泥土、芭蕉等造人的说法，何必还要有姆六甲与布洛陀结为夫妻生人的神话呢？壮族创世神话让这两代神祇结为夫妻是否多此一举，如果说不是，那为什么让第一代大神的姆六甲成为第二代大神布洛陀的妻子？先民自造这类神话有什么特殊的寓意呢？笔者认为夫妻情爱关系属于以神的名义强调人的价值的深层用意，创世神

① 本文为2015年广西哲学社会科学规划研究课题“生态文明视域中的壮族民间信仰考察研究——以柳江流域为例”，编号：15BZJ001；广西高校高水平科研团队及卓越学者计划第一批项目“桂学与文化软实力研究”（桂教人〔2014〕7号）阶段性成果。

② 金乾伟（1974—　），男，山东临沂人，原名金钱伟，文学博士，广西科技大学副研究员，研究方向：民间文学、文化。

话神人同构,其恋爱、婚配生子显示神性逐渐消退,人性逐渐显露。

一、创世神话的神与人的关系

创世神话是先民真切回答人类等万物由来的既浪漫又现实的设想,这里的"浪漫"是指以情节离奇曲折、角色神通广大等想当然地答复尘世万物的形成,"现实"指无论神话内容如何都是基于人类对当时生活情景的种种描述。神话立足现实关切,发挥创造力,讲述了人类渴望拥有美好生活的真情故事,可以说神话深层结构隐藏的集体无意识包含着先民深刻的生存体悟,先民自造神话既有对现实生活的模仿,更有改造现实生活的诸多诉求,既着眼于创世祖神的神力讴歌,更着力于人的审美建构,姆六甲与布洛陀在壮族集体意识中是至高无上、创造无穷、神力无尽的神灵,他们所享有的这一切神性与世俗社会人性需要对接,即神话塑造之神与人指涉的价值取向同构,讲述创世神话也就是讲述人对其现实生活的种种美好规划。

所谓美好规划是看重人在尘世有目的、有计划、有步骤地实现其理想的可行性,壮族创世神话姆六甲、布洛陀开创了人在尘世赖以生存的一切,从生理最低级需要的温饱问题的解决,说明人的创造力得到初步的发挥,在神话中就有先民遭遇狂风暴雨躲进岩洞,形象地说就是与姆六甲母性庇护有了关联(姆六甲张开双腿让人、兽、鸟等走进她的生殖器官)①,再到走出岩洞修建棚屋,逐步摆脱神性的保佑,自身创造休养生息的场所,先民根据外部环境修建房屋,还会考虑到通风消暑、采光保暖的需要,可以说人的创造力有了很大的提升。此外,让自然万物为人造福,从栽种野生稻种改良为栽种人工稻种,包括壮族在内的先民开创了稻作文明的功绩,这些都是在创世大神姆六甲和布洛陀的神性指引下完成的。神话在描述人文意义的始祖伟大的同时,也自然地把现实生活中人的表现嵌入其中。人把生活中积累的种种经验逐渐运用到实际生活中,物质生活就有了不断的提升;在精神道德方面,要求族人勤劳能干、节俭度日,戒懒惰、戒享乐,与他人友善互助,因为上古时期人的生存极其艰难,特别是还未成年的幼儿、年老体弱的长者必须依靠晚辈的悉心观照才能顺利生活,于是孝敬长辈,让长者能够安享晚年,就成为一种必然的美德,成为族类生活的自然而然的一部分。而幼儿是新生的力量,只有他们顺利、健康地成长才能让族群拥有更加长远的未来,长者和幼儿的生活重担就放在青壮年身上,所以,善待长者、幼童就上升到伦理规范层次,壮族先民把这些归于神的创造,其目的就是让族群成

---

① 兰鸿恩:《广西民间文学散论》,南宁:广西人民出版社,1981,第25页。

员敬仰神祇的同时,规范自身言行。壮族先民坚信这些美德上顺天意、下应民意,并把这些美德当作神圣不可侵犯的一部分,可以说,先民创造神话的同时,也在神的名义下创造了世俗现实生活的种种规范。

先民的智慧就在于讲述神话的同时,做到了让接受主体自然而然地接受神的教诲,并让其带着莫大的敬意虔诚膜拜,而神话的审美内涵要素当然包括善意在里面,其实也就是道德规范附加其上,敬仰神祇与规范人伦自然同构,为了强调神的智慧、能力、善行等无可替代,就使用了加法,让姆六甲、布洛陀力大无比,可以一拳打飞一座山,一脚踢开一条河,把各种创造智慧都集中在创世大神身上,女神就是以姆六甲为代表,男神就是以布洛陀为代表,世上所需一切都是他们创造,这就是神性厉害之处,集中把种种功绩加在创世大神的身上,其实可以看作是把先民对现实生活浪漫传奇的审美诠释,尘世之人的肉身与生命也是神创造的,所以,人一定不能忘本,要老老实实听从神的教导,并利用节庆闲暇之时虔诚敬拜神祇,让无所不能的神灵继续护佑世人的生活,这就解释了为什么神创造了一切。姆六甲生人神话揭示了人的由来的另一条路径,姆六甲与布洛陀结为夫妻,身怀骨肉并生下孩子,这就是姆六甲生人的说法①,这说明了创世大神神性消退,人性增加,姆六甲生人意味着人与神之间有了血缘亲情关系,而不再是冷冰冰的崇拜关系,去掉神性就是运用减法,人并不都是用泥土或动植物制造的,比较而言,生人神话更多的是彰显人的独特价值,人与创世大神因亲情关系而超越了其他万物,神话的神与人的关系就在神圣性的名义下同构,正是姆六甲与布洛陀的夫妻情爱关系,才让人拥有了神圣的光环,并在神的名义下肯定了人的独特。

二、创世神话的性爱与婚恋关系

创世神话相对而言更容易引起族群后裔的情感共鸣,因为创世神话作为文化起源呼应着族群的生活智慧,神祇的一举一动为后人开创了赖以生存的世俗生活,看似神奇无比,其实是在讲述先民所向往的理想生活状态。人作为大地上最有创造力的种类,巧妙、自然地把自身需要的现实生活以特别的审美形式讲出来,姆六甲与布洛陀二神结为夫妻,所拥有的情爱关系自然延伸到生育话题,就壮族创世神话情节单元来看,布洛陀作为丈夫可谓成全了婚姻、生育,成为推动不相干的男女两性关系成为亲情血缘关系的神圣基础,这实际上是在把

① 农冠品、陆上来、过伟主编:《米洛甲生仔》,见《女神·歌仙·英雄——壮族民间故事新选》,南宁:广西民族出版社,1992,第8—9页;蓝鸿恩:《神弓宝剑》,北京:中国民间文艺出版社,1985,第26页。

世俗对男女结合生育的美好期待合法化,所显示的是民间信仰中人的生命在尘世的价值,由此,可以说壮族族群特别看重婚姻、生育,如果说这是显性的一条线,那么,相对恋爱伴行的还有就是性爱隐性的一面,这样创世神话的要素包含恋爱、结婚、性爱、生育,讲述了先民尘世生活所祈求的生育——多子——支撑族群持久生存的人的价值。

关注创世神话更多的是给予现实生活——理想的状态——恋爱、结合、性爱、生育等要素,这完全对应神话世界姆六甲与布洛陀的夫妻情爱关系,我国文字记载的华夏历史达三千年之久,单纯观照汉族与其他少数民族关系不难发现,深受儒家伦理道德约束的汉族同样看重婚姻家庭生育——多子多福,这一点与各民族婚姻观大多天然吻合,但是汉族婚姻往往注重父母媒妁之言单向的交流,而青年男女当事人则被遗漏了,这导致汉族青年男女给人不会恋爱的印象,这样比较就很容易得出一个初步的结论,包括壮族在内的少数民族适龄男女特别看重恋爱这一环节,这在创世神话姆六甲与布洛陀交往中也能得到印证,力大无比的姆六甲想要婚配,遇到了同样力大无比的布洛陀,双双不打不相识,并产生了感情,这个重新认识的过程,当然也是亲情之外不相干男女相识相知的过程,属于情感共鸣的恋爱过程,布洛陀要姆六甲成为他的妻子,这在神话故事中看似平常,但是影响特别深远,因为创世神话带有现实社会生活的潜意识,它神圣的一面暗示恋爱自由合情合理,获得了恋爱自由合法化的话语权,就此,可以说布洛陀与姆六甲男女二神情爱关系隐喻了世俗社会恋爱婚配的自由性。

适龄男女自由恋爱、结合而拥有甜蜜幸福的家庭生活,在很长时间里属于壮族在内的少数民族的现实生活方式之一。相对汉族来说,大多数少数民族都是会谈恋爱的民族,并由此生发了青年男女赛歌对歌的歌唱文化,壮族歌圩文化就是成全以歌择偶的恋爱过程,固定的时间与地点,并以祭祀神祇、先祖等为整个活动奠定了神圣的格调,可以说,自由恋爱、婚配经过了神祇的恩准,而拥有了天经地义的合法性,布洛陀、姆六甲生辰之时不但是祭祀的神圣时刻,也是歌圩活动集中展示的神圣时刻,这样做至少有两点好处:一是上有神祇始祖的特殊护佑,保障青年男女自由恋爱的可能;二是自由恋爱往往让青年男女燃起难以自拔的激情,这种激情有时会随着时间更替而破灭,甚至会出现始乱终弃的可能,利用节庆时间请神来监管,就让恋爱、婚姻有了对神敬拜、对人负责的意蕴。这样,歌圩文化为适龄男女提供了恋爱、婚配的机会,也为自由恋爱走向幸福婚姻提供了无言的督导。

在这里还需要强调一点,创世神话不是为了欣赏主体而添加了浪漫的恋爱情节,而是按照族群集体无意识的审美体验自然而然的诉求,恋爱在前、婚姻性爱就有了情感的基础,所以,姆六甲怀了海水孕,是游泳的布洛陀口含海水射中了她的肚脐,很明显,这是隐喻了男女双双的性爱,男女性爱到姆六甲生下9个孩子或12个孩子,自然衔接了姆六甲生育多子的神力,所以,布洛陀的出现让创世大神姆六甲成为恋爱、婚姻的对象,成为一个真正生儿育女的妻子,在神圣的宗教意味中让现实生活自由恋爱、幸福婚姻带有了神圣的合法性,可以说布洛陀让姆六甲神性减少,让世间的人性需要增加,创世神话与现实生活在男女恋爱、婚姻、性爱、生育等方面一一对应,让人性需要有了神圣的外衣,更有助于现实社会突出人性的一面。可以说,壮族创世神话结构中始终以生育为线索,自然而执着地通过所塑造的神灵婚配生子把人性实际需求正当表达出来,此之谓神人同构的巧妙之处。

三、创世神话生死话语与角色担当

创世神话布洛陀与姆六甲结合为夫妻生儿育女,可以说布洛陀担当了男女两性生育神圣的重要媒介,民间文学创造主体充分考量了创世神话蕴含的信息密码,人所在的现实生活属于世俗世界,这是人生活的广阔天地,生老病死的生存家园;精心塑造超越人力、打破时空观念的是超验世界,完全属于人类想象的神的世界,完全超越生死,没有时间空间的界限,其实无论多么美妙,都是人的集体智慧的创造,一定带有现实生活的影子,就是把人的世俗世界神圣化,神的超验世界世俗化,这就是民间文学形态——神话创造的方法之一。

创世神话就哲学内涵来说,主要回答的不单是万物由来,还有人的生与死的实际问题,这个自然照应了上面的那个说法,神话所描述的超验世界是为人提供解决现实生活的奥妙,生生死死考验着一代又一代的人,只有生生不息才能阻断死亡到来的威胁,因此,姆六甲不但有泥土等造人的故事,更要恋爱、婚配生子。为了显示现实生活生育不但合法,更有其神圣性,就让崇拜的神祇带头为世人做出表率,姆六甲带有普通俗人的情爱激情,她寻找到称心如意的郎君,布洛陀当作直接影响后人的创世男神,他真的让姆六甲怀上了自己的骨肉,并一下生下多个孩子,真正完成了生育神话所诉求的多子。就这个故事单元分析,此单元是强调姆六甲生育的神力,因此,在地方神庙中,世人为之塑像就往往会同时塑造了多个孩子围绕着姆六甲。世俗之人是否也想这样拥有较多的孩子呢,这实际牵涉的是现实社会的生存智慧,依山傍水靠天吃饭的先民渴望人力的壮大,就数量来说,单纯的增加人口就是直接的途径,于是创世神话就有了姆六甲生育多子的故事,这就是把人的实际想法蕴含其中,并把世俗世界生育神圣化,把人的诉求完全让神来表现出来,可以说这就是民间文学创造神话惯用的手法。

这样可以有一个简易的公式:神等于人。也就是说,神话属于神与人的同构,不只是讲述神的故事,而是为人讲述现实生活的情感体验,神祇神性减退就会向人的状态转变,神与人相互转化,就在于人只有生活在尘世,而神可以任性来去,这就是强化了道德善行的力量,只要一生所作所为做到尽心尽职,甚至竭尽全力突破达到至善至美,其功绩或善行感动世人,也能被拔高上升到神的高度,享受人间香火祭拜。人们之所以羡慕神,主要看重神超越生死的界限,让神的名义来解决这个生死问题,就是选取男女结合婚配,生育更多的孩子,子子孙孙长大成人就会再次生育,让人的生命一代代延续下去。为了达到这个目的,更基于现实生活的实际需要,先民创造了生育神话,神性向人性方向发展,姆六甲与布洛陀谈情说爱,婚配生子,这里主要是人性的体现,缺少了神性的无所不能,按照神所具备的神力,可谓想什么就可以来什么,不用大费周折来一场轰轰烈烈的恋爱,甚至女神姆六甲倒追男神布洛陀,赶到海水游泳的海边,被布洛陀口含海水击中,怀上了骨肉为尘世生下了叫“人”的生灵。在赞颂创世大神神奇的同时,也就是在赞扬生育能力,间接在颂扬人的繁衍后代的神圣,因为神也如此,神话在这个意义上就是强调对人在现实生活的生育模仿,人与神共同建构了生育神话,人的生育与神的生育一样带有神圣性,人的生育在神的引导下不但合法神圣,而且拯救了人的生死问题。

民间文学创造应用在神话中带有明显的模仿痕迹,这样有助于建构世俗社会的神圣性,也就是把平平淡淡的现实生活提高到神所拥有的那个状态,利用加法把人可能创造的种种奇迹叠加在神的身上,这可以塑造无所不能的神,把人在现实生活的需求自然隐藏在神话中,就有了人性的诉求,特别是生育神话多着眼于生命的繁衍,这已不是神祇的创造神性,而是曲折地表现了人性的现实需要,多生育后人有益于族类力量的壮大,在神的名义下让生育神圣性,姆六甲与布洛陀结合为夫妻,神话回答了生育是解决世俗社会人之死亡的神圣之途,创世始祖担当拯救人类由生到死的神圣角色,生育神话深层意义在于创造现实世界生命繁衍的神圣。

创世神话泥土造人的浪漫情节在世界民间文学版图上非常之多,比较来说,壮族姆六甲与布洛陀结为夫妻生人神话就带有更多的深层意义,在于神话内涵扩大了世俗之人对生育的现实体认,世俗社会需要男女成年两性恋爱、婚配、性爱、生育创造新生命,创世大神姆六甲生育多子隐喻了繁衍后人的神圣性与合法性,布洛陀与姆六甲夫妻情爱关系是把世俗社会需要神圣化,带有明显的神人同构的张力,可谓直面人的生死难题,生育神话彰显了人的生命延续的独特价值。

古代文人研究

论僧景淳的诗法研究[①]

王德明[②]

[内容提要] 北宋的僧人景淳,其《诗评》是广西现存的第一部诗话著作。其主要内容是研究诗法,涉及诗的含蓄、对偶、诗句与诗题之间的关系、诗句的风格与境界、诗句的体势等问题,并提出了一些值得重视的观点,对后世也产生了一定的影响,但取法不高,眼光欠远大,因此,论述失之琐屑简略。

[关键词] 诗法 体势 简略

在广西文化史上,以诗著称,并有理论著作的作家不多。北宋时期的景淳是为数不多的人之一,他的《诗评》可以称得上广西文学史上现存的第一部诗话著作,在整个中国文学史上也有一定的地位,值得研究者注意。

一、景淳其人

景淳的著作主要是《诗评》一卷,这应当是现存广西最早的诗话著作。陈振孙《直斋书录解题》卷二十二云:"桂林僧□(原注:原阙)淳撰。"直接注明了其作者名字有残缺。陈应行《吟窗杂录》则作"桂林淳大师撰",同样也有残缺。明刻本《格致丛书》所收《诗评》题作"释景淳撰"。这应当是第一次明确地指出其作者的完整名字。而明张鸣凤《桂故》卷七在谈到桂林历史上的僧人时则说:"亦有清一著《诗话》一卷者,曰德淳。方信孺言:西山资庆寺僧绍言有米芾所与诗。郡志著桂僧景淳亦工诗。"[③]这里所说的《诗话》疑为《诗评》。尤其值得注意的是,它的作者是德淳。而说到僧景淳时,则只说到他工诗,而不说他著《诗话》或《诗评》。清人卢文弨曾云:"《通考》至大年本是'德淳'。"[④]可见,关于《诗评》的作者历来是有不同说法的,甚至更多的是倾向于德淳。张伯伟《全唐五代诗格校考》根据惠洪《冷斋夜话》及《诗话》本身中的材料,考订其为"活动

① 本文为国家社科基金项目"中国古代诗法学史"(项目编号:15BZW084)中期成果。

② 王德明,男,广西师范大学文学院教授、博士生导师。

③ [明]张鸣凤:《桂故》卷七"方外",文渊阁四库全书本。

④ 转引自张伯伟:《全唐五代诗格校考》,西安:陕西人民教育出版社,1996,第447页。本文所引《诗评》,均本于张伯伟先生此著。

于北宋仁宗至神宗朝的桂林僧景淳”。这个说法还不能视为定论。

既然《诗评》的作者署名桂林僧景淳或德淳，那么，它的作者是桂林籍应当是毫无疑问的。明魏濬《西事珥》卷七“僧景淳”条云：“僧景淳，桂人。元丰初独居豫章乾明寺，不畜（蓄）侍者，终口闭门。闻邻寺斋钟即造焉。诸刹皆敬爱之，阴雨不出，则为送食，积二十年如一日。淳诗如‘夜色中旬后，虚堂坐几更？隔溪猿不叫，当槛月初生’，又‘后夜客来稀，幽斋独掩扉。月中无旁立，草际一萤飞’之类，皆禅机语，似不可以诗僧目之者。”一方面明确地指出景淳是桂人，更指出他工诗的特点。说得更为具体明白。

二、《诗评》对诗法的研究

《诗评》作为一部诗话或诗格著作，其主要内容是讨论诗的各种作法，计有“诗有三体”“象外句格”“当句对格”“当字对格”“假色对格”“假数对格”“十字句格”“十字对格”“隔句对格”“璞玉格”“雕金格”“镂水格”“盘古格”“腾骧格”“离题断”“抱题断”“独体格”“第一句见题格”“第二句见题格”“第三句见题格”“第四句见题格”“擒纵格”等名目。从这些名目可以看出，《诗评》对诗法的论述是比较丰富的。具体而言，主要研究了以下问题：

（一）关于诗歌的含蓄表现

对此，《诗评》开卷就说：“夫缘情蓄意，诗之要旨也。一曰高不言高，意中含其高。二曰远不言远，意中含其远。三曰闲不言闲，意中含其闲。四曰静不言静，意中含其静。”在首先肯定“缘情蓄意”是诗的要旨之后，对于如何表现诗的“情”“意”，《诗评》提出了关于诗的要旨“情”“意”的四个方面或要素——高、远、闲、静的表现方式，其一致的标准和要求是不言而意中有这四种要素。显然，不言而意中有，是这一问题的关键。既然不言而意中要有，那么，毫无疑问，其基本的要义就是含蓄不露，这是《诗评》对于诗歌艺术表现的基本观点，所以《诗评》中有这样的话：“诗之言为意之壳，如人间果实，厥状未坏者，外壳而内肉也。如铅中金、石中玉、水中盐、色中胶，皆不可见，意在其中。使天下人不知诗者，视为灰劫，但见其言，不见其意，斯为妙也。”“诗有动静。情动意静也，情虽含蓄，览之可见。”并举了大量的例证来说明这一观点。这无疑是切合中国古典诗歌的传统和实际，并击中中国古典诗歌的表现要害。

（二）关于对偶

在《诗评》中论述到对偶的有“当句对格”“当字对格”“假色对格”“假数对格”“十字对格”“隔句对格”。这些对偶多数并非《诗评》独创，而早已见于前人有关的著作中。例如“当句对格”，就是当句对，即在某一句中两词形成对偶。

《诗评》所举的诗例是“无人来问我,白日又黄昏”和“船中江上景,晚泊早行时”。这里的前两句中的“白日又黄昏”里的“白日”与“黄昏”在同一句中形成对偶,后两句“船中江上景,晚泊早行时”中的“晚泊”与“早行”在同一句中形成对偶。例如唐无名氏的《文笔式》中所说的互成对,实际上就是当句对。皎然在《诗议》中也说到当句对。再如“假色对格”,也就是借同音字作颜色来对偶。《诗评》所举的诗例是“因游樵子径,得到葛洪家”“卷帘黄叶落,锁印子规啼”。前二句中“子”与“紫”同音,“洪”与“红”同音,故借以作对。后二句中的下句有“子”字,与“紫”字同音,因借以对上句的“黄”。这也是唐五代诗格著作中的老生常谈。

(三)关于诗句与诗题的关系

这可以说是《诗评》最主要的内容之一。《诗评》提出了:“诗有四题体:一曰第一句见题;二曰第二句见题;三曰第三句见题;四曰第四句见题。除此四句之外,不见题者大谬也。”意思是说,诗歌创作,至少要在前四句中就要着题,四句之外再见题,意味着离题太远,这是极大的错误。由此可见,《诗评》是非常重视诗句与诗题之间的关联的。正因为如此,在阐述“纵擒格”时,《诗评》说:“《看水诗》:‘范蠡东流阔,灵均北泛长。谁知远烟浪,别有好思量。’此是言古之二贤人也。‘故国门前急,天涯棹里忙。’此两句说水,未说看。‘难收楼上兴,渺漫见斜阳。’此二句方见看水,纵意也。”认为这首《看水诗》中各句联紧紧围绕诗题中的“看水”二字着笔,各联、各句是如何布局并发挥作用的。这显然是在举齐己的《看水诗》来说明作品如何在具体的诗句中,关合诗题中的“看”和“水”字。在说明“独体格”时说:“廖处士《游般若寺上方》诗:‘椰粟步溪光’,此说路上去之意。‘随云到上方’,此说到寺见物也。‘经秋禅客病,积雨石楼荒。古藓麋鹿迹,阴崖松桧香。’此四句说寺中内外景也。‘平生豁所思,吟啸倚苍苍。’此说最高也,‘苍苍’是天也。此诗只说寺中意,别无作用,故名独体。”虽然名义是在讨论“独体”,但实际上研究的是诗句与诗题的关联问题。

在这个问题上,景淳还有“两断”的说法。在说到“离题断”时,景淳的说法是:“诗有二断:一曰离题断。二曰抱题断。”这显然是讨论诗句与诗题之间的关系的。对于“离题断”,景淳并没有解释其具体的含义,但举出诗例,它们是:《闻泉》诗:“几曾庐岳听,到晓与僧同。”《对云》诗:“翻忆旧山青碧里,绕庵闲伴野僧禅。”《对柱杖》诗:“不似湘江竹,斑斑有泪痕。”这三个诗例似乎都是诗的尾联,其中的《闻泉》诗,就是今本《全唐诗》中齐己的《听泉》:“落石几万仞,冷声飘远空。高秋初雨后,半夜乱山中。只有照壁月,更无吹叶风。几曾庐岳听,到晓与僧同。”对于“抱题断”,景淳也只是举诗例,不作解释。又如,《新栽松》诗曰:“他日成阴后,清风吹海涛。”《新栽竹》诗:“会待成林日,新抽锦箨看。”《落花》诗:“繁艳根株在,明年向此期。”这些句子也是诗的尾联,全都是齐己的作品。如《新栽松》诗:“野僧教种法,苒苒出蓬蒿。百岁催人老,千年待尔高。静宜兼竹石,幽合近猿猱。他日成阴后,秋风吹海涛。”由此可见,景淳所说的“断”,就是指诗的结尾,也就唐五代诗格著作中常说的“断句”①。所谓“离题断”,似乎指以不直接或间接写题中之物、人与事作结;所谓“抱题断”,似乎指紧扣题中之物、人与事,以对未来结果的期待或预料作结。这显然是通过尾联与诗题之间的关系来讨论诗歌如何作结的问题。这也是诗法研究中经常讨论的问题。

(四)关于诗句的风格或境界

《诗评》中所列举的“璞玉格”“雕金格”“镂水格”等就属于此类。关于“璞玉格”,《诗评》说其特点是“如玉未琢,同天真也”。显然,就是指诗句“清水出芙蓉,天然去雕饰”。《诗评》所举的诗例是“寡妻存子息,破宅在林泉”“别离同雨夜,道路近云州”“须知垂钓者,半是苦耕人”“有家从小别,无寺不言归”“池塘生春草,园柳变鸣禽”“忘机一病客,冥目坐秋山”。从这些诗句可以看出,它们的普遍特点是朴实无华,无刻意雕凿之痕。“雕金格”,显然与“璞玉格”相反,《诗评》说是“犹如真金,加乎雕饰也”。也就是经过精心雕饰的诗句。“镂水格”,《诗评》说是“著句轻,清斩好看也”。所举诗例是“寒窗枯砚水,山雨润琴弦”“马饥餐落叶,鹤宿晒残阳”“移花兼蝶至,买药得云饶”“河分岗势断,春入烧痕青”“买山兼夜月,移竹带春风”“叶落山形瘦,天高斗柄低”“石盆栽药瘦,松火焙茶香”。显然是指轻灵可爱的诗句。

(五)关于诗句的体势

这是晚唐五代诗格著作最喜欢讨论的话题。《诗评》继续讨论这一话题,并提出了自己的看法。《诗评》说:“凡为诗要识体势,或状同山立,或势若河流。今立二势格:一曰盘古格;二曰腾骧格。”从这个解释或说明来看,《诗评》所说的“体势”,显然是指诗句的气势或体格。这里我们要注意的是,景淳将“识体势”看成是“为诗”的首要前提。言外之意,如果不识体势,要写出好诗绝无可能。景淳在这里提出了盘古格和腾骧格这两种体势。所谓“盘古格”,《诗评》所举的诗例是“毛女当空户,日高犹未流”“石室人心定,水潭月影残”“还知旧山夜,卧听瀑泉时”“白发无心镊,青山去意多”“衣褐惟粗布,筐箱只素书”“竹笼拾山果,瓦瓶担石泉”“陶情新竹叶,辟恶古菱花”“故园从小别,夜雨近秋闻”。按《诗评》的解释:“以上并是形势,但不得动。”这就是说,以上诗句是在“形”,也就是表现上具有“势”的特点,但不具“动”态。这个“形”,从其盘古格的命名来

---

① 如僧神彧:《诗格》“论诗尾”条云:“诗之结尾,亦云断句,亦云落句。”

看,实际上指高古的风格或境界。所谓“腾骧格”,《诗评》所举的诗例是“泝流随大旆,到岸见全军”“经秋禅客病,积雨石楼荒”“瓶残秦地水,锡入晋山云”“书剑别南州,炎荒万里游”“拂琴天籁寂,欹枕海涛生”“山盘樵径上,人到雪房迟”。并说:“以上并是语势,不定作用者也。”这就是说,这些诗句都是在语言具有“势”的特点。从所举的诗例及“腾骧格”的命名来看,景淳所说的“腾骧格”显然是指气势宏大、气象恢宏的风格或境界。

除了以上的内容外,景淳还讨论了诗法的一些其他问题,此不赘述。

三、《诗评》的价值与意义

作为一部诗格类著作,《诗评》中的某些论述还是有一定意义的,例如诗句与诗题的关系、诗歌的含蓄表现等。尤其应当注意的是,《诗评》中提出了诗法中一个不属于技巧而属于更高层次的问题,即诗的辨体问题。《诗评》云:“一曰诗人之体为上。二曰骚人之体为中。三曰事流之体为下。”在这里,景淳虽然没有直接说到诗歌创作很重要的是要辨体,但是,他首先将“体”的问题提出来,而且将“诗人之体”“骚人之体”与“事流之体”区分了高下。景淳所说的“诗人之体”显然是指《诗经》中的诗歌,“骚人之体”指屈原《离骚》这一类作品,而“事流之体”的具体含义我们不太清楚,但从这三体的排列顺序来看,这很可能指的是《离骚》之后的某一类诗体。可见,在景淳的诗体观念中,时代越古老,诗体越高古,因而越值得效仿。景淳之所以要将这三体分出上、中、下三等,实际上是希望学诗者向《诗经》学习,至少也得仿效《离骚》,而不能学习等而下之的“事流之体”。就具体的思想和见解来说,景淳这种三分法的观点并无多少新意,但是,如果我们将其放到整个古代诗法学史上去考察,就会发现它有一些特殊的意义。在中国古代诗法学的研究中,诗法的研究与学习,从来就不是一个纯粹的艺术技巧的问题,而是整个诗歌创作系统,其中一个非常重要的内容是辨体。这种辨体的思想,到南宋的严羽《沧浪诗话》中表现得极为突出。《沧浪诗话》有“诗体”一部分,分析总结中国古代诗歌史上的各种诗体,其目的就是要让学诗者做到心中有数,不致误入歧途。也就是其“诗辨”中说到的“夫学诗者以识为主,入门须正,立志须高;以汉、魏、晋、盛唐为师,不作开元、天宝以下人物。若自退屈,即有下劣诗魔入其肺腑之间;由立志之不高也。行有未至,可加工力;路头一差,愈骛愈远;由入门之不正也。故曰:学其上,仅得其中;学其中,斯为下矣。”也就是说,作为学诗者来说,最重要的是找对方向和目标,否则,就是南辕北辙了。如果我们将景淳的观点与严羽的观点作一个比较,就可以发现他们有类似之处,但景淳远在严羽之前。可见,在学诗辨体的问题上,景淳是有其先见之明的。

在诗句与诗题的关系上，景淳也提出了一些值得重视的观点和看法，对于丰富诗歌创作技法无疑是有一定意义的。

张伯伟先生指出："《诗评》在理论上颇受皎然《诗式》影响，如云：'远不言远，意中含其远；静不言静，意中含其静。'显然出于皎然所谓'意中之远''意中之静'。又论诗体势，亦有取于皎然'明势'。其言诗歌'言''意'关系当'如铅中金，石中玉，水中盐，色中胶，皆不可见，意在其中'。这在《沧浪诗话》中得到引申发挥。"①这客观地指出了《诗评》的学术渊源与影响。它提出的"象外句格"与举出的诗例"微阳下乔木，远烧入秋山""听雨寒更尽，开门落叶深""万里残秋籁，孤船半夜猿"，经常成为后世诗法学著作引用的例子。例如《冷斋夜话》卷六"比物以意而不指言某物谓之象外句"条云："唐僧多佳句，其琢句法比物以意，而不指言某物，谓之象外句。如无可上人诗曰：'听雨寒更尽，开门落叶深。'是以落叶比雨声也。又曰：'微旸下乔木，远烧入秋山。'是以微旸比远烧也。"后魏庆之《诗人玉屑》卷三也引用了此条。这说明《诗评》对后世是有一定的影响的。

《诗评》的内容比较丰富，一些观点也有可取之处。但是，客观地说，作为一部诗话或诗格著作，与唐五代大量的同类著作相比，它的许多有关诗法的内容是老生常谈，例如关于诗的对偶、关于诗的风格或境界、诗句的体势等，不仅名目相同，甚至诗例也沿用前人；受风气影响，所讨论的问题有些属枝末细节，在诗歌创作中也并非关键要害，其眼光也不够高远。重点在列举、归纳，而较少理论阐述，显得过于简略。从内容来看，受皎然、齐己等中晚唐诗人影响较大，取法不够深远宏大。这说明景淳的诗学修养也属一般，未超出当时一般僧人和诗格著作作者的水平。《蔡宽夫诗话》曾批评云："唐末五代，僧流以诗自名者，多好妄立格法，取前人诗句为例，议论锋出，甚有'狮子跳掷''毒龙顾尾'等势，览之使人拊掌不已。"②这虽然不是直接批评《诗评》，但所指出的问题和倾向，在《诗评》中确有比较明显的表现。

---

① 张伯伟：《全唐五代诗格汇考》本《诗评》，南京：江苏古籍出版社，2002，第500页。

② 《苕溪渔隐丛话》前集卷五十五引。

论《三管英灵集》的编纂动因

张　彦①

[内容提要]　梁章钜编纂《三管英灵集》既受到清初至清中叶地域诗歌总集编纂的时代学术风气之影响;也因梁章钜本人积累了地域诗歌总集编纂经验、地域诗话的编纂经验,使其具备了选诗家的手眼和鉴诗家的质素;更主要的是梁章钜欲学习继承《粤西诗载》和《峤西诗钞》的编纂成就并超越之,编纂一部搜罗范围更广泛、编纂更标准、体例更严谨的广西诗歌总集。

[关键词]　《三管英灵集》　梁章钜　诗歌　编纂

《三管英灵集》是清道光十六年(1836年)至道光二十一年(1841年)由广西巡抚兼学政梁章钜主持编纂,杨季鸾、朱琦、彭昱尧、闵鹤雏、黄春亭等选辑编成,桂林十字街刻书坊汤日新堂刻印。"三管",指唐代岭南五管中的桂管、邕管、容管,所辖境相当于今广西,因此"三管"即广西的代称,此书未刊印前梁章钜命名为《三管集》,后刊者仿唐代殷璠《河岳英灵集》,故命名《三管英灵集》,全书57卷,收诗人565人,诗歌3578首,上始晚唐,下迄梁章钜所在的清道光年间。梁章钜将《三管集》中对诗人诗歌的随笔评论或诗事先期付梓,是为《三管诗话》。

梁章钜编纂《三管英灵集》既受到了清初至清中叶地域诗歌总集编纂的时代学术风气的影响,也在于自身对地域诗歌总集编纂的学术积累和学术关注。梁章钜出任广西巡抚后,意识到广西诗歌总集未有集大成之作,欲在清前期文人编纂广西诗歌总集的基础上,实现继承与超越,完成更大规模广西诗歌总集编纂的文化建设事业。

一、地域诗歌总集编纂的时代风气之影响

地域文学总集的编纂实际上是地域文学和地域文化的一种建构方式,或是郡邑文坛宿老、知识分子对地方文学文献、地方文化有意识的整理、保存、弘扬;或是仕宦地方的官员进行文化建设,调配地方政府的力量和当地的文化资源,

---

①　张彦,女,文学博士,广西师范大学文学院副教授。

大力编修出版的文化成果。清初至清中叶清政府对文化事业的重视,对文献的搜集整理的重视,是促成士人编纂地域文学总集的重要因素,如康熙帝亲自主持了多达九百卷的《全唐诗》、七十四卷的《全金诗》、三百一十二卷的《四朝诗》;乾隆年间,则开展了全国性的征书工作,编纂卷帙浩繁、工程巨大的《四库全书》等,上行下效,在地方任上的知识分子也深具保存地方文化遗产的责任感与使命感,学术型文人,皆欲以编纂总集的形式贯通地方文学、文化的发展脉络,接续文学、文化的道统。

清初(顺治、康熙朝)开始,"地方士人对纂辑地方文学总集表现出空前的兴趣和热情"①。规模性与系统性等方面均取得远超前人的成就。就诗歌总集而言,出现在经济发达或文化传统深厚的地域,且府、县两级的诗歌总集较多,而一省之诗歌总集凤毛麟角,仅江苏、浙江、湖北、福建、广东、广西等几省有所编纂,如黄登的《岭南五朝诗选》、廖元度《楚风补》、曾士甲《闽诗传初集》、汪森《粤西诗载》等。广西虽地处边陲,开发较晚,但自汉代已有诗歌出现,唐宋谪居广西的文人也有诗歌流传,明清广西诗家辈出,诗作数量大大增多。浙江桐乡汪森,康熙年间先后任桂林、太平(今广西崇左)两府通判,感受到时代风气,率先编纂广西历代诗歌总集。据《四库全书总目提要》载成书过程,"森在粤西,以舆志阙略殊甚,考据难资,因取历代诗文有关斯地者,详搜博采,记录成帙。归田后,复借朱彝尊家藏书,荟萃订补"②而成,辑录了历代广西籍著名作家及客桂著名文人有关广西的诗词,弥补了明以前广西诗歌总集不见编纂的空白,也成为清初规模较大的一省诗歌总集的代表之一。

清中叶(乾隆、道光朝),"总集编纂的地域范围不断扩大,几乎遍及全国。大量之前极少或从未有过此类总集的地区也都纷纷加入到这一活动中来,可谓盛况空前"③。此时出现诸多"国朝"地域诗歌总集,即只辑录清代的地域诗人诗歌总集,而通代一省的诗歌总集也是蔚为大观,仍然集中在江浙、湖南、江西、广东、广西等南方诸省。如阮元《两浙輶轩录》、邓显鹤《沅湘耆旧集》、曾燠《江西诗征》、梁善长《广东诗粹》、温汝能《粤东诗海》、李调元《蜀雅》、张鹏展《峤西诗钞》、梁章钜《三管英灵集》等。一省之中,诗歌总集编纂者前赴后继,总集又不止一二,诸多后出转精之作堪称一省通代诗歌总集之大成。这些诗总集的编纂目的皆欲保存一省从古至今之诗人,及诗人优秀的诗歌作品,一来不淹没地

---

① 陈庆元:《清代前期福建区域文学总集及诗话的编纂》,《中国典籍与文化》编辑部编:《中国典籍与文化论丛(第六辑)》,北京:中华书局,2000,第168页。

② [清]永瑢、纪昀主编:《四库全书总目提要》卷一百九十,海口:海南出版社,1999,第1039页。

③ 夏勇:《清代地域诗歌总集编纂流变述略》,载《西南交通大学学报(社会科学版)》,2009年第1期,第6页。

方之人才事迹和诗歌成绩，促进诗歌的交流与传播；二来为后学者树立模范，可观一时之时代风气，纵览几代之文学发展，考一省之文献集成，“后之君子必有据，而取之者无惑也”①。而清初至清中叶的地域诗歌总集编纂的确在客观上实现了选诗家的编纂目的，洋洋乎大观，深具保存地域文学、文献、文化的意义。

张鹏展与梁章钜皆为感受时代风气之士，先后编选广西通代诗歌总集。清代乾隆年间的张鹏展乃广西上林人，曾祖父张鸿翮，是清初著名的壮族诗人；祖父张友朱是庆远教授；父亲张滋，是全州学正。受地域诗歌总集编纂的时代风气影响，其生长环境、家学传统无不对其编纂事业产生深刻影响，辞官回乡后的张鹏展，又先后于桂林秀峰书院、上林澄江书院、宾州宾阳书院讲学，期间对广西诗歌进行搜集、整理。“峤西诗之刻，凡以存一省之文献也。粤西土司，大抵务实而不务名。上焉者生平刻励于道德经济之业，不屑于雕章棘句以示长。间有山林学绩之士，风雨一编，苦心镂刻，只以自怡，未尝刻集以炫于世。是以粤西之诗，少有存者……粤西自唐代有二曹专集行世……迨宋数百年，现有专集者，惟一方外契嵩。”②张鹏展有感于广西诗人诗歌文献的散佚不传，用将近十年时间整理、汇集成第一部广西籍诗人诗歌总集《峤西诗钞》，对保存广西诗人诗歌作出了贡献。

清代道光年间，梁章钜巡抚广西，在编纂地方诗歌总集的时代风气影响下，有意识地在两部前人的诗歌总集基础上，进一步收集整理广西诗人的诗歌文献，主持编纂了更大规模的广西诗歌总集《三管英灵集》。

二、梁章钜的地域诗歌总集编纂经验

梁章钜一生勤于著述，卷帙浩繁，内容题材极其丰富，涉及政治经济、文化历史、考证实录、笔记丛谈、科学技术、文学艺术诸类，其著述之丰，在清代罕有其匹，50余年著作有70余种，为清代各省督抚中著作最多者。他随仕宦经历所到之处，努力整理当地的诗歌文献，编纂地域性的诗歌总集及整理编辑地域性诗话，尤其对福建的地域诗歌和诗话关注颇深，因梁章钜是福建长乐人，对家乡文学文化的热忱可想而知。梁章钜在《退庵自订年谱》云：“己巳（嘉庆十四年，1809年），三十五岁，仍赴南浦讲席，辑《东南峤外诗文钞》若干卷，陈恭甫为之序。”③梁章钜在《归田琐记》卷六《已刻未刻书目》云：“《东南峤外诗文钞》三十

① 朱琦：《国朝正雅集序》，张维：《朱琦〈怡志堂诗文集〉校注》，广西大学硕士学位论文，1999，第203页。

② 杨盟修，黄诚沅纂：《上林县志》，卷十四，影印民国二十三年本.台北：成文出版社，1968。

③ ［清］梁章钜：《归田琐记》，《附：退庵自订年谱》，北京：中华书局，1981，第183页。

卷，陈恭甫编修序，皆录五代以前作，未刻。”①另外，梁章钜还辑录了“《闽诗抄》五十卷，皆录宋以后至国朝各诗，未刻”②。因未及时刊刻，后散佚，两部总集今已无缘得见，乃梁章钜及今人之憾事。但这两部福建诗文总集的编纂为其编纂广西诗歌总集提供了编纂方法、编纂体例上可资借鉴的经验，如梁章钜编纂《东南峤外诗文钞》时，录入诗人的里居事迹，后来他在编纂《三管英灵集》时，也加入了诗人的简单传记，以备后人读书学诗能够知人论世，更好地理解诗歌作品的情感和意义。陈寿祺为《东南峤外诗文钞》作序，就评是书云：“由五代上溯三唐、六朝捃摭殆备，又各具其爵里事迹。于是叹仪曹用心深至，俾学者诵读古人诗书，有以知人论世而不迷于远也。”③梁章钜编纂《东南峤外诗文钞》的同时，还编录了《东南峤外诗话》，这也对后来在广西编纂《三管英灵集》、编纂《三管诗话》提供了体例和方法上的借鉴。在编纂《三管英灵集》之前，除了编辑上述福建的诗歌总集之外，梁章钜还编纂了福建诗话《补萝山馆诗话》《长乐诗话》《南浦诗话》等，这些地域诗话的编纂也为后来梁章钜编纂《三管诗话》产生了影响，在编选广西诗人诗作的同时，也对这些诗人的籍贯生平进行考证，探讨诗人别集的版本与诗人手稿佚诗的来源，辨析诗作、词句、声韵的正误优劣，辑录各家诗话对广西诗人诗歌的评论，并发表自己对广西诗人诗歌鉴赏的见解。梁章钜从创作构思论、审美风格论、语言韵律论等多方面形成自己对广西诗人诗歌的诗学观。

总之，受到时代编纂地域诗歌总集风气的影响，入清以来广西地域总集编纂活动的启发，加之梁章钜编纂福建诗歌总集诗话的学术积累等，皆成为梁章钜编纂《三管英灵集》和《三管诗话》的基础。道光十六年(1836年)四月，梁章钜接到升任广西巡抚兼学政令，此时，梁章钜已62岁高龄，到任后，用了5年的时间，悉心搜集广西籍诗人的别集，编选《三管英灵集》，梳理了清中叶之前广西诗歌的发展与流变。

三、对广西诗歌总集的继承与超越

梁章钜《三管英灵集·凡例》第一条就指出自己编纂《三管英灵集》的原因。他认为：“粤西诗向无汇集，上林张南松通政始有峤西诗钞之刻，征采阅十载而成创辟之功勤矣，顾览者犹有未餍于心。兹编则搜罗较广而体例亦加严，

---

① ［清］梁章钜：《归田琐记》，《附：退庵自订年谱》，北京：中华书局，1981，第120页。

② 同上，第120页。

③ 陈庆元：《文学：地域的观照》.上海：上海远东出版社，2003，第154页。

非竞美于前人,实增华于踵事”①。梁章钜认为此前广西诗人诗歌总集凤毛麟角,且未成规模,所以欲在汪森《粤西诗载》和张鹏展《峤西诗钞》的基础上,将粤西诗人诗歌文献进行更广泛的搜集、整理、汇编。

首先,梁章钜认为在张鹏展《峤西诗钞》之前“粤西诗向无汇集”,《三管英灵集》与《粤西诗载》的编纂理念不同。广西地处岭外,虽广西诗人创作诗歌由来已久,但因流传极少,难以汇集,道光年间临桂人廖鼎声有感于“粤人固非无能诗,以僻在岭外,流传遂少”②,梁章钜也认为在张鹏展《峤西诗钞》之前“粤西诗向无汇集”。虽然在张鹏展之前,有汪森编集了《粤西诗载》,《粤西诗载》是一部诗词总集,其中诗二十四卷,3118首,他搜集的广西诗词,上始汉代,下至明末。但《粤西诗载》只选入写广西的诗歌,而不录广西籍诗人并未作于广西、并非写广西的诗作。有些著名作家虽未到过广西,但只要所写作品与广西的人和事有关,亦一律收录。例如,韩愈虽未到过广西,因他的《送桂州严大夫》写的是想象中的桂林景物,也收入《粤西诗载》,《粤西诗载》虽不是收录广西籍贯作家作品的总集,但为保存广西地理风物、民俗人情等地域文化作出贡献,是研究广西地域文化的重要参考。梁章钜不满足于只是选录写广西的诗歌,更关注所有粤西籍诗人的诗歌,因此他得出在张鹏展《峤西诗钞》之前“粤西诗向无汇集”的论断,或者说,张鹏展和梁章钜所谓的“粤西诗”指的是广西籍诗人的诗歌,与汪森所谓的“粤西诗”含义有所不同。

梁章钜《三管诗话》录宋人笔记《郡阁雅谈》所载宋代广西恭城诗人周渭《赠吴崇岳》一诗的诗事,并在《三管英灵集》之中收入了这首《赠吴崇岳》。梁章钜说:“此诗非为粤西而作,故《粤西诗载》不录,岭外宋诗存者无几,因亟收之《三管集》中。”③这就表明了梁章钜编纂《三管英灵集》的理念与汪森编纂《粤西诗载》的理念不同,宋代广西诗人的诗歌被保存下来的本来就少,梁章钜将极为珍贵的周渭的诗歌和诗事文献收录,就弥补了《粤西诗载》只收关于广西诗歌的不足,实现了保存广西地方文献和地方诗人诗作的目的。

其次,梁章钜编纂《三管英灵集》欲学习《峤西诗钞》编纂体例、收录标准等,并欲完善其编纂之不足,编纂一部更具严谨性和规模性的广西诗歌总集。在编纂思想和编纂实绩上有所超越。

《峤西诗钞》全书共21卷,收入粤西260位诗人的诗作2100多首。张鹏展嘉庆年间在北京就已经开始收集广西的诗人诗作,收集诗歌、采阅整理达十年

---

① [清]梁章钜:《三管英灵集》,桂林汤日新堂清道光刻本,藏国家图书馆,凡例。

② 廖鼎声:《拙学斋论诗绝句序》,林东海,宋红编:《万首论诗绝句》(第三册),北京:人民文学出版社,1991,第1328页。

③ [清]梁章钜著,蒋凡校注:《三管诗话校注》,南宁:广西人民出版社,1996,第48页。

之久。梁章钜肯定张鹏展的《峤西诗钞》对关注并整理广西籍诗人和诗歌有开创之功，是清代广西地域诗选前无古人的力作。但梁章钜认为张鹏展的《峤西诗钞》虽有“创辟之功”，但读来仍然让人有未能满足之感。

第一，《峤西诗钞》的收录范围并不全面，只存明清两代的广西籍诗人诗作，没有收录唐宋两代的广西诗人诗歌。所收上自明代蒋冕，下迄清代嘉庆年间，由于搜集的局限和编纂思想的不同，《峤西诗钞》有许多遗漏未录的广西诗人诗作，选录广西诗人的诗作数量比之诗人别集诗歌数量也较少，张鹏展虽是去粗取精，这也未免令人遗憾。

在张鹏展采录编纂过程中，由于广西地域广阔，诗人众多，诗人活动也不仅仅限于广西，省外的文献资料查找更为不易，因此采集不可能周遍；且在郡县志等地方文献中查找到的诗人已有诗歌专集，但仍有很多没有能够寄到张鹏展的手中，使得最终收录的诗人诗歌范围并不全面。如《三管英灵集》收录了《峤西诗钞》没有收录的明代平南诗人袁崇焕的诗歌六十六首，梁章钜在《三管诗话》卷上讲到收录的原因：“公《省志》无传。朱氏《明诗综》及张氏《峤西诗钞》均无诗。余搜访得醴庭所辑《乐性堂遗稿》二卷，如获珙璧，亟登之《三管集》中者，盖十之七八。”①梁章钜之前的广西诗歌总集《峤西诗钞》和《粤西诗载》，以及朱彝尊编纂的《明诗综》均未录袁崇焕的诗歌，就连《广西省志》都没有袁崇焕的传记，《明史》本传称袁崇焕是广东东莞人，而梁大力搜寻考证，得出袁崇焕是广西平南人的论断，并从袁崇焕的家族后人平南袁珏那里得到袁崇焕的集子，便将他所存诗歌的大多数都录入《三管英灵集》，加以颂扬，独具慧眼，成为保存袁崇焕诗歌的功臣。可见梁章钜有意识地在《峤西诗钞》所选诗歌之外，钩沉搜集，对广西诗人诗歌加以辑佚和保存。

再比如《三管英灵集》收录了清代全州谢济世的两首狱中诗作《丙午十二月初七日下狱次日旋奉旨免死释放发军前效力赎罪感恩述事次东坡狱中寄子由韵寄从弟佩苍实夫二首》，并在《三管诗话》卷中云，谢济世被赦免后，自求外出，授湖南粮道，“长沙士人感其遗爱，片纸只字，俱珍重之，故传此二首。而《峤西诗钞》遗之。”②诗人活动范围扩大，广西籍诗人因仕宦等经历，足迹遍布全国各地，诗歌搜集的范围也不能集中于广西，谢济世的此二首诗就是从长沙的文献中得到，梁章钜认为极为珍贵，录入《三管英灵集》中即可见谢济世其人的君子豪情，又能补《峤西诗钞》所遗之缺憾。正因为有珍贵的诗人诗作，有前人总集留下的遗憾之处，梁章钜才想要编纂规模更大的广西诗人诗歌总集。

---

① ［清］梁章钜著，蒋凡校注：《三管诗话校注》，南宁：广西人民出版社，1996，第84页。
② 同上，第95页。

另外，由于编纂思想的不同，编纂标准的不同，对于同样的诗人别集中的诗歌，张鹏展选录较少。梁章钜《三管诗话》卷上云："朱竹垞《明诗综》第录《湘山寺》五绝一首，固难免俞廷举反唇之讥。而张南崧《峤西诗钞》所收，亦尚有遗珠之叹。"①俞廷举乃广西全州人，曾任四川营山、定水县令。俞廷举于清代嘉庆二十一年（1816年）为本乡先贤蒋冕刻印了《湘皋集》四十卷。梁章钜称，俞廷举曾讥讽清初朱彝尊编纂《明诗综》时，仅仅收蒋冕一首诗歌，数量实在太少。梁章钜认为不仅仅是朱彝尊，就连关注广西诗人的张鹏展编集《峤西诗钞》时，也只是选录蒋冕诗歌三十六首，未免让人有"遗珠之叹"。故梁章钜编纂《三管英灵集》，收录蒋冕诗歌六十三首。这就在选诗数量上超过了《峤西诗钞》，也将蒋冕集中更多质量上乘的诗作展示于众。

第二，梁章钜继承《峤西诗钞》的收录标准，编选粤西籍诗人之诗；并在辨体基础上编选正体之诗。张鹏展所收录广西诗人必须是寄寓广西数十年者，侨居广西的诗人不在选录之列。梁章钜虽未对寓居广西诗家寓居时间作规定，《三管英灵集》"凡例"第九条亦云："闺秀、方外各编为卷于后，流寓又后之，非久于粤者不阑入。"②《三管英灵集》收录更为严谨，闺秀、方外、流寓编于最后，除方外、流寓22家外，所收录皆广西人，方外、流寓也都是长期寓居广西者。《三管英灵集》还规定，凡未能考证诗人里居、生平的广西籍诗人诗歌则单卷收录；不录无名氏之诗；诗人里居若存争议，未能确定广西籍者，不录入《三管英灵集》，而在《三管诗话》录入，表示存疑，以上诸收录标准的订立都要比《峤西诗钞》更为细致清晰。

另外，《三管英灵集》只编选诗歌之正体，文体意识明晰。《峤西诗钞》的收录标准就比较严谨，联句诗、集古诗、回文诗等游戏娱乐的诗体皆排除在外。《三管英灵集》继承之，"凡例"之七云："应制之作，唐人编集未尝区别，后人则釐为别体。兹集摘收其赓歌、朝庙之篇，其科场试帖概不羼入。"③"凡例"之八云："全唐诗谚谜、占辞、酒令皆编为卷，是编唯录正体，外此，虽填词亦不载。"④梁章钜收录诗歌的标准之一是只录正体诗歌，而不录别体诗歌，他以《全唐诗》为例，认为唐人没有区别应制之诗的艺术价值，诸如试帖诗、唱和诗、颂赞诗等一概收录；而《三管英灵集》只收录其中艺术价值较高的唱和诗和颂赞诗，没有收录试帖诗。另外，谚谜、占辞、酒令、词等皆弃而不录，因为严格来讲，均非诗之正体。在收录诗之正体的标准上，《三管英灵集》与《峤西诗钞》一以贯之，均

① ［清］梁章钜著，蒋凡校注：《三管诗话校注》，南宁：广西人民出版社，1996，第173页。
② ［清］梁章钜：《三管英灵集》，桂林汤日新堂清道光刻本，藏国家图书馆，凡例。
③ 同上。
④ 同上。

以选录具艺术价值的诗歌为本位，又比《峤西诗钞》更为严格。

第三，梁章钜学习《峤西诗钞》的编纂体例，同时完善其不足。在体例上，《峤西诗钞》以粤西诗人的科名前后为主要依据排列诗人次序，《三管英灵集》继承之，“凡例”第十条表明录入诗人的次序按照诗人乡试、会试或中试的年代先后排列，若诗人并未参加过上述考试，则根据其生平估略其年代，大概排序。梁章钜《三管诗话》卷上批评《峤西诗钞》将明代宰辅蒋冕排在第一位的编排，“张通政《峤西诗钞》托始于蒋文定公，即未免有名位之见。而梅轩尚书诗又列文定之后，尊弟而抑兄，岂真所谓近人论诗多序爵耶？”①梁章钜认为首列蒋冕，又将其兄蒋昪之诗排在蒋冕之后，透露出张鹏展以名位先于诗人诗歌的选编意识。梁章钜则主张诗人排序及选诗的多寡都应摒弃这种政治功利的编纂意识。梁章钜在《南浦诗话》卷八又借朱彝尊之话语，批评清初以来多有总集编纂者以名爵地位论诗排序，所以他在《三管英灵集》中不论诗名大小，尽可能收录所有粤西诗人之诗，主要按照乡试、会试或中试的年代编次诗人先后，上承朱彝尊《明诗综》不以诗人身份地位编选诗歌的编纂思想。

综上所述，梁章钜编纂《三管英灵集》既受到清初至清中叶地域诗歌总集编纂的时代学术风气之影响；也因梁章钜本人积累了地域诗歌总集编纂经验，尤其是其家乡福建地域诗歌总集及诗话的编纂经验、诗学思想，使其具备了选诗家的手眼和鉴诗家的质素；更主要的是梁章钜巡抚广西，见广西诗歌总集仅有一二创辟之功，又自有收录范围、收录标准、编纂体例的不足，所以梁章钜欲模仿前贤的编纂活动，在广西任所积极准备，在对《粤西诗载》和《峤西诗钞》的学习继承、发扬光大的基础上，查缺补漏，搜罗范围更广泛，编纂标准、体例更为严谨，即所谓“兹编则搜罗较广而体例亦加严。非竞美于前人，实增华于踵事”②。欲成就有益于广西诗歌整理选录汇集的事业，存一省文献之精华，理一省文化发展之统绪。梁章钜主持编纂的《三管英灵集》也的确超越前人之总集，成为粤西通代诗总集的集大成者。

---

① ［清］梁章钜著，蒋凡校注：《三管诗话校注》，南宁：广西人民出版社，1996，第76—77页。

② ［清］梁章钜：《三管英灵集》，桂林汤日新堂清道光刻本，藏国家图书馆，凡例。

况周颐的家学渊源①

王 娟②

［内容提要］ 况周颐为晚清词学大家，对金石文字、绘画等都有研究，还是著名的藏书家，文学素养很高。这和其家学渊源密切相关。况家为官宦世家，也是书香世家，为当地诗礼簪缨的名门望族。况周颐曾祖有诗作传世，祖父是其家学蒙养的重要奠基人，诸位伯父成年均入仕，也有著述流传，尤其是其二伯父况澄著述非常丰富，所涉及的学科门类非常广泛，对况周颐的影响尤为深重。况氏家藏丰富。况家的传统、家庭环境的熏陶对况周颐所取得的成就都产生了深远的影响。

［关键词］ 况周颐 家学渊源 况澄

研究况周颐，一般人皆从临桂词派角度去考察他，认为他以王拯等前辈乡贤为师，与王鹏运亦师亦友，与词友朱祖谋切磋词艺，这三人与其词学成就颇有关联。当我们从况氏家族角度考察，则发现况周颐所取得的成就有其深厚的家学渊源。

况周颐除对词学有深湛研究外，对文字学、音韵学也很有研究，又精于金石文物鉴赏，是晚清著名的藏书家，还擅于制作灯谜，对绘画也颇有研究，有才学有才情，著述甚丰，具有很高的文学素养况周颐能够取得这些成就与他的家学是分不开的。

况家是书香世家，其曾祖况世荣有诗作传世；祖父况祥麟是当地的饱学之士，是其家学蒙养的重要奠基人；祖母朱镇是明代靖藩的后裔，能诗能词；大伯父况澍有诗集传世，对文字学也有研究；其二伯父况澄著述非常丰富，所涉及的学科门类非常广泛，对况周颐的影响尤为深重。况氏家藏丰富，有书法绘画作品、各种诗集文集、大梁书院课卷及杂钞杂识等，耳濡目染之下，况周颐少年即以文学驰誉乡里，富收藏、精鉴赏，并治金石文字，又长于许氏说文，兼工考据。

---

① 本文为广西师范大学2013年度博士科研启动项目“变革中的文人与创作——况周颐生平创作考论”成果。

② 王娟（1981— ），女，湖北十堰人，文学博士，广西师范大学文学院副教授，研究方向：词学。

一、官宦世家的出身

据朱荫龙先生抄录《桂林况氏家乘》，到况周颐辈世系图如下：

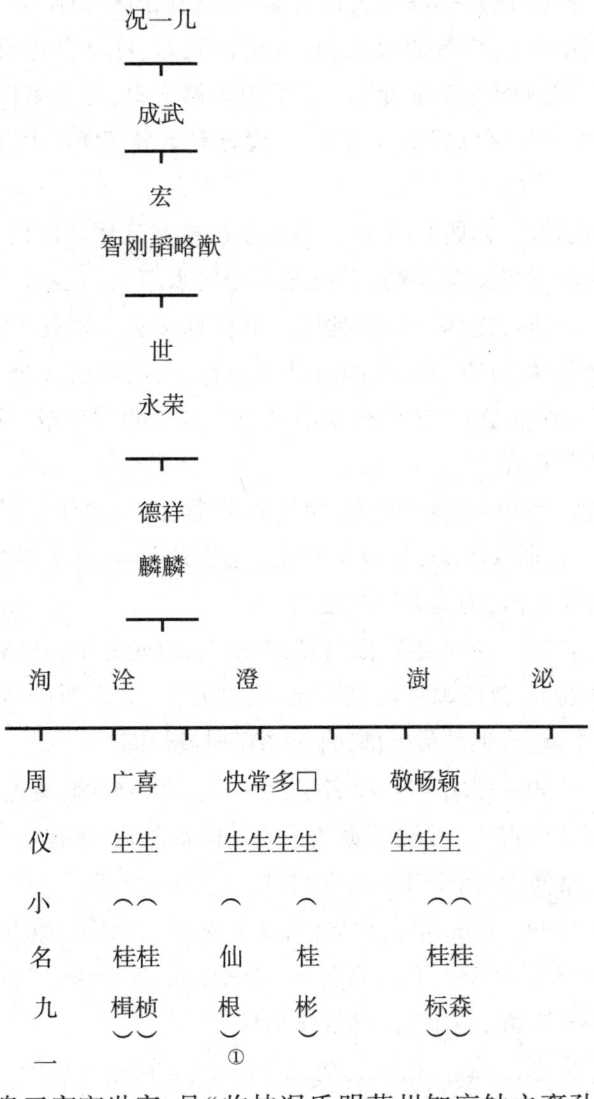

况周颐出身于官宦世家，是“临桂况氏明苏州知府钟之裔孙也。钟籍江西靖安，数传徙湖南宝庆（今湖南邵阳市）。明末，有一几者，复由宝庆迁广西，是为君之七世祖。曾祖世荣”[2]。由此可知，明代苏州知府况钟就是况周颐的先祖。况周颐的远祖来自江西靖安，明末他的七世祖况一几由宝庆迁广西桂林。

---

① 朱荫龙：《甘寂寞室手稿》，桂林图书馆手稿本。

② 冯开：《清故通议大夫三品衔浙江补用知府况君墓志铭》，见寒冬虹《新见况周颐墓志铭拓本》，载《文献杂志》，1994年第1期，第282页。

况周颐的后裔补充介绍,其先祖原是江西靖安县龙岗洲人①。况周颐曾记载:明崇祯末年族叔某任桂林通判②。

况一几为迁桂后的一世祖,太高祖况成武,高祖况宏刚任广西抚标右营把总,升千总,恩荫一子,应授忠显校尉,敕赠奋武郎、桂林营把总。朱荫龙先生载:"况氏临桂一支自宏智以武起家,至世荣始修文事,然游幕四方,稿帙散落,遗文仅存家乘中。祥麟以后则著述等身,代有专集矣。"③曾祖况世荣荫七品太学生。

况一几迁桂林后,初居北门大街,后其子况成武迁居伏波门大街,至迁桂的第五代,即况周颐的祖父况祥麟,于道光间迁居水东大街定居。清代桂林水东大街为漓江以东,花桥之西一带的地区。据桂林文史专家赵平先生考证,况氏故宅,在原桂林酱油厂的位置,民国时其宅尚存,大门是清代公馆门楼式样,内四进三开间,在20世纪40年代初卖给了经营酱油的汤兴泰。桂林沦陷时,况宅一片瓦砾,不复存在。

祖父况祥麟(1769—1848年)④,字皆知⑤,号花矼(也作"花杠"),嘉庆五年(1800年)举人,封通议大夫,是位文学家,也是文字学、音韵学家,晚年潜心研究六书,有独特的见解,为地方饱学之士。

大伯况澍(1796—1865年),原名寰,字雨人,道光五年(1825年)举人,道光九年(1829年)进士,曾任翰林院庶吉士、刑部官员,充武英殿编修,修撰《康熙字典》,改刑部主事,升刑部员外郎,官至福建司员外郎。

二伯况澄(1799—1866年),原名淹,字少吴,笔名梅卿,道光二年(1822年)进士,曾任翰林院庶吉士,后被任命为户部、刑部官员,也曾任乡试、会试主考官,官至河南按察使,后因受牵连罢官归里,专注于学术研究。

三伯况洤(1799—1866年),原名清,又名嵩年,字怡卿,廪贡生,候选训导。

父亲况洵(1802—1882年),原名準,又名步情,字云衢,号瑜卿,邑廪贡生,候选训导,历署河池州学学正、西林县学训导⑥。

冯幵《况君墓志铭》载"父洵,道光二年进士,官河南按察使"⑦,这里的功名

① 赵平:《桂林轶事》,北京:民族出版社,2006,第196页。

② 况周颐:《香东漫笔》卷二,光绪三十三年刻本。

③ 朱荫龙:《甘寂寞室手稿》,桂林图书馆藏稿本。

④ 况祥麟、况澍、况澄、况洤、况洵生卒年以及况澍、况澄、况洤、况洵的原名均据朱荫龙先生《甘寂寞室手稿》摘录的《桂林况氏家乘编年纪事》。

⑤ 《广西乡试朱卷·光绪五年己卯科》况周颐条。

⑥ 同上。

⑦ 冯幵:《清故通议大夫三品衔浙江补用知府况君墓志铭》,见寒冬虹《新见况周颐墓志铭拓本》,载《文献杂志》,1994年第1期,第282页。

和官职当属误记。此履历主人是况周颐伯父况澄。查《清朝进士题名录》也无关于况洵的记载。方芳《况周仪家世考辨》①一文在解释这个问题时假设况周颐曾过继给况澄为子，但是并没有根据。况澄《西舍文遗编》卷四最末页刻有："受业侄婿刘启运编次 侄桂森、周仪同校订 男仙根、桂梁同校刊"②，况澄应是况周颐之伯父。

况周颐生于官宦世家，远祖况钟是著名的清官，《明史》有传。除祖父苦读一生功名未修外，况周颐的诸位伯父成年均功名入仕③，尤其是二伯父况澄和大伯父况澍先后考中进士并且成为翰林院庶吉士，二人还曾同任刑部官员，况家在广西已是科举、仕宦上的显赫门第了。况周颐的祖母曾为此写下《澄儿入翰林诗以勉之》和《示澍、澄，时澍入翰林》两首诗收入集中。

况澄曾于咸丰年间撰《时文》一卷，系作者为晚辈子弟应科举试而撰写的文章范本。况周颐与堂兄弟以及侄儿均获得功名，当受此影响良多。"（况祥麟）孙桂森同治元年壬戌进士，桂桢咸丰十一年辛酉举人，桂梁光绪元年乙亥举人，周仪五年己卯举人。曾孙仕任二十三年丁酉举人。"④况周颐十一岁成诸生，二十一岁考中举人，这些科举功名与其家世的影响是分不开的。

况氏为科举世家，并以其家学渊源而成为当地诗礼簪缨的名门望族，家庭环境的感染使况周颐走上了科举仕宦的道路。

况氏家族为官者有着体恤爱民的传统，为学者有学识有品行，为时人推重。

况周颐的先祖况钟是明代一位受百姓尊敬的清官，他出身小吏，为官刚正廉洁、孜孜爱民，敢为无辜小民平反昭雪，在苏州知府任上深得百姓的爱戴，被百姓誉为"况青天"。昆曲传统剧《十五贯》里的循吏就是以况钟为原型的。明代冯梦龙《警世通言》里有一篇《况太守断死孩儿》，赞扬"况青天折狱似神"。况周颐曾于1925年6月率次子维璟往苏州凭瞻丽娃乡况钟祠，其《餐樱庑漫笔》云："苏州胥门内东美巷……隔河为西美巷，余先世明循吏况公专祠在焉。是日，挈次儿维璟诣祠瞻谒，归值甚雨，炎景退舍，命璟刻印曰'丽娃乡循吏祠奉祀生'白文。"⑤另外，在《蕙风宧遗印谱》中有一印曰"丽娃乡循吏祠奉祀生"，为著名篆刻家沙孟海所刻，也就是为了纪念这件事。况周颐还赴苏州访况钟画像

① 方芳：《况周仪家世考辨》，载《西南交通大学学报》，2006年10月第5期。

② ［清］况澄《西舍文遗编》，《况氏丛书》第26卷。

③ 况祥麟有长子况泌（1793—1806年），字郯书，五岁习诗书，七岁学属对，十岁学诗词，颇有佳篇妙构为人传诵，又通八股及应试帖之类。少有才气，意欲通过科举考试而一展宏图，不幸偶染时疫，过早夭折，时不满十三。

④ ［清］吴征鳌、黄泌、曹驯：《临桂县志》，1963年桂林档案馆据光绪三十一年刻本翻印，第257页。

⑤ 蕙风：《餐樱庑漫笔》，《申报·自由谈》，1925年8月21日。

石，其《餐樱庑漫笔》云："先德明循吏公，事在国史，并有画像，刻石苏州，传之于今，日渐剥蚀……余今夏流寓吴閶，仰止前□，欲追遗迹，苦不得果。"①可见，况周颐颇以先祖况钟为荣。

况周颐的伯父况澍、况澄为官亦以民为重，《临桂县志》况澍条载："咸丰改元，省城戒严，中丞某恐城东隔河民居巢贼，督人焚之。甫热，澍往见曰：'居民不燬于贼而燬于官，不可。'中丞起而谢，遽命止之。"《临桂县志》况澄条载："（道光）十四年甲午充陕甘乡试主考官，阎丹初相国即所得士。由御史转给事中，四年之间所奏议见于朝者三十余条。简放河南监粮道，河南大水，力佐大府同心规划，灾而不害。"

况氏一门以家法、学识为时人推重。

况周颐的祖父况祥麟善启迪后进，教学授徒，亦有口碑，家法甚严，对后辈的学识品行有很大的影响。《临桂县志》载："（况祥麟）性方严，家庭动循礼法，遇子弟，若严师至其门，三尺之童恂恂规矩。少年跅荡者望辄引避，乡里化之无谩语者。善启迪后进，称大师……好为人排难解纷，尝捐重赀倡修嘉熙桥以便来往……言家法者，推况氏云。"

况周颐的父辈皆有学识有品行，《临桂县志》载："（况祥麟）子澍、澄、洤、洵……皆有学行。"②况澍"以养亲告归。祥麟年耄耋，起居饮食动辄需人，朝夕侍侧，无倦容，人称其孝……晚益无意当世，诗酒自适，布衣疏食泊如也。"③况澍自四十七岁告假回家，不久父亲去世，又遇战乱，就不再出仕，执教桂林经古书院，钻研经史。

况澄为人为官正派，罢官归里后著书吟诗，"李芝龄尚书，座主也，语人曰：'少吴来见，讲学外无他言，其持正如此。'……以微罪诖误归，尝言曰：'为人子者不有私财。'俸入，悉均诸昆弟……里居不问外事，不谒当道，闭门肆力于学。"④

二、书香世家的传统

况周颐的先祖况钟有著作《况太守集》《况靖安集》传世，况周颐的祖辈、父辈继承了况氏书香世家的传统。

况澄《西舍诗钞》有其侄婿刘启运序云：

---

① 蕙风：《餐樱庑漫笔》，《申报·自由谈》，1926年1月19日。

② ［清］吴征鳌、黄泌、曹驯：《临桂县志》，1963年桂林档案馆据光绪三十一年刻本翻印，第257页。

③ 同上，第259页。

④ 同上。

> 向漓江东行，度浮梁上石级数武，人烟辐辏，甲第云连，为水东街，清流环抱，比户弦歌，代有伟人出焉。而家富藏书，人多绩学，近推况氏登善堂。堂之侧有红葵斋，花矼太封翁著书处也。堂之后有淡如轩，静媛太夫人吟诗处也。迨雨人外舅自比部归，于堂之东辟一室营为东斋。踰年，少吴先生自豫皋归，于堂之西购一室营为西舍。皆于省亲课子之余，读书、饮酒、更唱迭和，以销长日□，千古之菁英，织一家之机杼，父子、祖孙、兄弟、叔侄各有才名，各有成书，求之古人，若三苏、若五桂、若二陆、若二宋、若四玉、若四丝，又遑多让乎哉①。

此序描述了况氏一门著书吟诗的盛况。

马冠麒在《广西近代经籍志序》里提出，"著述是文化最显之征象"②，以此而论，况氏一家数人均有著述行世，况氏一门人多绩学、勤于著述，况家是有文化的家庭。

曾祖况世荣（字缨传）有遗诗存《家乘》中，朱荫龙先生摘录《桂林况氏家乘》《缨传遗诗》③。

祖父况祥麟著述颇丰。《临桂县志》载况祥麟："耄而好学，所阅书丹黄燦然，多所是正。晚尽究心六书，曰：'此章句之原，读书不识字，是数典而忘其祖也。'旁通博采其所自得，有先儒所未道者。年八十一重游泮水，明年卒。所著有《六书管见》二十卷，《红葵斋笔记》七十卷，《诗文集》四卷，《类函初集》六十四册，《二集》五十六册，《三集》四十八册。"④除《县志》所载外，桂林图书馆藏有况祥麟未刊刻的稿本：《花杠杂著稿》咸丰间手稿本一册；《杂识二编十三种》道光间手稿本，分杂识杂编二编；《花杠日记》清道光十七年手稿本一册。另外，况澄编有《况氏丛书》，其中尚有况祥麟著《花杠经述》一书。

祖母朱镇，字静媛，号称"临桂女史"，通文墨，能诗能词，有《澹如轩诗》，取司空图《诗品》"人淡如菊"句意也。况周颐将其诗作收入了《蕙风丛书》，有吟咏桂林风景诗《独秀峰歌》《伏波山怀古》《花桥》等，咏花桥诗甚佳，有"树影分樵路，山光压酒旗"句，传诵至今，写昔日花桥附近东北两路的街景。况周颐《玉栖述雅》记其词作，曰："先大母朱太夫人讳镇字静媛，道咸间名御史伯韩先生（琦），太夫人从弟也。著有《澹如轩诗》，曾经梓行。尝集酒旗诗社（第一题课酒旗），征闺秀吟咏，当时亦丛刻成帙。词不多作，余幼时曾见数首。赠某塾女

---

① [清]况澄：《西舍诗钞》清同治刻本，登善堂藏版。

② 蒙启鹏编：《广西近代经籍志》南宁大成印书馆，民国二十三年印行。

③ 见朱荫龙：《甘寂寞室手稿》，桂林图书馆藏抄本。

④ [清]吴征鳌、黄泌、曹驯：《临桂县志》，1963 年桂林档案馆据光绪三十一年刻本翻印，第 257 页。

弟子某《临江仙》云:‘家在花桥桥畔住,月牙山到门青。十三年纪掌珠擎。扫眉来问字,不栉亦横经。早至晚归同一样,学堂长揖先生。怜渠心性忒聪明。勤勤听讲义,朗朗诵书声。’”①祖母朱镇乃出身书香门第,诗词俱佳。

况泌亦有诗作传世,况澍、况澄两位弟弟成名后收集亡兄诗作整理成书,名曰《邺书遗稿》②。

况澍著作已刊刻的有《东斋诗集》二卷,未刊刻的稿本有三:《古今诗人名录》《东斋杂订》《考目形声》③。

况澄是广西临桂著名的诗人,并且长于考订,工于词章,著作非常宏富,除《县志》载《西舍文遗编》《西舍诗钞》《使秦纪程集》《广千字文》《两论纂说》《春秋属辞比事记补编》《说文徵典》《杂体诗钞》《粤西胜迹诗钞》外,桂林图书馆藏况澄编撰的著作有:《癸亥四书课文稿一卷》《千字文附四声成语》《千文试律》《国策喻言》《姓谱全目》《齿谱古人年岁集录》《明清广西考官名录》《家藏诗书目》《违碍书目》《百家类纂题辞》《星名分类附神农本草经名例》《杂钞七卷杂记》《红楼谱》《评点唐宋诗钞》《宋七绝诗选录》《宋诗纪事选》《东垒诗外》《况氏家藏诗文杂稿》《粤西诸蛮胜迹》《诗话》《古词选钞》《幼稞集览》《史类一卷史记列传名录南史与宋齐梁陈书列传互证底稿》《拜规》《癸亥编附癸亥经文诗赋》《少吴总稿》《况氏丛书八十四种》《况澄奏稿》《况澄绝句稿附杂艺》《况澄诗钞》《梅卿诗钞附诗属》《乙丑丛残一卷外篇一卷》《咏吟底稿》《七律诗》《时文》《西舍文外编》《上巳汇订》《诗文题解》《巳辛陈言》《广西清代进士举人名录》《庚腊合订》《保卿集记》《国策记人》《经文诗赋》《岑溪县乡土历史》《说文外字》《许书重文》《联语选录》《诗属》《陆放翁示子诗目》《对法随抄》,总计六十种之多。

况洵著述不多,但况周颐也曾提到父亲对自己的影响,其《证璧集》自序曰:“仪齠龀学为文,先严尝诫之曰,语作吉祥能载福,仪服膺弗敢忘”④。其《证璧集》原来就叫做《祥福集》。

祖父伯父们的著述对况周颐的著述有着直接而深刻的影响。

从总的方面来说是著述数量大、著述门类广。祖辈父辈们的著述非常丰富,况周颐亦笔耕不辍,于词创作、词学理论、词选编纂都有著述。伯父况澄的著述门类甚广,除诗词文外,诸子类、历算类、宗教类、小说类、史钞类、医药类无不涉猎,况周颐除词、金石考据以外,也有宗教类著作《校宋本五灯会元札记》和

---

① 唐圭璋:《词话丛编》,北京:中华书局,1986,第4611页。

② [清]况澄编:《况氏丛书》第133,桂林图书馆稿本。

③ 本文所录的况祥麟、况澍、况澄稿本均为笔者在桂林图书馆查阅所知。

④ 蒙起鹏编:《广西近代经籍志》卷三,南宁:大成印书馆,民国二十三年八月印行。

《五灯博闻》，另外况周颐还擅长绘画。《艺林散叶续编》604 条："况蕙风罕作画，曾绘一罗汉像，朱古微为题，现藏陈左高处。"2044 条："况蕙风词翁，偶绘无量寿佛，简古有致。"①郑逸梅"况夔笙能绘梅"条云："临桂况菱笙以词鸣海内，……不知况亦能从事绘画也。顷于名印家陈巨来处，得睹一绛梅立幅，清艳溢楮，逼视之则况夔笙手笔也。一枝崛挺而上，著花四五，题《如梦令》一首，盖巨来为况之东床婿，见而爱之，况即以见贻。"②桂林博物馆收藏有况周颐晚年为大女儿结婚亲笔画的梅画，或为郑逸梅于陈巨来处所见绛梅立幅。饶宗颐《况周颐先生年谱序》云："蕙风晚年亦写画，曾绘梅花。"③

具体来看，祖父伯父们对况周颐著述具体的影响有五：

(1)文字学。《况蕙风先生外传》云："少有夙慧，读书辄得神解，六龄已授《尔雅》"④，况周颐《眉庐丛话》第四八六条："临桂况月芬(自注：桂珊)，蕙风词隐之女兄也，年十二三，作楷仿率更，手抄《尔雅》全部，劲秀可喜。"⑤况周颐《蓼园词选序》又云："姊氏名桂珊，字月芬，明慧能小诗，楷书仿欧阳率更，绝秀劲，尝手写《尔雅》授余读。"⑥由这三则材料可知，况周颐六岁时已读《尔雅》，其姐月芬年十二三已能授《尔雅》。况周颐祖父况祥麟著有《六书管见》，况澄文字学方面的著作就有三部，可见文字训诂之学乃况氏之家学。

(2)记日记。况祥麟著有《花杠日记》，记录道光十七年有关况氏家族的日常琐事，事无巨细，均逐日详记，文笔老到简明。这一年，况祥麟在桂林况府居住，督促儿孙弟子读书求学，同时潜心于经学，专治六书，并有著述，闲暇之余主持况氏家族日常事务。况澄有《使秦纪程集》，清道光十四年，况澄以户部员外郎职衔，偕编修孙日萱等人前往西安主持陕西、甘肃两省甲午科乡试，此集就是此次行程的日记汇辑。况周颐亦写作日记，郑逸梅《艺林散叶补编》第 4 条载："况蕙风日记，记于账簿上，共四十余册。晚年有人供以宣纸，遂端楷出之，且加朱笔圈点，凡七册。"⑦可惜未见。

(3)谜语。况祥麟有《红葵斋诗谜》(收在况澄《杂体诗钞》卷六《谜诗》)，况澄编《幼稞集览》，册三为谜语、隐语，况周颐曾于 1881 年编撰并刊刻《辛巳春

---

① 郑逸梅：《艺林散叶续编》，北京：中华书局，2005，第 65 页、第 229 页。

② 郑逸梅：《郑逸梅选集第五卷》，哈尔滨：黑龙江人民出版社，2001，第 135 页。

③ 饶宗颐：《况周颐先生年谱序》，见郑炜明《况周颐先生年谱》，上海：上海古籍出版社，2009，第 1 页。

④ 腹痛：《况蕙风先生外传》，《申报・自由谈》，1926 年 8 月 28 日。

⑤ 况周颐：《眉庐丛话》，《民国笔记小说大观》第一辑第三册，太原：山西古籍出版社，1995，第 358 页。

⑥ 唐圭璋编：《词话丛编》，北京：中华书局，1986，第 3017 页。

⑦ 郑逸梅：《艺林散叶续编》，北京：中华书局，2005，第 271 页。

灯百谜》。①

(4)诗文抄录。况澄②编辑的《杂体诗钞》深受儿时况周颐的喜爱,对他的影响很大,况周颐在笔记中多次提到此书,其《餐樱庑词话》云:“先世父雨人比部辑《杂体诗钞》八巨帙,凡一百二十八体,集经、集句、集字、集古今成语、集星名、六府、干支、八音、十二辰、建除数目、易卦、将军百姓人名、郡州县名、道里宫殿屋名、车船鸟兽草木药名、词曲名、龟兆针穴相名各体悉备。比阅近人笔记,有集昆弋戏名七律一首,得未曾有。诗亦妥帖工雅,亟录如左。”③况周颐在读到杂体诗时就记起了伯父编辑的《杂体诗钞》,并且把其中没有收录的集戏名诗记载下来。况周颐撰有笔记多种,诗文抄录是其中重要的内容之一。

(5)整理地方文献。况澄的《粤西胜迹诗钞》辑录了一千九百多首历代诗人吟咏广西各地山川胜迹的诗歌,为地方文献整理作出贡献;《粤西诸蛮胜迹》辑录广西地方史料中少数民族风俗习惯资料。这种对粤西本土文化的关注、对地方文献的热爱也对况周颐有积极的影响。况周颐擅长金石学,集粤西金石著录及所藏粤西石拓本,编成《粤西金石略补遗》,以补谢启昆《粤西金石志》的不足。并且编选《粤西词见》,为粤西词有总集之始。

可见,况家不仅是科举世家还是书香世家,况周颐有一门风雅的家学渊源,生活在具有丰厚传统的文化氛围中,受到家庭环境的熏陶,从小就熟读诗书,对文学有着浓厚的兴趣,为他以后走上著述的道路奠定了基础。

三、富于收藏的家庭

况家家藏丰富,诗集文集、书法绘画以及各种杂钞杂识都有,况周颐受家庭的影响涉猎广泛,有诗词根底。伯父况澄所任的官职在况家是最高的,他的著述在况家也是最多的,他是况家文学创作群体中承上启下的重要一员,对况周颐的影响尤为深重。

况澄编有《况氏家藏诗文杂稿》《违碍书目》《家藏诗书目》。其中,《违碍书目》为清代禁书书目;《家藏诗书目》为家藏目录,分家藏诗目与书目。诗目对今人的诗及诗人详加著录,不拘体例,系以小传,诗人依姓氏音韵编次,闺秀释子总编列后。书目记书名、卷数、著者名及篇目,偶有考评,均加按语。附载况氏家藏书法绘画作品目录、各种诗集文集、大梁书院课卷及杂钞杂识等。

在这样的家庭环境中,况周颐有比较宽的眼界,也有金石学功底,为他以后

① 郑炜明:《况周颐先生年谱》,上海:上海古籍出版社,2009,第23页。

② 《杂体诗钞》的编者经笔者考证为况澄,详见拙文。

③ 孙克强辑考:《蕙风词话 广蕙风词话》,郑州:中州古籍出版社,2003,第405页。

走上收藏的道路奠定了基础,况周颐嗜好藏书,一生足迹所到处遍搜金石书籍,精于金石文物鉴赏,为晚清比较著名的藏书家之一。

况澄诗词方面的著作也很多,他编有《评点唐宋诗钞》《宋七绝诗选录》《诗话》《古词选钞》等,况周颐“龆龀即嗜倚声”①“十三四岁即已癖词”②也是有家学渊源的。学界每论及况周颐的词学之路,均举《蓼园词选》为其词学之导师,实况澄编有《古词选钞》对其亦有着积极的影响。

总之,况周颐之所以能成为晚清词学名家,并有多方面的成就,与其家族为官宦门第和书香世家的背景是分不开的。

---

① 况周颐:《薇省词钞·例言》,第3页。
② 况周颐:《餐樱庑漫笔》,《申报·自由谈》,1925年11月9日。

论壮族文人郑献甫的题画诗①

严 绘②

[内容提要] 郑献甫的题画诗有五个方面的内容:题人物画像,题山水画,题动物画,题植物画,题事画。他的题画诗写作上有三个特点:第一,描摹画面,再现画境;第二,据画联想,丰富画意;第三,借题发挥,寄情寓意。

[关键词] 郑献甫 题画诗 内容 特点

郑献甫(1801—1872年),原名存纻,字献甫,别字小谷,因避文宗咸丰帝名讳,以字行世,清代广西壮族著名文人。郑献甫于嘉庆二十年(1815年)入州学,道光五年(1825年)拔贡获选后复应乡试中举人,道光十五年(1835年)成进士,官刑部主事,十四个月之后,以亲老乞养为由,辞官而归,从此不复出仕,乡居教书著书以终其生。他先后在柳州、宜州、广州、顺德、象州、桂林等地的书院教学近30年,门徒众多,被后人称为"粤西儒宗"。郑献甫的文学著作极为丰富,不仅具有很高的文学修养,同时也具备极高的绘画鉴赏水平,从他创作的众多题画诗可以体现出来。

孔寿山先生在《论中国的题画诗》一文中写道:"什么叫题画诗?我们认为所谓题画诗者,是诗人或画家根据绘画的内容而起兴创作的诗歌。简而言之,即根据绘画所题的诗。"③题画诗又有狭义和广义之分,从狭义的角度来看,题画诗仅指那些由画家本人或旁人直接题写于画幅之上且内容与画有关的诗作;广义而言,则凡是缘画而作、内容与绘画有关的诗作,无论是题写于画幅之上,还是题咏于画幅之外,均应属于题画诗的范畴。

郑献甫的题画诗,或题于画上,或题于扇面,或题于帐额,不拘一格。从诗的题目来看,郑献甫与友人经常据画题诗,虽有自题之作,但更多的是为他人画作而题的诗。体裁上,据画面内容不同而随物赋形,各体兼备,古体为多;据其

① 本文为梧州学院校级重点项目"粤西儒宗"郑献甫文学研究(2014B016)、国家社科基金重大招标课题"桂学研究"(批准号:12&ZD164)的阶段性成果。

② 严绘(1982—),女,广西玉林人,文学博士,梧州学院文法学院讲师,研究方向为中国古代文学。

③ 孔寿山:《论中国的题画诗》,载《文艺理论与批评》,1994年第6期,第105页。

所题画的内容,可分为人物、山水、动物、植物等几类。在创作上,郑献甫的题画诗或描摹画面,再现画境;或据画联想,丰富画意;或借题发挥,寄情寓意。而核心则都是抓住所题画作内容、意境、风格等特点,施以恰当的写法,从不同角度传达画意、画境以及诗人赏画观画的独特感受。下面就具体阐述之。

一、内容分类

郑献甫的题画诗,按内容可分为以下几个方面:

其一,题人物画像,有《题周释香色空小照》《醉钟馗图》《题便面沈畹兰小照为方伯胡恕堂同年作》《题二乔观兵书图》《题天女散花图》《白描洛神小幅》等诗。郑献甫题人物画像,不注重描绘人物的外貌特征,而重在对所画人物生平重要事迹、精神面貌的概括和评价。如《题杨用之刺史照》其一:"平泉花木忆名园,故里云山望白门。几本青松几竿竹,不须争到谢公墩。"表现杨用之思念故里之情,赞扬其不争名好利。其二:"关西华胄犹留望,岭外班春又写真。百转千回数珠串,如来身换宰官身。"则是写杨用之的仕宦经历,主要从其所穿衣服突出他官员的身份。又如《白描洛神小幅》其一:"后世争传妒妇津,当时谁感洛川神。风流祗有芝田客,秋菊春松画美人。"突出洛神的美貌。其三:"日夜无声洛水流,蘴蘴曾为楚人求。如何金枕多谣诼,千古沉冤曲逆侯。"则突出洛神的情感经历。《题许小琴司马所藏安期生绘像》则是叙述了安期生成仙的神话故事。

其二,题山水画。山水画题诗,一直是唐宋以来题画诗中的主流,创作数量众多,但郑献甫的山水题画诗比较少,有《小村家兄有别墅在故里之南丘壑自高园林尤胜倩画手为写半邱半壑图戊子冬余将附公车乃出以命题率拈一律》《题门人谢方山长风万里图》《题拜涛图为方月樵太守作》《题子璞(秀琨)所贻秋山图小幅》《又题听涛图》《又题望岳图》《题田生珥云为周郎释香作独秀峰图》《题戴醇士侍郎为心泉僧画山水卷子》《黄筌蜀江秋净图为南海孔少堂部郎题》《王晋卿万壑秋云图为南海孔少堂部郎题》等诗。郑献甫的山水画题诗中,往往根据画面风景,对画面进行描述,并赞扬画师技法、精神境界等,并发表议论。如《黄筌蜀江秋净图为南海孔少堂部郎题》:

> 蜀中山水夸道元,蜀国花卉推黄筌。没骨图变有声画,神妙亦到秋毫巅。惊看纸墨半暗淡,尚觉耳目余芳鲜。子规啼处山木合,恍如坐我嘉陵船。蜀土入版物入草,风流云散山依然。眼光不到腕力到,摇荡空际疑生烟。昔作宣和殿前玩,今来岳雪楼中悬。富贵何尝欠野逸,笑煞院本刘松年。黄王吴赵大作手,跋者爱惜题者怜。此时岂是明昌前,此景反出乾德

先，珍重保此桃花笺。

黄筌，五代时西蜀画院的宫廷画家，以工画得名，擅花鸟，兼工人物、山水、墨竹。作者在诗的开头首先赞扬画家黄筌高明的技法，接着简单地描摹画面，又写到了这幅画的来历，说明这幅画很珍贵，最后劝告主人要好好珍惜这幅画。

在一些山水画题诗中，郑献甫很注重对风景本身的描写，并融入自己看画的感受。如《王晋卿万壑秋云图为南海孔少堂部郎题》："云出山外青，山入云中白。萦青绕白间，划以一条碧。翛然风鼓松，铿而水激石。林峦觅蹊径，时见远行客。樯牙带夕阳，驴背拥秋色。村落隐复见，物态行且息。瀑布如有声，游屐本无迹。坐想图中人，解衣罢吹笛。风云洗粉黛，花木浸芗泽。群山与万壑，一一红情擘。书生揩老眼，万里现咫尺。不怪画图肥，翻觉卷轴窄。微雪点太清，笑泼数行墨。"作者对画中的青山、白云、松树、水石、行人等进行细致的描摹，画中景色过于美好，让作者欣喜不已，欣赏之后觉得卷轴太小了，意犹未尽。

郑献甫在诗中描摹画面时，往往还运用与画面内容有关的典故。如《题子璞(秀琨)所贻秋山图小幅》其二："天下何妨有山水，人间无地着尘埃。米颠浓趣倪迂淡，烘出宣城小谢来。"诗中运用了米芾和谢朓的典故，突出画中山水的美丽。

其三，题动物画。郑献甫所题动物画的诗作有《题画蟹》《题劳介子蕉鹿图帐额》《题仰山明府琴鹤图》《题松上鹰图为崔子月根作》《题画马》《三羊图为女史谢娘题》《题家兄小村柳燕小幅》等。作者不是重在描绘动物的外形，而是抓住其外在的某些特征，并结合相关的典故来题咏，使其具有文化意味，如《题画蟹》其一："山稻香时水藻生，红灯远映绿波明。酒垆寂寞文园病，孤负横行一世名。"作者结合人们喜欢配酒吃蟹的习惯，突出螃蟹横着爬行的特点。其二："蟛蜞八跪误烹厨，蝤蛑诸名未入图。劝学何曾关尔雅，晋人枉笑蔡司徒。"作者在诗中运用了蔡司徒误食蟛蜞的典故，加深人们对蟹的认识，赋予了蟹文化上的意义。又如《题家兄小村柳燕小幅》其二："不须古道覆寒流，不必豪门映画楼。著个乌衣小公子，鹅黄鸭绿话春愁。"作者在诗中暗用了《乌衣巷》"旧时王谢堂前燕"的典故，称柳树中的燕子为"乌衣小公子"，使其富有文化意味。

其四，题植物画。描摹松、梅、竹、菊的画作，是中国传统绘画题材中深受画家喜欢的创作题材，郑献甫相关的题画诗有《题南唐古梅图为许小琴别驾作》《题沙湾古松图亦为小琴别驾作》《题莫梧庄冬岭观梅图》《题王静山都转三径松菊图》《题许蓉裳松竹拥书图》《题筱泉竹深荷静图》《题周寿臣大令所贻放笔为直干双松图》等。

其五，题事画。所谓事画，是指画面的内容重在于表现一个事件。郑献甫题事画诗，是其题画诗中数量最多的一类，有题咏读书、课诗、借书、教育之图，如《同年李云谷出其伯兄星门先生松阴读书图属题即其侄壮案笔也》《题家那楼海天阁读书图》《题陈心香同年小寄斋读书图》《题俞麐士观察凌云课诗图》《题林香豁一灯课读图》《题刘湘云观察公余学书图》《题梁爰莲吏部南园课读图》等诗。这些诗作，一定程度上反映了作者对读书、教育以提高个人品格修养、艺术涵养的重视。有的题咏从军、观猎，如《题王紫田返塞图》《题糜次泉观察西延归骑图》《题彭亦香司马墨绖从戎图》《题舒锦亭古眉峡杀贼图》《题陈一山猎归纵饮图》《题余司马少冰粤西从军图》等诗。有的是反映游览，如泛舟、登临之类，如《题陈雨田金台览胜图》《题周缦云学使采兰归舫图》《题许小琴通守欧湖泛舟图》《题陈奎茂才所藏张南山司马老渔唱霞图》《题汤敬亭太守日涉园图》《题许小琴太守珠海卸帆图》《题李筼谷同年鹅溪归渔图》《题灵泉观日图》《题陈丈海霞梦游天台图》《题刘湘云观察航海朝天图》《题倪云臞珠海夜游图》等诗。有的是祝寿、孝亲，如《为程太守西山先生题椿萱并茂双寿图》《题陈肇甫采芝养亲图》《题黎崧山孝廉白云亲舍图即送归新甯》等。其他题事画诗，所示之事多种多样，有描写宴会的，如《题俞麟士憩庐岁朝宴集图》《又题镜湖雅集图》，有历史题材的，如《题张敞画眉图》《题二乔观兵书图》，有隐居生活的《采菊图》《题苏咏沂钓鱼图》，还有《题婺学博孙仿山采珠图》《偶吟为朱嵋君书小幅》《题凌波图》《题天女散花图》《封川令张棨堂出其尊人东崖先生探春图属题》《题汪芙生秋城夜角图》《题宣和画石玉玲珑残卷》《题许小琴别驾所藏听松庐卷子汤都督雨生为张郡丞南山作也》《许公子晋笙比部郎为余作旧雨图书其上》《题江楼秋唱图诗后为晋笙比部作》《题朱湄君烟花如意图》《题朱嵋君焦山酣睡图》《题高寄泉得印图》《题钱小泉少尹抚琴图》《题倪云臞豆棚闲话图》《题筱泉独立苍茫自咏诗图》等，作者依图题诗，内容丰富，不可笼统概括。

二、创作特点

郑献甫题画诗的数量较多，他将诗情画意自然融合，创作上匠心独运，创造出清新隽永、情趣盎然具有较高审美价值的题画诗。他的题画诗的创作上有自己的特点。

第一，描摹画面，再现画境。郑献甫的题画诗，能够很好地再现书画的意境美，他不仅用绝句短章来勾勒，更多的是利用五七言古体的长篇优势作淋漓尽致的描绘，给我们展现出一个绚丽多姿的美的世界。

作者描写日出的图景，如《题灵泉观日图》："苍苍凉凉何所有，烛龙火照骊龙口。簸弄珠光珠乱走，荡摇海水海欲吼。谁与日观峰之首，青笠红衫立良久。

眼光如炬胆如斗，叫啸黄人急来守。冯夷前驱海若后，须臾擎出捧天手。我欲从之驻其右，风浪浪兮云黝黝。羿弓射落一至九，试看海底尚存否。”苍苍茫茫的天空中，初升起的太阳就像红艳的烛火一样照耀着大地，光芒四射，照在波涛翻滚的海面上；在日观峰的山顶上，站着一个戴青色斗笠、穿着红色衣衫的人，他久久地站在那里观看日出，他的眼光就像火炬一样，炯炯有神，他的胆子很大，丝毫不畏惧地看着大海。作者把画面描摹得苍凉而悲壮。

郑献甫描写隐居世外的陶渊明，如《采菊图》：

> 不为佛子不为仙，闲倚东篱自在眠。白酒黄花无恙在，风流可似义熙年。（其一）
>
> 觅梨觅栗了无知，如俨如份总未奇。太息前朝嵇叔夜，荡阴多个好男儿。（其二）

这是用绝句的形式来描写陶渊明采菊图，第一首诗中，作者描绘了一个悠闲地倚靠在竹篱边安眠的隐者，醒来后在菊花丛中饮酒，突出了陶渊明的悠闲自在。第二首诗作者把陶渊明和嵇康进行比较，突出陶渊明的隐者形象。而另外一首同样是描写陶渊明的诗作，则采用古体，《邱拷九为予作松下渊明图于帐额题以长句（邱武人为雒城守）》：

> 画石当作黑虎怒，画松当作苍龙舞。龙髯掀起虎牙张，声势拏空走风雨。其下有人方两瞳，荔衣罗带桃源翁。琴弦润入石上露，酒鳞翻动松间风。柴桑栗里半栽菊，此间容我伸双足。不为佛子不为仙，岂要人间五斗粟。东南之美复有邱，执笔作画如执矛。淋漓为我槊甲乙，北窗深处南山幽。空斋无事比芸署，据石听松坐忘暑。梦见羲皇上人语，我醉欲眠卿且去。

作者在诗的开头首先描绘了松树，画家把松树当作舞动的苍龙来画，接着描写画中的人物：穿着荔衣罗带，在松树下弹琴、饮酒，作者还结合陶渊明的生平事迹，他不为五斗米折腰，回到柴桑家中种菊、躬耕，不时抬头就望见悠远的南山，空闲时坐在松树下听着风声、饮酒，喝醉了就悠闲自在地睡去，陶渊明的形象跃然在眼前。

郑献甫描写苏东坡的形象，《题东坡先生画像》：“乾坤似小声名大，文光直射南海外。潮州归去惠州来，今古文人此交代。鲰生十岁读公诗，壮游三楚瞻公祠（谓黄州赤壁）。方袍幅巾大老子，潇洒自是天人姿。志林文字更奇创，海国山川纷跌宕。头笠足屐背负瓢，画出前身戒和尚。我非谪宦非流民，公然也作岭南人。三枫五渡半游历，千万欠买由东邻。白鹤峰前黄鹄举，精采流天见眉宇。万般皆异一般同,烂煮葵羹斟桂醑,持爵公前公不语。”作者在诗中首先叙述苏东坡被贬潮州、惠州、黄州等地的生平,接着描绘苏东坡的形象:身上穿着方袍,头戴幅巾,一副潇洒自如的样子。而他身前的和尚则是头上戴着斗笠,脚上穿着木屐,背上背着瓢。最后作者联系自己流寓广东,两人有着相同的经历,要和苏东坡痛饮一番,只可惜他只是画中之人而已。

郑献甫也擅长用短小的五言律诗来再现画境,如《题钱小泉少尹抚琴图》其一:“万籁夜萧槮,空山坐抚琴。林中黄叶满,天外白云深。鹤警不成梦,蟾窥如赏音。松涛吹未已,一洗妙明心。”万籁寂静的夜晚,满树林的黄叶,空山里抚琴的人,悠扬的琴声使得白鹤无心进入梦乡,蟾蜍也在欣赏琴声,寥寥几句,重现了一个动人心弦的画面。

郑献甫描写动物,把动物的神态描摹得十分生动、逼真,如《三羊图为女史谢娘题》:“欲晓未晓天苍凉,欲卷未卷雪飞扬。青牛度尽白鹿走,大野剩此三头羊。其一右顾作内面,雅跪两足疑颠僵。其一左顾忽回首,卓立双角森开张。两头并卧一头起,神行官止当其旁。我疑古仙人执穗骑跛牂,蹑鸾跨鹤赴急召,教尔散辔留炎乡。又疑黄初平叱石蹲奇礓,天荒地老不复变,教尔戴角嬉初阳。徐观细视乃空纸,公息之裔加丹黄(陈氏画)。身能使臂臂使指,濡染幻出胡须郎。岁维丙戌月己卯,今来二十二载强。流传忽落谢娘手,赏鉴别具秋波光。鼠须煤尾净拂拭。乞我为句书上方。元人两头出承旨,诗老七字题渔洋。风吹草低发高唱,敕勒敢比乐府章。诗成大笑竟投笔,当州一慰歌黄麞。”作者在诗中首先描写了三只羊所处的环境,大雪纷飞的傍晚时分,苍茫的原野上,青牛、白鹿等其他动物都离开了,只剩下三只羊留在那里。接着描摹图中三只羊的神态:其中一只头神向左边回顾里面,两只脚跪着,好像跌倒在地上;另一只突然回头看向左边,两只角耸立着向上张开;这两只羊并卧在一起,第三只站起来跑走了。接着作者展开想象,怀疑这三只羊是骑羊执穗的仙人匆匆离开留下在人间的,最后作者交代清楚题诗的原因。作者在这里把三只羊的神态描写得惟妙惟肖。

第二,据画联想,丰富画意。北宋诗人晁补之的《和苏翰林题李甲画雁二首》其一云:“诗传画外意,贵有画中态。”清代沈德潜在论杜甫题画诗时也说:“其法全在不粘画上发论,如题画马、画鹰,必说到真马、真鹰,复从真马、真鹰开出议论,后人可以为式。又如题画山水,有地名可按者,必写出登临凭吊之意;题画人物,有事实可拈者,必发出知人论世之意。本老杜法推广之,才是作手。"①清代方薰《山静居画论》:"画之不足,题以发之。"这就是要求人们不要停留于画面的表层,"画中之画";更要挖掘出画面的深层意蕴,"画外之意。"

善于联想是郑献甫诗歌的一大特色,他往往能展开联想,根据画面的一角而描绘出更丰富的内容。如《题陈雨田金台览胜图》:"我闻大金台在易水旁,桑经郦注犹能识。又闻小金台在析木界,鱼鳞雉堞交辉光。金人何年复筑此,毋乃心慕燕昭王。华阳馆中客寂寂,通霞台上仙茫茫。今来空剩郭隗里,奇木郁立森成行。先生老入争名场,短衣匹马游帝乡。芦沟月上蓟门树,千里万里同苍凉。奇山异水发幽兴,是处收入奚奴囊。此间不少粉署郎,曳裾日上数仞堂。其余或觅平康倡,赌酒夜罄千百觞。先生所揽乃在是,图中行乐真未央。幽燕尔日无留良,绿蛇紫燕俱腾骧。鹅湖鹿洞作都讲,弦歌满耳清以长。软红尘中坐绿客,朅来亦过白纸坊。琼岛微云坐飘渺,居庸积翠分开张。就中偶望祭天处,惊飚野马飞斜阳。行吟不已且坐啸,心游目想神飞扬。天浪浪兮海泱泱,翩然披髮下大荒。"作者在诗中先联想到大金台和小金台,与画中的金台相对比;接着作者想象这是金人羡慕燕昭王而修筑的金台,并结合燕昭王接受郭隗的建议,修筑黄金台招纳贤人的典故,描写图中的景物。作者充分发挥想象力,赋予画面更深的含义。

又如《题南唐古梅图为许小琴别驾作》:

> 南唐种梅昔已枯,东阁看梅今亦无。前身化去后身在,花间有客曾为图。东官太保老尚书,南都太守为高徒。红衫白发挈绿酒,扶杖日向梅根趋。洛阳诸老申后会,汝南少年充前驱。兵燹回头历千劫,云烟过眼留一株。黄罗扇上柳既舒,红罗亭畔梅非孤。提鞋刬袜不到处,兀界有此倾城姝。云阶月地招玉奴,水村山郭陪老逋。请君牢闭书画厨,共君常守风雪庐。魂归纸上魄濯壶,郑五柱跨桥边驴。

作者在诗中先交代古梅图的来历,接着描摹了图中的画面内容:穿着红色衣衫,满头白发的老翁,手里提着酒壶,拄着拐杖到梅树下去赏梅,后面跟着一群老人,一少年走在前头。接着作者发挥想象,想象这株梅花经历过兵火之灾,历尽千种劫难之后,才得以存活下来,但它也不会孤单,因为有黄罗扇上的柳树和红罗亭与它作伴,还有水村山郭中的老翁来观赏它。最后作者用郑綮骑驴的典故,说明此图让人诗思不断。

郑献甫热爱生活、热爱大自然,他往往赋物以灵,在他眼里,飞禽也充满了

① 郭绍虞主编,沈德潜著,霍松林校注:《原诗·一瓢诗话·说诗晬语(卷下)》,北京:人民文学出版社,1979,第 245 页。

灵性,如《题松上鹰图为崔子月根作》:“龙尾掉出龙身藏,攫拿以爪森开张。化为松干曲铁杖,戏弄松子如珠囊。撩风掠草者何物,昂然鹗立当中央。英姿飒飒神扬扬,左右四顾天为霜。阔处横厉高处峙,故应俯视白鸟翔。将军图此赠博士,意态颇似离寻常。支离老叟须眉苍,耿介豪客筋骨强,请君长伴三鳣堂。”作者在诗中把老鹰比作龙,画中只看到老鹰的尾巴,它的身体藏在松树间,爪子张开紧紧地抓住树干,像弯曲的铁杖一样,和松树枝融为一体,它嘴里啄着松子,好像在戏弄珠囊一样。老鹰昂然地站立在中央,英姿飒飒,神气飞扬,四顾张望,意态非同寻常。

写物如此,写人自更灵动。其《题舒锦亭古眉峡杀贼图》:“畸零一队号横野,左右两鞬弛怒马。虎头燕颔自添毫,何必凌烟阁中写。人为纸尾索新章,我向图中思故乡。天荆地棘行不得,那得重到杨难当。人头挂鞍血洗甲,怒叱云开云不压。此日回头望战场,莽莽苍苍古眉峡。”作者在诗中塑造了一群英勇杀贼的战士形象,一群骑着马的军队穿行在苍茫的野外上,手中高扬着马鞭,不断地驱赶着胯下的马前进;奋勇杀贼之后归来,马鞍上则挂着人头,盔甲上沾满了敌人的血,回头看向战场,苍茫一片。作者的描绘,使人感受到战场上激烈的厮杀,对战士的敬佩之情油然而生。

在丰富想象力的驱动下,郑献甫不仅仅关注画面的内容,还关注图后面的故事,写得生动感人,如《题林香谿一灯课读图》:“古人劝百行,读书特其一。后人废百事,读书专以一。士贫欲学贾,忍令业不卒。人言母曲成,我意儿善述。船装百琲珠,家足千树橘。古来窭威痴,正用计然术。旁搜广揽初,务见鸟入毕。丝牵绳贯后,乃觉蜂成蜜。深藏外若虚,涌出中更实。所以礼堂墨,上比兰台漆。请持局外语,笑向图中诘。子今报其母,意若不尽悉。耿耿虽罗胸,茕茕忆绕膝。藜杖照三天,光能动太乙。柏灯明一庭,功固归少室。”林香谿,即林昌彝。林昌彝少时,父亲早亡,靠母亲吴氏养家,家里生活十分困难,林昌彝差点被族人逼迫到大西洋去赚钱,母亲吴氏毅然投井以示抗争,林昌彝因此得以继续学业。若非吴氏以死争取,林昌彝的人生命运又将重新改写或未可知。深怀感恩的林昌彝因此于日后手绘《一灯课读图》以载此事,追述母德。图绘疏窗暗影,如豆一灯;贤子夜读,慈母伴学;窗外一井,即吴氏忘死为昌彝争儒业纵入之井,感人至深。林昌彝的众多好友为此图题诗,以嘉此家学,郑献甫所题诗即为其中一首。作者在诗中首先讲读书的重要性,而林昌彝家中贫困,族人令其学贾,其母不允许;接着讲林昌彝认真刻苦读书,终有所成,现在要报答母亲的恩德而绘此图,也无法把心中的情感完全表达出来;回忆母亲灯下伴读的情景,让人无比的感动。又如《题王紫田返塞图》,作者在诗中首先想象了图中在边塞的活动,住在虎帐之中,骑马经过之处沙尘满天;接着作者交代说主人拿出图来,告诉他这幅图的来历梗概：当年自己是颜岱云的幕下之客，跟随他到戍守边关，当时出发的时候，其他门客都离开了，只有他一个人随行；出到了关外，凭着胸中的满腔热血，尽忠职守，不知不觉，两年时间就过去了；边塞艰苦的生活，常常让他从梦中惊醒过来；离家万里之远，画了这幅画给家中父母报平安。作者听了主人的话后，发表议论，希望主人能够为朋友尽义气，为人子女也贤明，也羡慕主人能够到边塞从军。作者把这幅图的来历交代清楚，叙述得清晰有条理，故事感人。

第三，借题发挥，寄情寓意。“殊不知画之为物，是性灵者也、思想者也、活动者也，非器械者也，非单纯者也。否则直如照相器，千篇一律，人云亦云，何贵乎人邪？何重乎艺术邪？所贵乎艺术者，即在陶写性灵，发表个性与其感想。”①任何艺术作品，情是首要的，作品因情而感人。郑献甫的题画诗，并不追求简单的描摹画面，更是用来抒写“胸中逸气”，表达自己的情思与情感。有的诗作抒发了与朋友的离别之情，如《书姚理堂学博小照即以志别》：“微官子似武功簿，小隐余惭谷口民。萍水五年图后会，河梁一首定前因。门东日出朝留客，城北风寒夜访人。两种闲情两相忆，画工应不解传神。”作者在诗中首先交代了两人的身份，一个是作武功簿的小官员，一个是小隐的百姓；接着写两人有五年的交情，用李陵、苏武的典故，说明现在两人就要分别；最后作者说两人分别后的思念之情，而这种感情画工是无法在画中表达出来的。这首诗抒发了作者与朋友依依惜别之情。

郑献甫在题画诗中也寄寓了自己对家乡的思念之情，如《题黎崧山孝廉白云亲舍图即送归新甯》：“我生已赋无家别，题诗怕见思家图。白云如盖覆青嶂，翘首望者何人乎？自言久索长安米，不如且饮故乡水。前秋别去今秋来，聊写狄梁公意耳。我把此图心已惊，我闻此语愁更生。枌榆回首半荆棘，惟有日影空中行。梁公昔际太平年，登高日望太行巅。云车风马任来往，岂必再听春山鹃。人生但说还乡乐，今来更觉还乡恶。城郭虽是人民非，愁看丁令回时鹤。君今即得古人意，奈何不值初唐世。残山剩水试流连，不知谁是桃源地。送君前去且料理，祝君后来歌燕喜。秋风吹空秋雨晴，眼前又见白云起，相望犹然一千里。”作者在诗的开头就点明自己流寓在外，思念家乡，怕看见思家图；接着简单地描写了画面：白云如盖，青山如障，白云覆盖在青山之上，图中有一人在翘首远望，盼着亲人归来。接着写作者和画的主人之间的对话，使作者愁上加愁；接着作者写到自己的家乡，此时正处于战乱的时候，现在如能回乡也会发愁，不知道哪里会是世外桃源之地？最后作者祝福朋友返乡一路平安，但自己看着眼

① 李运亨，张圣洁，闫立君：《陈师曾画论》，北京：中国书店出版社，2008，第167页。

前的白云，思乡之情更浓，但自己的家乡却仍在千里之外。

又如《题田生珥云为周郎释香作独秀峰图》一诗，作者在诗的开头就写道："孤山卓立长江东，君山宛在平湖中。一盆一盎贮一担，气象太小难为容。旁人竞赏我窃笑，恨不来看独秀峰。"把孤山、君山和独秀峰进行对比，突出独秀峰的独特之美；接着作者详细地描写独秀峰及其周围的景色，作者用比喻的手法，把整城墙比作岸，地面比作水，独秀峰就像是一朵水中突显出来的青芙蓉；独秀峰周围无所依傍，周围都是平地，高千余尺，在山顶上四顾环视，好像周围没有平地一样；"延年读书石可辨，孟简题字苔已封。"屋顶上有参差不平的瓦片，当年颜延年读书岩还可以辨认出来，但孟简的题字已经被青苔覆盖住了。最后作者写自己看到这幅图的感受，此时自己的家乡远在千里之外，正处于战火之中，自己只能长久地客居在外，不能返乡，思乡之情油然而生，现在和故人相聚在一起，朝夕相对，而自己不知何时才能返乡。

郑献甫不仅以诗抒怀，还借画寄意。如《题陈心香同年小寄斋读书图》："新春来访小寄庐，故人示我小寄图，先后题者纵横书。茧尾犹有数幅舒，鸦头似待一客涂。图中列树知几株，树影隔坐交纷敷。斋中储书过五车，书声出户闻咿唔。俨然坐个古丈夫，道貌虽瘠神何腴。炯炯照我垂青矑，星星对客非白须。酒钱不足诗有余，好句足抵双明珠。堉乡可寄即寄孥，师坐可寄即躯。今吾何必即故吾。浮生恋此聊须臾，窗间寄傲元亮孤。天上寄愁仲长愚，形骸之见皆牵拘。齐年忆向名场趋，回首已若星辰疎。远者作令飞两凫，近者课士占三鱼。其余大半黄壤糊，不然亦属青衫枯。久寄暂寄均区区，寄梦醒寄终蘧蘧。人间万事无差殊，况我已作山泽癯。频年空取烟墨驱，探囊胠箧惊焚閭。浮家泛宅重移居，题此不觉拍案呼，吁嗟乎，题此不觉拍案呼。"作者在诗中首先写故人找他题诗，接着描写画中之景：几株树木，一间书斋，书斋中藏书很多，远远地就能够听到读书声，原来书斋中坐着一个古丈夫，他有着洁白的胡须，身体很瘦，但精神矍铄，眼神炯炯有神。紧接着作者由小寄斋之名展开联想，感慨人生如寄；再联系自己的同生，现在已经各自有不同的人生际遇，而自己现在却流寓在外，寄寓他人篱下，深有感触，读此图后忍不住拍案而起。又如《题许小琴通守欧湖泛舟图》，作者在诗中首先描写了泛舟的画面，接着："师年八十弟六十，倡汝和予皆尚齿。就中最少贤主人，今亦公然大老子。我才退矣年过之，硕果幸存如苦李。一年一处不归去，一咏一觞聊复尔。"感慨自己的家乡遭受兵火之灾，自己流寓在外多年，时光易逝，自己的师友也有很多已经不在人世，自己是硕果仅存的一个，自己不能归去故乡，唯能饮酒而已。

总之，郑献甫具有丰富的文化艺术修养和鉴赏能力，他的题画诗并不是单纯地再现画面内容，而是着眼于传神达意。他往往借助于丰富、大胆的想象，从画外着意,运用比喻、拟人、对比、烘托等手法,从大处着眼,由侧面入画,展现画面。所以,其题画诗属于扩张一类。为便于驰骋想象、尽情发挥,诗人在诗歌体裁的选择上以古体为多,并不拘于画面的空间。当然,也有一些诗思奇巧的小诗。古体往往态意飞洒,虚实相应;小诗则能抓住画面的焦点予以点化,以点盖面,以小见大。情感随体裁、内容的不同而各异,或哀感沉痛,或快意酣畅,或淡静惬意,或情采飞扬。

当代作家研究

论壮族作家韦一凡小说的幽默艺术

刘铁群①

［内容提要］ 壮族作家韦一凡的很多小说都渗透着幽默的艺术。《她的故事》《蒙公三坐船》《对面人家》《新路》《独凤眼与水蜜桃》《歌王别传》等作品都在不同的程度上显示出幽默的风格。韦一凡的幽默不是张扬、夸张的幽默，而是低调、内敛的幽默，是具有民族情调和乡土气息的幽默。他擅长以幽默的山歌描写壮乡人的机智、风趣，以幽默的语言刻画壮乡人的性格，以戏谑的笔调讽刺落后人物。幽默增添了韦一凡小说的情趣与魅力。

［关键词］ 韦一凡　幽默艺术　壮族人性格

壮族作家韦一凡是一个辛勤笔耕、成果丰硕的作家。一直以来，研究者对他的作品的关注与肯定主要集中在两个方面：第一是对壮乡民俗风情的生动描写，第二是对壮族人民生活与精神的深度挖掘。这的确是抓住了韦一凡小说最重要的题材内容和精神标记。但韦一凡小说还有一个重要的特征没有引起研究者的关注，那就是本文要探讨的幽默艺术。

韦一凡很多的小说都渗透着幽默的艺术。《她的故事》《蒙公三坐船》《对面人家》《新路》《独凤眼与水蜜桃》《歌王别传》等作品都在不同的程度上显示出幽默的风格。他擅长以幽默的山歌展示壮乡人的机智、风趣，以幽默的语言刻画壮乡人的性格，以戏谑的笔调讽刺落后人物。幽默增添了韦一凡小说的情趣与魅力。

一、以幽默的山歌展示壮乡人的机智、风趣

韦一凡在《歌王别传》中借歌王之口写出了山歌对壮族人民的重要意义："壮家处处是歌海，只为人人爱唱歌，若是山歌不给唱，石头发芽马生角。"一直把自己的写作深深根植于壮乡土壤的韦一凡显然不能回避对壮族山歌的描写。值得注意的是，韦一凡对山歌的描写不仅生动地描绘了壮族的民俗风情，还展示了壮族人的机智和风趣。擅长唱山歌的壮族人可以根据对歌的场景即兴作

① 刘铁群，女，文学博士，广西师范大学文学院教授。

词,出口成歌,这本身就体现了壮族人民的智慧。在韦一凡的小说中,山歌渗透在壮族人的血液里,山歌就是壮族人生活的一部分,山歌也是壮族人民族精神的体现。

在《她的故事》中,“我”想追求一个外号叫“红棉花”的姑娘李玉梅。当“我”看到“红棉花”在晚霞中趟着河水迎面走来,激动之中忘记了苦思两个晚上准备好的求爱山歌,顺口唱了一句:“一朵红棉河中开。”棉花开在河水中的说法显然可笑,但美丽的“红棉花”姑娘确实从水中走来,可笑的同时,这句歌词也幽默、别致。因此“我”不在乎自己闹了笑话,干脆大胆地表达爱意,将错就错地唱了下面三句:“心想采花不敢采。力大挑得一江水,连水连花挑起来。”一曲幽默、风趣、坦率又情感炽烈的山歌使“我”赢得了“红棉花”的芳心。《歌王别传》中的山歌王蒙铜锣也以风趣的山歌向苏四妹表达爱意:“高山挖塘来栽藕,生死要等藕结莲,自从开春见了妹,煮菜不用放油盐。”对于反对、阻拦唱山歌的人,蒙铜锣也用山歌做出巧妙的应对。他对吴督学唱道:“老爷问我名和姓,请你侧耳听端详:我姓遮眼开不见,我名挨敲响当当。”蒙铜锣以幽默的山歌点破了吴督学没见识,认不出大名鼎鼎的山歌王之后,又用山歌嘲讽霸道、无理的吴督学:“督学生来不唱歌,叫他回家陪老婆,谁想唱歌跟我去,谁想吃鱼就下河。”当黄士德以革命为借口禁止唱山歌时,蒙铜锣理直气壮地指出黄士德的谬误与可笑:“歪理多,革命不用讨老婆,你先回家离婚去,再来这里禁山歌。”这句“革命不用讨老婆”传遍全乡,成了黄士德的笑柄。

幽默的山歌在韦一凡的小说中俯拾皆是。这些幽默的山歌包含了壮族人对生活的体验、理解与言说,唱出了壮族人的自信、机智和风趣。只有具有自由精神的民族才能唱出幽默的山歌,因为一个思想受到严重束缚的民族,幽默感也会被窒息。

二、以幽默的语言刻画壮乡人的性格

文学语言是作家审美意识的表现,韦一凡很多小说的语言都在不同程度上表现出幽默的风格。《她的故事》中村民对改造烂滗田没信心时说:“那是做梦吃月饼,白吞口水。”“我”听了议论也说:“那一百亩烂滗田,不好碰呀!我们担沙子撒下去,有用吗?苍蝇进虎口,不顶饿!算了,别想那种猫舔月亮的事。”但对改造田地充满信心的玉梅却拿指头点着“我”说:“你呀,碰了点钉子锐气就钝了,脖子软过火燎葱。”《新路》中一向被人瞧不起的光棍黄大有向秀兰求爱,秀兰骂他“癞蛤蟆想吃天鹅肉”。而黄大有洗心革面,参加联营养鱼后,秀兰回心转意主动找到黄大有,羞怯、坦率又幽默地问:“要不要吃天鹅肉!”《蒙公三坐船》中蒙公三听到三等舱换二等舱要加不少钱时轻松地笑道:“不打紧,牵一头羊到行市上就有了。”《歌王别传》中苏四妹怕自己的儿女和当干部的亲家“门口对不上”,蒙铜锣却自信地打趣:“若论门第,我是歌王,你是王后,这三间瓦盖土屋,是座王府呢!”这些幽默的语言让人读后忍俊不禁,增加了作品的吸引力。

韦一凡小说中幽默的语言不仅增加了作品的韵味,对人物性格的刻画也起到了关键的作用。《对面人家》中的火妹子是个典型的壮族新人形象。住在火妹子对面的陈自如说火妹子家新楼阳台的挑手冲了自己家的财运,火妹子毫不软弱地驳斥他:“你讲鬼话,我家楼房前几天才起好,过去怎么冲了你家?这两年搞责任制,你搞倒退;搞专业户,你讲不是农家正道。大伙走东,你走西,你发?你等着脑子发霉吧!”陈自如提出无理要求,吃了陈自如酒肉的龙副乡长也软硬兼施地劝火妹子让步,火妹子在妈妈同意让步的情况下依然毫不让步:“妈呀,你一辈子软和,还不是被人当发糕吃。钱要花在理上,让人也要让在理上,不通情理的木棍,我就不让!”这些幽默的语言把壮族姑娘火妹子的聪明能干、大胆泼辣以及不畏惧恶势力刻画得淋漓尽致。与火妹子相比,《新路》中的光棍黄大有是个懒惰、落后的农民。黄大有报名应聘鱼塘看守员,在招聘考试中回答怎样看守鱼塘时他说:“白天勤看,晚上死守,不谈恋爱。”回答怎样克服弱点,一年后变成怎样的人时他说:“都说我懒,这不假,以后坚决克服,争取一年后当上有老婆的农民。”这些朴实、幽默的语言写出了一个素质不高但坦荡、率真且颇有几分可爱的农民青年的形象。

《蒙公三坐船》是典型的具有喜剧色彩的作品,主人公蒙公三是典型的具有喜剧性格的人物。蒙公三到京城看望在北京大学读书的小儿子之后的一段心理描写耐人寻味:

> 为什么钱多的人想出去游世界,原来看看名胜古迹和大好河山的新面貌,这是令人快慰的享受,比喝壮家自酿的甜糯米酒还叫人咂嘴!蒙公三感到很骄傲,村里跟他同辈的人,谁也没到过京城,他是头一个。他家隔壁小三的阿公到南宁探望在印刷厂排字的儿子,见过邕江大桥,回到村里就吹了两三年。这一回,蒙公三到京城见过皇帝住过的三宫六殿,用过的金银珠宝、钟鼎鼓瑟,这话题,回到村里讲它十年,谁都听不厌。想到这点,蒙公三产生了自豪感,觉得自己以后在村中的地位跟过去可不一样了。

这段描写与高晓声的《陈奂生上城》中陈奂生进城后的一段心理描写可谓异曲同工:

> 他想到此趟上城,有此一番动人的经历,这五块钱花得值透。他总算有点自豪的东西可以讲讲了。试问,全大队的干部、社员,有谁坐过吴书记

的汽车？有谁住过五元钱一夜的高级房间？他可要讲给大家听听，看谁还能说他没见过世面！看谁还能瞧不起他，唔！……他精神陡增，顿时好像高大了许多。

《蒙公三坐船》和《陈奂生上城》都以幽默的语言写出了经济上翻身后农民的心理感受和精神追求。不同的是，蒙公三身上更多一些自信、自豪、爽直与乐观。农村体制的深入改革唤醒了他的智慧和勇气，也唤醒了他的自尊和自信，他的一言一行都显得理直气壮。在服务员拒绝给他换二等舱船票，并污蔑他的钱来路不正时，他毫不退缩，挺直腰杆向所有人宣布自己的致富之路："我蒙得雨，家住桂西大明山下东谷寨，排行第三，只因抱上了孙子，乡亲们叫我蒙公三！……如今我蒙公三可不是穷得找不到吊颈绳子的样子啦。我一家九口，老大、大儿媳、二儿媳做田地的功夫，年年包产有得超。副业上，抓一个瓢三杆鞭。我老伴抓喂猪瓢，养一头母猪，三头肉猪，饲料不用愁，玉米有的是。三杆鞭是马鞭、牛鞭、羊鞭。老二农忙时节帮田里功夫，农闲时摇马鞭，赶的是自家的马，拉的是自家的车，一年挣的拉脚钱，强过一个三级工，如今要是工厂再来招工，我也不给老二报名。我呢，一手抓牛鞭，一首抓羊鞭，养两头母牛，一群羊。明年，两头牛就会变四头，羊群头数就要过百。如今牛值几百大块，一只羊也有几十块，不费多大工本，就能大把抓票子。我的钱就是这样来的！来路正不正？大家评评！"这段幽默的语言寓庄于谐，烘托出了蒙公三的憨直、忠厚、淳朴、可爱、自信，也写出了他作为小生产者特有的幽默情趣。

三、以戏谑的笔调讽刺落后人物

在以幽默的语言刻画壮族人性格的同时，韦一凡也以戏谑的笔调讽刺落后人物。《蒙公三坐船》一开头就以略带夸张、调侃的笔调描写了势力、刻薄的服务员"电烫姑娘"："三等舱的服务员是个既不算难看，又不算漂亮的姑娘，最显眼的特点是那头电烫发，满头浪花，汹涌澎湃。因为不知她姓甚名谁，蒙公三按乡下人的习惯，就她头发的这个特点，给她一个代号：电烫姑娘。""电烫姑娘"因为为难蒙公三被船长降到四等舱工作后心理不愉快，在甲板上见到蒙公三，"就把头埋下，拖把在甲板上扫得特别快，嘴巴鼓得像只青蛙。"很显然，作者对"电烫姑娘"的讽刺是一种善意的讽刺。相比之下，他对黄老康和覃水养等人的讽刺是一种笑中藏痛的讽刺。《村禁》中的黄老康是一个守旧的老一代壮族人形象。他不理解新的政策，也不理解年轻一代人的思想。当黄老康看到儿子和几个承包八角林的年轻人在家里"扭腰摆屁股"地跳舞，"怒气陡然升起，手中的八尺竹杠高高举起，目标是播出音乐的收录机，只因他抢步踏上木梯的最后一级时,脚尖被宽宽的裤脚挂了一下,砰然侧倒在楼板上,竹杠只在空中划了半个圆圈,收录机幸免于难,而老康却被摔得闷了气,一时叫不出声来。”与黄老康一样,《碰撞》中的覃水养也是一个被讽刺的人物。他在“文革”中炸毁了陆成刚祖父给村民架的桥,害死了陆成刚的父亲,拆散了养女春秀和陆成刚这对情投意合的恋人,包办春秀与儿子的婚姻,造成春秀的不幸。当养女春秀大胆反抗,争取离婚时,覃水养因为着急和愤怒丑态百出:“人不如意,喝凉水都塞牙缝。整个上午,覃水养在屋子里转来转去,做什么都不顺手,执斧劈柴,斧头差一点砍了脚趾;操刀破篾,篾片把指头割了一个长口子,鲜血直流;抱草喂牛,老牯牛鼓起红眼睛瞪着他;就连抽烟都呛喉咙,坐板凳也扎屁股。拖脚走出屋门,脚趾碰在门槛上,痛得倒吸冷气。”黄老康和覃水养窝窝囊囊、别别扭扭的形象让人发笑,也引人深思。

《歌王别传》中的吴督学是个可恨又可笑的人物,也是作者讽刺力度最大的人物。吴督学无知、自大、专横、狠毒,满脑子鬼神观念、封建思想。面对歌王,他“像牛听山歌一般,两眼愣瞪,不解歌意”,受到青年们的嘲笑。他指责歌王“南蛮后代,不受王化”,却被歌王一曲巧妙的山歌气得满脸紫涨,浑身是汗。当歌王的马厉声长嘶,“吴督学吓得退了几步”。歌王纵马前奔,青年们“呜胡”一声跟随,“吴督学不禁双脚一软,噗的一声坐到村口的青石板上,好久起不来”。吴督学不仅无理地阻止蒙铜锣和寡妇苏四妹结婚,还野蛮地折磨苏四妹,并把蒙铜锣送入牢房。新中国成立后,蒙铜锣和苏四妹在燕来圩对歌结婚,顽固守旧的吴督学接受不了,当场昏倒。他“被人用指甲掐住人中,那对黯淡的黄眼珠子终于转动了一下,他无力地翕动双唇,用蚊嗡一样的声音,断断续续喊道:‘不准他们……登记!吴家……有规矩,寡妇不准……’他没有说完,力气已经用尽,浑身一抽搐,哗啦吐出一口乌黑的脓血,又昏了过去,从此再也没有醒回来,他的灵魂,忽忽悠悠飘进了另一个世界……”在作品中,吴督学的每一次出场都像一幅颇具讽刺意味的漫画。在作者戏谑、幽默的笔调中,吴督学成了一出喜剧中令人嘲笑的丑角。

韦一凡小说中的幽默不是张扬、夸张的幽默,而是低调、内敛的幽默,是具有民族情调和乡土气息的幽默。韦一凡曾说自己在创作上逐渐养成了一种“壮化”习惯:“不论在什么地方获得的素材,都放到大明山脚下,使小说中的人物变成家乡的壮人……我从来不认为这是创作视野的狭隘,我固执己见,有意在一个地方挖井,心想挖得越深,井水就越甜。”①韦一凡小说中的幽默也正是从壮乡挖出的井水的一部分。因为他的幽默来自壮乡人的生活和壮乡人的精神,来自他对壮乡的爱和他在壮乡体会到的痛。

---

① 韦一凡:《广西当代少数民族作家丛书韦一凡卷·后记》,桂林:漓江出版社,2001。

现实性与荒诞性相融合，魔幻性与真实性相渗透
——从世界文学视域看《篡改的命》

施秀娟[①]

[**内容提要**]《篡改的命》契合世界文学“追梦”母题，汪氏父子人生追求的核心是“城市梦”，小说继承了19世纪批判现实主义传统；小说塑造了一个西绪福斯式的人物，也是卡夫卡式的边缘人；小说借鉴了魔幻现实主义手法，情节充满了荒诞性，时空穿越，人鬼相通，展现了广西南部这一片神奇的土地。

[**关键词**]　**母题　城市梦　西绪福斯　卡夫卡式　魔幻现实主义**

长篇小说《篡改的命》是著名广西作家东西(1966—　)的新作，作品表现出作家创作中的自觉意识，悲悯苍生，以深厚的人文情怀关注底层人物，反映中国走向现代化过程中所暴露的社会问题。小说继承了批判现实主义文学的真实性和批判精神，并吸纳西方现代主义文学技巧。

一、“城市梦”与批判意识

追梦，是世界文学古老的母题。摆脱贫困，渴望富贵，是人类追梦的核心。中国如此，西方也一样。《篡改的命》写的是一个农村家庭汪氏父子追梦城市及由此引发的悲剧。

综观世界文学史，破产农民进入城市寻梦的小说数不胜数。英法等国发生工业革命后，农村经济凋敝，日益贫穷的农民纷纷离开故土，怀揣致富梦进入城镇。19世纪后期出现了《德伯家的苔丝》《无名的裘德》《卡斯特桥市长》等世界文学名著。在资本主义后起之秀的美国，20世纪前期也出现了《嘉莉妹妹》《珍妮姑娘》《了不起的盖茨比》等一系列经典小说，写出了年轻一代由农村进入城市后梦想破灭的悲剧。

《篡改的命》以当代中国农民的“城市梦”为核心内容，生动而悲怆地叙述

---

① 施秀娟，女，广西师范大学文学院副教授。

了中国南方一个农村家庭进入城市追求富裕生活及梦想无法实现的悲剧。小说描写了汪槐、汪长尺、汪大志等汪家三代人的命运。汪槐是一个老农民,年轻时有机会进入城市,在招工考试通过后被有权势的副乡长侄子调包顶替了;儿子汪长尺,考上了大学,被同学牙大山剽窃了录取通知书,冒名顶替他上了大学;孙子汪大志在城里医院出生,被富裕的城里人收养,改名换姓成了真正的城里人,终于圆了汪家人的"城市梦"。

小说通过汪家人篡改命运的故事,深刻揭露了当下中国社会的诸多问题,表现了犀利的现实主义的批判精神。

19世纪法国批判现实主义作家巴尔扎克说过:"从来小说家就是自己同时代人们的秘书"①,"法国社会将要作历史家,我只能当他的书记。"②作家东西继承了批判现实主义传统,他是我们这个时代的忠实记录员,《篡改的命》记录了这个时代,仿佛也在开列这个时代恶弊与德行的清单。

(一)农村落后、贫穷

小说以中国南方山村为背景,反映了农民的贫困。老农民汪槐和妻子刘双菊在土地上辛苦劳作,省吃俭用,却无力担负儿子的学费。为了供儿子读完高中,负债累累。汪槐在县教育局意外坠楼,无钱医治,抬回家来,眼睁睁看着下肢萎缩、瘫痪。村里的邻居拿走汪家的食用油、房梁木抵债后,家里再无他物,只能将田地抵押给后来的债主。

(二)城市,充斥苦难和不平等

赤贫的农民渴望进入城市,可城市并非美好的所在:房地产商林家柏自私苛刻,狠毒卑鄙;黑老大黄葵仗势欺人,残暴嚣张;工头何贵狐假虎威,助纣为虐;农村姑娘张惠、贺小文为了脱贫,在洗脚店卖身,沦为暗娼;资方恶意欠薪,汪长尺讨薪差点丧命;工伤致残后冒生命危险攀爬高塔,依然讨不到抚恤金;年迈的汪槐,拖着瘫痪的躯体匍匐街头乞讨,其妻刘双菊拾破烂为生。

小说触及城市的黑暗角落,揭示造成底层弱势群体的苦难的,不仅是资本家与黑恶势力勾结,还有国家公职人员的不作为:县教育局官员的极度冷漠,造成汪槐坠楼致残。县政府官员无视农民工维权,造成被拖欠的工资无法索回。法院不支持伤残农民工索赔,反而荒唐地提出伤者必须自证"性无能"。司法人员丧失道义和同情心,漠视弱势群体。基层警察渎职,包庇犯法的富人,只会对老百姓耀武扬威。

---

① 巴尔扎克:《〈古物陈列室〉、〈钢巴拉〉初版序言》,载《古典文艺理论译丛》,1965年第10期,北京:人民文学出版社,1965,第121页。

② 巴尔扎克:《〈人间喜剧〉前言》,载《文艺理论译丛》,1957年第2期,北京:人民文学出版社,1957,第5页。

这些景象都是我们身边发生过或正在发生的。东西以现实主义作家的良心和批判精神反映现实，无论是汪家父子，还是贺小文、张惠，都是底层人真实的典型，小说真实揭露了中国走向现代化、城镇化过程中出现的问题，发人深省。

二、中国的西绪福斯、卡夫卡式的人物

《篡改的命》不仅真实再现了底层人物的辛酸苦难，还让我们看到了世界充满了悖理的荒谬性，人生的痛苦感及个体生命面临选择时的无奈，有存在主义哲学内涵。小说主人公汪长尺有一颗无比坚韧的心，也是一个极度无奈的人。他俨然是中国的西绪福斯，也是卡夫卡式的人物。

（一）中国的西绪福斯：徒劳地反抗社会体制

西方神话中有一个西绪福斯，被神惩罚推巨石上山，这巨石对于他而言太大了，超出了他的力量。西绪福斯推巨石接近山顶，精疲力竭，石头由于自身的重量滚落山下。西绪福斯又从头开始，他所推的巨石永远抵达不了山顶。他的苦役周而复始，永无休止。其悲剧性在于无法解除神的惩罚，永远重复单调繁重、徒劳无益的事。法国作家、诺贝尔文学奖得主加缪从中看出了宿命的荒诞，称赞西绪福斯是一个荒谬的英雄。

汪长尺堪称中国的西绪福斯，他全身心致力于一件不可能实现的事情：篡改自家的命运，即农村人蜕变为城里人，这是他一辈子努力推动的巨石。他的父亲汪槐扮演的就是逼迫他推动巨石的神祇的角色，只要稍一松懈，父亲就会鞭策他。

汪长尺殚精竭虑，只为了一个目标，“城市梦”就是他的荒诞宿命。为此，他高考；为此，他补习；为此，他进城打工。他在城市底层，一次次抗争，经历希望与失望的一次次循环往复。

汪长尺刚毅而顽强，他挑战固若金汤的户籍制度，这是渺小的个人对抗强大的社会制度。即便耗尽心智篡改不了自己的命，他也要尽一切所能去帮助儿子大志篡改命运。这个卑微的小人物最终用极端的方式实现了对命运的超越。汪长尺是一个意志强大的荒诞英雄，一个中国的西绪福斯。

作者以汪长尺的命运悲剧，质疑中国特有的户籍制度。户籍犹如枷锁，把汪长尺们锁定为农业人口，却锁不住汪长尺们对城市生活的渴望，锁不住几亿农民进城的脚步。

（二）卡夫卡式的人物，社会的边缘人

《篡改的命》突出了底层人在困境中孤立无援、厄运侵袭时抗争的徒劳。汪

长尺和他所代表的农民工，是卡夫卡式的人物，是我们这个社会的边缘人。他们被现代文明诱惑，进入城市，却又无法真正融入城市，因为没有城市户籍而被排斥在主流社会之外。但他们宁愿在城市底层挣扎也不愿意退回乡村，不仅因为他们看到了城乡巨大的差异，还因为汪长尺们肩负使命，承载着父辈的嘱托和改写家族历史的重任，他们只能在城市与农村的夹缝中苦苦求生。

为了生存，农村姑娘张惠、贺小文们，异化得极其惨痛，沦落为暗娼。而竭力守住道德底线的汪长尺，也逃脱不了被异化的命运。这个酷爱书本的人，离学校和文化越来越远，最终异化成一台挣廉价工钱的砌砖机器。这个灵魂干净的人，这个书生气的人，受尽剥削、侮辱、欺凌，还不得不承受父亲行乞、母亲捡破烂的残酷现实，更难堪的是还得默认和宽宥妻子卖淫。

重压下身心极度疲惫的汪长尺曾经好几次精神恍惚，进入了卡夫卡式的境遇。"'卡夫卡式'，德文是 Kafkaesk，这是一个德文新词，表达一种任人摆布、无法自主、错综复杂、似真似幻的处境。"①

汪长尺无法把握自己的命运，时常处在似梦似醉、非理性的荒诞之境。比如他有心杀黄葵却没有机会下手，黄葵被别人杀死后，两个警察来抓捕他，起初他拒捕反抗。后来在乡亲邻里的暗示下，自己对号入座，主动进城，以凶手身份投案自首，甘愿伏法。

汪长尺和卡夫卡小说《诉讼》中的约瑟夫何等相似：某一天，银行职员约瑟夫被法院宣布有罪被捕了，起初不服而反驳，后来渐渐接受了犯罪暗示，心理发生变化，期待早点被拘入狱，最后被以莫须有罪名处决时，看见两个刽子手互相推诿、迟疑不肯动手，约瑟夫竟然产生了引刀自戕的冲动。

汪长尺投案自首的心理发展过程，与约瑟夫如出一辙，都是被外界指认犯罪后，不堪煎熬，寻求早日解脱。小说揭露了司法机构的荒谬，就像卡夫卡在《诉讼》中所说的："法院一经对某人提出控诉，它就坚信这个被告有罪，如果要消除这种信念，那真是困难万分。"

汪长尺一生多次与司法制度发生关系，第一次是替人坐牢，挣了一千多块钱；第二次是被警察误认为杀人犯，追捕到家里；第三次是拿钱赎回卖淫被抓的妻子；还有一次是在法院起诉资本家要求工伤赔偿未果，还受到当庭羞辱；最后是他的"浮尸照"留在公安局档案室的卷宗里，若干年后被年轻警察林方生销毁。

《篡改的命》鞭挞入里地审视和批评了公权，通过汪长尺的遭遇揭露了官员无良，司法不公，法律机器严重压抑普通人，加重了社会黑暗。东西像卡夫卡一

① 朱维之：《外国文学史》，天津：南开大学出版社，2014，第 543 页。

样认识到了官僚制度和审判机制对现代人的巨大威胁,深刻反映了现代社会制度本身的非理性色彩以及由此导致现代人的生存危机感。

东西以卡夫卡式的荒诞手法和黑色幽默,描写汪长尺在西江桥上自杀的情形:“看着两岸依次排过去的楼房,他想那个人一定隐藏在某扇窗口之后,举着望远镜,正在监督我对我的执行……”①这样冷静而无动于衷的描写,让人想起《诉讼》的结尾:“好像有灯光在闪动,一扇窗子突然打开了,有一个人模模糊糊地出现在那么远、那么高的地方,猛然探出身来,双臂远远伸出窗外。”

《篡改的命》中的主人公总是事与愿违,汪长尺的命运陷入一个又一个悖论,小说冷峻的笔锋和荒诞的叙事,让人感受到绝望的幽默,这是大难临头的幽默,也是刑场上幽默,读者苦笑之后满嘴苦涩,不寒而栗。

三、艺术的探索与创新,魔幻现实主义的叙事手法

多年来,东西致力于小说艺术的探索与创新。早年《没有语言的生活》就带有先锋性,到了《后悔录》,凸现荒谬性;《篡改的命》表现出他越来越突出小说的特点:荒诞性与佯谬性。东西小说与纯粹的荒诞派小说不同,他的情节看似荒谬,却又不失真实。汪长尺最终结局貌似荒唐,但符合人物性格的发展逻辑。

《篡改的命》尝试虚实相生的写法,借鉴了魔幻现实主义手法。尤其是小说后半部,时空穿越,人鬼相通,描写了带原始宗教气息的巫祝文化,展现了广西南部山区这一片神奇的土地。

小说用了双线对比的结构,以汪家人篡改命运为主线,扭结、穿插了富豪林家柏一家的故事。作家直面现实,但并未拘泥现实,想象极为大胆,构思十分巧妙,他把汪林两个家庭由毫不相干,发展到仇家,再以一个“送子”“收养”情节联系起来。

小说情节荒诞离奇,颇有神秘意味。比如两个带枪的警察来到村里,抓捕汪长尺,他们认为汪长尺杀死了黄葵。村民们闻讯赶来,保护汪长尺,暴力袭警。赶走警察后,村民们因为害怕警察报复纷纷失眠。失眠症蔓延之后,汪长尺不得不离开村庄,进城自首。这个情节寓意深刻,无情的警察代表冷酷的法律,象征着强大的国家机器,冒犯它,普通农民就没有了安宁。巨大的恐惧压抑之下人人自危,集体失眠。就像麦克白杀死了国王邓肯,就杀死了睡眠,从此永无宁日。

集体失眠症,让人想起《百年孤独》中人们集体染上失忆症,这两种疾病都

---

① 东西:《篡改的命》,上海:上海文艺出版社,2015,第1页。

是寓意深刻的隐喻和象征。富有寓意的情节,小说中还有很多。汪大志出生不久被爷爷奶奶抱回乡下,莫名其妙染上重病,小命难保,但回到城里就痊愈了。这个情节暗示汪家第三代已经不属于汪家,在故乡祖屋里水土不服,寓意这个孩子将改宗叛祖。

小说中最为神奇的人物是汪槐,早年就能掐会算。算出儿子命里富贵,不甘心儿子高考过线20分未被录取,带儿子去教育局抗争。瘫痪后逐渐通灵,修炼得道,成为乡村法师、道公。他曾算出儿子有血光之灾,竭力阻挠儿子返回省城。

汪长尺死后,骨灰盒还乡。第二天,“深夜,刘双菊在堂屋的方桌摆上大米、活雄鸡、刀头肉、酒、香纸和钹。汪槐坐在香火前为汪长尺做法。他双腿微抖,嘴里念着咒语,一边念一边往天上地下撒米,倒酒。”“长尺要投胎,往哪里?”“往城里。”全村人一起帮喊,终于帮助汪长尺灵魂飞起来。“飞过森林、河流、铁路、楼房……一直飞到省城,飞到人民路,飞进人民医院产房。”①汪长尺转世人间,成功地投胎到城里,降生在省人民医院,当了富豪之子。

汪长尺转世投胎,是整部小说最神秘、最诡异的情节,带有民间祭祀和巫祝特点,其中能管窥佛教轮回转世观念的影响。汪槐做法的材料、道具和祈祷仪式,是我国西南偏僻山村常见的。小说以这个带有巫祝特点的神奇结尾,抚慰读者的心。善良的人们,总是希望善有善报的。

这个情节,打破了生死界限,神奇,魔幻。汪槐能看见儿子死后的灵魂,并成功与之沟通,他以娓娓之言劝慰说服了儿子,汪长尺的灵魂离开骨灰盒,可是飞到大枫树上还在恋恋不舍地回望。汪槐“当”地敲响了钹,在一次次催促下汪长尺的灵魂飞走了。

小说结尾让人讶异,尤其错愕的是,汪长尺投胎做了林家柏与第二任妻子的儿子,不禁让人浮想联翩。这是一部篡改命运的小说,作者这么写或许寓意更深,看似安慰人心,其实悲观绝望:汪长尺们篡改命运,今生无望,只能等来世实现。作者也许过于悲观了,小说问世不久,中央已决定在我国中小城市开始户籍制度改革,不久的将来,汪长尺们的城市梦有望实现。

综上所述,《篡改的命》继承了欧洲19世纪批判现实主义文学的传统,又深受20世纪现代主义文学影响,尤其是存在主义文学、荒诞派小说和魔幻现实主义文学的影响。从中既可管窥作家东西对西方经典文学的消化、吸收与融合,也可透视作家在世界文学背景下本土化的努力,其中折射出中国作家走向世界、中国文学已经成为世界文学一部分的事实。这部小说既是中国本土的,也是世界的。

---

① 东西:《篡改的命》,上海:上海文艺出版社,2015,第304页。

论东西《篡改的命》中悲悯情怀

蒋婧琳①

[内容提要] 东西是一个具有悲悯情怀的作家,他的新作《篡改的命》以主人公汪长尺的经历为线索,不仅展现了汪长尺悲剧性命运,而且在叙述中表现了林家柏处于长期自我压抑的精神状态,同时揭示出人优秀品质失落的普遍性,以及由此形成的不良的社会风气,作者对这些现象的书写正是其悲悯情怀的展现,而这种悲悯情怀有助于引发人们对自我和社会的反思,推动个体自我完善和社会发展的良性循环。

[关键词] 东西 《篡改的命》 悲悯情怀

悲悯,即在对人性的弱点和复杂性有深刻洞察的基础上,用一种宽容的眼光来看待每一个人,对个体因人性使然而造成或遭受的苦难给予重视和同情,尊重人对满足自身欲望的渴望。东西作品中所表达的正是这样一种理解的同情和同情的理解②。下面笔者尝试分析《篡改的命》中的悲悯情怀。

一

《篡改的命》以主人公汪长尺的苦难经历为主线,表现了其充满悲剧性的一生,充分表达了作者对处于社会底层的小人物的悲悯之情。而汪长尺作为文中的苦难承受者确实有着常人难以想象的苦难遭遇,悲剧是他人生的常客,他的一生是在"人定胜天"和"天注定"的拉锯中挣扎、扭曲,是尊严破碎的一生。

一开始汪长尺落榜后被父亲汪槐逼着去与学校对峙,他感到羞耻。这种羞耻源于自己和父亲行为对自己面子的损害,他在这时是在乎别人的眼光的。而在跟黄葵去做追债人被剃光头的时候,汪长尺"觉得这像是一个剃度仪式,却不是出于自愿",笔者认为这是汪长尺的一个重要转折点,这个仪式,"剃"的绝不仅是头发,也是将他身上读书人的清高、自重和对自己未来成功的期望一起从内心剥离了,他开始否定自己作为一个和别人平等的人的身份,如他所说的是"狗屎",他的尊严被他放在一边,他接受了自己是一个底层人的命运,这也形成

① 蒋婧琳,广西师范大学文学院中国现当代文学专业2015级硕士研究生。

② 陶东风:《说悲悯》,载《中华读书报》,1998年12月2日。

了之后他做出一系列与一般人不同的行为的心理基础。

之后汪长尺的贫穷困窘的生活让他的身体也开始与城里人表现出差异，这是从黄葵的视角来侧面表现的，中学时“汪长尺的皮肤和自己的一样洁白，只要不穿上衣服，看不出谁是农村的谁是城里的”，现在“他们的皮肤差别就像是城乡差别那么巨大，即使不穿衣服也能看出他们生活的差距”，生活的苦难将这个本来细皮嫩肉的准大学生打磨成黝黑沧桑的中年农民工，他从身体到心理都发生了变化，他离出人头地成为城里人的目标也越来越远，但一次次奋斗的失败并没有完全打倒汪长尺，他身上始终存在一种支撑他的执念——改命。为了完成这个执念他可以忍痛与亲子分离，甘当十几年的“隐形”父亲，甚至为了儿子的一生顺遂而选择自杀。汪长尺对儿子林方生（汪大志）的父爱是毋庸置疑的，同时汪长尺虽然被现实残酷折磨却始终没有忘记心中的任务——改命，成为城里人。从汪大志出生起，汪长尺就开始陷入忧虑——如何让汪大志成才并成为上等人。对于这个任务，只凭借汪长尺自己的力量是不可能实现的，所以汪长尺陷入汪大志会走自己的老路的恐惧中，在任务和父爱的双重心理作用下，汪长尺最终做出了一种荒谬的做法，那就是把孩子送给有钱人，从根本上改变儿子的身份，即使是“认贼作父”。

当林方生诬赖汪长尺这个救命恩人是车祸肇事者时，普通人遇到这种恩将仇报的事多是气愤难耐，但汪长尺却对儿子的这种改变有一种由衷的欣慰，这里对汪长尺的描写非常有深意，“多少年了，我一直盼望着他变成他们”，“爸，我们终于成功了，我们终于在城里种下了一棵大树”①。汪长尺欣慰于儿子变成城里人就不会像他一样被欺负，被看不起，同时内心中对汪槐的诉说也是欣喜于梦想成真，此时的“笑”，笔者认为是完成身上一直背负的任务之后释怀的笑，也是对儿子虽然不再是自己的儿子却有一个光明未来的含泪的笑。汪长尺身上表现出的那种快乐又哀伤，失落又释怀的情感是如此复杂，那种卑微的情感难道不值得我们的悲悯吗？

最后汪长尺能够无畏地走向死亡，并在死后投胎到省城成为城市人，这可能就是汪长尺一生中能得到的最大的悲悯，“死当然是很痛苦的，但是，当我们想到还有一种更好的生活将结束今生的痛苦，我们就会感到轻松”②。汪长尺正是抱着这种心态：他的任务完成了，儿子会有好前程，自己也给父母留下了钱，他对这个冷漠残酷的社会没有什么留恋了，更不要说他的死会保证儿子幸福快乐的长大。汪长尺可以说是抱着一种期待走向死亡，并迎来一个有着美好未来的来生，但汪长尺选择跳江死亡还是让笔者痛心不已，这是他想要“响响地

---

① ［法］卢梭：《卢梭经典文存》，何祚康、曹丽隆译，上海：上海大学出版社，2007，289页。
② 同上，第57页。

离开”这个世界的方式,但最后他的自杀除了亲人之外并没有引起他人的注意,汪长尺的愿望还是没有实现,一个叫做“汪长尺”的人默默地消失了,只留下一个无人问津落满了灰尘的疑案档案袋。这里其实是呼应了前文对蚂蚁的描写,“他看不见它,但能感觉到它”,“他朝蚂蚁拍去,手掌的局部湿了,他把湿的地方抹干净,搓搓手,起身离开了工地”①。这个蚂蚁其实影射着汪长尺的命运,在黑暗中他的命运早已注定,最后他以“死亡”来拍开这命运,同时连“湿”的痕迹,也就是汪长尺存在的痕迹也被抹去。作者在前文就已经有意或无意地展现出汪长尺的命运轨迹,作者在后文却依旧让汪长尺不停地奋斗并试图反抗,想要改变自己的命运,但底层小人物的特点就是一旦被压倒就很难再次起身,或许高考的那次失败就注定汪长尺悲惨的一生。

东西将社会底层小人物的悲惨人生血淋淋地展示出来,绝不仅是情节的需要,更多的是以此引起我们对身边苦难承受者的重视与同情,唤起我们的悲悯之情。

二

《篡改的命》通过底层书写表现小人物的苦难,这只是作者悲悯情怀的表现之一,之所以能展现出一种真正的悲悯情怀,还在于文中所展现出的平等宽容的大爱,不仅仅表现在对遭受苦难的底层小人物的同情,也表现在对遭受精神苦难的“城里人”的同情,其中最典型的形象就是林家柏这个“坏人”。

故事中汪长尺是所有苦难的承受者,而林家柏是所有苦难的施予者,这种充满了戏剧性的设定让他们变为两个阶层所有矛盾集合构成的具有普遍性的个体,他们之间的矛盾就是底层小人物和上层社会、乡村和城市之间矛盾的形象化表现。作者正是通过两者表现出对所有人一视同仁的悲悯,这份悲悯之情是平等而宽容的,不会因为身份地位而有所不同。对比汪长尺,我们来看看故事中的“大反派”林家柏,可以说汪的后半生的苦难全与林有关。林家柏有钱,也有个好爸爸,作为城里人还有一个幸福的家庭。一般情况下,大多数人是不会同情这样一个生活富足幸福的“恶人”的,我们很少去同情那些看起来富有并比我们更加幸福的人,我们只会因为不能成为那个人而感到伤心,我们会设身处地想到的,往往是那些比我们更值得同情的人,我们为没有受到那样的苦难而庆幸。这是人之常情,但远远称不上是真正的悲悯。作者的悲悯不仅是对底层人物的悲悯,也是对看似生活美满,却身处精神困境的人的悲悯。

相比汪长尺因为身份和贫穷而遭受的苦难,林家柏这个人物除了在物质方

---

① 东西:《篡改的命》,上海:上海文艺出版社,2015,第 53 页。

面比较富有外,精神上却一直处于一种困境中,某种程度上来说,我们需要对林家柏表示理解和同情。林家柏在外面和在家里其实过着双重生活,在工作中他是大公司的管理者,有权有势,就连执法机构也不敢随意审问他,所以面对汪长尺这样的底层人物时,他有一种成功人士的高高在上与蔑视,但与此同时,林家柏在家中却一直处于一种压抑的状态。他的生意需要岳父的支持,所以他在岳父母面前十年如一日地以一个好女婿的形象来伪装自己,他送土鸡去岳父家,并且听从岳母的要求麻利地把鸡处理好;他对方知之的迁就和照顾也全是压抑着自己的意愿来做的,"像秘书对待领导那样唯唯诺诺"①。而作为一个亿万富翁,在外人面前是多么不可一世,但回父母家却不敢拍门,因为他背负着无后的"罪名",父母的期望和指责,亲戚的闲言碎语,让他的尊严从天上掉到地下。林家柏一直背负着很大的心理压力,而岳父家的权势让他不得不压抑自己的本性去迎合妻子,只为了保持一个表面上的和平,因为只有这样,他才能将生意做下去,才能保住自己社会地位,维持自己优渥的生活,所以林家柏只能一直伪装自己,甚至连他自己也会质疑自己,"我真有那么好吗?没有。其实我没有那么好,只不过装 B 装久了,也就慢慢习惯了"。林家柏心里清楚这不是真正的他,但是面具戴得久了也就脱不下来了,一个人如果每天都戴着面具伪装自己,即使生活再富裕,他的精神也是压抑、痛苦的。从林家柏长期精神备受压抑的角度来看,林家柏无疑有值得我们同情的地方。

摆脱这种双重生活的机会直到林家柏的岳父退休才出现,为了有一个有自己血缘的儿子,他养了情人,但是对于离婚他还在犹豫。按照林家柏的性格不应该犹豫,因为他对方知之的感情在多年的压抑中早被消磨殆尽,那为什么犹豫呢?因为林方生,这个收养的孩子。他对林方生是付出了真感情的,甚至可以说是以一个父亲的身份给予林方生一个美好的童年,或许一开始林家柏是把这个收养的孩子作为讨好妻子和岳母的工具,当作一个宠物,但是长期的相处使林家柏渐渐地真正喜欢上这个孩子,而不愿意伤害他。林家柏带他去踢球,为他的成功而欢呼,甚至在汪长尺出现时,林家柏产生了一种对林方生生父的嫉妒——"他现在是我的儿子,你操什么心?"他惶恐于林方生被抢走,害怕林方生知道自己的身世后恨他,所以他逼死汪长尺,想要以绝后患。林家柏的做法或许显得冷血无情,但是从林家柏的角度来看,他在婚姻中所有的感情都是假装的,只有这个孩子是他出于本性来疼爱的,他不会容许别人破坏,而汪长尺并没有被林家柏当作一个平等的人,就像一只蚂蚁一样,所以他当然能够坦然地让汪长尺去死。但是想到林家柏这种除了钱以外都不能真正地做自己的人,唯一拥有的真实是一定要保护好的,从这一角度来说我们也许就能够稍稍理解他

① 东西:《篡改的命》,"后记",上海:上海文艺出版社,2015,第 276 页。

的极端做法。而且最后他的亲生儿子居然是汪长尺投胎,这一剧情可以说是荒诞而富有戏剧性的,两个儿子都不是自己的“儿子”,而且自己是他们的“仇人”,本来以为能够摆脱的隐患,却成为自己血缘关系最近的人,就像一种因果循环。故事结尾是林方生发现了自己的身世但毁掉了证据篡改了自己的命,从这里我们能够感知到,林方生并不是一个正派的人,他习惯于享受优渥的生活,高贵的身份,他否定了自己的出身,试想虽然他没有告发林家柏,但是他对林家柏这个父亲的感情不会像之前那么纯粹,林家柏显然也不可能一直享受他期待的天伦之乐,林家柏这种充满欺骗和不安的未来难道不应该让我们怀着一种悲悯来看待他吗?

我们对于汪长尺的悲悯来源于一种同情的理解,同情于他卑微的身份和受到的种种不平待遇,甚至对于他对妻子卖淫的无谓态度,送子和自杀等一切让一般人难以苟同的表现也能理解,因为这是生活的逼迫,是社会的不平等造成的无奈之举;但对于林家柏这个“坏人”,我们也应该秉持一种理解的同情,他的物质生活虽然富裕,但是他的精神是不自由,被扭曲的,我们也应该理解他种种行为背后的精神压抑。我们都希望自己能够生活得更好,有更好的未来,我们能够在他们的身上找到自己的影子,我们的怜悯也正是在看到人的不完美,使得自身变得谦卑,继而滋生的一种同病相怜的理解和同情。

无论是汪长尺还是林家柏身上都有缺陷,但作者并没有大肆批驳,他有的只是对人缺陷的悲悯,为林家柏所做的恶行感到可惜,这在一定程度上超越了好与坏的抽象标准,是对那些在困境中挣扎的灵魂的宽容与谅解。

三

汪长尺和林家柏之间的纠葛占据了故事的大部分篇幅,但是其中作为配角出现的围观者的普通大众,以及医生、警察等社会公职人员的行为也值得我们重视,他们的所作所为的背后是作者力图揭示的社会现状的冷漠,冷漠与嘲讽成为人对待同类的一种常见行为,这正是人之为人的优秀品质失落的表现,不良的社会风气也终将导致人类集体的悲剧,对整个人类苦难的关怀才是文中作者悲悯情怀真正的意义所在。

人们的冷漠首先表现在围观者身上。当汪槐摔断腿时,周围人好奇冷漠,除了拿钱的人却没有人主动打电话叫救护车;当汪槐为了省钱而不治疗断腿,在地上爬行时,周围没有人帮助他和同情他,“周围的人鼓掌。汪槐爬一步他们跟一步,像看动物表演”①。汪家父子在遇到困难时,城里人没有愿意伸出援

---

① 东西:《篡改的命》,上海:上海文艺出版社,2015,第23页。

手，只是围观这悲惨之事的发生，好奇它的后续。面对同类的苦难，围观者有的是兴致勃勃地围观，他们因为事不关己而怀着一种好奇旁观的心态看着在苦难中挣扎的同类，并因为挣扎的不是自己而在心里暗暗窃喜，这在无形中就将自己与苦难承受者划清界限，仿佛自己高人一等，成为“上等人”。不仅是普通路人，就连本该救死扶伤的医生和为人民服务的警察有的也只是对这些底层小人物的蔑视。汪槐摔断腿时，救护人员“像丢死狗一样把他丢在担架上”①；小文看病，医生只说“你一农村妇女不应该这么娇气”并称反驳的汪长尺为“乡巴佬”②。不仅是医生的蔑视，警察同样没有给予他们尊重，黄葵死了，两个警察为了结案就想要把汪长尺作为犯人，因为他是“软柿子”，而林家柏的爸爸是林刚，所以警察不敢询问，只想尽快结案，敷衍了事，无论是医生还是警察等公职人员的行为都说明了社会上是有这种不良风气存在的。

文中对路人的描写不仅仅是职业道德的缺失，同时也表现出人们优秀人格的失落。孟璇看似是一个有正义感的善良女警，但是当汪长尺送给她小文精心制作的粽子表达感激时，孟璇只是嫌弃地将其丢进路边的垃圾桶，从这个细节上来看，孟璇的正义感与善心是有水分的，孟璇面带微笑感谢汪长尺的行为变成了自持身份的矜持，是不具备真正善意和谢意的，不然也不会丢掉粽子，这种前后的强烈对比揭示出她帮助汪长尺的原因并不是真心同情这个“下等人”，而是怀着一种居高临下的施舍，为的是满足自己内心被人恳求的快感，在汪长尺长久的等待中，孟璇感受到自己的权力与身份的贵重，因为她觉得她可以掌握别人（汪长尺）的命运，可以体现出她“上等人”的身份，正是在这种心理作用下，孟璇才去为汪长尺讨公道，但是她的内心深处对这些底层人物是不屑的。

文中我们可以明显看到底层小人物（汪槐父子）与其他人之间有一个真空带，城里人作为上等人视他们为病菌，不愿意靠近，这种真空也是心理上的隔阂和轻视，这其实就是整个社会现状的一个揭示，不同身份的人之间的隔阂，尤其是对底层人的排斥和隔离。“我们对他人痛苦的同情程度，不决定于痛苦的数量，而决定于我们为那个遭受痛苦的人所设想的感觉”③，在这里农村人和城里人像是两个物种，而不是平等的人，汪长尺“农村人也是人”④的无心之言却也是对整个社会现状的反问，现在的社会形成了一个分化—— 上层的城里人和底层的农村人，不知从什么时候起我们帮助一个人需要看他是否有相应的身份和财富了，而没有这些的底层人似乎就是不值得我们的帮助和同情的。无论是围

① 同上，17 页。
② 同上，118 页。
③ ［法］卢梭：《卢梭经典文存》，何祚康、曹丽隆译，上海：上海大学出版社，2007，第 85 页。
④ ［法］卢梭：《卢梭经典文存》，何祚康、曹丽隆译，上海：上海大学出版社，2007，第 85、118 页。

观者，医生还是警察，虽然都不是主要的人物，只作为一些小细节穿插于故事中，但却补充了被淡化的社会背景，构成了主角与社会之间关系的联结点。作品中的这个冷漠的社会就是现实社会的影射，而围观者和医护、警察这些公职人员或多或少有我们自己的影子，我们在同情主角，气愤周围人不作为的同时，也开始反思自己的行为和态度是否与那些冷漠的城里人重合了。

作者的悲悯情怀在这里才有更加全面的体现，悲悯对象并没有被固定在少数人身上，而是延伸到整个社会，深受苦难的底层人物固然值得悲悯，但是逐渐陷入冷漠麻木的社会大众更值得悲悯，因为这折射的是整个社会的道德滑坡。如果连同类我们都不能以同情的态度来对待，那么终有一天我们也会面临这种冷漠与蔑视。正是周遭的冷漠的生活环境和人们在利益与等级面前的迷失，让人的优秀品质变得黯淡，让人们的相处充满了欺骗、嘲讽、不信任。这样的后果是我们将生活在恐惧与不安中，找不到自己的准确定位，恐惧于某天角色会颠倒，自己成为被鄙视者，于是加深心理的异化。这些是人在自我完善过程中不可避免的普遍性困境，因而作者对这不可避免的苦难承受者——人，有着一份悲悯之情。

四

东西用一种质朴而幽默的文字娓娓叙述这个充满苦难的故事，没有愤懑，没有情感的宣泄，他只是怀着一种悲悯的态度来看待“人”这个整体，这种情感真挚不做作。他理解他们的行为，同情他们的遭遇，并且尊重人对自身欲望满足的追求，正因为悲悯对象不局限在个体，他也对生活在充斥着冷漠、嘲讽的社会中的所有人，对人所拥有的优秀人格走向黯淡满怀悲悯，让人们意识到环境的严酷和自身所处的危险境地，而这一切能有力地促进自我完善和社会不良风气的纠正。

要达到个体和社会的自我完善，需要找到人心理异化与社会不良风气滋长的原因。笔者认为个体的异化与社会不良风气的兴起是一个相互促进的恶性循环，社会的快速发展，不可避免地产生城乡贫富差距，这种差距体现在衣食住行和随之带来的社会地位的变化，久而久之就会造成等级划分，将人因所处社会位置的不同而分成几等，这使得人们在心理上将自己与别人拉开了差距，将自己独立了起来，甚至将物质生活不如自己的人看作“下等人”，同时又因为自身对拥有更优渥的“上等人”生活感到极度羡慕，一部分人自知能力、条件有限不可能实现自己的愿望，羡慕转化为漠不关心，从而拉大人与人之间的距离，另一部分人因为欲望的驱使坚持奋斗，少数人成功了，更多的人在失败与绝望中采取了极端荒谬的做法，如汪长尺将儿子送给有钱人，其实在无形中用物质的差异否定了精神上的平等。当一个人认定自己的精神和肉体都与其他人不同时,对他人的苦难自然会视而不见,冷漠以对,因为在他看来他们根本不是平等的人,长此以往,越来越多的人在欲望的追求和所谓等级秩序的影响中迷失,从而造成个体心理的异化,最终导致社会冷漠成风,同情、友爱之情难寻,造成道德滑坡,而要使人的精神重新焕发活力以正不良风气,必须以个体为基点扩展、带动整个社会,其中就需要悲悯情怀这种积极向上的情感力量的黏合。

《篡改的命》中作者对于社会不平等的现状,对于一些敏感问题的揭示,对于苦难者的塑造,最重要的是作者的悲悯情怀具有的感染力能唤起我们的恻隐之心,体谅底层人民的生活方式和情感表达方式,尊重人的价值和尊严,善意与真诚在直视苦难和社会上存在的不公的过程中重新焕发热度,我们会更积极面对生活和真诚对待他人。我们认识到自身和环境的不完美,也让我们对自己的生活更加珍惜,珍惜我们拥有的幸福的家庭,平和的环境,光明的未来,这也是从内部完善人自身的过程。作者所持的悲悯情怀带领读者用宽容的眼光看待人,引导读者的同情行为,使我们更加关注身边的苦难者,至少能够伸出我们的援手而不是冷漠旁观,使我们对底层人能够和颜相对而不是恶语相向,他们经历的苦难我们已经经历过或在某天也会经历,而正因为经历过或者会经历这些苦难的生活,所以我们要帮助不幸的人,在这个相互帮助的过程中我们将重塑道德,建立起积极的社会生活环境,同情的普遍化会上升到精神层面,成为共识,推动社会在精神层面的完善。

同时我们更需要对社会保持一种信心,正因为现实的不完美,我们所持有的悲悯才会成为一种完善社会的力量,这种积极进步的力量将把我们的社会黏合为一个更加紧密的整体,我们认识到自己并不是孤立的,有无数和自己一样的个体,个体与个体之间建立起联系组成"人类"①,正因为是同类所以即使是彼此互不相识的个体在遇到困难时也能够相互帮助与支撑,这正是悲悯之情引人向善,促使社会团结的表现。

作者在叙事中表现出的悲悯情怀让我们完善自己,善待他人,珍惜拥有的一切,也在某种程度上纠正社会不良风气,虽然仅凭一部作品不能一蹴而就地改变现状,却也是一个良好的开端,我想这也是作家创作的动力与目的。

---

①、胡伟希:《论悲悯与共通感——兼论基督教和佛教中的悲悯意识》,载《华东师范大学学报(哲学与社会科学版)》,2012 年第 4 期。

综述与书评

新中国成立以来广西新闻媒介研究综述

张 良

[内容提要] 广西新闻媒介的研究对象为报纸、电视、广播、网络和整体的广西新闻媒介。报纸研究起步早，研究成果丰硕。研究对象具有现实性、典型性，抗战时期的新闻活动为近代报业的研究重点，《广西日报》和《南国早报》为现代报纸研究的重点。电视的研究特点为研究内容类型化，重视媒介技术的开发和应用、栏目研究；研究主题地域化，东盟传播成新风向；研究对象中心化，以广西电视台、广西卫视为代表。广播的研究起步早但进展缓慢，以广西人民广播电台为研究重点。广西网络媒体的研究则关注较少，网站的发展为重点。广西媒介整体研究包括东盟传播、媒介素养、媒介使用情况等。从整体来看，广西新闻媒介研究具有研究内容媒介化，研究主题同质化，研究对象中心化的特点。

[关键词] 媒介研究 特点 对象 主题 内容

关于新中国成立以来广西新闻事业的发展情况，商娜红等在《广西壮族自治区新闻传播发展报告(1949—2010)》中已经做了比较系统的总结，但是尚无学者就广西新闻媒介的研究情况进行系统梳理。本文拟对新中国成立以来广西地区新闻媒介的研究情况做一些梳理，以期从整体上把握广西新闻媒介研究的发展历史、媒介研究类型和基本特点①。

一、报纸研究

广西报业最早起源于1897年康有为等人在桂林创办的《广仁报》，距今已有一百多年的发展历史，其研究则始于1960年②。新中国成立60多年来，对广西报纸的研究大致经历了这样几个阶段：20世纪60年代，以研究《广西日报》为主的起步阶段；60—70年代的空白阶段；80年代，以研究抗战报纸活动的复兴阶段；90年代至21世纪初的全面发展阶段。90年代以来，广西报纸研究进

---

① 本文按照报纸、电视、广播、网络等媒介类型，分类梳理广西新闻媒介的研究情况，研究资料主要涉及对广西新闻媒介进行研究的专著、课题和论文，时间从1949年到2015年5月。

② 钟纪民：《按照毛主席指出的方向办好广西日报》，《新闻战线》，1960年第3期。

入全面发展时期,在研究内容上,既有广西报业起源、发展的总体研究,也有抗战时期新闻活动的专题研究,值得注意的是,行业报、生活服务类报纸、手机报、早晚报和日报等现代报纸这一时期开始进入研究视野。2010年以来,抗战时期桂林新闻事业成为研究的重点,报业集团发展、媒介经营与管理等实务研究开始得到重视,《广西日报》和《南国早报》成为现代报纸的重点研究对象。

(一)资料

新闻史料《救亡日报的风雨岁月》《国际新闻社回忆》《广西地方史志文献联合目录》(下)、《广西文献资料索引》(下)、《广西新闻史料》《〈申报〉广西辛亥革命资料选编》等①为广西报业的研究提供丰富的资料来源。

有关报业研究的专著有《当代广西新闻事业》《广西新闻事业史1897—1949》《桂林抗战新闻史》及《桂林文化城史话》《广西通史》《一个独特的历史现象:桂林文化城》《桂林抗战文化史》等著作的部分章节②。

近年,有关广西报业的国家级课题有四项:2007年广西大学新闻传播学院商娜红"抗战时期广西新闻出版事业研究"(07BXW005);2008年广西师范学院新闻学院靖鸣"抗战时期国共合作背景下桂林新闻事业史研究"(08BXW003),成果为《桂林抗战新闻史》;2010年桂林师范高等专科学校徐健"抗战时期桂林进步报人群体新闻活动研究"(新闻学48号)立项;2013广西师范大学文学院刘铁群教授"抗战时期桂林文化城文艺期刊研究"。

报业的研究论文则数量颇丰。截至2015年5月,研究论文对报业发展的总体概况以及广西地区各时期的报刊活动及报人进行梳理。介绍广西地区的报业发展概况的论文有20篇,其中研究抗战时期报业情况的为7篇,研究当代报业的论文13篇。报纸研究分为抗战和当代两个时期,情况如下:

在抗战时期,《广西中央日报》、《广西日报》、《救亡日报》、《新华日报》(桂林版)、《扫荡报》(桂林版)、《大公报》(桂林版)、《广仁报》、《南风报》、《梧州民国日报》、《南宁民国日报》、《右江日报》、小报、学生军报刊等报刊和徐铸成、夏

---

① 广西日报新闻研究室:《救亡日报的风雨岁月》(新华出版社,1987);广西日报新闻研究室:《国际新闻社回忆》(湖南人民出版社,1987);广西壮族自治区通志馆:《广西地方史志文献联合目录》(下)(广西人民出版社,1988);广西通志馆旧志整理室:《广西文献资料索引》(下)(广西人民出版社,1991);广西新闻史志编辑室:《广西新闻史料》(广西壮族自治区新闻出版局,1993);黄振南、蒋钦挥:《〈申报〉广西辛亥革命资料选编》(广西师范大学出版社,2012)。

② 周中仁:《当代广西新闻事业》(广西教育出版社,1989);彭继良:《广西新闻事业史1897—1949》(广西人民出版社,1998);靖鸣《桂林抗战新闻史》(2013);魏华龄:《桂林文化城史话》(广西人民出版社,1987);钟文典:《广西通史》(广西人民出版社,1999);魏华龄:《一个独特的历史现象:桂林文化城》(上、下)(漓江出版社,2003);魏华龄:《桂林抗战文化史》(漓江出版社,2011)。

衍、萨空了、俞颂华等名报人被列为研究对象,共涉及论文 78 篇,其中,《救亡日报》占 39 篇。

当代报纸按照发行时间的不同,分为日报、早报、晚报等种类,这一类型的报纸研究最多,日报包括《广西日报》《桂林日报》《南宁日报》《柳州日报》《梧州日报》《钦州日报》《北海日报》《贺州日报》《河池日报》等,有论文 106 篇,《广西日报》占 62 篇,《柳州日报》占 14 篇;晚报包括《南宁晚报》和《桂林晚报》等,9 篇;早报为《南国早报》等,22 篇。其他类型的报纸研究数量较少,如按照性质、作用的不同,有生活服务类报纸如《南国今报》《生活快报》等,7 篇;按照行业的差异划分,有行业报如《法治快报》《南方科技报》《广播电视报》等,约为 7 篇;按照读者对象划分的报纸有如以少儿为读者的《小博士报》等,仅 1 篇。

(二)特点

总体而言,广西地区报业的文本研究呈现出四个特点:

1.研究对象具有现实性

现实性体现在对现代报纸的研究上。其一,现代报纸出现后才有对它的研究。如《南国早报》《南国今报》《桂林晚报》等。其二,现代报纸研究对媒介经营与管理相当重视,如《广西日报》经营与管理的内容占其总数的 31%(见表 1),这与党对媒介实行的事业单位、企业化管理相关,媒介必须重视自身的经营才能使其立于不败之地。其三,现代报纸市场化的需求导致报纸必须注重内容,迎合读者的阅读习惯,因此媒介写作等内容成为报纸研究的重心。以当今发行量最大的《南国早报》(自“2007 年起广告收入超 2.5 亿元,发行量近 40 万份,成为广西发行量、广告额、影响力最大的主流媒体”①。)为例,它侧重对各类新闻报道框架的分析,其内容占到论文研究数量的一半。《广西日报》的新闻报道框架的分析也占 45%的比重。毋庸讳言,这属于报业研究的重点内容。

表 1:《南国早报》与《广西日报》研究内容统计

(资料来源:中国知网,时间截至 2015 年 5 月)

内容 / 数量	新闻报道框架、模式分析	经营与管理	广告、东盟传播	其他	总数
《南国早报》	11	4	3	4	22
《广西日报》	28	19	5	10	62

2.研究对象具有典型性

典型性体现在两个方面。一为对现代报纸《广西日报》和《南国早报》的研究,这两份报纸的研究数量为现代报刊的前两名,且所占比重大;日报为最受欢

① 报业集团中心编:《南国早报广告价值分析报社简介》,报业网,2012 年 4 月 10 日。

迎的报种,研究数量达106篇。另一为对抗战时期报纸的研究,《桂林文化城史话》《广西通史》《一个独特的历史现象:桂林文化城》(上、下)和《桂林抗战文化史》等著作专章介绍了抗战时期广西、桂林的新闻事业,将广西新闻事业史作为广西抗战文化史的重要内容进行研究;《广西新闻事业史1897—1949》的重点内容是1919—1949这30年间的新闻事业,占76%的篇幅;《桂林抗战新闻史》更是抗战时期桂林新闻事业发展的专题史;《救亡日报》为这一时期报纸研究的重点,占一半的论文比重。

3.研究对象不断扩大

在研究过程中,研究对象由抗战时期的《广西日报》,到抗战时期的在广西的报人及报刊活动,再到广西地区报业起源、发展的总体概况以及行业报、生活服务类报纸、手机报、早晚报和日报等现代报纸,最后扩展到报业集团发展、媒介经营与管理等实务性质的内容,在不断扩大。

4.研究主题逐步深入

抗战时期的新闻事业伴随广西报业研究的始末,在主题上不断深入。以课题为例,其主题由抗战时期广西新闻出版事业研究、国共合作背景下桂林新闻事业史研究、桂林进步报人群体新闻活动研究到抗战时期桂林文化城文艺期刊研究,主题不断缩小、精确。

在现代报纸的研究上,主流报纸的研究数量和研究深度随着报纸本身影响力的扩大而增加。以《南国早报》为例,2007年以前,它的研究文本数量为1,自2007年以后,硕士论文和其他学术论文相继发表,数量为20,其原因在于2007年以后《南国早报》成为广西发行量、广告额、影响力最大的纸媒。

二、电视研究

“1969年,广西电视台开始筹建,1970年10月1日开始播出一套黑白电视节目”①,广西地区的电视研究远远晚于电视节目的出现,起步于1989年,周中仁《当代广西新闻事业》下编“广播电视”部分重点介绍了广西电视事业的建立与发展,研究论文则始于1994年②。1989—2010年,广西电视的研究对象以广西电视台、广西卫视为主;地市级媒体的研究较少,南宁电视台的研究在其中最为突出。在研究的主题上,媒介技术和栏目研究为重点。2010年后,研究论文大幅度增加。

---

① 商娜红、王敏利等:《广西壮族自治区新闻传播发展报告(1994—2010)》,《新闻学论集第27辑》,2011年12月1日。

② 向群:《梧州有线电视台开播一周年节目越办越好》,载《广播电视信息》,1994年第11期。

（一）资料

研究广西电视的专著有《当代广西新闻事业》，论文有324篇。广西电视台的论文149篇，广西卫视有110篇；南宁、桂林、柳州、梧州、北海、玉林、贵港、钦州、贺州、河池等地市级电视台的论文53篇，南宁电视台占20篇。

（二）特点

广西电视研究的特色较为明显，主要有以下几点：

1.研究内容类型化

电视研究在内容上主要以媒介技术和节目、栏目研究为主。从省级电视台到地市级电视台，这两类研究内容是其研究重心。

对于电视行业而言，技术因素是影响电视栏目观看效果和节目宣传效果的重要因素。媒介技术的进步，为电视台的品牌形象提升和宣传效果的增强打下了坚实的基础。以广西电视台为例，尤其重视电视媒介技术的开发和应用研究，媒介技术的内容占39%的比重。（见下表2）南宁电视台的媒介技术研究占30%，桂林占25%，河池占25%，梧州占33%，玉林占60%，柳州占67%，北海100%。

表2：广西地区电视台媒介内容统计

（资料来源：中国知网，时间截至2015年5月）

内容 / 数量	新闻报道框架、模式分析	节目、栏目、频道研究	营销与产业经营	区域传播	媒介技术	其他	总数
广西电视台	3	31	29	9	58	19	149
广西卫视		47	35	14	2	12	110
南宁电视台	2	5	6	1	5	1	20
柳州电视台		2			4		6
梧州电视台		1	1		2	2	6
玉林电视台		1	1		3		5
桂林电视台		3			1		4
河池电视台		1			1	2	4
贺州电视台		3					3
北海电视台					1		1
贵港电视台						1	1
崇左电视台						1	1
钦州电视台		1					1
百色电视台						1	1

栏目研究的内容也占电视媒介研究的较大比例，成为电视媒体研究的重点。广西电视台的栏目占21%的比重，广西卫视占43%，梧州占17%，玉林占20%，南宁占25%，河池占25%，柳州占33%，桂林占75%，贺州100%，钦州100%。

2.研究主题地域化

东盟传播问题成为电视研究的新风向。2004年后，广西电视台"确立了'把广西电视台打造成有国际影响的区域媒体'的目标，准确定位在东盟十国的国际传播战略，效果显著"①，扩大了自身的影响力，因此东盟传播逐渐吸引了不少学者的目光。这是极具地域特色的研究主题，非广西地区的媒体研究不便涉及。

广西电视台涉及区域传播的论文有9篇，广西卫视有14篇，其中的大部分论文主要涉及东盟传播。此外，论文《广西电视媒体对东盟传播现状与对策研究》《广西电视文化传播中的"东盟现象"背景研究》《广西电视媒体应出好"东盟"这张牌》《广西电视媒体对东盟信息传播的现状分析及优化对策——以广西电视台、南宁电视台为例》等②具体论述了广西电视媒体中的东盟传播现象。

3.研究对象中心化

广西电视研究的对象主要以省级电视台、省级卫视为主，在地市级媒体中，研究得较多的南宁电视台依旧位于省会城市，它们在研究论文中所占的比例高达81%，形成了以省级电视台、省会城市为中心的中心化的研究。柳州、梧州、玉林、桂林、钦州、贵港等地市级电视台的研究数量依次递减，这些对象的研究数量不超过6篇，其研究程度可见一斑。

三、广播研究

广西广播事业"始于第一次国内革命战争时期"③，对广西广播事业的研究始于1989年。研究以广西人民广播电台为主，其他地市级广播电台研究数量不多。广西人民广播电台的研究内容大致分为媒介营销与产业经营、媒介技

---

① 蒋延：《精准：国际传播的生命线——广西电视台区域性国际传播观察与思考》，载《中国记者》，2009年第11期。

② 黄北京：《广西电视媒体对东盟传播现状与对策研究》，长沙：湖南大学，2012；李雨思：《广西电视文化传播中的"东盟现象"背景研究》，载《电影评介》，2013年第10期；王伟超：《广西电视媒体应出好"东盟"这张牌》，载《渤海大学学报》，2014年第6期；谢卓华：《广西电视媒体对东盟信息传播的现状分析及优化对策——以广西电视台、南宁电视台为例》，载《广西财经学院学报》，2015年第2期。

③ 商娜红、王敏利等：《广西壮族自治区新闻传播发展报告(1994—2010)》，《新闻学论集第27辑》，2011年12月1日。

术、对外传播和栏目研究等，其中，北部湾广播的研究最多，综合广播、教育广播、交通广播、音乐广播等也有涉及。2010年以后，广西广播电台的研究数量增多。

（一）资料

周中仁《当代广西新闻事业》介绍了从民国到1987年广播事业的建立和发展情况；彭继良《广西新闻事业史1897—1949》（下编）也谈到了新中国成立前广播电台的发展情况；广西通志馆旧志整理室《广西文献资料索引》（下）也涉及了从1932年12月到1949年1月间刊登在《广西日报》《中央日报》《桂林市年鉴》等报刊上的关于广西广播发展情况的14篇文章目录。

论文主要探讨广西广播发展的历程、广播技术、竞争战略、发展状况以及各个电台栏目的情况。其中，广西人民广播电台的研究最多，有33篇；桂林人民广播电台3篇，河池人民广播电台1篇，研究论文数量较少。

（二）特点

总体而言，对广播事业的研究起步晚，发展慢，其研究成果较少。这一现象值得深思。

研究以省级广播电台广西人民广播电台为重点，地市级广播电台略有涉及。在内容上侧重对外传播研究，尤其是北部湾、东盟传播，其他内容均为一般性研究。

四、网络研究

广西的网络媒体“从1999年建立至今经历了从报纸电子版到报业新闻网站，再到新闻综合网站的不断发展成熟的过程”①。网络媒体发展势头虽然很盛，其研究也不晚，始于2007年②，但其研究却发展缓慢。截至2015年5月，研究网络媒体的论文仅见14篇。这与目前广西地区网络媒体的发展相对缓慢和人们对网络媒体的重要性认识不足有一定关系。

这些论文侧重于网络媒体的发展及东盟传播研究，新媒体影响、新媒体素养、网络报道模式、网络文化等研究亦有涉及。2010年以后出现了研究网络媒体的小高潮，文章数量由1增加到14。研究对象包括广西新闻网、新华社广西分社“新华掌媒”、人民网广西频道等，其中广西新闻网的研究略多于其他网站。

（一）概况

广西新闻媒介研究既包括对报纸、广播、电视、网络等具体媒介形态的研

① 商娜红、王敏利等：《广西壮族自治区新闻传播发展报告（1994—2010）》，《新闻学论集第27辑》，2011年12月1日。

② 覃娟：《广西报业新闻网站发展初探》，载《经济与社会发展》，2007年第4期。

究,也包括对广西新闻媒介的整体研究。整体研究主要涉及东盟传播、校园媒体渠道效果分析、媒介素养、媒介使用情况等方面的内容,其研究专著包括黄耀东的《广西媒体与中国——东盟经贸互动》①(广西哲学社会科学基金课题结题成果),李建平主编的《广西新闻蓝皮书》(系列丛书)等,论文有30余篇,东盟话题占13篇。

20世纪60年代报纸研究起步,80年代电视、广播研究起步,报纸研究成果丰硕,90年代至21世纪初报纸、广播、电视研究发展,新的研究对象纳入视野,同时,网络研究起步;2010年以后媒体研究数量创新高,媒体研究全面发展。

综合报纸、广播、电视、网络和整体的媒介研究,广西新闻传播媒介研究有以下特点、作用和意义。

(二)特点

广西新闻传播媒介研究的特点从研究内容、主题和对象方面体现出来。

1.研究内容媒介化

不同的媒介形式决定了研究内容侧重点的不同。报纸研究主要侧重分析新闻报道框架,电视研究侧重栏目、节目研究和媒介技术,广播研究侧重对外传播,尤其是北部湾、东盟传播,网络研究侧重网络媒体的发展。

报纸为纸质媒介,文字为其主要载体,文字的抽象性影响阅读接受的效率,因而如何增加其效率成为报纸媒介的重点,分析新闻报道框架和模式可有效提高接受效率。

电视为电子媒介,画面和声音为其载体,画面语言的直观性降低了接受的门槛,增加了节目制作的难度,节目形式很容易走向千篇一律,从而流失观众,研究栏目、节目能为电视的发展提供指导。同时,由于电子媒介的技术进步能带来视觉和听觉的享受,因而媒介技术也成为其研究重点。

广播为电子媒介,声音为其载体,声音传播的特点是打破地域的限制,在空间上将信息传到更远的地方。广西靠近东盟,北部湾毗邻东盟国家,广播侧重对外传播证明了以声音为载体的媒介特性。网络媒介依靠互联网为载体,将海量信息实时传输给大众。

互联网的迅猛发展带动了网络媒体的发展,发展前景一片大好,但网络媒体处于初级阶段,探索自身的发展成为其重心。

2.研究主题同质化

研究主题的同质化体现在两个方面:一为东盟传播问题,一为抗战时期的新闻事业研究。

---

① 黄耀东:《广西媒体与中国——东盟经贸互动》,南宁:广西人民出版社,2012。

东盟传播问题成为媒介研究的风向标。《南国早报》和《广西日报》均有东盟研究的内容,电视涉及东盟传播的论文有23篇,广播研究的主要内容即为东盟传播,而网络媒介也涉及东盟研究。广西媒体整体研究中,李建平主编的《广西新闻蓝皮书》(系列丛书)和相关论文中均涉及东盟话题,黄耀东的《广西媒体与中国——东盟经贸互动》更是研究东盟的专著。

抗战时期的新闻事业研究具有重要的学术价值,这个主题的研究较为深入,同时,难免会有同质的内容产生。《一个独特的历史现象:桂林文化城》(上)将《桂林文化城史话》全文录入,并将涉及此主题的论文悉数选取编入,并未有内容的创新,而是对原有研究的重复;《救亡日报的风雨岁月》将涉及《救亡日报》的论文编辑成书,并未有观点或者史料的创新,这些论文早已在其他刊物上发表;《广西新闻事业史1897—1949》《桂林文化城史话》《广西通史》《一个独特的历史现象:桂林文化城》等均涉及了抗战时期的新闻事业,内容上并无创新。

3.研究对象中心化

媒介的研究对象以省级主流媒体为主,以省为中心,向地市级媒体辐射。现代报纸的研究以《广西日报》为主,电视的研究以广西电视台、广西卫视为主,形成了以省级电视台、省会城市为中心的中心化的研究。广播电台以广西人民广播电台为重点,地市级广播电台略有涉及。网络以广西新闻网为主。

(三)作用

广西新闻媒介研究梳理了媒介研究的整体情况,为媒介研究提供参考。根据上文的梳理,可看出媒介研究存在如下空白:

地市级媒体的研究力度不够。近年来,地市级媒介的发展不容忽视。各地的媒介立足于本地市场,能够在一定的地域内产生相当的影响力。因此,重视地区媒介的发展并对之进行研究、提出建议能够为繁荣媒介市场作出贡献。

网络媒体的研究需深化。网络媒介的发展势头良好,但其研究滞缓。微信、微博等平台上的媒体发展已经影响了人们的日常生活,重视其价值作用,并对其进行深入探讨能够更好地为人们的生活服务。

(四)意义

广西新闻传播媒介的研究为学者们梳理了学术研究的线索,见证了媒介研究的价值。如《当代广西新闻事业》是第一部研究当代广西新闻事业的专著,《广西新闻事业史1897—1949》是第一部研究近代广西新闻事业史的专著,《桂林抗战新闻史》是第一部研究广西地方新闻史的专著。梳理这些,有利于广西地区媒介的发展。

片石可窥千古事，浓墨续写金石缘①
——论《桂林石刻总集辑校》的学术价值

阿运锋②

［**内容提要**］　桂林石刻的初次整理始于明代张鸣凤的《桂胜》，此后，桂林石刻代有所增、时有湮没毁弃。清代朱依真、李文藻、刘玉麟、谢启昆曾留意整理，朱、刘二氏书已不传，李氏书只存残帙，只有谢启昆《粤西金石略》较为完整。1977年出版的《桂林石刻》三册、1998年出版的《中国西南地区石刻汇编·广西桂林卷》五册，为明清后现代人的整理之作，惜校勘未精、收录不全，不便使用。2013年杜海军老师《桂林石刻总集辑校》一书出版，标志着对桂林石刻延续四百多年的整理工作告一段落，学人得窥桂林石刻全貌，作为桂林石刻的集大成之作，该书具有多方面的学术价值。

［**关键词**］　**桂林石刻　价值　影响**

中国金石学有着悠久的历史，而桂林金石学却只有一个短暂的过去。

金石学肇端于北宋，欧阳修《集古录跋尾》十卷为滥觞之作，其后有赵明诚《金石录》、曾宏父《石刻补叙》、陈思编集之《宝刻丛编》与阙名撰《宝刻类编》；明代赵崡撰《石墨镌华》，杨慎、于奕正、郭宗昌、陈鉴、李中馥、盛时泰均踵继其后；至清遂大盛，石鼓文研究、金石题跋、文字辨异、别字辑存、碑评帖记、金石证史与考补经义、碑文译注与校勘之作层出不穷，奠定了金石学的研究传统。金石学的一个重要方面是石刻，它包括碑、碣、墓志、摩崖、石经等。桂林石刻的历史可以追溯到南朝宋明帝泰始六年（470年），迄今已经有一千五百多年的历史，但是令人遗憾的是，一千五百多年来，桂林本土对桂林石刻的整理、研究十分不足，这使得桂林石刻的全貌无法为人所知，其文献价值、文化价值也无法得到弘扬。面对这种状况，一方面表明我们对本土优势文化资源所蕴含的价值的认识尚待提高；另一方面，需要我们立足当代，积极进行桂林石刻的整理、研究工作。

---

①　本文为国家社科基金西部项目“石刻文献与文学研究”阶段性成果，项目编号：14XZW001。

②　阿运锋（1980—　），男，河南宝丰人，广西师范大学文学院博士研究生，研究方向：中国古代文学。

2013年，广西师范大学杜海军教授《桂林石刻总集辑校》（以下简称《辑校》）一书由中华书局出版，这是广西文化史上的一大盛事。

此书之作，上承明人未竟之业，下启当世金石之学，诚以四海为量，千载为心，积十年之力，志在存古，可谓用心良苦。此书的出版，对桂林文化而言，有存亡续绝之功；对广西文化而言，实为继往开来之举。该书内容精深，体例完备、新颖，在继承传统金石学著作体例的优长之外，复以现代的学术范式弥补前者之不足，视野开阔，取资闳博，全书精心编排——凡此种种，均给研究者提供了新的"看法"。读者钻味既深，与作者神理相接，自能"尽而有余，久而更新"（《晋书·左思传》），必能以新奇之目光发现此书"新"在何处，价值何在。

一、四海为量，千载为心：文献整理与保存之功

桂林石刻的整理工作始于明代，明代张鸣凤《桂胜》成书于公元1585年，初次专门整理了桂林石刻文献，这距离桂林最早之石刻文献《欧阳景熙地券》（470年）已经相隔11个世纪。此后，桂林石刻代有所增、时有湮没毁弃，虽清代大金石家叶昌炽有"桂林山水甲天下，唐宋士大夫度岭南来，题名赋诗，摩崖殆遍"与"唐宋题名之渊薮，以桂林为甲"①之誉，但只有清朱依真、李文藻、刘玉麟曾留意整理，朱氏《广西金石志》与刘氏《粤西金石录》，书已不传；其他研究者或在其金石类著作存桂林石刻之一鳞半爪，或只是在游记性著作中随兴趣采录，多不能反映桂林石刻之全貌，而桂林石刻遂不为世人所熟知。乾隆年间李文藻"欲作《粤西金石刻记》，目录已具"②，然其作只存残帜。自《桂胜》问世，又垂二百载，方有谢启昆《粤西金石略》（成书于1801年），此书上追《桂胜》，历来为研究者所重，此书一出，桂林石刻方为研究者所瞩目，实继张鸣凤《桂胜》后有功于桂林石刻者！然该书只是《广西通志》之副产品，作意非专，限于历史条件，收录未广，而所录多有可商榷处。此后又一百七十七年，即1977年，桂林市文物管理委员会编写《桂林石刻》三册问世，为明清代之后当代人第一次对桂林文献的整理，以现代文录入，记录石刻之高、宽与字之大小，体有可观而终属草创之作，校勘未精，集之未广，错漏难纪，为自珍而未可示人之作，不便使用。二十二年后，即1998年，有桂林博物馆、桂林石刻博物馆合作编写之《中国西南地区石刻汇编·广西桂林卷》五册问世，于时距今最近，而志在汇编中国西南地区石刻，用意良美，然于桂林非专意青睐，其内容尚不能出《桂林石刻》之范围，前修未密

① ［清］叶昌炽：《语石》，柯昌泗评、陈公柔、张明善点校，北京：中华书局，1994，第129页。

② ［清］李文藻：《李文藻四种》，上海：上海古籍书店，1980，第1页。参见《南涧先生易蓄记殇厄自诗文》。

而后出未精，十分可惜。

2013年，杜海军老师《辑校》一书问世。此书距《中国西南地区石刻汇编·广西桂林卷》十六年，距《桂林石刻》之整理三十六年，距离《粤西金石略》二百一十四年，距《桂胜》四百二十八年，据桂林最早记录之石刻一千五百三十四年。此书一出，标志着对桂林石刻延续四百多年的整理工作告一段落，标志着明清两代人的未竟之志得以完成，如清人李文藻"俾古迹得显于世""倘有继我成之者"①之遗志，至此终得完成！而21世纪之初，广西终有一部石刻文献方面的传世之作，放眼全国，当代学人亦终于可以一饱眼福，得窥桂林石刻之全貌了！

《辑校》作为集大成之作，其体例之完备、搜罗之齐全、校勘标点之精审、文献资料之信实可靠与全书内容之丰赡博富，直可追逮前修而实过之，亦足可令古人无憾而今人有光矣！陈寅恪尝云："自昔大师巨子，其关系于民族盛衰学术兴废者，不仅在能承续先哲将坠之业，为其托命之人，而尤在能开拓学术之区宇，补前修所未逮。故其著作可以移一时之风气，以示来者以轨则也。"②《辑校》一书，足当此评。

二、开拓区宇、以示轨则：编纂体例与内容特点

纵观介绍桂林石刻的现有文献，呈现出以下几个特点：一是资料少，不完整。专书研究前文已略述，《桂胜》所录桂林石刻止于公元1585年以前，且张鸣凤以个人喜好录碑，《石堂歌》《仙迹记》《元祐党籍碑》等均所不录；清李文藻有心无力，只存残帜；谢启昆《粤西金石略》仅收录唐代至元代427件碑刻，《桂林石刻》录南朝宋至清1447件石刻，《中国西南地区石刻汇编·广西桂林卷》仅收758件石刻，清末至民国石刻不在收录范围中，这使得诗人无法窥见桂林石刻之全貌。二是年代久远，不便使用。《桂胜》《粤西金石略》为明、清著作，著录方式、编排体例不便现代研究者使用；《桂林石刻》《中国西南地区石刻汇编·广西桂林卷》虽为当世之作，存在点校等方面问题，不成系统，也难以进行深入研究。三是整理欠精，错漏极多。以最近之《桂林石刻》为例，收1447件石刻，整篇漏录者便达三百之数，其所整理之碑文，又存在作者误辨、正文漏录、碑文未能辨出、颠倒辨认文字、形近字误辨、刊刻地点错误等问题。这种情况，既不便使用，又不利于桂林、广西本土文化资源的利用与传播。这就需要马上进行整理，拿出精品，既可防止以讹传讹、谬种流传，又可以发扬本土文化。

《辑校》在"全面借鉴前人的成果，吸收前人的优点的基础上"，避免了上述

① ［清］李文藻：《李文藻四种》，上海：上海古籍书店，1980，第1页。

② 陈寅恪：《金明馆丛稿二编》，北京：生活·读书·新知三联书店，2001，第247页。

问题。郑樵《通志·校雠略》"编次必记亡书论三篇"之三云："古人编书，必究本末，上有源流，下有沿袭，故学者亦易学，求者亦易录。"①该书即有"学者易学""求者易录"便于使用的特点。全书由序言、凡例、目录、正文、人名索引、参考文献等部分组成。该书在编纂体例与内容特点方面多有发明，首开风气与独创之见，全书所在皆有，统而观之，试举其要者：

第一，这是有史以来第一次对桂林石刻进行全面、系统的整理，其辑录范围之广，形制之完整，均超越前人。在《序》《凡例》和《后记》中，作者详细讲述了该书的体例和研究方法。言为心声，书为心画，览文则卒章见志，捧读则如对其人，且看作者之志与其达成目标的过程："该总集辑录范围包括有史以来至1949年前所有发生在今桂林市区范围内的石刻文字，从形制上说包括摩崖、碑、碣、墓铭、牌坊等，今日存世者，或今已不存但曾为人们拓片、整理抄写，能确实定为石刻文字者。"②"又以各种载录桂林石刻的文字为引导，遍巡桂林山间崖壁、深壑幽邃、博物馆，录前人之共见，合诸家之已见，益我家之独见，务求网罗桂林石刻无遗漏。"③可见志在存古，立意高远。《辑校》全书150万字，作者倾注十余年心血，"入幽窟、攀断崖、洗残石、剔青苔、折藤萝，走街串巷，陟高搜深"④。辛苦搜罗，精心校对，历经寒暑，终于"规范地完成了自明代以来学者们就不断进行的桂林石刻最为完整的一次整理工作"⑤，该书最后终于取得硕果："共录得各类石刻文字1732件，其间唐及以前45件，宋代520件，元代34件，明代447件，清代640件，民国46件，较《桂林石刻》所录唐及前代47件（其中一件五代楚石刻，一件南宋石刻），宋代489件，元代31件，明代359件，清代521件，合计1447件，多出285件，也就是五分之一。我们力争尽罗桂林1949年前的所有石刻文字，全面反映每则石刻的金石与文献价值，使金石学者和一般的文理各学科研究工作者都能从中有所取益。"⑥黄侃尝道："读书人当以四海为量，以千载为心。"《辑校》的作者真正做到了这一点。

第二，第一次对石刻文字进行标点、全面校勘。作者对每篇碑文都详细考订，统一碑刻命名，校订碑文内容，标点断句，之后于碑文下对碑刻的原始风貌作详细说明。详细著录交代该刻的地理位置、刊刻时间与现状、文献来源等；著录石刻的形制如尺寸、书体及字之大小，录其存佚，为每块碑都建立了详尽的

---

① ［宋］郑樵：《通志》，北京：中华书局，1992，第1807页。
② 杜海军：《桂林石刻总集辑校》，"凡例"，北京：中华书局，2013，第1页。
③ 同上，第15页。
④ 同上，第1457页。
⑤ 同上，第1458页。
⑥ 同上，第15页。

“档案”，上了“户口”，此举为此前同类著作之所无，其做法具有示范意义。

既要保留原碑的完整信息，又要便于读者使用，就必须做到准确，这就需要精心校勘，要做到“精辨、精校、精点”谈何容易。岑仲勉先生曾指出卢文弨校宋赵明诚《金石录》的舛误：有传刻之讹而校勘未尽者，有万不能衍而衍者，有以为讹夺而原本或是如此者，有文句佚而未之补者，有全条佚而未之注者，“……寥寥十数篇，尚多纰缪。宁乡黄氏、吴县朱氏踵刊弗察，王国维《宋代金文著录表》，因而未尽爬梳。”①凡上所引，足见金石文字整理校勘之难。而《桂林石刻总集辑校》校对之精确，既见出作者深厚的文献学学养，又见出作者辨误判疑之识断力，才、学、识俱在其中，完成这样枯燥又富有意义的工作，无疑要付出艰辛的努力，这实在是值得学人钦佩的事。作者在《后记》中记述其中的苦乐：“桂林石刻的标点，这是第一次，内容复杂，文体多样，语言失范，不同于一般典籍的标点。好在现在这一切都告一段落，回忆整理石刻的过程，风雨兼程，日搜夜想，充满了苦也充满了乐，苦乐交织。寻碑不见是苦，蓦然发现是乐；体劳伏案是苦，结果日积是乐；辨字不出是苦，赏及奇文是乐。更大的乐事感到为我国的学术事业做了这样一件事情……为桂林或者说广西文化事业，乃至国家的文化事业做了一件有意义的事。”②从这朴实的文字中我们能感受到作者安贫乐道、淡然地追求学术的精神，也能在文字间品味到“孔颜之乐处”，苦乐之间，倾注了作者十余年心血。一编在手，捧读之际，读者自然可以感受到字里行间那沉甸甸的分量。

第三，第一次为研究者提供了一个研究桂林石刻的权威版本，这也是桂林石刻在近代的第一次全国范围内的公开出版发行，且是由中华书局这样的权威出版社出版，大大提高了文献的可信性和影响力。宋代吕祖谦论文章的价值，以为文章“寿赛金石，可为君子之论所托”，对文献研究者来说，都深知权威的版本对学术研究的价值，如无权威版本作为依托，纵然“言语足以动人，文章足以耸众”，其所论恐怕也难以传之久远。该书收录全面、辨识精确、校勘详细、体例完备、研究方法之科学、研究态度之认真等，这些都是该书资料之信实的保证。

更举一例，以为明证：《文史》2009年第2期刊载了日本学者户琦哲彦《广西所见〈全宋诗〉失收佚诗》一文，杜海军教授根据研究所得，指出了该研究中存在的问题③。其文在引用石刻材料时对碑文有误读、误辨、失辨、漏辨情况，因此有错示原碑文缺失、标点错谬等问题，这大大削弱了文章的价值。其致误之由，

---

① 岑仲勉：《金石论丛》，上海：上海古籍出版社，1981年，第18页。

② 杜海军：《桂林石刻总集辑校》，北京：中华书局，2013，第1458页。

③ 杜海军：《广西所见〈全宋诗〉失收佚诗订正——广西石刻研究之四》，载《文史》，2011年第4期。

主要是文献利用问题。户琦哲彦主要据《中国西南地区历代石刻汇编》辑佚，而该书资料尚未细致整理，资料的信实可靠性尚待校勘，这就给研究工作带来了困难。由此可见，一个好的整理本是多么重要。换言之，《辑校》一书，足为“君子之论所托”。

下文更举数例，以见作者开区宇、示轨则、便于研究者使用之处：

第一，人名索引。作者所从事的工作多是和文献打交道，在多年的研究工作中他发现了中国传统文献在检索方面的问题，鉴于西方学术著作多编索引以便于研究者使用的特点，作者便兼采古今著作之优长，突破传统金石学著作的旧例，编制《人名索引》附于文后，以便使用，此其一。此举之有功学林，一为读碑之助，二亦足为研究者之借鉴，一如近人杨殿珣所编之《石刻题跋索引》，秦公辑录之《碑别字新编》附录索引，庶省翻检之苦，一查便知，极为方便，大大提高了文献的利用价值。

第二，考证作者，附作者简介、参考文献。每则石刻附录〔说明〕，记所涉之人、作者简介，作者如为初现，简介作者姓氏、籍贯、仕履、入桂时间与因由，以见石刻的真实与历史价值，并交代文献来源。无考者阙疑，以待将来之发现。此体例在石刻编撰中有首创之功。《桂胜》《粤西金石略》《金石萃编》《八琼室金石补正》《桂林石刻》在这方面，其工作都有遗憾。据李昇《论〈桂林石刻总集辑校〉的文献价值》①一文统计，杜教授整理的石刻作者之材料共涉及 907 人，考证其生平者 482 人，用于考证作者而征引的参考文献达 147 种，有的作者如阎兴邦（1635—1698 年）附录参考文献达 10 种，这种深厚的文献学功底和在考证上所下的功夫，都是让人肃然起敬的！

第三，文字录入保留原碑风貌。明谢启昆《粤西金石略》，清《八琼室金石补正》，依据楷书录文，《桂林石刻》依据简体字录文，这种做法均失去了原碑风貌，不能保存石刻的原始信息，对于研究者来说，这是一种损失。《辑校》作者则避免了上述问题，其做法是“完整著录碑文，从碑额到落款，从作者到石工，从书丹到镌刻，凡碑上信息必悉载无遗。”②作者在《凡例》中明确指出，该书“石刻文字的录入包括异体字、俗体字等”③；另外，对于石刻文字的缺损、脱文，“则依较早拓本或原作者本人文集或其他相关文献校补，并出校……鉴于石刻文字刻本的特殊性，校勘者只是补缺，若有异同，原则上出校但不作取舍。”④细节处，体现

① 李昇：《论〈桂林石刻总集辑校〉的文献价值》，载《广西师范大学学报》（哲学社会科学版），2013 年第 3 期。
② 杜海军：《桂林石刻总集辑校》，“序”，北京：中华书局，2013，第 14—15 页。
③ 同上，第 2 页。
④ 同上。

了作者审慎的治学态度。

三、存亡续绝之功，继往开来之举：文献价值与文化意义

1.从石刻整理的必要性和紧迫性方面来看，《辑校》一书对桂林石刻文献的保存，实有“存亡续绝之功”

桂林石刻整理的必要性。以碑碣、摩崖为主要形式的石刻文献在桂林十分集中，从文献角度看，具有独特的特点和价值。这些宝贵的文化资源，丰富了地方文献，作为物化的社会生活和历史文化的艺术化载体，因其承载了一个地方特定历史时期的政治、经济、文化、风土民情等各方面信息而拥有无可替代的价值，整理、保护这些石刻文献，是传承传统文化的学者的使命，是生活在这片热土之上的桂林人的责任。

桂林石刻整理的紧迫性。从现实保护的角度看，石刻受不可抗拒的自然因素和人为因素的影响，其散佚、遭到毁坏、漫漶无法辨识的状况都始终在上演，其情况不容乐观，加之石刻这种特殊的文献具有不可再生性，一旦遭到破坏或者散佚，其所承载的某些珍贵历史材料便会从世上永久消灭，这种损失是无可挽回的，这是整理桂林石刻的现实紧迫性。例如，在《辑校》一书中，所收录的1732件作品，据摩崖录文959件，据原碑录文81件，据牌坊录文3件，其原碑不存、被破坏或漫漶不清的，只能据历史上留下的拓片录入，拓片不存而且历史上未有着录、无法考证的，便永远无法为今人所知。石刻之整理的过程，实际也是一次全面的文物普查工作、一次家底清算工作。原碑不存、遭到破坏等状况提示石刻整理工作的紧迫性，在录文过程中，看到这种文献著录而原石散佚的情况，实在令人扼腕！财富守而不用，不免为守财之奴，而任其自生自灭，实为败家之子。为子孙后代计，为文化传承计，不仅桂林而且整个广西的石刻整理工作都具有紧迫性，而文字整理如杜海军先生《辑校》一书，是其中抢救性整理的一个方面。而要实现石刻的文献价值，尚需在《辑校》一书的基础上进行深入的研究工作，挖掘其学术、文化价值。

2.从石刻文化的传承、桂林石刻与广西文化形象塑造与文化软实力建设的角度看，《辑校》一书的出版，正当其时，它具有“继往开来”“人文强桂”的当下意义和亟待挖掘的丰富文化价值

从文化传承的角度看，桂林石刻集中反映了一千五百多年来形形色色的人在桂林的多彩生活，这些内容如此丰富，如万川映月，从不同的角度、不同的学科切入，能看到不同的内容，其价值未可限量。桂林石刻可以说是一部研究本地社会文化方面的百科全书，举凡社会生活各方面的内容，无不备载，实在是一

座金矿富矿,可资开采之处比比皆是。仅以管见,略述一二:如其中有关宗教祭祀、养生送死、儒释道教与伊斯兰文化的内容,勾勒出了本地民间信仰、地方风土、僧道文士与善男信女的生活,名僧昙迁、浑融来过这里,道士刘真人、张真人在这里修过仙、求过道,文人吟诗作赋饮酒下棋、留题而去,善男信女在这里焚香叩头、祭拜祈福,这对于我们了解本地一千五百多年来人们的精神世界、宗教生活与世俗生活状况,都提供了第一手资料;桂林石刻又可以说是一个历史档案库,教育、医学、经济、建设、政治、军事等内容材料丰富,《静江府城池图》记录桂林城市建设与规划,《劝农事碑》记录官府公告、醇化风俗,《元祐党籍碑》记录政治斗争,《大宋平蛮碑》《平蛮三将题名》记录中央军镇压农民起义,《明故悼妃滕氏石刻》反映明代皇家宫廷及私人生活,内容丰富多彩;桂林石刻又宛如一部刻在石头上的《清明上河图》,或是一经搬演就能生动地再现本地风土民情的《印象·刘三姐》,王侯贵族、文官武将、举子贡生、迁谪官员等,在人生的不同阶段,得意失意,或留或走,都活色生香地在桂林的山水之间留下了印迹,在时空交错的一刹那被定格于历史,在石壁上留住了一个瞬间,遂言传至今;桂林石刻也是一部立体的地方文学史,或曰石刻文学史,以体裁论,诗、词、赋、颂、赞、歌诀、散文、小说等无所不包,以文体计,墓志、颂、赞、碑、铭、布告、法令、规约、传状、偈语、对联等无所不有,曹雪芹以小说家言神秘地说《红楼梦》刻在大荒山无稽崖上,小说被刻在石头上,或以为无稽之谈,但在桂林七星山、南溪山上确实能找到《仙迹记》《唐少卿遇仙记》这样的文言短篇小说,这实在是令人惊奇;对文史工作者来说,这些石刻都是宝贵的文献材料,王昶在《金石萃编》自序中说,金石之学“迹其囊括包举,靡所不备,凡经史小学、暨于山川地志、丛书别集,皆当参稽荟萃,核其异同,而审其详略……”①近代学者岑仲勉先生十分重视传统金石学和石刻文献的价值,曾专论金石碑志的价值,在《金石证史》《贞石证史》《续贞石证史》等文中提出的观点,对历史文化研究之影响延续至今……

需要特别指出的是,作者在整理桂林石刻访碑融水自治县老君洞时,见到了1149年司马备摩崖其曾祖司马光所书的《家人卦》,利用石刻文献解决了宋代周密与叶绍翁关于此事记载不一的问题,破了一桩困惑人近千年的文化史存案,“决司马光书《家人卦》疑案,见摩崖之文献价值,足证叶绍翁所记不误。”②这可以看作是金石证史的一个例子。

同一片好山好水,古人来过这里,我们现在也来到这里,人生如寄、寿非金石,而历史是一个大舞台,桂林山水便是这舞台真实的场景,生命、文化、传统和

① [清]王昶:《金石萃编》,“序”,北京:中国书店,1985,第1页。
② 杜海军:《融水摩崖确证司马光书家人卦》,《光明日报》(国学版)2012-12-10。

历史，都在这些石刻中流动着……石刻内容丰富、自成系统且珍稀可贵，出于文化传承、文化研究的需要，桂林石刻亟须整理并作深入研究。

另外，从广西文化形象的塑造、文化软实力的构建角度看，桂林碑刻之整理、研究工作，意义重大。大家都知道“汉碑看山东，唐碑看西安，宋碑看桂林”的说法，这个说法一方面指明了特定历史时期碑刻集中荟萃之地与该地历史文化之特点，如山东碑刻与秦汉文化、西安碑刻与唐代文化、桂林碑刻之与宋代文化的密切关系；另一方面，“看”字也包含多个学术层面的含义，主要涉及石刻的保护、整理与开发利用，这关涉“让不让人看”与“怎样给人看”等文化制度和技术层面的问题。对广西而言，除上述两个问题外，还有一个文化形象塑造、文化软实力构建以提升广西在全国的影响力方面的问题——即如何通过自身本土文化资源的开发利用，改变人们对广西文化的刻板印象，扫除偏见，以树立新“看法”的大问题。

受社会政治、历史文化、地理位置等因素的影响，山东自古以来为齐鲁故地，孔孟之乡，天下文章渊薮，秦汉石刻置于此大环境之内，成为山东文化的一种历史沉淀；西安作为十三朝古都，五千年文明荟萃于此，其博大丰富，从石刻中可见一斑，更集中体现了石刻与唐代鼎盛的文化之间的密切关系；桂林保存了宋代大量的石刻文献，其优越的自然条件造成了“摩崖殆遍，壁无完石”的奇观，宋代碑刻留存 520 件，几乎占到自南朝至清代桂林全部石刻的三分之一，在全国宋代碑刻中可谓首屈一指。桂林之石刻可与西安、山东石刻相媲美之处，广西文化之可以与其他省份文化平分秋色、分庭抗礼之处，端在于是。

石刻作为一种独特的文献，其价值体现在多个方面。它是一种可以久存于世的文化资源，一个地域文化内涵的提升，依托于此；一个地域文化发展的动力，依托于此。任何一个地方的发展，莫不是发挥本地优势资源的结果，那么，什么资源是广西的特色并且可以与其他地方的资源区隔开来呢？在文化方面，无疑是石刻。这种优势资源是广西文化发展的立足点和生长点，是文化软实力构建的基础。长期以来，由于种种原因，致使广西珍贵的历史文化资源湮没无闻，无法为外人所知；同时，必须承认，本地有没有产生能够改变外界看法的精品文化资源，是主因之一。没有精品文化产品，没有在全国经得起专家审视、批评的高质量学术作品，自然难以拔去人们“眼中的梁木”，自然无法改变世人对广西消极的“看法”和刻板印象。

《辑校》一书是一部可以将广西桂林之石刻文化推向全国并给人“看”（欣赏、发现和研究）的著作，相信随着桂林石刻所蕴含的历史文化价值为越来越多的人所知，该书必将改变人们对广西文化的消极“看法”，在提升广西的文化形象、为子孙后代留下宝贵的文化遗产的同时，也能在他们的心底树立文化自信。

四、专门之书、专门之学：呼唤深入的文化研究

宋人郑樵在《通志·校雠略》“编书必谨类例论六篇”中说：“有专门之书则有专门之学，有专门之学则有世守之能。人守其学，学守其书，书守其类，人有存没而学不息，世有变故而书不亡。”①移之以论桂林之石刻整理，可以说是功在当代，利在千秋。

杜海军教授所做的就是深耕细挖的拓荒牛的工作，而《桂林石刻总集辑校》就是这样的一套“专门之书”。有了这套全面、方便、准确、权威的“工具书”，学者、石刻爱好者才能在一个较高的起点上加入到对桂林石刻、广西石刻的研究行列中来。由此可以想见，在不远的将来，桂林石刻、广西石刻将在金石学的研究基础上被赋予新的内涵，采用现代学术规范、多角度、多学科的研究必将成为新的趋势，石刻之保护、整理、开发利用必将发展为具有时代内涵的“专门之学”。

石刻悠久的历史，加上石头耐久性的特点，这就使以石头为载体的文化具有恒久的生命力，使本土文化拥有传之后世的连续性和被研究、开发的广阔空间。人无金石之寿，然而石刻文化的传承可依赖“专门之学”而世世守之。更申言之，对本土文化的发扬也必将由桂林而推及整个广西，石刻资源将在实现广西“人文强桂”的目标、文化大发展大繁荣方面发挥作用。作为内源性动力，本土石刻文献的独特性也必将对整个广西文化的发展产生多元而深远的影响。

这套书完整保存了桂林的石刻文献，将桂林石刻的价值和影响推向全国，此举可以说真正做到“世有变故而书不亡——石刻不亡”。所以仅就整理、保全桂林石刻文献这一点来说，作者对桂林、广西文化的贡献便值得在当代广西文化的发展史上浓墨重彩地写上一笔。该书的出版，实为桂林、广西文化史上之一大盛事，且具里程碑意义。随着时间的推移，其影响又或将过之。

---

① ［宋］郑樵：《通志》，北京：中华书局，1992，第1804页。

开拓创新文学机制研究的新领域
——评张利群《文学机制论——广西文学制度化建设的长效机制研究》

韩　勤①

[内容提要]　从文学制度研究到文学机制研究，是力图将文学内部研究与外部研究、“他律”与“自律”结合的一种探索发展。以广西文学桂军崛起的经验总结和规律探索为典型案例，阐发广西文学制度建设的长效机制作用意义，为文学机制研究以及文学动力学研究提供理论依据与学理支撑。

[关键词]　文学机制　文学制度　文学动力学　文学体制改革

当下“全球化”与“现代化”的背景与语境，既使文学发展陷入步履维艰的困境，又使文学发展面临挑战与机遇。十七届六中全会提出“文化强国”的战略决策，贯彻落实文艺“二为方向”“双百方针”，推动文化大发展大繁荣，也为文艺发展繁荣提供了制度保障与机制推动。同时，文学发展现状及其现实需求进一步推动制度创新、体制改革、机制转换和政策调整，也更需要建立起符合文艺规律与特点的、能够转化为积极推动作用的、具有正能量的文艺制度、体制与机制。因此，文坛近年来对于文艺制度、体制、机制及其政策研究成为焦点与热点。

张利群继《文艺制度论》（中国社会科学出版社，2008）之后，又从制度文化研究视角对文学发展机制问题进行理论与实践探索。近期出版的《文学机制论——广西文学制度化建设的长效机制研究》（广西师范大学出版社，2013）著作，从文学机制研究及其文学机制论建构的研究角度对广西文学的发展原因进行了有益的理论探讨与实践探索。该书坦言其研究目标：通过对广西文学制度化建设的长效机制研究，一方面旨在建立具有中国特色与中国经验的文学保障制度与推动机制；另一方面旨在通过文学制度论与文学机制论结合建构文学动力学理论系统。文学制度与文学机制有着十分紧密的内在逻辑性和关联性，但

---

① 韩勤（1976—　），女，江苏苏州人，文学博士，苏州工业园区服务外包职业学院讲师，研究方向：古代文论美学、区域文化研究。

也存在区别及侧重点，两者既共同着眼于文学发展规律的总体性认识与把握，构成文学发展的重要原因之一，共同对文学运动、活动、发展产生重要影响，形成两者之间相互作用、相互补充的统一体；又各自从不同角度发挥文学制度的保障作用和文学机制的动力推动作用，从一定意义上说，文学制度侧重于外，文学机制侧重于内。但彼此内外之别并非截然分离，文学制度也可以分为内部制度与外部制度，文学机制也可以分为内在机制与外在机制，内外构成整体。因此，张利群的文学机制论以系统论的研究角度分别切入文学发展机制的多方面要素与综合原因探讨，具有构成论、建构论、结构论、系统论特点，从而也使该书具有理论创新与实践探索的价值意义。

首先，该书提出文学机制的概念与命题具有理论与实践价值的意义。关于文学发展动力问题的讨论，过去较普遍的认识与做法，通常是针对作家创作动机进行讨论，我国历代文学家、文论家大都将关注点放在作家创作动机的探讨上。如司马迁“发愤”说、韩愈“不平则鸣”说、白居易“补阙”说、欧阳修“穷而后工”说、李贽“如鲠在喉”说、况周颐“不得已者”说等，均从作家创作动机、创作心理角度对文学动力问题提出探讨，特别强调作家“郁结”“创伤”“阴影”“压抑”的心理压抑及潜意识的文学治愈和补偿作用。同时，历代文学家、文论家也注意到从先秦以来所建立的周代“礼乐”制度、汉乐府制度以及历代乐府与观乐、观诗制度对文艺创作动机及其文艺发展的保障与规范作用。由此可见，文学机制这一概念与命题既是历史建构与现代发展的必然结果，也是具有实践依据与理论基础的必然产物。张利群在此基础上明确提出文学机制的概念与命题，一方面使其对象与内容更为扩大与丰富，另一方面也在明晰概念含义基础上赋予其新的内涵与外延，使其具有现代意义与现实意义。

其次，该书力图构建文学机制论的理论研究视角，具有理论创新意义。文学机制论以文学机制为研究对象，包括文学内部机制与外部机制及其外部转化为内在的推动机制的构成性、系统性与整体性。该书认为，文学内部机制是包括在文学活动全过程及其活动要素构成的结构系统，既有作家创作动机及其动力机制，也有读者接受动机及其动力机制，现代社会更突出文学媒介、媒体、传播的社会动机功能及其动力机制。文学外部机制包括制度、环境、社会、文化、经济、教育等综合要素构成的对文学需求、要求的社会动机所提供的文学动力机制。现代社会发展更为凸显现代生产方式对艺术生产、文学生产方式变革的需求、要求所转化的动力机制作用，极大地推动文学发展方式的转变及其文学现代发展进程。无疑，这种外部机制的积极推动力量一方面必须依据文学规律和特点转化或内化为文学内在机制；另一方面必须立足于制度创新、体制改革、机制转换，构建更为适应和有利于文学发展的正能量与积极功能，为其提供良好的文学发展环境与条件。这在一定程度上吻合了文学的审美意识形态理论、"自律"与"他律"关系理论、功利性与超越性结合理论、"文学场"角逐与制衡理论、文学发展平衡与不平衡关系的讨论及其深化，在此理论基础与理论视野上更有利于建构文学机制论的理论与实践研究架构。

再次，以文学机制论创新文学动力学理论体系。该书提出文学机制论的理论构建目的在于丰富与创新文学动力学理论。长期以来文学动力学在文学理论体系中或缺失或淡化，并未真正确立文学动力学在文学理论构成中的地位与意义。张利群关于文学机制论的研究在一定程度上弥补了这一方面的不足，为文学动力学增添了新的内容与研究视角，也为文学理论体系增添了新的理论内容。同时，从文学动力学角度研究文学发展也具有实践意义与现实意义。总体而论，当前文学发展动力不足，除去各种原因之外，其中一个重要原因就是文学动力学理论研究滞后，既未能提供文学发展动力的理论支撑，导致文学批评动力不足以及文学评价功能作用的动力不足，又未能引导社会及时有效地为文学创新发展提供足够的动力源与推动力，未能解决文学发展中遇到的现实问题与实际困难。因此，加强文学机制论及其文学动力学研究是非常必要和重要的，这不仅可以为文学发展提供动力机制推力，而且对于文学动力学构建及其文学理论创新也具有重要意义。

最后，该书以广西文学发展的制度化建设的长效机制研究为案例，提供文学制度论与文学机制论的实践价值与现实意义。广西是一个沿边沿海沿江的南疆地区与少数民族地区，拥有区位地缘优势与民族特色优势，但也是一个经济欠发达后发展的西部地区，存在一定的劣势与不足。长期以来，广西文学发展一直处于边缘徘徊状态，缺乏创新发展动力与活力。改革开放 30 多年来，广西文学一直在探索符合自身的发展道路，一方面通过反思、自省、批判以不断提升文化自觉与自信，寻找文学创作与文学发展的内驱力；另一方面也在继承发扬广西文学优良传统与积极学习借鉴先进经验的探索中，积蓄"后发"潜力，创造"突发"条件。在这种蓄势待发的形势下，广西地方党委政府因势利导，积极为广西文学发展提供制度保障、机制推动、政策支撑的动力源，针对广西文学发展规律特点及其文学发展方向目标，制定与实施广西文艺发展的"三大战略""五大战役""213 工程"，进行文艺制度创新、体制改革、机制转换、政策调整，为广西文学发展提供良好环境与条件。尤其是广西在全国文坛率先实施"作家签约制"，激发作家创作积极性，一大批文学精品推出，大大加快广西文学赶超、跨越发展步伐。以东西、鬼子、李冯为代表的广西文坛"三剑客"领军人物，以及潘琦、蓝怀昌、凡一平、黄佩华、冯艺、黄继树、杨映川、蒋锦璐等为骨干的广西作家群，连续在"鲁迅文学奖""全国少数民族文学骏马奖"等全国性文学大奖上不断突破,对文坛产生重大冲击与持续影响,被文学界、评论界称为“文学桂军崛起”。该书一方面选择从文学机制及其文学制度研究视角探索文学桂军崛起的原因,总结文学桂军崛起经验,并由经验升华为理论,认为这是西部文学发展的一个实践模式,对于经济欠发达后发展地区而言具有普遍而特殊的意义;另一方面也以之为典型案例进一步论证制度保障与机制推动构成的文学动力作用,在具有“中国经验”意义的广西文学发展经验中得到验证与印证。这说明文学机制研究视角不仅具有独特性与创新性,而且具有理论创新价值与实践探索意义。

学术简讯

全国高校国家文科(中文)基地创建20周年纪念暨社会转型语境中的中文学科建设高端论坛召开

2015年11月21日,由广西师范大学文学院、广西中国语言文学会、桂学研究·广西2011协同创新中心共同举办的全国高校"国家文科(中文)基地创建20周年纪念暨社会转型语境中的中文学科建设高端论坛"在桂林召开。教育部长江学者特聘教授、上海交通大学人文学院博士生导师王杰,广西师范大学党委书记王枬,原校长张葆全,广西政府特聘专家、广西中国语言文学学会会长、广西师范大学文学院博士生导师胡大雷,来自北京师范大学、中国人民大学、中央民族大学、山东大学、暨南大学、四川大学、陕西师范大学、福建师范大学、湖南师范大学、华南师范大学、安徽师范大学、云南师范大学、广西大学等区内外高校文学院(中文系)的领导和专家学者,以及广西民族大学文学院、广西桂林图书馆等桂学研究·广西2011协同创新中心协同单位的代表和广西师范大学文学院师生代表、汉语言文学专业国家文科(中文)基地班首届毕业生代表近100人出席了开幕式。开幕式由广西师范大学文学院党委书记刘立浩主持。广西师范大学党委王枬书记、文学院院长杨树喆分别在开幕式上致辞。

王枬在致辞中简要介绍了广西师范大学办学情况和学校国家文科(中文)基地的建设历程,希望与会的领导、专家学者对国家文科(中文)基地的发展和建设多提宝贵意见和建议,进一步推动广西师范大学中国语言文学学科建设迈上新台阶。杨树喆在致辞中从"学科与学位点建设""师资队伍建设""教学与人才培养""科学研究"四个方面总结了广西师范大学国家文科(中文)基地创建20年来所取得的巨大成绩,认为1995—2015年这20年间是广西师范大学中国语言文学学科发展最快和最好的历史时期,同时也指出在当下社会转型的时代语境中,中国语言文学等人文学科急需强势发展但实际上处于不断被边缘化的境地,因此希望与会的领导和专家学者,本着"论坛无禁区"的精神,解放思想,畅所欲言,思前人所未思,言前人所未言,争取在中文学科建设问题上有所创新、有所前进、有所收获。

开幕式结束后，当天上、下午及次日上午，相继举行“国家文科（中文）基地创建20周年纪念座谈会”“社会转型语境中的中文学科建设高端论坛”“首届广西高校中文及相关学科研究生论坛”和“桂学研究协同创新中心工作研讨会暨广西中国语言文学会2015年年会”。

广西桂学研究会庆祝成立五周年

2015年12月18日,广西桂学研究会成立五周年座谈会在南宁举行。广西壮族自治区党委常委、统战部部长李康出席座谈会并作讲话。广西壮族自治区人大常委会副主任荣仕星,广西壮族自治区政协副主席高枫,广西壮族自治区高级人民法院院长罗殿龙,广西壮族自治区政协原副主席蒋济雄、苏道俨,广西壮族自治区人民检察院原党组书记、检察长张少康,以及广西文联、区直机关工委、广西人民出版社、广西师范大学等区内高校领导和专家,桂学研究会的正、副会长,特邀代表,会员代表等近百人参加座谈会。

李康充分肯定了广西桂学研究会成立五年来的创业历程,赞扬桂学研究与发展取得了众所瞩目的显著成绩,在学术界、文化界和社会上的知名度越来越高,影响越来越大,已经成为广西一张新的文化名片。

广西桂学研究会会长潘琦介绍,广西桂学研究会成立五年来,经过全体桂学人的共同努力,取得了一定的成绩。今后桂学研究会将致力于整理和发掘广西文化的优秀成果,为推动广西文化事业的繁荣发展不懈努力。

座谈会上,与会专家代表回顾了广西桂学研究会成立五年来的历程和成绩,畅谈五年来的收获和感受。

桂学研究·广西2011协同创新中心组织开展花山岩画与骆越文化研讨及联合调研

唐迎欣

为深入开展花山岩画与骆越文化研究,推进文化遗产传承与保护,服务国家文化安全战略,2016年1月23—28日,“桂学研究协同创新中心”牵头单位——广西师范大学文学院与协同单位之一——广西民族师范学院中文系共同举办了“花山岩画与骆越文化研讨会”,并开展了联合调研。“桂学研究协同创新中心”主任胡大雷教授、常务副主任杨树喆教授、骨干专家张利群教授,广西民族师范学院副校长韦永恒教授,崇左市社会科学界联合会黄德世副主席及宁明县委宣传部、凭祥市委宣传部、龙州县委宣传部等部门的50多位专家学者参加了研讨会及联合调研活动。

“花山岩画与骆越文化研讨会”于2016年1月24日在广西民族师范学院召开,与会专家学者围绕花山岩画与百越文明及骆越文化的关系、花山岩画资源的保护与利用、花山岩画所涉国家文化安全问题等相关议题进行了深入交流、研讨。胡大雷教授指出,花山岩画研究必须要有大视野,不能就岩画研究岩画,可从不同专业角度切入,同时需与国家需求、社会热点问题相结合开展研究;张利群教授认为,对花山岩画的研究要从骆越文化与百越文明的角度突破,需跨学科、跨专业、跨区域协同研究,同时认为花山岩画研究与“一路一带”文化交流、文化安全密切相关;杨树喆教授指出,广西民族师范学院作为“桂学研究协同创新中心”的协同单位之一,重点任务是协同开展花山岩画研究,并对如何开展协同研究提出了自己的看法;陈小燕教授认为,要从传统的研究领域挖掘新的学术增长点,必须提升研究境界,站在国家文化安全、世界非物质文化遗产传承与保护的高度开展花山岩画与骆越文化研究,同时要注重研究视角的创新。广西民族师范学院、崇左市社会科学界联合会等单位的专家学者全面介绍了他们已有的相关前期成果,并围绕花山岩画研究的新视角、花山岩画符号与文身的关系、花山岩画消失的原因等问题提出了不少有价值的新见解。

研讨会结束后，从1月24日下午至1月27日，调研组一行相继对棉江花山岩画、耀达村及明江花山岩画、上金及花山村岩画等岩画点及周边村寨进行了实地考察，与当地民间历史文化研究者深入交流、取经，全面深入了解左江流域岩画群地区自然人文生态状况，获取丰富的一手调研材料。

与会专家学者一致认为，通过深入研讨和扎实的联合调研，大大增进了学者们的学术交流，开阔了学术视野，对花山岩画与骆越文化研究的视角、思路及重点问题有了更为明晰的认识，对加强彼此间的协同合作、进一步深化花山岩画与骆越文化研究、推进“桂学研究协同创新中心”建设步伐均具有重要意义。

“花山岩画与骆越文化”研讨会综述

郑 升

2016年1月24日，广西师范大学文学院与广西民族师范学院联合主办的“花山岩画与骆越文化”研讨会在广西民族师范学院顺利召开。与会者有广西师范大学漓江学院院长(原文学院院长)杨树喆、文学院党委书记刘立浩、文学院副院长陈小燕以及胡大雷、张利群、莫道才、杜海军、犹家仲、阙真、廖国伟等博士生导师、教授，广西民族师范学院副校长韦永恒、校科研处处长王晓军、学报编辑部主任罗瑞宁、经管系主任韦福安、中文系副主任谭群瑛以及崇左市社科联副主席黄德世等教授、专家50余人参加研讨会。

此次会议是在“广西左江花山岩画文化景观”被列入2016年中国申报世界文化遗产的唯一候选名单后进入最后冲刺阶段的背景下召开的，也是在广西师范大学文学院与广西民族师范学院共建“桂学协同创新平台”基础上召开的。研讨会后，两校组织“花山岩画与骆越文化”联合考察组于2016年1月23日至28日前往崇左、宁明、凭祥、龙州等地进行实地考察与调研，继续将研讨会开到花山岩画现场，丰富和完善了研讨会的过程与内容。

研讨会由广西师范大学文学院党委书记刘立浩主持。他首先阐明此次研讨会宗旨与目标，提出花山岩画研究的深化拓展要跨学科、跨院校、跨区域地整合资源、集中力量、发挥优势特色的主张，倡导两校合作、协同创新、集体攻关，从而有利于更好地实现高校人才培养、科学研究、文化传承与创新、服务社会等职能。

广西民族师范学院副校长韦永恒通过放映该校宣传片，介绍该校发展的基本情况，凸显该校作为“南疆国门大学”的办学优势与特色，着重介绍依托该校自治区级重点人文社科基地“广西边疆问题研究基地”“广西边疆文化研究中心”以及该校“广西左江花山岩画研究院”所开展的教学科研工作及其花山岩画研究的状况与成果，提出该校今后发展的方向、目标及注重内涵发展与协同发展相结合的基本思路。

广西师范大学“桂学协同创新中心”主任、文学院教授胡大雷发言，就其所主持的国家重大招标课题“桂学研究”的进展情况及其设计理念、意图、目标进行了介绍，指出花山岩画也是桂学研究的重要对象与内容。针对花山岩画研究的深化拓展与创新发展，他提出站在国家文化战略高度以构建大视野的主张，避免就事论事地就花山岩画讨论花山岩画，而必须将其放到更为广阔深远的历史文化背景与时代语境下寻找突破口与生长点，形成花山岩画研究的新格局。针对广西民族师范学院的教学科研优势及其办学特色，他建议要进一步突出“民族性”“应用性”特点，凸显该校在花山岩画研究上的天时、地利、人和的基础条件，使其成为花山岩画研究重镇与平台。针对高校及其教师职能，他还提出如何以学科建设为龙头带动教学科研两条腿走路，如何使个人兴趣爱好与团队协作关系协调一致，如何将地方性研究与国际、国内前沿性研究统一起来，如何使高校学术研究能够更好地服务社会，如何构建跨学科、跨文化、跨地域及其比较研究新视域的花山岩画研究等看法与建议。

广西师范大学文学院张利群教授针对“花山岩画与骆越文化研究”项目设计，从其动机意图、基本思路、框架内容、方向目标、协同意向等方面进行发言，着重分析项目框架所展开的五方面研究内容：一是花山岩画的骆越文化源流及其“骆越根祖，岩画花山”的意义；二是左江流域民族文化生态及其民俗民间文化传统；三是花山岩画所表征的骆越精神及其民族信仰系统；四是花山岩画的艺术构成与功能价值的艺术发生学与审美人类学意义；五是花山岩画的骆越文化遗产与世界文化遗产及其国家文化安全意义。针对这一项目作为重大课题的培育项目定位，他强调一方面立足于培育、创造申报重大课题的基础与条件；另一方面着眼于重大课题申报，将争取能够将其列入国家、教育部重大招标课题指南作为第一步。当下组织“花山岩画与骆越文化”考察组进行实地考察调研，正是为了更好地夯实研究基础、创造申报条件的必要举措。

广西师范大学文学院教授杨树喆指出广西民族师范学院作为“桂学协同创新中心”的协同单位首先面临的一个重要任务就是深入开展花山岩画研究，并以此为切入口拓展左江流域民族文化研究视野，强化其所在的地利优势及其地方性研究特色。他以花山岩画所在地域南壮地区为例，分析壮族为什么会有南壮与北壮之分的区别与缘由，不仅因为两者在语言上存在差异性，而且也是基于地域自然人文特征所产生的原因；同时，尽管南壮、北壮在语言上存在差异性，但并不影响壮族的整体性和统一性。因此，基于骆越文化的花山岩画研究，应该充分考虑到其特殊性与普遍性的辩证关系，其关键在于厘清骆越与南壮关系、骆越与西瓯关系、百越与“瓯骆”关系以及南壮与北壮关系，从而能够拓展花山岩画研究的视野。

广西民族师范学院科研处处长王晓军教授介绍了该校这些年在科学研究

以及花山岩画研究方面取得的成效。该校近年来已经获得6项国家项目以及教育部等省部级项目几十项,这些项目均与地方性与民族性研究有关;花山岩画研究也获得崇左市2014年重大招标课题1项,崇左市2015年花山岩画研究专项招标项目5项。该校2014年成立的“左江花山岩画研究院”,成为聚集人才、团队、成果的研究平台,现已完成新时期以来花山岩画研究资料汇编6册,并对收集到的资料进行梳理、整理、分类,较为完整全面地反映了30多年来花山岩画的研究成果及其研究状况。下一步拟对新中国建立前后以及古代文献典籍中关于花山岩画的有关资料进行收集整理,建立花山岩画研究资料库,形成该校科研重点及其特色与优势。

广西民族师范学院经管系主任韦福安教授着重于历史学、考古学、文献学、民族学、社会学跨学科研究视野与多学科综合方法角度考察花山岩画的渊源、成因、性质与特征,并从田野考察与社会调研角度论证当地民族、民俗、民间文化的传承与发展状况。他以地方志所记载“弄”“那”以及“侬”姓的音、义变迁为例,提出将物典、字典、图典结合起来相互印证的研究思路。他还举西南大学“纳西文字及其传承研究”为例说明,如果把古今地名演变、汉壮地名转换、古壮字形音义变化的语言学、文字学研究方法运用于花山岩画图像、图形、图案作为文化符号表征与表意功能作用的研究,就有可能找到花山岩画研究新的突破口与生长点。

崇左市社科联副主席黄德世介绍了崇左市党委政府及其职能部门对花山岩画申遗工作的推进情况,也介绍了崇左市2015年花山岩画专项课题面向国内外招标及其项目申报与立项情况,表达了今后还会继续加大花山岩画研究项目支持力度的决心。他从政府到普通百姓对花山岩画的认知角度及其关注问题的角度,提出希望学界能够在以往研究基础上能够更进一步,能够对花山岩画千古之谜的破解有所推进,如花山岩画在当时艰难条件下究竟如何绘制在悬崖峭壁上的,花山岩画的神圣性与神秘性究竟从何而来,花山岩画的绘制何以从公元2世纪以后突然消失,花山岩画与壮族祭祖风俗有何关系,等等,这些谜团与问题尚需更为深入的探讨研究。

广西师范大学文学院莫道才教授针对广西民族师范学院“左江花山岩画研究院”的定位及其发展提出建立“三个中心”的建议:一是建立花山岩画博物馆及其资料库,作为花山岩画资料中心及其文物展示中心;二是举办与花山岩画研究有关的全国与国际研讨会,形成国内岩画研究与国际岩画研究的交流平台与中心;三是不定期出版花山岩画研究报刊或通讯,建立信息中心,以推进花山岩画研究院工作及其花山岩画研究的更好发展。

广西师范大学文学院陈小燕教授认为,花山岩画研究应该站在世界文化遗产以及国家文化遗产保护与国家文化安全高度以拓展视野，因此必须将花山岩画与骆越文化结合起来拓展研究视野，才能找准新的突破口与增长点，才能突破以往的学术范式及研究模式，才能确定新的课题、新的研究视角、新的研究内容，才能获得创新性成果。她希望通过这次研讨会，能够相互交流取得取长补短的效果，能够获得启发帮助，由此进一步推动花山岩画研究这一重大课题培育项目的工作进展与成效。

与会教授、专家学者相继发言，各抒己见，研讨会开得既热烈活跃又扎实深入。

会后，与会者集体参观广西民族师范学院校园及其"左江民族文化展示馆"。此后5天，两校联合考察组在崇左、宁明、凭祥、龙州等地实地考察左江花山岩画以及当地民族、民俗、民间文化状况。考察期间，不断举行相关内容的各种形式的座谈会、访谈与相互交流，使研讨持续全程。

此次研讨会成功举办，收获颇丰，主要表现在以下五方面：

其一，集思广益，形成共识。研讨会专家学者一致认为，花山岩画申遗工作已经到最后冲刺阶段，申遗成功已没有任何悬念，从各级政府到社会各界都高度关注花山岩画申遗进程，为其作为重大课题创造了天时、地利、人和的最佳机遇和有利条件，增强花山岩画研究的自觉性与自信心。

其二，开阔视野，拓展路径。在研讨会上展示了改革开放30多年来花山岩画研究资料汇编6册，在总结以往研究经验教训及其不足与问题基础上，提出深化拓展研究的视野、思路、方法、路径，通过资源整合、结构调整、团队优化、协同创新以寻找新的突破口与增长点。

其三，夯实基础，发挥优势。研讨会一致认为，花山岩画所在广西拥有十分雄厚的人文社科研究力量。广西师范大学作为广西文科研究中心，具有人文社科研究优势；广西民族师范学院地处花山岩画所在的崇左市，具有地利优势与民族文化研究特色。因此，花山岩画研究具备基础雄厚、条件优越、优势明显、特色鲜明的本土团队实力。

其四，协同创新，合作共赢。这次研讨会不仅促成广西师范大学与广西民族师范学院构建桂学协同创新平台，建立花山岩画研究协同创新机制，而且与崇左市及其宁明、凭祥、龙州等地方政府以及相关职能部门建立合作关系。研讨会上，高校教授、博士与当地专家学者汇聚一堂，交流对话，集思广益，碰撞出许多火花，取得双赢与共赢效果。

其五，立足现实，发现问题。研讨会提出不少有待深入研究的问题，如花山岩画与骆越文化关系问题，花山岩画与骆越根祖关系问题，花山岩画在"一带一路"战略实施中作为重要支撑点问题，花山岩画关涉国家文化安全问题，花山岩画的国家文化遗产与世界文化遗产保护问题，花山岩画的千古之谜破解问题，等等，针对问题与会专家不仅提出了建设性意见和建议，而且也推动了花山岩画研究更为深入发展。

其六，设计课题，完善论证。研讨会上针对“花山岩画与骆越文化研究”课题进行讨论，一致认为课题的重要性、必要性与可行性，并对完善课题论证提出建设性意见与建议，使课题组获得许多启发与收获。目前，广西师范大学花山岩画课题组，已经获得 2015 年广西文科中心重大课题培育项目“花山岩画与骆越文化研究”、2015 年广西重点项目“左江流域花山岩画研究”、2015 年崇左市招标项目“左江花山岩画的文化艺术价值研究”“扎实推进花山申遗成功的思路与对策研究”等立项。课题组通过研讨会增强了项目建设与重大课题申报的决心与信心，争取 2016 年重大课题申报成功。

学术辑刊《桂学研究》稿约启事

《桂学研究》是桂学研究·广西"2011 协同创新中心"、国家文科基础学科(中国语言文学)人才培养和科学研究基地·广西师范大学文学院/新闻与传播学院联合主办的学术辑刊,由广西师范大学出版社出版,每年出版 1—2 辑。本辑刊以"根植岭南八桂民族土壤,打造新型地域文化之学"为宗旨,拟主要设置"特稿""桂学之学(桂学基础理论)研究""桂学之流(桂学历史源流)研究""桂学之魂(广西人文精神)研究""广西古籍文献整理研究""广西民俗本文调查研究""广西历史人物及事件研究""广西民族语言及方言研究""广西多民族文学及艺术研究""广西特色文化研究""桂学与非遗保护传承""桂学与公共文化建设""桂学与文化创意产业""桂学与中国南疆文化""桂学与海上丝绸之路""桂学与东盟国家文化""硕士博士研究生论坛"等栏目。选稿标准是:高水平、有新意,扎实、科学、规范、严谨。来稿篇幅以 10000 字以内为宜,特别优秀的稿件可不受此限。竭诚欢迎海内外专家、学者不吝赐稿。来稿一俟刊发,即奉赠样书两册。

来稿注意事项如下:

1.来稿请直接将 Word 电子文本发送至编委会邮箱:383595030@ qq.com,本辑刊不接受纸质文本。

2.在论文标题之下、正文之前附上论文摘要(300—400 字)、关键词(3—5 个)、作者简介(包括姓名、出生年月、性别、民族、籍贯、工作单位、学位、职称、所在省市及邮政编码)。论文标题、论文摘要及关键词还需译成英文。

3.注释和参考文献均放在当页,按先后出现的顺序,以脚注形式标出。其序号为①、②、③、……(余依次类推)。参考文献的顺序如下:

(1)专著:主要责任者,文献名,出版地,出版单位,出版年,起止页码。

(2)译著:原著者国名,原著者,文献名,译者名,出版地,出版单位,出版年,起止页码。

(3)期刊文章:主要责任者,文献题名,刊名,年,卷(期)。

(4)报纸文章:主要责任者,文献题名,报纸名,出版日期(版次)。

(5)专著中的析出文献：析出文献主要责任者，析出文献题名，专著主要责任者，专著名，出版地，出版者，出版年，析出文献起止页码。

(6)外文参考文献要用外文原文，作者、书名、杂志名字体一致，采用正体。

4.来稿引用马克思主义经典作家著作，请采用人民出版社最新版本。如《马克思恩格斯选集》《列宁选集》用1995年版，《列宁全集》用1984年以后版本，《毛泽东选集》用1991年版，《邓小平文选》(一、二卷)用1994年版，等等。

5.为确保学术规范，来稿请务必对所有引文(含间接引文)认真核实，并注明出处。否则，均被视为不规范稿件，不予刊发。

6.来稿文责自负，本辑刊有权对来稿作文字修改，如不同意，请在稿件上加以注明。

7.除"特别转载"外，本辑刊只刊发此前未发表的作品，请勿一稿多投。来稿一律不退，也不奉告审稿意见，敬请海涵。

地址：广西桂林市育才路15号广西师范大学文学院/新闻与传播学院《桂学研究》编委会

邮箱：383595030@ qq.com

联系人：唐迎欣

《桂学研究》编委会